Ulrike Meindl

Eine

Kaiserliche

Botschaft

Franz Kafka

Edition Willberg

NewLit Verlag

Ulrike Meindl

Kleine Fabel

Franz Kafka

Edition Willberg

NewLit Verlag

Ulrike Meindl
Kleine Fabel, Franz Kafka
Edition Willberg im NewLit Verlag
limitierte Auflage von 200 Exemplaren
16.-, ISBN 3-88146-445-7

Ulrike Meindl/Dietrich Mahlow
Eine Kaiserliche Botschaft, Franz Kafka
Edition Willberg im NewLit Verlag
limitierte Auflage von 200 Exemplaren
Großformat DIN A4
36.- DM ISBN 3-88146-444-9

D1671890

Edition Willberg im NewLit Verlag

Die Grenzen des Mediums Buch zu erweitern, ist Ziel der neuen Buchreihe EDITION WILLBERG, die von einem der bedeutendsten Buchgestalter Deutschlands, Hans-Peter Willberg herausgegeben wird.

»Das Medium ist die Botschaft« meinte der Wissenschaftler Marshall Mc Luhan, und damit ist, wenn auch verkürzt, die Richtung dieser Buchreihe angegeben: die Form tritt gleichberechtigt neben den Inhalt. Sie ist nicht mehr nur äußerlich und gleichgültig, wie es Hegel verstanden haben wollte, sie wird selbst zur inhaltlichen Aussage und so für das Verständnis des Ganzen wesentlich. Diese Erweiterung geschieht nicht nur durch die subjektive Willkür des Buchgestalters, sondern ist auch am objektiven Stand der technischen Entwicklung orientiert, die Möglichkeiten für neue Formen, für das Betreten der »terra incognita«, des unbekannten Landes jenseits der Grenzen gibt.

Die beiden vorliegenden Bücher von Ulrike Meindl sind der Versuch, Kafkas Grundthema, die Auswegslosigkeit des menschlichen Daseins, nicht auf konventionelle Weise, sondern unter Einbeziehung von Form und Gestaltung des Mediums Buch zu vermitteln.

Thomas Daum

Die 2. Kultur

Alternativliteratur in der Bundesrepublik

Gutenberg-Syndrom 2

NewLit Verlag

Thomas Daum, geb. 1949, studierte Germanistik und
betreut am Gutenberg Museum Mainz
das »Minipressen-Archiv«. Er ist Mitarbeiter
der Zeitschrift EXIT und gehört zu den
Organisatoren der Mainzer Minipressen-Messe.

Impressum
©NewLit Verlagsgesellschaft mbH 1981
Gestaltung Andreas Strasser
Titel Jürgen May
unter Verwendung von Bildern
von Wolf Vostell (Titelseite) und
Gilla Figulla (Rückseite)
Verlag und Vertrieb NewLit
Dagobertstraße 20, 6500 Mainz
Alle Rechte vorbehalten
Satz und Lithos typo&graphic
Dagobertstraße 20, 6500 Mainz
Druck Druckhaus Neue Presse, Coburg
ISBN 3-88416-335-3

Inhalt

Das Alternative braucht ein alternatives Medium.

Dies ist eine von den Thesen, die während der diesjährigen Mainzer Minipressen-Messe als Diskussionsgrundlage zur Situation kleinerer und mittlerer Verlage dienten.

Ein eigenes Medium für Buchhändler und Künstler zu schaffen, in dem sich diese Verlage präsentieren können, ist auch eines der vordringlichsten Ziele des **GUTENBERG-SYNDIKAT e.v.**, das dieses Jahr in Mainz gegründet wurde.

In der Satzung steht:
»Der Verein verfolgt das Ziel, die Präsentation von Kleinverlagsproduktionen in der Öffentlichkeit zu fördern.«

Die Ansatzpunkte heißen: Buchhandlungen, Vertreter und Medien. Nur in einem gut organisierten Verband lassen sich Mängel und Lücken in diesen Bereichen verbessern. Im **GUTENBERG-SYNDI-KAT** soll für alle beteiligten Verlage
- ein eigenes Medium erstellt werden;
- langfristig ein gut organisiertes Vertreter-System aufgebaut werden;
- ein Rezensionsservice entwickelt werden, der die Medien erreicht.

Verlage, die diesem Verband bereits angehören sind u.a.:
Alternative Verlag, Berlin,
Eco-Verlag, Zürich
NewLit Verlag, Mainz
Anton W.Weber Verlag, München
AZID PRESSE, Amsterdam
Lamuv Verlag, Bornheim
Lenos Verlag, Zürich
La Fleur Verlag, Krefeld

Detaillierte Informationen kann sich jeder Verlag unter Beilegung eines frankierten Briefumschlages zukommen lassen bei:

gutenberg syndikat

Dagobertstr. 20   6500 Mainz 1

Einleitung

Eine »Alternativpresse« gibt es in der Bundesrepublik Deutschland seit etwa 1968. Noch bevor der Terminus von der späteren Alternativbewegung seit Mitte der 70er Jahre für deren Publikationen in Anspruch genommen wurde, hatte er über lange Jahre die Bedeutung einer Sammelbezeichnung für eine bestimmte literarisch-publizistische Szene. Mit der Entfaltung von Gegenöffentlichkeit waren gegen Ende der 60er Jahre abseits vom etablierten Verlagswesen zahlreiche Kleinstverlage entstanden, die mit einem damals modischen Wortkürzel als »Minipressen« bezeichnet wurden. Der Begriff hat sich bis heute gehalten, wie die »Mainzer Minipressen-Messen« zeigen. Mit der zeitgleich aufgekommenen Bezeichnung »Alternativpresse« - präziser »literarische Alternativpresse« oder einfach »Alternativliteratur« - war ein qualitativer Anspruch formuliert: die Minipressen wollten nicht klein, sie wollten »anders« als die großen Verlage sein und Bücher machen, die dort keine Chance hatten.

Die von Minipressen produzierten Bücher und die alternativen Zeitschriften waren zunächst nur Insidern bekannt, gehörten nicht zum Sortiment des Buch- und Zeitschriftenhandels, sondern wurden von eigenen Organisationszentren oder Kleinverlagen und Autoren selbst vertrieben. Erst Veranstaltungen wie die Messen in Mainz sorgten für begrenzte Öffentlichkeit. Letzlich war es jedoch die Alternativbewegung in der Bundesrepublik, die der alternativen Literaturszene zu mehr Geltung und Selbstbewußtsein verhalf.

Diskussionen der alternativen Literaturszene lassen literaturtheoretische Auseinandersetzungen aufleben, deren Aufarbeitung Bestandteil der Germanistik ist. Walser etwa benutzt Argumente gegen Montagetechnik und Abbildungsästhetik, die Lukàcs gegen Brecht und Benjamin anführte. Benjamins Konzept vom Literaten als Produzenten wird von den Autoren als Selbstverleger wörtlich genommen. Ob bewußt oder unbewußt angeknüpft wird, ist zunächst nebensächlich.

Breitenwirkung entfaltet die Alternativbewegung in der Nachfolge der Studentenbewegung. Sie teilt deren Aversion gegen die etablierte Öffentlichkeit und sucht nach Möglichkeiten, sie zu unterlaufen oder umzufunktionieren. Als solches soziales Phänomen von politischer Tragweite ist auch die alternative Literatur wahrgenommen worden. Berlins vormaliger Wissenschaftssenator Peter Glotz prägte den Begriff der »zweiten Kultur«. Der alternative Literaturbetrieb ist ein Teil der alternativen »Szene«, die längst weit weniger affektiv betrachtet wird als zu ihren Anfängen. Für die Literaturwissenschaft legitimiert sich die Betrachtung damit als Konstatieren eines historischen Tatbestandes. Da zumindest unterschwellig jenes Literatur- und Kulturverständnis, um das sich auch kritische Literaturwissenschaft bemüht, präsent bleibt, erweist der Gegenstand dieser Arbeit seine Dignität auch gegenüber wissenschaftlicher Skepsis.

Die unmittelbare Nähe, die fehlende historische Distanz erlegt der Arbeit systematische Probleme auf. Sie sind angedeutet in Glotz' Formulierung: Wo steht diese zweite Kultur? Birgt sie tatsächlich alternative Organisations- und Kulturformen? Oder steht sie einfach neben den etablierten, sie ergänzend, statt neue Kommunikationsformen antizipierend? Der Zusammenhang zur institutionalisierten Öffentlichkeit steht in Frage. Wichtiger noch ist die Wertung, ob Alternativpresse lediglich als isoliertes Medium oder als Moment alternativer Kultur anzusehen ist. Eingeschlossen ist die Einschätzung ihres Verhältnisses zur Studentenbewegung, zu deren Scheitern und Fortleben.

Renommierte Literaturwissenschaftler wie Jost Hermand haben ihrerseits dem Phänomen Aufmerksamkeit gezollt. Sie nehmen den Gegenstand aus der Warte selbstsicheren Verständnisses wahr; Hermand fällt seine Urteile in einer Weise, die wohlwollendes Registrieren erkennen läßt. Zur Anwendung gelangt ein Verständnis, das mit Begriffen operiert, die nun aber gerade in Zweifel gezogen werden sollen. Aus diesem Grund bemüht sich diese Arbeit gleichsam um eine Innenansicht, die jene olympische Perspektive ergänzen will. Zur Sprache kommen sollen das Selbstverständnis der Autoren, ihre individuelle Motivation und Organisationsformen, die sich einstellten; von besonderer Signifikanz ist das historische Umfeld der Entstehungsbedingungen von Produktion und Ambition.

Die Arbeit führt zur Darstellung ihres Gegenstandes im Sinne einer möglichst umfassenden Aufbereitung. Dieser systematische Ansatz bedingt, daß Kritik nicht prinzipiell, sondern punktuell geübt wird, gleichsam als Anmerkung. Auf diese Weise kommt die wissenschaftliche Distanz zum Ausdruck, die ihren Gegenstand wohl würdigt in seiner Eigenart, aber auch dessen bewußter Ferne zu arrivierter Literatur Rechnung trägt. Die umfassende Darstellung wiederum ermöglicht erst eine Theorie wie eine Kritik alternativer Literaturproduktion und -distribution.

Die Annäherung an den Gegenstand zwingt zu ausführlichen Rückblicken auf besondere Umstände, die ihn erklären. Z.B. ist die Biographie Stomps' ein Teil der Geschichte alternativer Literaturproduktion und verbindet verschiedene Phasen alternativer Literaturproduktion überhaupt. Zum anderen stellt sich ihre Geschichte vorwiegend in den USA als Teil eines umfassenden historischen Phänomens dar, das unbestrittene Auswirkungen auf die Bundesrepublik hatte. Beide Beispiele machen zusätzlich darauf aufmerksam, daß die Geschichte alternativer Produktion einerseits isolierte, ephemere Traditionsstränge (etwa zum Expressionismus) aufweist, wobei bleibendes Motiv die versagte Anerkennung von Erstlingswerken ist - dann aber gerät sie zur Kommunikatiosform einer politischen Bewegung, die umfassendere Ziele anvisiert.

Für die Darstellung ergibt sich deshalb der Zwang zum Ausholen, im Biographischen wie Historischen. Das mehrfache Ansetzen ist eine Notwendigkeit der Geschichte alternativer Produktion selbst. Resultat ist der Dualismus einer Privatkultur, die individualistisch vorgenommen wird und von Einzelgängern dominiert ist, und einer Produktion, die sich gegen den kommerziell ausgerichteten und traditionell verhafteten Literaturbetrieb wendet.

Verlagshistorische Voraussetzungen

Privatpressen Buchkunst Pressendrucker

Beim großen Lesepublikum dürfte der Begriff »Minipressen« zuallererst Vorstellungen von Handwerklichem erwecken, von Selbstgebasteltem, von ausgetüftelten Unikaten. Sämtliche Mainzer »Minipressenmessen« (1970, 72, 74, 76, 79, 81) dürften weniger hinsichtlich ihrer Programmatik und der kritischen Intentionen der Veranstalter, als vielmehr wegen der Mentalität der Exponate die Aufmerksamkeit der zahlreichen Besucher gefunden haben. Tatsächlich lenkt ein großer Teil der Bücher solcher Ausstellungen Blick und Haptik des Besuchers zunächst auf ihre Konsistenz, auf die Beschaffenheit von Einband und Papier, auf Druck, Form und Farben. Das Buch erscheint hier mehr als Objekt und Kunstwerk denn als Medium.

Als Kunstwerke stehen die Produktionen vieler Minipressen in der Tradition der europäischen Buchkunst, wobei vernachlässigt werden darf, ob sich der jeweilige Drucker/Verleger dieser Tradition bewußt ist oder nicht. Bereits der Begriff »Minipressen«, der als solcher durch den Wiesbadener Drucker und Inhaber der »Philippsberger Werkstatt« Norbert Kubatzki publik gemacht wurde, verweist darauf. »Presse« als Synonym für »Druckerei« wurde Anfang dieses Jahrhunderts dem englischen »press« nachgebildet und auf die Bedeutung »Privatpresse« eingeschränkt (1). Noch ein Vorläufer der späteren Minipressenmessen, die »Literarische Pfingstmesse Frankfurt«, die 1963 »Zeitschriften des Experiments und der Kritik - Neue handgedruckte Bücher - Druckschriften in kleiner Auflage«(2) versammelte, kannte als Oberbegriff für die Exponate lediglich diesen der »Privatpressen«.

Als Privatpressen galten, bevor darunter seit Be-ginn des 20. Jahrhunderts die Praxis buchkünst-lerischer Bestrebungen verstanden wurde, alle Druckwerkstätten, die nicht gewerbsmäßig be-trieben wurden, sondern den individuellen Inter-essen der Eigentümer dienten. Für die Buchwis-senschaft ist »die Unterscheidung ... schwierig. Man wird zu den Privatpressen kaum solche Druckereien zählen, deren Betrieb einen bürgerli-chen Nebenberuf des Besitzers darstellt ... Dage-gen gehören hierher die Druckereien, die von Ge-lehrten gegründet wurden, um den Druck ihrer Werke selbst überwachen zu können.«(3)

Die Drucklegung eigener Werke durch den Autor selbst oder unter seiner Aufsicht hatte funktionalen Charakter und ist im Rahmen des Selbstverlagswesens zu sehen, von dem noch die Rede sein wird. In ihrer Druckgestalt unterschie-den sich die Buchproduktionen der Privatpressen des 16.-19. Jahrhunderts nicht von jener der gewerblichen Druckereien. Typographische Ab-sichten lagen ihnen jedenfalls nicht zugrunde. Erst die Buchkunstbewegung seit Anfang unseres Jahrhunderts, die zur Entstehung der Privatpres-sen im engeren Sinne führte, gab diesen das cha-rakteristische Gepräge typographisch-kreativer Druckwerkstätten.

In einem zeitgenössischen Werk über die »Neue Buchkunst«, das Aufsätze verschiedener Autoren über Motive und Praxis der damals gerade erst gegründeten Pressen des europäischen Kontinents und der USA vorstellt, heißt es: »Das neue Wort 'Buchkunst' ist gebildet worden, um einen guten alten Ausdruck, der etwas abgebraucht und viel-leicht mißbraucht worden war, zu ersetzen. Buch-kunst bedeutet ja im Grunde nichts anderes als Buchdruckerkunst ... Buchkunst ist in der neu-zeitlichen Bewegung im Buchgewerbe das Schlag-wort geworden, um den Begriff 'künstlerische Buchausstattung' kurz auszudrücken.«(4) Das Buch wird hier als künstlerische Einheit gesehen, die entsprechenden Kunsttechniken des Mittelal-ters bilden den Maßstab, nach dem sich der schöpferisch arbeitende Drucker fast schon nor-mativ zu richten hat: ein bestimmtes Verhältnis der Versalien zu den Kleinbuchstaben, Seitengröße, Ausgeglichenheit des Satzes, Größe und Grad der Schrift, genaue Bestimmungen zum Bildschmuck, zu Farben, Papier, Einband.

Über die Entstehung der Buchkunstbewegung, ihren Initiator, der die Arbeit und das Selbstverständnis sämtlicher erst in seiner Nachfolge und nach seinem Vorbild entstandenen Privatpressen geprägt hat, gibt es in älteren und neuen buchwissenschaftlichen Arbeiten ebenso wie in Publikationen über die heutigen Minipressen (5) dieselbe Auffassung. »Eine wirkliche Renaissance, das heißt Wiederbelebung der Kunst der alten deut-

schen Bücher, datiert erst von William Morris, dem Engländer«, schreibt Loubier bereits 1902, nur wenige Jahre nach dessen Tod.(6)

Der 1834 in Walthamstow bei London geborene William Morris gilt als einer der vielseitigsten Künstler des 19. Jahrhunderts in England. Noch als Student der Theologie stieß er 1853 zu dem Künstlerkreis um Dante Gabriel Rosetti, Holman Hunt, John Everett Millais und wurde Mitglied ihrer 1848 gegründeten »Pre-Raphaelite-Brotherhood«. John Ruskin, Maler, Schriftsteller und

NEWS FROM NOWHERE OR AN EPOCH OF REST. CHAPTER I. DISCUSSION AND BED.

UP at the League, says a friend, there had been one night a brisk conversational discussion, as to what would happen on the Morrow of the Revolution, finally shading off into a vigorous statement by various friends, of their views on the future of the fully-developed new society.

SAYS our friend: Considering the subject, the discussion was good-tempered; for those present, being used to public meetings & after-lecture debates, if they did not listen to each other's opinions, which could scarcely be expected of them, at all events did not always attempt to speak all together, as is the custom of people in ordinary polite society when conversing

Kunstkenner (1819-1900), ein Gegner des Klassizismus in der Malerei, als dessen Prototyp ihm Raffael galt, war der »Apostel des Präraffaelismus«(7) und blieb lange Jahre William Morris' Vorbild, gab die Anstöße für seine künstlerische Arbeit. Arnold Hauser bezeichnet Ruskin als ersten, der die Geschmacksverödung seiner Zeit als Symptom der umfassenden Kulturkrise verstanden habe.(8) Ruskin formulierte ein Prinzip, das heute zum Standard kunstsoziologischer Diskurse gehört: Daß man die materiellen Verhältnisse, die Lebensbedingungen der Menschen verändern muß, um sie für Schönheit und Kunstverständnis zu sensualisieren. Morris übernahm diese Einsicht seines Lehrers und Freundes, prägte sie aber viel konsequenter aus und wendete sie ins Praktische - geleitet von der Überzeugung, »daß 'Sozialisten zu machen' eine dringendere Aufgabe sei, als gute Kunst zu machen«.(9) Gleichwohl gilt für seinen eigenen Lebensweg die umgekehrte Reihenfolge. Als er sich fast fünfzigjährig der sozialistischen Bewegung anschloß und mit Unterstützung auch von Friedrich Engels die »Sozialistische Liga«« gründete (1884), hatte er sich einen bedeutenden Namen als Maler, Dichter, Architekt und vor allem als Kunsthandwerker gemacht, der in seiner eigenen Werkstätte für kunstgewerbliche Gegenstände die dekorativen Künste reformiert hatte. Seine Gesammelten Werke umfassen 24 Bände, darunter eine große Anzahl von Dichtungen, in denen er antike Stoffe aus der Perspektive des Spätmittelalters nachgestaltete. Die vorbehaltlose Begeisterung, die er zu Beginn seines Schaffens dem Hohen und Späten Mittelalter entgegenbrachte, resultierte aus eigenen Studien der Baudenkmäler und des Schrifttums der Gotik, sie erhielt ihre programmatische Richtung jedoch ebenfalls von Ruskin, dessen romantischer Historismus in einer Verklärung des Mittelalters kulminierte, einem Verabsolutieren seiner Kunst und handwerklichen Fertigkeit. »In einer vergangenen Welt patriarchalischer Beziehungen, im mittelalterlichen Kulturkreis suchte Morris, ebenso wie Ruskin, die organische Einheit und eine vollkommene Übereinstimmung von Leben und Kunst, Natur und Mensch, die in einer Zeit der Entwicklung der Industriestädte verlorengegangen war.«(10)

Ruskins Kampf gegen den Industrialismus, gegen die maschinelle Produktionsweise und die Häßlichkeit ihrer Erzeugnisse, bewog Morris zu seiner jahrzehntelang mit Fleiß und manueller Hingabe betriebenen Arbeit, die fast alle Erzeugnisse des Kunsthandwerks einschloß (Teppiche, Gobelins, Fließen, Kacheln, Glasmalerei, Tapeten, Möbel, Stickereien usw.).

Er kam aber dennoch in Auseinandersetzung mit dessen Schriften zu einer anderen Einschätzung

William Morris

der maschinellen Produktion als Ruskin, den er in späteren Jahren politisch ablehnte. Er verurteilte nicht wie dieser die Maschine als solche, sondern das gesellschaftliche System ihrer Anwendung, die nach seiner Vorstellung eine völlig andere wäre, wenn erst eine sozialistische Gesellschaft existierte.(11)

Im Gegensatz zu Ruskin träumte Morris nicht von einer Restauration mittelalterlich-vorindustrieller Verhältnisse. Er kämpfte für eine Gesellschaft, in der die Produktivkraft Technik nicht zur Unterjochung derer gerät, die mit ihr zu arbeiten gezwungen, durch sie der Arbeit, dem Arbeitsprodukt, sich selbst und den anderen Menschen entfremdet werden, sondern in der eine Veränderung der Produktionsverhältnisse die dann frei assoziierten Produzenten nach ihren Bedürfnissen über die Technik verfügen läßt. Morris war, als er mit dem Roman »News from Nowhere« seine Vorstellung einer kommunistischen Gesellschaft darlegte, nicht - oder nicht mehr - der abwegige Schwärmer, als den ihn manche seiner Kritiker, bürgerliche und marxistische, so häufig sehen. Er hatte sich um Aneignung der Ökonomielehre von Marx bemüht, hatte an den Straßenkämpfen des Jahres 1887 teilgenommen, Agitationsgruppen ins Leben gerufen, hunderte von Vortragsreisen bestritten und war nach seinem Austritt aus der »Democratic Federation« mit Gründung der radikaleren »Sozialist League« zu einer Schlüsselfigur der sozialistischen Bewegung Englands geworden.

Den Roman »Kunde von Nirgendwo« veröffentlichte Morris 1890 in »Commonweal«, am Ende seiner Herausgebertätigkeit für dieses Blatt der Sozialistischen Liga, zu einem Zeitpunkt, als ihn eine angegriffene Gesundheit und fraktionelle Auseinandersetzungen in der Liga zu einem Nachlassen seiner poltischen Arbeit zwangen. In diesen letzten Lebensabschnitt fällt auch die Gründung der nach seinem Wohnsitz Kelmscott Manor benannten *Kelmscott Press*.

Mit der Erfindung des dampfgetriebenen Buchdrucks zu Beginn des 19. Jahrhunderts hatte die Buchdruckerkunst dieselbe Richtung genommen wie alle vorwiegend handwerklichen Gewerbe. Die technische Entwicklung der Schnellpressen, von der wirtschaftlichen Konjunktur angetrieben, ermöglichte ungeahnte Stückzahlen, führte aber gleichzeitig zu einer Verflachung und Standardisierung der äußeren Gestalt des Gedruckten. Morris konnte nie die ästhetische Ignoranz akzeptieren, die seinen Büchern bei ihrer Drucklegung widerfuhr. 1889 machte er dem Drucker Emery Walker den Vorschlag, Mitarbeiter und Teilhaber einer zu gründenden Privatpresse zu werden.(12) 1891, nach über einjährigen Arbeiten am Entwurf eigener Typen, erschien der erste Druck der Presse, Morris' Werk »The Story of

the Glittering Plain«. In den sechs Jahren bis zu seinem Tod wurden auf drei Handpressen etwa 55 Werke gedruckt, nordische und altenglische Dichtung, Spenser, Shakespeare, mittelalterliche französische Literatur, romantische Dichtungen aus dem Kreis der Präraffeliten, dazu eigene Werke, darunter auch »Kunde von Nirgendwo«. Auffallend an allen Drucken (das Gutenberg-Museum Mainz besitzt eine fast vollständige Sammlung der Kelmscott-Werke) sind die breiten ornamentalen Randleisten der Seiten, üppig verschlungene Pflanzenmotive, die den Text, den Spiegel der Buchseite, umranken. Über sechshundert dieser Zierleisten hat Morris selbst gezeichnet, dazu entwarf er zwei Letterntypen. Die Holzschnittillustrationen stammen von den Präraffeliten Burne-Jones, Crane und Gaskin. Morris druckte nur auf handgeschöpften Bütten, einige Exemplare jeder Auflage auch auf Pergament.

Die Auflage der Drucke lag im Durchschnitt bei 250 Stück, die Titel erreichten eine Auflage von insgesamt 18000, was eine unerhörte Leistung darstellt, zieht man die begrenzte Kapazität der drei Handpressen und die außergewöhnliche Sorgfalt jedes einzelnen Druckes in Betracht. Bei Bibliophilen und Buchwissenschaftlern gelten die Kelmscott-Drucke, die Morris vom fünfzehnten an auch selbst verlegte, als Werke »von meisterlicher drucktechnischer Vollendung und reifer

Zweifarbenschnellpresse mit vervollkommneter Tischfärbung von Harrild & Sons in London, um 1870

künstlerischer Gestaltung, Marksteine in der Geschichte der typographischen Kunst«.(13)

Ein Jahr vor seinem Tod formulierte Morris in einem Aufsatz die Ziele, die er mit Gründung der Offizin verfolgte; die Schrift wurde von seinen Nachfolgern in der *Kelmscott Press* veröffentlicht. Achtzehn Monate nach dem Ableben des Gründers stellte die Werkstatt ihre Tätigkeit ein. Morris schrieb in seinem Aufsatz:

»Ich begann Bücher zu drucken in der Hoffnung, einige hervorzubringen, die einen wirklichen Anspruch auf Schönheit erheben konnten, gleichzeitig aber sollten sie gut leserlich sein und nicht das Auge beunruhigen oder die Aufmerksamkeit des Lesers durch absonderliche Buchstabenformen stören ... Es war der Sinn meines Unternehmens, Bücher herzustellen, die in Druck und Schriftsatz einen erfreulichen Anblick bieten sollten. Indem ich mein Vorhaben von diesem Gesichtspunkte aus betrachtete, fand ich, daß ich vor allem folgendes in Betracht zu ziehen hatte: das Papier, die Form des Druckbuchstabens, den jeweiligen Abstand der Buchstaben, Wörter und Zeilen und schließlich die Anordnung des Druckes innerhalb der Buchseite.«(14)

Morris erwähnt hier nicht, daß die Presse auch ein finanziell durchaus einträgliches Unternehmen war - die Drucke erbrachten zusammen angeblich über 50.000 Pfund Sterling.(15) Sollte dieses Motiv bei Gründung der Offizin tatsächlich keine Rolle gespielt haben? Tatsache ist, daß die Morris-Drucke nicht erst in späterer Zeit als von bibliophilen Sammlern gesuchte Kostbarkeiten, sondern bereits in den Tagen ihrer Herstellung nicht für jedermann erschwinglich waren. Deshalb sieht ein Teil der Literatur über Morris denn auch einen Widerspruch zwischen seinen politischen Absichten (Entwicklung einer Massenkultur) und dem Nicht-Einlösen solcher Ansprüche im Zusammenhang der eigenen kunstgewerblichen und buchkünstlerischen Praxis, ihrem tatsächlichen Verzicht auf Öffnung für die Massen. Daher wohl auch sprach Ernst Bloch von einer »gleichzeitig naiven und sentimentalischen Intellektuellenmischung von Neugotik und Revolution, an einen so kleinen Kreis gewandt«.(16) Und Arnold Hauser, der im übrigen Morris' politische Intransigenz, das klassenkämpferische Bewußtsein hervorhebt, beläßt es bei dem Urteil, Morris sei »ein verspielter Dilettant, der Dinge erzeugt, die nur für die Reichen erschwinglich und nur für die Gebildeten genießbar sind.«(17)

Für die Rezeption der Sozialutopie »News from Nowhere« kann dieses Verdikt nicht gelten. Der Roman, der 1892/93 erstmals in deutscher Übersetzung, die weitgehend von Liebknechts Frau Natalie besorgt wurde, in der *Neuen Zeit*, dem Forum der deutschen Sozialdemokratie, erschien, war wegen seiner Thematik und seiner Sprachform bei englischen Arbeitern beliebt. Im Vorwort der 1974 als Buch erschienenen deutschen Ausgabe des Romans, die im wesentlichen der Fassung in der *Neuen Zeit* entspricht, teilt der Herausgeber G. Selle mit, in Newcastle, wo Morris 1887 während eines Streiks agitiert hatte, habe man fünfzig Jahre später Kopien des Buches in Arbeiterwohnungen gefunden, deren Mobilar im übrigen schon größtenteils versetzt war.(18)

Die Kritik an Morris ist breit gefächert, und ebenso inhomogen ist der Kreis seiner Apologeten. Der Anarchist Kropotkin lehnte ihn ab, »weil seinem poetischen Genie der Sinn für Kraft und Grazie der Maschine abging«.(19) Engels unterstützte ihn, nannte ihn aber Gemütssozialisten. Die englische bürgerliche Geschichtsschreibung »gab das, was am Vermächtnis von Morris das Fortschrittlichste und noch für unsere Zeit gültig ist - seine Prognosen einer sozialistischen Kultur der Zukunft - für Bagatellen aus«.(20) Ein deutscher Aufsatz aus dem Jahre 1934 stellt die Flexibilität wissenschaftlicher Disziplinen gegenüber herrschenden Ideologien unter Beweis. Hier wird der Sozialist Morris zum »Volksmann« diminuiert, der die »Tätigkeit des Handwerkers vom Odium der sozialen Minderwertigkeit zu befreien« suchte und der »im germanischen Norden ... jene Art von Menschen (fand), wie er sie seinem Lande wünschte: tapfer, furchtlos, charaktervoll, einfach und gesund, eine unverdorbene Rasse mit heroischen und tragischen Zügen«.(21)

Im Blickwinkel Goldzamts, eines polnischen sozialistischen Autors der jüngsten Zeit, erscheint Morris als Bestand jenes »Erbes« fortschrittlicher bürgerlicher Tradition, das die Staaten des »real existierenden Sozialismus« in aller Selbstgewißheit für sich allein in Anspruch nehmen. Hier wird Morris etwa für die Vorstellung vereinnahmt, der Mensch werde erst zum Menschen, »wenn er alle Naturkräfte unterjocht«(22) - wohingegen doch in »News from Nowhere«, dem Werk, das auch Goldzamt mehrfach zitiert, gerade vom Gegenteil die Rede ist: von der Natur, die nicht mehr zum Objekt gnadenloser Ausbeutung degeneriert.

»'Mein Freund', sagte er, 'wir lieben diese Stücke wilder Natur und nehmen sie, weil wir reich genug sind, sie haben zu können'« - dieser Satz aus dem Roman - er gehört zu einem Gespräch über Stadt und Land - soll einmal stellvertretend für viele ähnliche zitiert sein.(23)

Sehr richtig bemerkt Selle, man treffe »in dieser Utopie auf einige Momente der chinesischen Kulturrevolution ebenso wie auf einen Gegenentwurf zur politischen Ökologie des Kapitalismus, der die Erde unbewohnbar zu machen sich um 1800 schon angeschickt hatte«(24) - was um den Hinweis zu ergänzen wäre, daß der »real existierende Sozialismus« in dieser Hinsicht keine Alternative aufweist. Die Herrschenden dort hätten eher Grund, von Morris zu lernen, als ihn zum Zwecke der Apologie zu gebrauchen. Diesen Gedanken greift auch Selle auf, wenn er in anderem Zusammenhang ausführt: »Morris' Utopie der Arbeitskultur behält auch gegenüber den noch warenproduzierenden sozialistischen Übergangsgesellschaften ihren revolutionären Stachel, sie hat an Aktualität nichts eingebüßt.«(25)

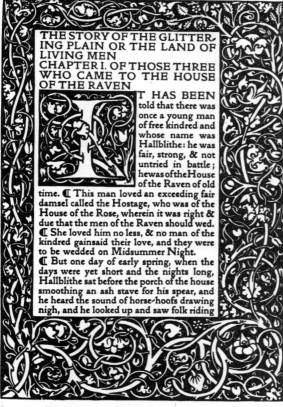

Der erste Morris-Druck, 1891

Daß in einem Kapitel über die Geschichte der Privatpressen und der in ihrer Nachfolge entstandenen Minipressen nicht lediglich die *Kelmscott Press* als das erste Unternehmen dieser Art, sondern auch die Gestalt, die Ideen, das politische Werk ihres Urhebers, dessen Widersprüche und dessen Rezeption in kurzen Zügen dargestellt wurden, hat folgenden Grund: Abgesehen von der druckhandwerklichen Einzelleistung, die den Individualisten Morris zur prototypischen Figur späterer Generationen kleinerer Pressen machte, sind es seine gesellschaftlichen, ökonomischen und ökologischen Vorstellungen, die einen Teil der heutigen Alternativpresse mit ihm verbinden. Es handelt sich dabei um diejenigen Personen und Gruppen, die ihre publizistische Tätigkeit im Rahmen eines Kleinverlages oder einer Zeitschrift mit kleiner Auflage betreiben und auch einen gewissen Wert auf die Ausstattung ihrer Publikationen legen, darüber hinaus aber mehr noch hinsichtlich ihrer politischen Einstellung in einer Affinität zu Morris stehen.(26)

Die Rede ist von jenem Bereich der Alternativpresse, der die Programme der Alternativbewegung seit 1972/73 publizistisch verbreitet. Die Forderungen dieser Bewegung: »sanfte« Technik, Enturbanisierung, ein liebevolles Verhältnis zur Natur, Aufhebung der Arbeitsteilung im Rahmen handwerklicher und landwirtschaftlicher Praxis, künstlerische Vielseitigkeit usw. decken sich auf verblüffende Weise mit den Auffassungen, die Morris als Kunsthandwerker und Politiker, insbesondere jedoch in seinem sozialutopischen Roman vertrat. Ohne auf spätere Kapitel dieser Arbeit vorgreifen zu wollen, ging es darum, auf das Phänomen hinzuweisen, daß die Person, die gemeinhin als Gründergestalt der kleinen Pressen gesehen wird, eine Programmatik entfaltete, die heute eine Entsprechung in der Alternativpresse findet. Dabei hat Morris innerhalb der Bewegung keinen festen Platz - im Gegenteil: man wird seinen Namen dort in keinem aktuellen Papier finden, er ist unbekannt.

In Kreuzers Analyse der Bohème findet sich ein indirekter Hinweis auf den beschriebenen Zusammenhang. Der Abschnitt über »Gemeinschaftsexperimente und Agrarutopismus - Einstellungen zu Technik und Industrie«(27) nennt auch William Morris, allerdings nur beiläufig und in Zitaten einiger Zeitgenossen. Als jüngere Repräsentanten des in diesem Abschnitt behandelten Personenkreises - Morris gehört dazu - läßt Kreuzer Rexroth und Ginsberg zu Worte kommen. Beide gehören zur »Beat Generation«, von der unmittelbare Wirkungen auf die Entstehung der Alternativpresse Ende der sechziger Jahre ausgingen.

Man hat sich die Entwicklung der Privatpressen in Deutschland nicht als unmittelbare Adaption der von Morris ausgehenden Impulse vorzustellen. Schmidt-Künsemüller kritisiert in seinem Werk «William Morris und die neuere Buchkunst«, der jüngsten deutschsprachigen Monographie zu diesem Thema, daß alle Darstellungen auch neuerer Zeit lediglich den generellen Tatbestand des Morris'schen Vorbildes verzeichneten, ihn jedoch nicht quellenmäßig belegten.(28) Diese Arbeit blieb ihm selbst vorbehalten, seine Studie geht im Detail sowohl den Anstößen aus England, als auch einer davon unabhängigen deutschen Buchkunstbewegung der letzten Jahrzehnte des 19. Jahrhunderts nach und kommt zu dem Ergebnis, daß eine unmittelbare Rezeption Morris' »auch dort fälschlich angenommen wurde, wo ganz andere Strömungen wirksam waren«(29), etwa die einer deutsch-nationalen Identitätssuche im Kunstgewerbe der Gründerzeit. Wie schon andere Autoren vor ihm nennt er als »erste Privatpresse im wahren Sinne des Wortes« die *Janus Presse,* gegründet 1907 von Poeschel und Tiemann, die in Morris ihr Vorbild sahen.(30)

Das bis heute gültige Verzeichnis deutscher Pressen von Julius Rodenberg, 1925 erschienen und 1931 um einen Nachtrag erweitert, umfaßt 36 von 1907-1930 entstandenen Privatpressen.(31) Sie bekamen in den folgenden Jahrzehnten keinen an Zahl wesentlichen Zuwachs und stellten bis auf einige Ausnahmen spätestens während des Zweiten Weltkriegs ihre Arbeit ein.

Nach Rodenberg haben Privatpressen »propagandistischen« Charakter. Ihre Aufgabe sei eine ästhetische, nämlich zur Vervollkommnung des schönen Buches beizutragen und anzuregen. Indem ihnen somit daran liege, daß ihre Drucke bekannt werden, sei der private Charakter dieser Pressen, wie ihn ihr Name vorgibt, nicht gewahrt und erst gar nicht beabsichtigt. »Bei den Privatpressen hat also der Begriff 'privat' mehr die Bedeutung eines Epitheton ornans. Es soll darin zum Ausdruck kommen, daß die aus einer Privatpresse hervorgegangenen Drucke einen Eigencharakter haben, der sie von allen anderen Drucken unterscheiden soll.«(32)

Die gleichsam pädagogische Attitüde, die hier wie auch bei anderen Autoren den Privatpressen zugetegehalten wird, hat man zum einen als idealistische Projektion dieser Autoren auf die vorgestellten Pressedrucker, zum anderen als deren tatsächliche Realitätsferne zu begreifen. Wo immer Pressendrucker sich tatsächlich eine Breitenwirkung ihrer Arbeit im Sinne einer Erneuerung und »Hebung« der Lesekultur der Bevölkerung versprochen haben sollten, wie verschiedentlich unterstellt wird, dürften ihnen die geringsten Einsichten in das allgemeine Leseverhalten gefehlt haben. Auch bei Morris kann von erzieherischen Absichten gesprochen werden, er hat sich selbst dahingehend geäußert, daß er mit seiner Arbeit die Hoffnung verbinde, er könne im Volk die Liebe zum Lesen allgemein und zum schönen Buch im besonderen erwecken. Hier offenbart sich einer der Widersprüche im Denken eines Mannes, der die Bedürfnisse und die materielle Lage der Massen gut genug kennen mußte, um zu wissen, daß nicht zuerst die äußere ästhetische Darbietung der Bücher als formale Kunstwerke Lesen popularisiert, sondern die Inhalte - wie ihn schon die breite Rezeption seines utopischen Romans hätte belehren können. Eine Forcierung der Zuwendung zum Buch konnte zu Beginn des 20. Jahrhunderts, zu Zeiten noch immer großen Massenelends in der zweiten Phase der industri-

ellen Revolution, allen Ernstes niemand von der bibliophilen Aufmachung der Bücher erwarten - erst recht nicht solcher Bücher, die, in kleinsten Auflagen hergestellt, von vornherein für einen ganz bestimmten, durchaus elitären und jedenfalls vermögenden Abnehmerkreis konzipiert waren.

Auch zu einer neu orientierten Erwartung traditioneller Käuferschichten, einer durch veränderte Nachfrage möglichen Reform der Buchgestaltung können die kleinen Pressen schon wegen ihrer limitierten Produktion nicht beigetragen haben, die dem größten Teil selbst dieser Schichten unbekannt geblieben sein dürfte. Bei näherem Hinsehen erweist sich die Zahl der in den Privatpressen hergestellten Druckwerke quasi als Nullmenge. Die *Ganymedes Presse* etwa (gegr. 1913 in Schwarzenberg) und die *Hollander Presse* (1921/Worpswede) brachten nur einen Druck hervor, die *Holm Presse* (1921/Malente-Gremsmühlen), die *Insel Presse* (1910/Leipzig), die *Werkstatt Gegnagel* (1922/Darmstadt) und andere lediglich zwei oder drei Drucke.(33) Drei Privatpressen dieser Zeit werden gern hervorgehoben, gelten als prototypisch: *Bremer Presse,* (34) *Rupprecht Presse, Cranach Presse.*(35)

Die *Bremer Presse* wurde 1911 unter Mitwirkung von Hugo von Hofmannsthal gegründet, dessen Bändchen »Die Wege und die Begegnungen« (1913, 200 Exempl., 21 S.) das einzige zeitgenössische Werk unter den Drucken der Presse darstellt. Die 1914 in München gegründete *Rupprecht Presse,* deren Namen man als Verbeugung der monarchistisch eingestellten Eigentümer vor dem bayrischen Kronprinzen Rupprecht verstehen darf, brachte es auf nur wenige Drucke, darunter befand sich ein Fürstenspiegel(!). Harry Graf von Keßler, der Mitbegründer des *Pan,* druckte in seiner *Cranach Presse* (1912/Weimar) Gedichte von Wieland Herzfelde (»Sulamith«) und Theodor Däublers »Hymne an Venedig«

Von den Drucken der *Cranach Presse* sind einige in Rohseide handgebunden. Ausgewählte Typen, rote Initialen, Titelvignetten, Schwarz-und-Rot-Druck unterstreichen die Exklusivität der Drucke auch dieser kleinen Presse, deren vermögender Besitzer mit den Autoren in enger Verbindung stand. Die winzige Auflagenhöhe der Werke, ihr Umfang von nur wenigen Seiten bei um so prätentiöser gestalteter Form machen die Überlegung, daß hier Leute von zartester Geschmackskultur sich einem ästhetischen Perfektionismus verschrieben, um einiges wahrscheinlicher als etwa Rodenbergs Annahme einer Reformprogrammatik, die der Massenproduktion von Büchern den Weg schöner Gestaltung habe weisen wollen.

Die Privatpressen sind nicht zuerst am Inhalt

IN DER CRANACH PRESSE IN WEIMAR ERSCHEINT IM HERBST HAMLET, ÜBERSETZT UND EINGERICHTET VON GERHART HAUPTMANN, GESETZT UND AUF DER HANDPRESSE GEDRUCKT UNTER DER LEITUNG VON HARRY GRAFKESSLER, MIT FÜNFUNDSIEBENZIG FIGURINEN UND HOLZSCHNITTEN VON EDWARD GORDON CRAIG.

DIE GESAMTE AUFLAGE DIESES WERKES BETRÆGT:

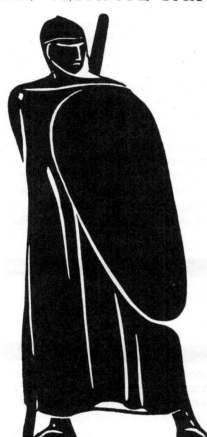

1. 230 exemplare auf Maillol-Kesslerschem handgeschöpftem bütten, numeriert von 1-230.
Preis pro exemplar in halbpergamentmappe: 250 M.
in maroquin handgebunden: 350 M.

2. siebenzehn luxusexemplare auf Japan, numeriert von I-XVII. Jedem dieser luxusexemplare sind zwei sonderserien der Craigschen holzschnitte auf weißem und gelbem Japan beigegeben.
Preis pro exemplar mit sonderabdrücken in halbpergamentmappe: 800 M.
in maroquin handgebunden, die sonderabdrücke in maroquinmappe: 1000 M.

3. acht exemplare auf Pergament, numeriert von A bis H. Jedem Pergamentexemplar sind drei sonderserien der Craigschen holzschnitte beigegeben: die erste auf Pergament, die zweite und dritte auf weißem und gelbem Japan.
Preis des Pergamentexemplares mit den drei sonderserien, in zwei ganzpergamentmappen: 2000 M.
in maroquin handgebunden, die sonderabdrücke in maroquinmappe: 2200 M.

In kommission bei dem Insel-Verlag in Leipzig und bei S. Fischer in Berlin.

Verlagsprospekt der Cranach Presse, Weimar, aus dem Jahre 1929

ihrer Publikationen interessiert - daher auch stets die Rede von ihren »Drucken« statt »Büchern«. Der handwerklich-kunstgewerbliche Charakter, die visuell-ästhetische Ausstattung überlagern das Eigentliche, den Text, der offenbar beliebig sein kann - es sei denn, er biete sich vom Stoff her als Folie für die Ausstattung, die Illustrationen an: ein merkwürdiges Umkehrverhältnis. Was die Rezeption angeht, dürfte hier die Scheidelinie verlaufen zwischen Lesern, die sekundär *auch* Wert auf ästhetisch befriedigende Buchgestaltung legen - und den Mitgliedern der Gesellschaften der Bibliophilen, in deren Hände letzten Endes fast alle Privatdrucke durch Tausch, Kauf oder

Versteigerung übergingen.
Den kleinen Pressen soll aber keineswegs in toto unterstellt werden, sie hätten völlig von der inhaltlichen-, der Textebene abstrahiert. Persönliche Neigungen, literarische Ambitionen des Privatdruckers kommen mit Gewißheit zum Tragen, aber die Intention seiner Tätigkeit hatte eine andere Richtung als die des »gewöhnlichen« Büchermachers und Verlegers: Er wollte zunächst ein schönes Buch drucken und sah sich dann nach einem geeigneten Text um. Es gibt darüber hinaus auch Beispiele für den Versuch, Textbezogenheit und drucktechnische Arbeit als zumindest gleich wichtig zu integrieren; solche Absicht

verfolgen die in neuerer Zeit gegründeten Privatpressen, so die Berliner *Burgert Handpresse*, die seit 1961 besteht: »Ich drucke alte Texte, als seien es neue Texte. Ich versuche durch meine Formgebung die bleibende Intensität dieser Texte nachzuweisen«.(36)

Unter den Motiven der Pressendrucker dieser Anfangszeit spielt, soweit feststellbar, auch das des Wegbereitens neuer, avantgardistischer oder sonst im Verlags- und Buchgewerbe nicht oder noch nicht veröffentlichter Literatur kaum eine Rolle. Zwar gehört zum Freundeskreis des Inhabers einer Privatpresse zuweilen ein junger Autor, dem hier eine Möglichkeit zur ersten, wenn auch auflagenmäßig begrenzten Veröffentlichung gegeben wird. Doch sind Veröffentlichungen dieser Art unplanmäßig und dem Zufall überlassen.

Die Privatpressen stehen am Anfang der Geschichte der Alternativpresse, auch wenn die Alternativpresse als ein Seitensproß des Literaturbetriebs und die Privatpressen als Varianten des Kunsthandwerks in einer eher mittelbaren Beziehung zueinander stehen. Die Alternativpresse hat sich nicht direkt aus den Privatpressen entwickelt und diese gingen keineswegs in der Alternativpresse auf. Privatpressen der überlieferten Form existieren auch heute noch (37), die meisten pflegen mit der alternativen Literatur- und Verlagsszene unserer Tage keinen Kontakt, sie bemühen sich nach wie vor um gediegene Buchgestaltung und beliefern bibliophile Abnehmerkreise.

Unter den Impulsen, die von den Privatpressen, besonders den Neugründungen seit Bestehen der Bundesrepublik auf die in der Entwicklung begriffene Szene kleiner Verlage, unbekannter junger Autoren, Herausgeber experimenteller Zeitschriften, literarischer Zirkel usw. ausgingen, sind die Hinwendung zur individuellen Produktion und zur Materialität des Buches hervorzuheben. Die Verlage der späteren Alternativpresse achten generell auf die Ausstattung ihrer Bücher, deren Gesicht sich von der in Reihen gepreßten Meterware der Großverlage unterscheiden soll. Der Zusammenhang zwischen bibliophilen Pressen und alternativen Verlagen wurde und wird überdies immer noch auf Ausstellungen erkennbar, auf denen sie gemeinsam in Erscheinung treten und häufig gerade die Pressendrucke, die Unikate, im Bewußtsein der Besucher das Bild bestimmen.

Kleinverlage im Expressionismus

Zum historischen Hintergrund der Alternativpresse zählt neben der Tradition der Privatpressen die der Kleinverlage, die sich als Agenturen neuer literarischer Strömungen verstanden. - Gründungen solcher Verlage gab es in Deutschland in der Phase des Frühexpressionismus.

Ein auf »schöne Literatur« spezialisiertes Verlagswesen existiert erst seit Ende des 19. Jahrhunderts, als mit der Differenzierung der literarischen Präferenzen des traditionellen Lesepublikums und seiner Erweiterung um neue (kleinbürgerliche) Leserschichten Verlage entstanden, die sich nicht wie noch Cotta und Julius Campe für das gesamte Schrifttum ihrer Zeit zuständig fühlten, sondern einem speziellen literarischen Engagement der Gründer Rechnung trugen; so der Verlag *S. Fischer*, der als Publikationsforum des Naturalismus reüssierte.

Die jungen Expressionisten hatten zunächst keine Chance, von auch nur einem dieser schon nach wenigen Jahrzehnten eingesessenen Verlagshäuser - *Fischer, Diederichs, Bondi, Georg Müller, Rütten & Loening u.a.* -, die sich mit ihrem Programm, mit dem Stamm ihrer Autoren ein Profil gegeben hatten, akzeptiert zu werden. Sie publizierten in Zeitschriften wie Franz Pfempferts *Aktion*, Herwarth Waldens *Sturm* und schufen sich ihre eigenen Verlage.

«Die Anfänge des Expressionismus sind...einer Subkultur vergleichbar, die sich gegen die herrschenden literarischen Konventionen auflehnte. Und es dauerte Jahre, ehe ein breiteres Publikum sich der neuen Literatur zuwandte»: In seiner Dissertation «Der *Kurt Wolff Verlag* 1913-1930» verfolgt Wolfram Göbel die Publikationsetappen der Expressionisten von den Zeitschriften über eigene Verlagsgründungen bis hin zur Anerkennung durch die etablierten Verlagshäuser.(38) Als erster »Miniaturverlag« wird hier der Verlag *Alfred Richard Meyers* genannt. Meyer, der Prototyp des Autor-Verlegers, ließ sich durch den schwachen finanziellen Rückhalt seines Unternehmens nicht beirren, er druckte schmale Heftchen, die *Lyrischen Flugblätter,* in denen neben anderen Erstdrucken der Frühexpressionisten 1912 Benns »Morgue«-Gedichte erschienen.

Der Student Heinrich Bachmeier schuf 1911 in

Berlin einen Kleinverlag eigens für seinen Freund Johannes R. Becher; im selben Jahr setzte eine Welle ähnlicher Aktivitäten ein, die Zeitgenossen veranlaßten, von einem «wahren Verlagsgründfieber» zu reden. «Keine Woche vergeht ohne Ankündigung neuer Firmen. Konzession ist nicht erforderlich und die Bedürfnisfrage wird nicht gestellt.«(39)

Bis 1914 fand, von Ausnahmen abgesehen (z.B. Georg Kaisers »Bürger von Calais« bei *S. Fischer* keiner der expressionistischen Dichter Einlaß in die großen Häuser. Erst während des Krieges wird deutlich, daß diese die junge Generation nicht weiter ignorieren können; *Insel* und *Fischer* machen den Anfang. Nach dem Kriege entstehen dann erneut Kleinverlage und Zeitschriften, die zweite Generation des Expressionismus sorgt ihrerseits für alternative Möglichkeiten der Publikation. Den politischen Fraktionierungen der Nachkriegszeit entsprechen kontroverse Diskussionen um das Selbstverständnis der Autoren in der zahlenmäßig kaum noch überschaubaren Menge unterschiedlicher Flugblätter, Zeitschriften und Jahrbücher.(40)

Parallelen zwischen der expressionistischen Bewegung und der Alternativpresse lassen sich nicht übersehen. Bei beiden - historisch und gesellschaftlich unterschiedlich bedingten - Ausformungen einer literarisch publizistischen Subkultur handelt es sich um Gruppen, die sich aus Angehörigen der jeweils jungen Generation zusammensetzen, und die je eigene Identität beider als einer »Bewegung« bestimmt sich offenbar weniger durch Sprache und Stil der Werke, als durch Kommunikation und Aktivität im Zusammenhang einer Gemeinschaft, die sich eigene Formen des Literaturbetriebs, des »literarischen Lebens« schaffen mußte. Die Wahl autonomer Publikationsformen - Zeitschriften, Blättersammlungen, eigene Verlagsgründungen - ist in beiden Fällen Folge einer ablehnenden Haltung seitens etablierter Unternehmen; bei der Alternativpresse gesellt sich dazu noch, wie man sehen wird, das tatsächliche oder vorgebliche Motiv, sich diesen grundsätzlich zu verweigern. Gemeinsam ist ihnen die Isolation, aus der die Expressionisten jedoch herausfanden oder herausgeholt wurden, gemeinsam auch die isolierte Zirkulation der Werke innerhalb eines überschaubaren Kreises Gleichgesinnter, von denen jeder in einer Person Autor, Verleger, Leser und Kritiker sein kann. In einem bestimmten Stadium der Entwicklung werden Fraktionierungen deutlich, es kommt zu ersten Versuchen, Selbstverständnis und Programm zu reflektieren.

Von den ähnlichen - nicht identischen - Verlaufsformen und Spezifika beider Bewegungen soll hier die Tatsache einer autonomen Produktion und Distribution als Reaktion auf die Undurchlässigkeit des Marktes festgehalten werden, die in den konkreten Formen ihrer Organisation und

Umschlagzeichnung von Ludwig Meidner. 20 weitere Exemplare auf Bütten und signiert. Berlin 1913

Titelbild eines der »Lyrischen Flugblätter« des Berliner Expressionisten-Verlegers A. R. Meyer aus dem Jahre 1914. Die Titelzeichnung stammt von Ludwig Meidner.

durch das Erscheinungsbild ihrer Publikationen (Phantasie- und Formenreichtum unter dem Diktat des Mangels) den Eindruck des Ganzen wesentlich mitbestimmen. Das gilt vor allem für die Alternativpresse.

Hier stellt sich die Frage nach der Geschichte des autonomen Verlegens, das es durchaus nicht erst seit der expressionistischen Ära gibt. Neben dem Zusammenhang der Alternativpresse mit den Privatpressen und den Publikationsformen des Expressionismus ist im folgenden auf die Tradition der Selbstverlagsidee hinzuweisen.

Chaos —

Chaos — Zeiten und Zonen
Bluffende Mimikry,
Grosser Run der Aeonen
In die Stunde des Nie —
Marmor Milets, Travertine
Hippokratischer Schein,
Leichenkolombine,
Die Tauben fliegen ein.

Ebenbild, inferniertes,
Erweichungsparasit;
Formen-onduliertes
Lachhaft und sodomit;
Lobe —: die Hirne stümmeln
Leck im Sursumscharnier,
Den Herrn —: die Hirne lümmeln
Leichenwachs, Adipocir.

Bruch. Gonorrhoische Schwarten
Machen das Weltgericht:
Waterloo: Bonaparten
Passte der Sattel nicht —
Frass, Suff, Gifte und Gase —:
Wer kennte Gottes Ziel
Anders als: Ausgang der Blase
Erectil?

Fatum. Flamingohähne
Geta am Darm commod,
Anderweit Tierschutzmäzene
Kommt, ersticht ihn beim Kot —
Frass, Suff, Seuchen und Stänke
Um das Modder-Modell —
à bas die Kränke
Individuell.

Keine Flucht. Kein Rauschen
Chaos. Brüchiger Mann.
Frass, Suff, Säfte tauschen
Ihm was Lebendes an
Mit im Run der Aeonen
In die Stunde des Nie
Durch der Zeiten und Zonen
Leere Melancholie.

*

Aus dem Gedichtband »Schutt« von Gottfried Benn im A.R. Meyer Verlag, Berlin 1924

Selbstverlagswesen

In der Buch- und Verlagsgeschichte stößt man immer wieder auf das Phänomen, daß ein Autor unabhängig vom Verleger, oftmals auch bewußt gegen ihn gerichtet, sein Manuskript in eigener Person an die Öffentlichkeit und auf den Markt zu bringen sucht. Vor allem im 18. Jahrhundert entwickelten sich Selbstverlags-Konzeptionen als Reaktion auf Tendenzen des Buchmarktes, die den Autor benachteiligten.

Eine detaillierte Darstellung aller bis zum Ende des 19. Jahrhunderts bekanntgewordenen Selbstverlagsprojekte bietet die »Geschichte des deutschen Buchhandels« von Goldfriedrich und Kapp aus den zwei Jahrzehnten vor und nach der Jahrhundertwende.(41) Goldfriedrich beschränkt sich bei der Suche nach den Motiven autonomen Verlegens auf die beiden wichtigsten und nach wie vor gültigen Erklärungen. »Aus zwei Gründen kann ja der Autor zum Selbstverlag greifen: entweder weil er keinen Verleger findet, oder, wie die Frankfurter Buchhändler damals im Jahre 1669 sagten: 'mehreren gewinns und eigennutzes halber'.«(42)

Eines der beiden Motive läßt sich, wenn nicht gar beide zusammenkommen, bei so gut wie jedem Selbstverlagsplan feststellen; daneben aber, und auch unabhängig davon, existiert eine Anzahl weiterer Beweggründe. Gunter Berg hat sie in dem Aufsatz »Die Selbstverlagsidee bei deutschen Autoren im 18. Jahrhundert«(43) einem speziellen Interesse der Autoren an der Rezeption zugeordnet. Berg argumentiert gegen Goldfriedrich, man habe die Selbstverlagsintentionen zuerst von den Autoren her zu verstehen und nicht, wie Goldfriedrich, von seiten der »Betroffenen«, der Buchhändler und Verlagshäuser. Diese übrigens, so wäre zu ergänzen, bedienen sich eines durchaus zweischneidigen Schwertes, wenn sie ihre Kritik am Selbstverleger mit dem Vorwurf des »Eigennutzes« austragen. Noch in keiner Epoche der Literatur- und Verlagsgeschichte mochten Autoren und Leser so recht glauben, was das Buchgewerbe sich selbst zugutehielt: eine quasi altruistische Tätigkeit als Vermittlungsinstanz höherer Güter, deren Warenform als Tauschwert und Voraussetzung für die Akkumulation von Mehrwert nur sekundäre Bedeutung habe. Jedenfalls wähnen sich der »aus stolzer Vergangenheit abgeleitete Ehrbegriff« des Gewerbes und das »besondere Standesbewußtsein«, von denen Berg spricht (44), so weit von

»Eigennutz« entfernt, daß dieser Begriff dort als Vorwurf Verwendung findet, wo in Wahrheit »Geschäftsschädigung« gemeint ist.

Mit der Auflösung des Verhältnisses von Autor zu fürstlichem Gönner und der Entstehung eines freien Marktes im 18. Jahrhundert, der zunehmend mehr von der Nachfrage des - bürgerlichen - Publikums als vom Angebot der Autoren bestimmt war (45), geriet der Autor in starke Abhängigkeit von buchhändlerischen Verwertungsinteressen. Dem wachsenden Lesebedürfnis korrespondierte eine Differenzierung in Nachfrage und Angebot, ein zahlenmäßiges Anwachsen der auf dem Markt angebotenen Publikationen. Um 1780 hatte sich die Zahl der Neuerscheinungen (rund 5000) gegenüber der Jahrhundertwende verfünffacht. In fünfzehn Jahren, zwischen 1773 und 1787 war die Zahl der Schriftsteller von etwa 3000 auf ca. 6000 angewachsen.

»Die schwerfällige, eingefahrene Organisationsform des buchhändlerischen Tauschverkehrs stellte sich nur mit Mühe auf den bei diesen Massen erforderlichen, Verlag und Vertrieb trennenden Barverkehr um; die Umstellung wurde noch durch den infolge der Rechtsunsicherheit herrschenden Nachdruck erschwert. In dieser Situation konnte es kaum ausbleiben, daß die ihrer selbst bewußt gewordenen Autoren sich direkt an das Publikum wandten.«(46)

Berg meint, die so entstandene Idee autonomen Verlegens habe keine Chance der Realisierung besessen, weil der Autor, der nicht mehr Teil einer ständischen Gesellschaft war, »die Bindung an die bürgerliche Gesellschaft benötigt(e), die nicht mehr personal hergestellt werden (konnte), sondern der anonymen Vermittlung des literarischen Marktes (bedurfte).«(47)

Dagegen wäre einzuwenden, daß es dem Autor nicht in erster Linie um die Herstellung personaler Bezüge gegangen sein dürfte und es ihm - so gesehen - freistand, sich in den anonymen Markt als Unternehmer einzuschalten. Eher waren es die Konkurrenz auf dem Markt, Gegenmaßnahmen der Verleger (48), fehlende Mittel und der Mangel an Zeit, Ambition und kaufmännischer Erfahrung, die solche Projekte scheitern ließen. Schiller, der die Erstausgabe der »Räuber« selbst hatte drucken lassen und ein Theaterjournal zu gründen gedachte, das von Subskribenten zu tragen sein sollte, verlieh diesen Zusammenhängen Ausdruck, wenn er in einem

Brief von »dem äußerst lästigen Brief- und Krämercommerce« sprach und davon, daß er »zum Kaufmann so wenig als zum Kapuziner tauge«.(49)

Zuweilen konnte sich der Selbstverleger jedoch auf dem Markt behaupten, zumal dann, wenn er zum Zeitpunkt seiner Unternehmung bereits einen Namen als Autor hatte, wie etwa, im 19. Jahrhundert, Mark Twain, der seinen »Huckleberry Finn« über Agenten direkt an das Publikum verkaufte und schon in wenigen Wochen 50.000 Exemplare absetzte.(50) Den Autoren des 18. Jahrhunderts waren solche Erfolge versagt geblieben; Leibniz, Lessing, Gleim, Wieland, Klopstock, Winckelmann und Goethe, der mit finanziellen Verlusten 1773 den »Götz« im Selbstverlag herausgebracht hatte, nahmen nach ersten mißglückten Versuchen Abstand von entsprechenden Vorhaben. Ihre »eigennützige« Absicht, die hohe Profitspanne des Buchgewerbes für sich selbst beanspruchen zu können, brachte ihnen keinen finanziellen Gewinn.

Über finanzielle Beweggründe hinaus verbanden manche Autoren, wie oben erwähnt, mit der Idee des Selbstverlages Vorstellungen von einer größeren Einflußnahme auf die Rezeption. Berg führt aus, im Selbstverlag sehe der Autor die Möglichkeit, »den individuellen Charakter der Schöpfung auf den Vertrieb zu übertragen ... Stets ist eine Wurzel dieser Pläne der Wunsch des Autors, durch den eigenen Verlag den Prozeß des publicare zu individualisieren, ihn in den Griff zu bekommen und die Rezeption nach den eigenen Vorstellungen zu beherrschen.«(51) Berg belegt seine Annahme mit treffenden Beispielen aus dem 18. Jahrhundert.

Ein weiteres Motiv für die Schaffung von Selbstverlagen sieht Hans Widmann in der Zuflucht der Autoren zu solchen Projekten als einer Widerstandsmöglichkeit gegenüber staatlichen Zensurmaßnahmen.(52) Eigene verlegrische Unternehmungen dieser Art sind jedoch als Korrektivmaßnahme der Betroffenen gegenüber den Verlagshäusern anzusehen, die sich - Widmann verweist auf die Jahre der Sozialisten-Verfolgung unter Bismarck - weigerten oder weigern mußten, ein Manuskript zu veröffentlichen.

Man wird das Selbstverlagswesen ungeachtet aller anderen Motive, die zu seinem Entstehen im Einzelfall beitragen, als eine aus Not geborene Tugend zu sehen haben. Für die Autoren des 18. Jahrhunderts mag man primär die finanziellen und an der Rezeption orientierten Antriebskräfte gelten lassen - für Autoren der neueren Zeit, gar der Gegenwart, sehen die Beweggründe für eine Eigeninitiative anders aus. Schon Goldfriedrich nannte dieses Motiv des Schriftstellers als erstes: »... weil er keinen Verleger findet.« Daran hat

Selbstverleger Leibniz

Selbstverleger Lessing

Selbstverleger Goethe

sich bis heute nichts geändert. Wenn Widmann in seiner »Geschichte des Buchhandels« dieses erste Motiv kaum berücksichtigt, wenn er 1975 davon spricht, »daß ein Autor manchmal keinen Verleger findet«(53), formuliert er als Ausnahme, was schon längst die Regel ist.

Für die verlegerische Einzelinitiative junger Autoren der Alternativpresse, in der die Vielzahl solcher notwendigen Korretivmaßnahmen kaum noch überschaubar ist, kommt fast ausschließlich das Motiv der Selbsthilfe zum Tragen. Die Unhaltbarkeit einer das Problem der Publikationssperre herunterspielenden Betrachtungsweise läßt sich etwa mit folgender Angabe Peter Melzers belegen, der den Grad der Aufnahmebereitschaft literarischer Verlage gegenüber jungen Autoren aus Berufserfahrung kennt: »Für einen jungen Autor halte ich es für wichtig, wenn er schon von vornherein weiß, daß seine Produktion fast keine Aussicht auf eine Veröffentlichung innerhalb eines der großen und angesehenen Verlage hat, es sei denn, er würde einen bekannten Schriftsteller sehr gut kennen oder einen bei den Verlagen maßgeblichen Mann. Ein Beispiel: Der *Suhrkamp Verlag* hat in den letzten acht Jahren nur zwei Manuskripte von Autoren angenommen, die ohne Empfehlung und unbekannt ein Manuskript ans Lektorat geschickt hatten.«(54)

Wie das Ausleseverfahren der Großverlage aussieht, konnte ich während der Frankfurter Buchmesse 1976 von einem früheren Lektor der Literatur-Abteilung bei *Fischer* erfahren, dessen Büro nach seinen Angaben monatlich über 100 Manuskripte von unbekannten Autoren zugeschickt wurden. Den größten Teil der Einsendungen habe nach kurzer Einsicht in die erste und letzte Seite bereits seine Sekretärin abschlägig beschieden; die restlichen Manuskripte habe er selbst, ebenfalls nach nur kurzer Einsichtnahme, an die Absender zurückgeschickt - drei oder vier Texte ausgenommen. Dabei habe er sich, wie schon die Sekretärin, unterschiedlicher vorgedruckter Antwortschreiben bedient, die von äußerster Zurückhaltung bis hin zu väterlicher Ermunterung gestaffelt gewesen seien. Von den in engerer Wahl verbliebenen vierzig bis fünfzig Manuskripten pro Jahr (von über 1200!) habe er ein Viertel ganz gelesen, also etwa zehn; bei den übrigen sei er sich bereits nach wenigen Seiten in seiner Ablehnung sicher gewesen. Zwei von den derart selektierten zehn Manuskripten habe er im Lauf eines Jahres während einer Lektoratskonferenz oder gegenüber der Verlagsleitung zur Sprache gebracht - immer ohne Erfolg. Diese beiden Manuskripte habe er dann an befreundete Lektoren anderer Verlage weiterempfohlen, so wie diese ihm ihrerseits für gut befundene, aber nicht in ihr »Programm« passende Texte zugeschickt hätten. Er habe es nur zweimal erlebt, daß ein von seiner oder jener Seite empfohlenes Manuskript eines unbekannten Autors verlegt worden sei.

Auch weiterhin hält dieser Lektor das hier beschriebene Ausleseverfahren, dessen Realität ich nicht anzuzweifeln habe, für angemessen. Im übrigen scheint das Sichten unverlangt eingegangener Manuskripte eine - lästige - Nebenbeschäftigung des Lektors zu sein, dessen vornehmliche Aufgabe darin besteht, den festen Autorenstamm des Hauses zu betreuen.

Das angeführte Beispiel macht deutlich, daß jungen Autoren, wollen sie sich durch die Praktiken der eingesessenen Verlage nicht völlig entmutigen lassen, kaum eine andere Wahl bleibt als der Rekurs auf schon bestehende Kleinstverlage der Alternativpresse oder die eigene Verlegerinitiative. Öffentlichkeit im Sinne des Begriffs ist dann gewiß nicht hergestellt. Es wird aber - und darin besteht, wie noch zu zeigen sein wird, die außerordentliche Bedeutung der Alternativpresse für ihre Autoren - jenes Minimum an Kommunikation zwischen Autor, Vertrieb und Rezipienten hergestellt, die dem Autor das Gefühl von Isolation und Mißachtung nimmt, das ihm die großen Verlage vermitteln.

Als sekundäre Motive für ein Selbstverlagsprojekt bei heutigen jungen Autoren wären zu nennen: Ein politischer Anspruch, die »innere Zensur« der Großverleger zu unterlaufen, ein Autonomie demonstrierender, sich keinem Lektorats-Diktat zu unterwerfen, und ein durchaus an der Rezeption interessierter, wie ihn Berg schon für die früheren Selbstverleger vermutet. Im Kapitel über das Selbstverständnis der Autoren (Kapitel VI der vorliegenden Arbeit) wird die Vielschichtigkeit der Motive auf dem Hintergrund aktueller Diskussion innerhalb der Alternativpresse im einzelnen darzustellen sein.

Auf den folgenden Seiten soll am Beispiel des ersten Kleinstverlages der Bundesrepublik der Zusammenhang zwischen historischen Voraussetzungen und aktueller Praxis der kleinen Pressen dargestellt werden.

Erste literarische Kleinverlage in der Bundesrepublik

1949 gründete Victor Otto Stomps (1897-1970) die *Eremitenpresse* als Forum junger Dichter und Graphiker. Das Unternehmen gilt als Prototyp eines kleinen literarischen Verlages, viele Verleger der Alternativpresse sehen in Stomps ihr unmittelbares Vorbild. Er vereinte in seiner Person und der Struktur des Verlages die Tradition sowohl der Privatpressen als auch der Selbstverlage und der kleinen Verlage mit subkultureller, avantgardistischer Aura, wie sie der Expressionismus hervorbrachte: Er begriff seine Arbeit als Handwerk, setzte, druckte, band von eigener Hand, experimentierte mit Lettern und Typen, entwickelte ein »Texturdruck« genanntes Hochdruckverfahren. Selbstverleger war er insofern, als er einen Teil der eigenen literarischen Arbeiten in der *Eremitenpresse* druckte und vertrieb, darüber hinaus, wenn man so will, anderen dazu verhalf, Selbstverleger zu sein, indem er den gesamten Herstellungsvorgang des Buches den Autoren in Einzelfällen freistellte; zumindest beteiligte er die Autoren an den Arbeitsgängen. »Wer zu Stomps als Autor kam, hatte die Chance, sein Buch selbst setzen, drucken und binden zu können; zu erfahren, daß es eine Einheit der Buchkultur gibt, daß auch Schreiben ein Handwerk ist.«(55) Die Beziehung zu den Kleinstverlagen stellt sich direkt her über die 1926 von Stomps und Jean Gebser gegründete *Rabenpresse*. »Stomps und Gebser hatten bei dieser Gründung die vielen Kleinverlage des Naturalismus, des Expressionismus und der sozialen Bewegungen vor sich; aber das unmittelbare Vorbild war Alfred Richard Meyer (Munkepunke) ...«(56) Meyer, von dessen wegbereitender Arbeit für die jungen Expressionisten oben die Rede war, verfolgte seinerseits den Werdegang des Kleinverlegers Stomps, der in den zwanziger Jahren auch sein eigener war. Noch 1952 schrieb er, »dessen *Lyrische Flugblätter* in der Frühzeit des Berliner Expressionismus Furore gemacht hatten«, eine »enthusiastische Zustimmung« anläßlich des Erscheinens der von Stomps gedruckten und verlegten, von Hans Bender herausgegebenen literarischen Zeitschrift *Konturen*, aus denen später die *Akzente* wurden.(57)

Mit der Herausgabe einer literarischen Zeitschrift hatte schon die *Rabenpresse* ihren Anfang genommen. *Der Fischzug* wurde von Stomps und E. Heinatsch herausgegeben, von Walter G. Oschilewski redigiert, der sich, wie er rückblickend feststellte, »damals noch ganz 'im Banne des Expressionismus'« befand.(58) Im *Fischzug* erschienen Gedichte von Benn, Zech, Heynicke, Gebser, Stomps u.a., auch ein Vorabdruck von Brechts Lustspiel »Mann ist Mann«. Nach fünf Ausgaben stellt die Zeitschrift Ende 1926 ihr Erscheinen ein. Stomps druckte damals auch Herwarth Waldens *Sturm* (im 17. Jahrgang); erst sechs Jahre später, 1932, gab er wieder eine eigene Zeitschrift heraus, den *Weißen Raben*. Bis dahin hatte die *Rabenpresse* nur zehn Bücher verlegt, die eigentliche Produktion begann 1932 und endete 1937, einige Monate nach einer scharfen Kritik im *Völkischen Beobachter* an einem von Stomps veranstalteten Leseabend, bei dem aus Werken emigrierter Dichter (Max Hermann-Neiße, Alfred Mombert, Paul Zech) vorgetragen worden war. Insgesamt erschienen in der *Rabenpresse* 112 Bücher, alle von geringem Umfang und in kleiner Auflage - Werke von Paul Zech, Kurt Heynicke, Alfred Richard Meyer, Werner Bergengruen, Oskar Loerke, Hermann Kasack und Gertrud Kolmar, um nur einige zu nennen.

In einem neueren Aufsatz bemerkt Harry Pross, Stomps habe als Verleger getan, was Polgar, Tucholsky, Kästner als Feuilletonisten leisteten: »Er reduzierte die 'großen Zeiten' vermittels der kleinen Form.«(59) Doch sei die kleine Form - und hier wird, wenn auch verhalten, Kritik an Stomps deutlich - gegenüber der inneren und äußeren Expansion des deutschen Faschismus stets kleiner geworden:»'Ausgrabungen, Bekenntnisse, Curiositäten' - das war der Rückzug.« An anderer Stelle führt Pross näher aus: »Die *Rabenpresse* war ein Experimentierverlag. Stomps verlegte nichts, was ein anderer auch hätte verlegen können. Er nahm sich der jungen Dichtung an. Gedichte und kleine Prosa. Einige wenige Essays. Es war wohl so, daß sich in den letzten Jahren der Republik diese Literatur mehr und mehr in sich selber barg.«(60)

Offenbar begriff Stomps seinen kurz nach Aufgabe des Verlages erfolgten Eintritt in die Wehrmacht ähnlich wie Benn, der jedoch, wie man weiß, die Faschisten zunächst akzeptiert hatte, als Rückzug auf ein Terrain, das ihm äußere Sicherheit vor möglicher politischer Verfolgung bot;

Stomps

auch dies eine Form der »inneren Emigration«. An seiner antifaschistischen Haltung ist im übrigen nicht zu zweifeln.(61) Nach Krieg und Gefangenschaft (er machte im Lager eine Gefangenenzeitschrift, das *Fragment*) arbeitete Stomps als Lektor zunächst in Heidelberg, dann in Frankfurt. Dort gründete er zusammen mit Helmut Knaupp und Ferdinand Müller den *Verlag Eremitenpresse*; im Oktober 1949 erschien der erste Druck, ein Text des Sexualforschers Hans Giese. Knaupp berichtete später von einer emphatischen Aufbruchsstimmung dieser Jahre, in denen erste literarische Zirkel entstanden und sich ein großes Nachholbedürfnis artikulierte, zugleich die Hoffnung auf einen Neubeginn. »Es wurde damals viel diskutiert über die gewaltigen Chancen eines kulturellen Neubeginns ... wir wollten dichten, malen, die Welt und den Menschen erneuern, verbessern und glücklich machen ... Ein abstraktes Bild, eine lyrische Äußerung ohne Reim, ein Essay über den Existentialismus, das Antizipieren geistiger und künstlerischer Entwicklungen des Auslands waren noch unerhörte Avantgarde«.(62)

Die Euphorie der ersten Nachkriegsjahre schwand seit der Währungsreform 1948. Die prosperierende Entwicklung ließ, nach Kreuzer, »Komplementärphänomene« in Gestalt intellektueller, literarischer Gegenbewegungen erwarten, wie sie etwa die »Gruppe 47« darstellte. Die Aktivitäten auch kleiner individueller Strömungen angesichts der raschen Aufgabe anfänglich innovatorischer Bemühungen (z.B. das »Ahlener Programm« der CDU) zugunsten rekonstruktiver schaffen sich publizistische Formen. »Randverlage (V. O. Stomps u.a.) und kleine Zeitschriften schossen seit den fünfziger Jahren aus dem Boden, vermehrten sich sukzessive und förderten unbekannte junge Autoren, bohemische Außenseiter.«(63)

Nach Darstellung Knaupps war die Eremitenpresse 1951 fast so bekannt wie Rowohlt und Suhrkamp; Beermann-Fischer und Rowohlt hät-

Signet der Eremitenpresse von Ferdinand Müller

ten Interesse an einer Zusammenarbeit bekundet: die Eremitenpresse hätte begabten jungen Autoren ihrer Verlage eine erste Chance der Veröffentlichung geben sollen. Von einer solch direkten - gar mit der Eremitenpresse abgesprochenen - Erwartung der großen Verlage Stomps gegenüber liest man anderer Stelle nichts; auch Stomps selbst hat sich, soweit bekannt, über eine derartige Kooperation nirgendwo geäußert. Tatsache aber ist, daß die Eremitenpresse gerade diese Funktion der Autorenpromotion wahrnahm, daß sie die Adaption ihrer Autoren durch größere Verlagshäuser beabsichtigte. In fast allen Beiträgen über Stomps, seine Verlegertätigkeit und ihre Motive ist zu lesen, daß Stomps nie beabsichtigte, Autoren zu halten, wenn für sie die Möglichkeit zu arrivieren bestand. »Er hat eine stattliche Anzahl Autoren entdeckt. Entdecken war ein Wort,

DER WEISSE RABE

ZEITSCHRIFT FUR VERS UND PROSA

Preis RM 0,20

Nr. 1 / 15. Okt. 1932

HERAUSGEBER V O STOMPS, F7 Jannowitz 2486

Diese Nummer enthält Beiträge von:
HERBERT FRITSCHE / PETER HAMECHER
MAX HERRMANN-NEISSE / HERM. KASACK
GUSTAV LEUTERITZ / W. G. OSCHILEWSKI
HEINZ RUSCH / PAUL ZECH

VERLAG DIE RABENPRESSE, BLN. SW 14, STALLSCHREIBERSTR. 30

das er immer ablehnte. Er hat sie aus Spaß verlegt: Der junge Autor interessierte ihn nur mit seinen ersten Buchtiteln. Er handelte der Verlegerinitiative, den Autor an den Verlag zu binden, bewußt entgegen.«(64) Die Autoren der Eremitenpresse behielten ihre Urheberrechte. Dem jederzeit möglichen Abschluß neuer Verlagsverträge mit den marktbeherrschenden Unternehmen stand damit juristisch nichts im Wege. In diesem Punkt unterscheiden sich die späteren Kleinverlage der Alternativpresse entscheidend von ihrem Vorbild. Sie wollten den Autor an sich binden und empfinden es als Verrat, wenn dieser nach einem ersten Erfolg zum nächstbesten Großverlag überwechselt.

Anzunehmen ist, daß Stomps seinen Zöglingen (tatsächlich reden einige Autoren von einem Vater-Söhne-Verhältnis) einerseits den Aufstieg gönnte, daß ihm jedoch die damit verbundenen Umstände und das Terrain, auf dem der Erfolg dann ausgespielt werden mußte, suspekt waren. »V. O. wußte, daß kaum ein Schriftsteller, der Erfolg hat, die Stärke aufbringt, Treue gegenüber dem Wort, der Sprache zu bewahren, daß die Gesetze des Marktes den Autor denaturieren, zur Selbstzensur bringen.«(65)

Zur Eremitenpresse kamen Autoren, die von anderen Verlagen zunächst abgelehnt worden waren, etwa weil das Manuskript einen Stoff behandelte, der den Verleger Schwierigkeiten nach der Veröffentlichung befürchten ließ. So bei einem Romanmanuskript Wolfgang Bächlers, in dem das Thema homosexueller Liebe gestaltet war, was Ledig-Rowohlt zu einer Ablehnung veranlaßte: »Aber, aber! Das Thema ... ist für Sie als Autor wie für uns als Verlag recht gefährlich. Wir können schwer attackiert werden. Ja, es ist nicht ausgeschlossen, daß ein Verbot Ihres Buches zu erwarten wäre.«(66) Stomps teilte dem Autor nach Kenntnisnahme dieser Ablehnungsgründe mit: »Das ist genau das Richtige für mich, das, was ich suche. Ich will drucken, was die großen Verlage nicht riskieren können oder wollen. Ich suche keine Bestseller, sondern junge Talente, das Abseitige, das Experiment und auch das inhaltlich Gewagte. Ich will nicht Geld verdienen. Das können die anderen besser.«(67) Daß Stomps seinen Verlag nicht betrieb, um damit wenigstens seinen Unterhalt zu bestreiten, machten ihm manche seiner Freunde zum Vorwurf. Das Unternehmen war ständig im Defizit, sein Besitzer lebte von festen Bezügen der *Büchergilde Gutenberg*, deren Kataloge er gestaltete. Stomps kümmerte sich oft überhaupt nicht um den Verkauf seiner Bücher, häufig verschenkte er sie.

Die den Drucken der Eremitenpresse eigene Individualität zielte nicht auf bibliophil Ambitionierte. Papierqualität (z.B. Packpapier), Format (schmale Hefte aus Schneideresten großer Druckanstalten), Verwendung verschiedener Drucktypen auf einer Seite (wegen ausgegangener Lettern) ergaben sich in der Regel aus dem Mangel an entsprechendem Material. Der Handsatz jedoch war beabsichtigt und wurde beibehalten, obwohl eine Bleisatzmaschine existierte, die nicht benutzt wurde. 1954 siedelte Stomps mit dem Verlag in die Taunusgemeinde Stierstadt um. Hier entwickelten sich Produktions- und Lebensformen unter Einbeziehung eines ständig anwesenden Freundeskreises. Die Eigenarten dieses Milieus ergaben das Bild, das zur Bohème-Stereotype vieler Darstellungen über Stomps führte.

Bei Stomps erschien die erste Prosa u.a. von Hans Bender, Wolfdietrich Schnurre, Helmut Heißenbüttel, Max Hoelzer, Christoph Meckel. Die Reihe *Geist und Zeit* brachte ab 1954 Essays von Adorno, Jens, Böll, Helwig und Krolow. Ab 1956 gab Stomps die *Streit-Zeit-Schrift* heraus, die von Horst Bingel redigiert wurde. »Vor allem aber publizierte dieser ... kleinste deutsche Verlag mehr Gedichtbände junger Autoren als alle grossen Verlage zusammen.«(68) Von den vielen Autoren, die bei der *Eremitenpresse*, zum Teil erstmals, veröffentlichten, seien hier genannt: Horst Lange, F. M. Hübner, Wolfgang Bächler, Ernst Meister, Christa Reinig, Peter Hamm, Horst Bingel, Gabriele Gyot, Janheinz Jahn, Uve Schmidt, Otto Jägersberg, Herbert Achternbusch, Dieter Hülsmanns, Ulrich Raschke, Fred Viebahn, Gabriele Wohmann. Bis 1967, als Stomps wegen finanzieller Differenzen den Verlag an die Mitarbeiter Reske und Hülsmanns abtrat, waren etwa 250 Bücher in der *Eremitenpresse* erschienen, die meisten, wie schon bei der *Rabenpresse*, in kleiner Auflagenhöhe (ca. 200 Expl.). Stomps zog nach Berlin, wo ihm 1965 der Theodor-Fontane-Preis verliehen worden war, und gründete noch einmal einen Verlag, die *Neue Rabenpresse*. Er starb 1970 in einem Berliner Altersheim.

Innerhalb der Darstellung einiger verlagshistorischer Voraussetzungen der Alternativpresse sollte mit Hervorhebung der Raben- und Eremitenpresse eine Kontinuität sichtbar gemacht werden, die von den Pressedruckern über die Außenseiterverlage des Expressionismus und das Selbstverlagswesen allgemein bis zu den Alternativverlagen der neuesten Zeit reicht. In der Person V.O. Stomps, seinem Selbstverständnis, seiner Arbeit manifestiert sich ein Zusammenhang zwischen der älteren Tradition der kleinen Pressen und der Gegenwart der (literarischen) Alternativpresse. »Sein Beispiel hat eine Zeitlang viele Einmannverleger ermutigt. Dieses Vorfeld der nichtkommerziellen Literatur wurde um so wichtiger, je mehr das Größenverhältnis zwischen kleineren Verlagen und multimedialen Verbundsystemen differierte. Die Rolle der Untergrundpresse, der Gegenpresse, beispielsweise in den USA, ist ein extremer Beweis dafür.« (69)

1959 gründeten Günter Bruno Fuchs und Robert Wolfgang Schnell in Berlin die *zinke*, eine Werkstatt für Graphik und Literatur; hier erschienen die *Roten Flugschriften*, die der *Streit-Zeit-Schrift* ähnlich waren: Stomps war für Fuchs »das große Vorbild«. (70) Aus der *zinke* entwickelte sich Anfang der sechziger Jahre die Druckwerkstatt der *Rixdorfer*, in der u.a. auch Stomps-Autoren gedruckt wurden; an den späteren Festschriften für Stomps ist diese Werkstatt stets beteiligt. Bernhard Jäger und Thomas Bayrle, mit Stomps befreundete Graphiker, schufen 1961 die *Gulliver-Presse*. Als weitere Gründungen seit Mitte der fünfziger Jahre sind zu nennen: *Affenpresse, Elferpresse, Uhlenpresse, Kyklos Presse, Amöben Presse, Maistraßenpresse, Berliner Handpresse, Friedenauer Presse, Philippsberger Werkstatt, Harlekin Presse, Hügelpresse, Water Press* u.a.

Ebenfalls auf Stomps geht die Idee einer literarischen Messe zurück. Eine 1958 geplante Ostermesse in Stierstadt kam jedoch nicht zustande. 1963 trifft Stomps Albrecht Nagel vom *Kyklos Klub* Frankfurt und bespricht mit ihm seinen früheren Plan. Im Juni desselben Jahres findet daraufhin die erste »Literarische Pfingstmesse« statt. Im Vorwort des Ausstellungskatalogs heißt es:

Es wird so viel von einer Krise der Kulturzeitschriften gesprochen, vom Nachlassen verlegerischer Privatinitiative und von einer allgemeinen Nivellierung des Geschmacks, das alles zu einer Zeit, in der unter der Decke der Öffentlichkeit eine *erstaunliche Anzahl* von Zeitschriften des Experiments und der Kritik, handgedruckter Bücher und Druckschriften in kleiner Auflage von sich reden macht, verlegerische Experimente, von denen insgesamt man bedauerlicherweise nur festzustellen hat, daß sie der Öffentlichkeit nahezu unbekannt sind.

Um diesen grauen Markt, der bisher nur wenigen Eingeweihten vorbehalten war, *einem größeren Publikum* zu erschließen und einen Überblick des Bestehenden zu ermöglichen, veranstaltet der Kyklos die »Erste literarische Pfingstmesse Frankfurt am Main 1963.«

Der Kyklos ist ein unabhängiger Kreis, der regelmäßig zusammenkommt, um sich über politische, kulturelle und wirtschaftliche Ereignisse des öffentlichen Lebens auf dem laufenden zu halten.
Er hat für die "Erste Literarische Pfingstmesse" *alle zu ermittelnden* kleinen Verlage und Privatpressen eingeladen und bewußt darauf verzichtet, auf die Auswahl der ausgestellten Titel Einfluß zu nehmen.
Das *unerwartet große Echo* auf diese Initiative, das in der Anmeldung von 95 Ausstellern aus Deutschland,

Belgien, Frankreich, Holland, Luxemburg, Österreich und der Schweiz zum Ausdruck kommt, legt die Vermutung nahe, daß eine Dokumentation dieser Art bisher gefehlt hat.

Kyklos, im Juni 1963 (71)

Im Jahr darauf vereinte die »Zweite Literarische Pfingstmesse« zweihundert Aussteller aus dreizehn Ländern, unter den Exponaten befanden sich diesmal auch vergriffene Privatdrucke seit 1945. Im Katalog machen die Herausgeber nicht ohne Pathos einen politischen Anspruch geltend, die Rede ist von neuentstandenen »politisch-literarischen Zirkeln« als »Zentren fortschrittlichen Denkens«; diese seien »als lebendige Bastion jeder freiheitlich-demokratischen Verfassung anzusehen, die Widerstand leistet und rebelliert, sobald Einzelne oder die Nation in Gefahr sind«. Beweis ihrer Arbeit seien »ihre Zeitschriften, ihre Pressen und Druckschriften, ein Luxus, den sich Diktaturen nicht erlauben können.« (72) Einen Einblick in die Arbeit »passionierter Büchermacher« gab ein ebenfalls 1964 erschienener Almanach mit Text- und Bildproben. Für die deutschen Handpressen, an erster Stelle die Eremitenpresse, wird auf das Vorbild von William Morris verwiesen. (73) Auf der Buchmesse 1963 hatte sich eine Anzahl von Kleinverlegern und Pressedruckern am Stand der Eremitenpresse getroffen. Ab 1964 fingen »die Klitzekleinen an, die große Buchmesse zu bestellen; sie mieteten ihren Platz zu dritt, viert, fünft, hatten damals schon lange Haare, einige kannten Haschisch nicht nur vom Hören. Aber sie hatten sowohl literarisch als auch von den Gags und von der Attraktion her mehr zu bieten als die Big Bens drumherum.« (74) Daß sich mit den Pfingstmessen an der Situation der Kleinverlage etwas geändert hat, kann nicht behauptet werden. Die Aufmerksamkeit einer literarisch interessierten Öffentlichkeit - gar über lokale Grenzen hinaus - dürfte von diesen Veranstaltungen nicht sonderlich in Anspruch genommen worden sein. »Bis 1963 gab es nur ganz wenige Leute, die Produkte der Kleinverlage kannten und kauften. Man kannte sie mit Namen - es waren Herr Beck, Herr Sohm und Herr Dittmar, zumindest waren das die Wichtigsten -, man konnte mit einer verkauften Auflage von drei Exemplaren immer rechnen. Es gab tatsächlich Verleger, die ein Buch in einer Auflage von fünf Exemplaren druckten«. (75)

Dieser Zustand war auch anschließend kein anderer.

Mit quantitativen Kriterien ist dem Phänomen der kleinen Verlage ohnehin nicht beizukommen, wie schon das Beispiel der Privatpressen zeigte. Rodenbergs Register der 36 Pressen würde sich dann fast erübrigen, hat es doch häufig nicht mehr zu registrieren als die Namen seiner Gegenstände. Selbst von den drei oder vier Privatpressen aus den ersten Jahrzehnten nach der Jahrhundertwende, die heute noch zitiert werden, also »bekannt« sind, hat kaum eine mehr als fünf schmale Bändchen hervorgebracht, jedes in einer Auflage von nur wenigen Exemplaren. Die Auflagenziffern der Kleinverlage im Expressionismus sind ebenfalls nicht der Rede wert. Selbst die »Morgue«-Gedichte Benns fanden keineswegs das, was man Absatz nennt. Wie überhaupt erst die historische Rückschau nach 1945 den Expressionismus zur Epoche erklärte. (Seit wann eigentlich gibt es Benn-Gedichte in unseren Lesebüchern?) Und das »Furore«, das der »Morgue«-Verleger Meyer nach Darstellung Hans Benders machte: Wieviele Tausende nahmen es wahr? Wer kannte ihn überhaupt, diesen Herrn »Munkepunke« Meyer - außer dem Fähnlein der Kongenialen, die ihn noch heute in ihren Memoiren hochleben lassen? V.O. Stomps brachte einige hundert Titel heraus - aber was geschah mit ihnen? »Wenn man ihn fragt, wieviel Exemplare eines Gedichtbandes sich denn im allgemeinen verkaufen ließen, so antwortet er: 'Vierzig verkaufte Exemplare, das ist bei einem jungen Lyriker schon viel.' - 'Und wenn etwas schlecht geht?' - 'Nun, sagen wir drei.'«(76) Was im oben zitierten Satz von Frank wie Ironie aussah, ist demnach Tatsache. Ob es seit Ende der sechziger Jahre dabei blieb, wird man noch sehen. Daß aber die Szene, die zu beschreiben sein wird, nicht mit der Elle ihrer Wirkung gemessen werden kann, soll schon an dieser Stelle gesagt werden. Daß diese Szene existiert, daß sie einigen hundert Individuen zur Identität verhilft, daß sie der Ort möglicher Alternativen ist und Wirkung durchaus beabsichtigt, erhellt ihre Geschichte und ihre Literatur. Nur hat sich die Perspektive des Betrachters nicht von außen (Wirkung), sondern von innen her (Absicht) auf die das Innen umgebenden Ränder (Literaturbetrieb, Gesellschaft) zu richten. Andernfalls erübrigt sich die Betrachtung.

Vor allem für den Zeitraum 1963-1967 gilt, daß die verstreuten Agilitäten junger Zeitschriften- und Büchermacher nicht einmal ein Kräuseln an der Wasseroberfläche hervorriefen. Sie bewegten sich am Boden eines Teiches, den sie als trübe empfanden. Umso eindringlicher klingen ihre Appelle, die gerne von Aufbruch künden. Mit der für die Zeit typischen Emphase verbindet Bingel in einem Flugblatt der ersten Pfingstmesse Klage mit Hoffnung. SelbstbestätigendeAusrufezeichen haben den Mangel an Resonanz zu kompensieren: »Hat Deutschland ein literarisches Bewußtsein? Gilt der Schriftsteller etwas? Er gilt nichts, und es gibt kein literarisches Bewußtsein... Doch wie steht es mit den Jungen? Wie steht es um die Handpressen, die kleinen Zeitschriften, die junge Verleger für die Autoren von morgen gründen? Wir haben eine gute Zeit! Zeitschriften der jungen Generation zuhauf! Manche gehen nach sechs, sieben Ausgaben wieder ein... Es zählt der Impuls, es geht um den Humus unserer Literatur... Welche Wirkung, die von diesen Zeitschriften ausging! Welche Kraft, sie zu verlegen, welche Hoffnungen! Allen diesen Zeitschriften war eins gemeinsam: das Experiment... Die Initiative zählt... Wir können nicht genug Handpressen haben! Hätten wir sie, in jeder Straße, in jedem Haus, wir wären für alle Zeiten gegen jede Diktatur gefeit. Jeder Diktator brauchte Jahre, um alle Pressen zu zerstören! Woher die Schergen nehmen? Ein Salut den jungen Zeitschriften und Pressen!« (77)

Bingel spricht weiter davon, daß es »in den letzten zehn Jahren«, der Zeit also von 1953-1963, zwischen dreihundert und vierhundert kleiner Literaturzeitschriften gegeben habe, die allein ihm bekannt seien. Eine Chronologie oder Gesamtschau dieser Publikationen zu verfassen, hieße das Ungleichzeitige im Gleichzeitigen ordnen zu wollen: Sehr viel verbindet diese Zeitschriften nicht miteinander, die in mancherlei Hinsicht mit Schülerzeitungen vergleichbar sind. Eine Kommunikation untereinander gab es nicht, zumindest nicht von der Art, wie sie die spätere Alternativpresse entwickelte; Binnenkontakte gab es aber zwischen Autor und Kleinverleger, Schreiben galt als Entlastung. Der forsche Jargon der kommenden Jahre ist noch nicht geschaffen: »Lieber Christian, viele junge Menschen wollen heute in Form von Gedichten etwas loswerden, was sie bedrückt; nicht zuletzt deswegen, weil es einfach in unserem technisierten Zeitalter niemanden gibt, mit dem sie ernsthaft darüber sprechen könnten.«(78) Der Titel mancher Zeitschrift spricht für sich: *Wegwarten. Zeitschrift für Einzelne.* Genannt seien noch: *Lampion, Lynx, Eröffnungen, Neutralität, Flöte und Schafott, Die Kralle, Das Massengrab, Universitas.*

Während der beiden Pfingstmessen lagen diese Zeitschriften erstmals gemeinsam auf denselben Tischen. Über die Bedeutung, die sie für die jungen Lyriker dieser Jahre hatten, geben verstreut Erinnerungen früherer Beteiligter Auskunft.(79) Politische Ansätze, die über Wehklagen hinaus-

gehen, wird man, von Ausnahmen abgesehen, in diesen Publikationen vergeblich suchen.

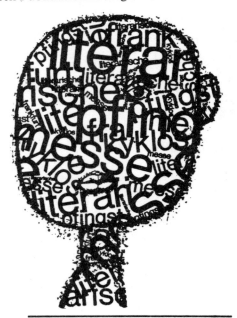

Zweite literarische Pfingstmesse Frankfurt/Main 1964

Nach Auflösung des Kyklos Klub 1965 setzte Horst Bingel in Zusammenarbeit mit dem Klingspor-Museum Offenbach die Pfingstmessen mit der vorläufig letzten Veranstaltung dieser Art vor der ersten Mainzer Minipressen-Messe (1970) fort: Der »Literarischen Messe 1968« in Frankfurt. Eine Jury hatte 266 Bücher und 112 Zeitschriften aus Europa und Übersee ausgewählt, der Katalog sprach von »Zeitschriften der Avantgarde«(80), der einleitende Aufsatz Bingels von »progressiver Literatur«: Der Text war allerdings ein nicht überarbeiteter Abdruck des oben zitierten Flugblatts von 1963 - mit seiner fünfjährigen Vergangenheit nicht nur hinsichtlich der Diktion anachronistisch: Die Zeiten hatten sich geändert, der alte Aufsatz hätte durch einen aktuellen ersetzt werden müssen, der den Ereignissen des Vorjahres, und nicht nur des Vorjahres, Rechnung trug.

Mit den Gegenreaktionen auf die Bildung der Großen Koalition 1966, der Formierung einer außerparlamentarischen Opposition, den Demonstrationen beim Besuch des Schah in Berlin 1967, bei denen der Student Benno Ohnesorg von

Das Weib ift Sonntag,
der Mann Alltag.

*

Krieg
und Hetzerei jeglicher Sorte ist Heimweh nach dem Wüsten.

Under the spreading Chestnut tree
"The villain Smithy" stands"

Hippie-Exotik   *Rixdorfer Drucke*   *Politischer Underground*
Amerikanische und deutsche Zeitschriften und Flugblätter in Frankfurt   Fotos Lutz Kleinhans

FAZ. 15/5.68

Was Leser sonst nicht lesen

Bücher, Zeitschriften der „Avantgarde" - Literarische Messe in Frankfurt

Literatur steckt zwischen zwei Buchdeckeln und ist käuflich in den Buchhandlungen. Die Buchhandlungen beziehen die Bücher von den großen Verlagen. Die Verlage drucken die Literatur. Was wert ist, gedruckt zu werden, und was wert ist, gelesen zu werden, das wird für die Leser gedruckt. Also könnte man meinen. Also wird einem bestätigt durch die Masse des Angebots in den Schaufenstern, wo kein „Tabu" mehr unverletzt bleibt und kein provokantes „Risiko" mehr ausgelassen wird. Scheinbar. Inwiefern nicht alle Literatur, die entsteht, zwischen zwei Buchdeckel gerät und warum nicht alle Bücher auf dem Markt des großen Angebots erscheinen, das demonstriert eine Ausstellung, die das „Frankfurter Forum für Literatur" mit dem Klingspor-Museum Offenbach zur Zeit in den Frankfurter Römerhallen zeigt: „Handpressen, Flugblätter, Zeitschriften der Avantgarde" ist der Titel dieser „Literarischen Messe", der ersten großen Übersicht über eine Literatur, die — sei es aus politischen, sei es aus ästhetischen Gründen — bis auf Ausnahmen nur mit einer ganz kleinen Auflage (zwischen 40 und 200 Exemplaren) von Ein- oder Zweimannverlagen herausgebracht wird und daher bisher nur eingeweihten Kennern, Liebhabern und den Machern dieser Literatur bekannt war. Jetzt kann ein größeres Publikum von ihr Kenntnis nehmen.

Die Idee zu diesem außergewöhnlich reizvollen, informativen und überfälligen Unternehmen ist zehn Jahre alt und wurde damals von V. O. Stomps und Horst Bingel, dem jetzigen Veranstalter, geplant. Den Versuch einer ersten Zusammenstellung der deutschen Handpressen-Literatur und der avantgardistischen Kunstzeitschriften machte 1963 und 1964 der Kyklos-Club (Albrecht Nagel) mit der „Literarischen Pfingstmesse". Aber erst jetzt konnte durch eine auswählende Jury (Horst Bingel, Hans A. Halbey, Franz Mon, Dietrich Segebrecht und Hans Joachim Vogt) eine wirklich repräsentative Schau dieser heimlichen Literatur zusammengebracht werden — zusätzlich dreier Doku ... ...-Zeitschriften

„Oracle of Southern California" mit ihrem Jugendstil und LSD-verschworenen Träumen von einer harmonischen Gesellschaft, jene rückwärtsgewandte Utopie, einem neuen Indianermärchen, beschrieben mit goldenen und purpurnen Bibelworten, sternenübersät, sexbesessen und das alles, was sprachlich prophezeit wird, durch die gleiche Sprache unglaubwürdig machend. Es ist auch nicht in den eigentlich politischen Underground-Blättern zu entdecken, wie etwa den amerikanischen Zeitschriften „The East Village Other", „Open Cities" oder „Notes from the Underground", die alle an die hunderttausend Auflage haben und sicherlich schon die Macht, bei Amerikas jüngeren Campus-Intellektuellen das Bild der Bundesrepublik so abschätzig und fatal wie nur möglich werden zu lassen, wie das auch allein durch die Berlin-Fotos der großen Londoner Underground-Zeitschrift „The International Times" geschieht oder auch durch die französische Avantgarde-Zeitschrift „Le Point".

Im Gegensatz zu der programmiert unpolitischen Philosophie von Allan Ginsberg und Timothy Leary — der ausgezeichnete Katalog enthält einen Dialog der führenden kalifornischen Hippie-Philosophen —, enthalten die Underground-Blätter einen rationalen Informationsstil, der nur bisweilen durch exotisches Liniengeflecht unterbrochen wird. Der Underground ist nicht unbedingt die Avantgarde.

Was man hier „avantgardistisch" nennen muß, steckt in der eigentlich literarischen Show, den Produkten der Handpressen und Einmannverlage sowie den Kunst- und Literaturzeitschriften, zwischen den lettristischen Anordnungen von Franz Mon bis zu den Literatur-Blechen von Bazon Brock, wobei zwei schon etablierte „Avantgardisten" genannt wären, ein Problem der „Avantgarde" selbst mitliefernd — nämlich ihren Erfolg —, die ein Jüngerer wie etwa Hans Imhoff schon als historische, also überholte Figuren anspricht in seinem Schreibmaschinentext „Assozialistik. Vernichtung der Literatur". Die ... ... hier genannt sind, stecken

einem herkömmlichen Sinne „lyrisch", vertraut und unproblematisch wirken, etwa die von Joachim Rochow, von Margarete Hannsmann, Harald K. Hülsmann oder Angelika Wiebäch. Ein besonderes Kapitel der Handpressen scheint die Eremiten-Presse zu werden: Unter der Leitung von Dieter Hülsmanns haben sich hier die auch dem allgemeinen Büchermarkt schon vertrauteren Namen versammelt: Felix Rexhausen, Gabriele Wohmann, Guntram Vesper, Christa Reinig, Guido Bachmann, Ulrich Raschke sind hier eine Phalanx von schon aus den Feuilletons bekannten Namen. Dazu kommt eine gewisse Tendenz zum homoerotischen Stoff und zu fatalen Märchen, die nunmehr modisch geworden ist und auf Massenabsatz, dem Gegenteil der „Avantgarde", drängt, was nicht gegen einzelne interessante und intelligente Beispiele spricht, wie etwa Guido Bachmanns Geschichte vom Selbstmord Kleists: „Wannsee" oder Gerald Bisingers „Bittersüßes Chanson": „Meine Frau, das Suppenhuhn, kocht im Topf sich selber mit".

Was in allen hervorstechenden Fällen deutlich wird — und man könnte das etwa am Beispiel des in der Gulliver-Presse gedruckten Prosastücks „E 835" von Schäuffelen erörtern (vgl. hierzu Literaturblatt F.A.Z. vom 11. 5.) —, wäre das noch Überraschende, das plötzlich ästhetische Impulse des Lesers Alarmierende, das etwas den Leser über seine bisherige Assoziationsfähigkeit hinaus Erkennenlassende aller „avantgardistischen" Beispiele. Eben das, was diese Texte noch nicht „reif" macht für die großen Verlage, versetzt sie in den Rang des „Avantgardistischen". Vielleicht ist das der wesentliche Reiz dieser Ausstellung, daß sie indirekt den Abstand zwischen der gängigen, von den Verlagen in bester Absicht als „modern" vorgestellten, eine gewisse Glätte der Kommunikation erreichenden, nur schon etwas Gewußtes bestätigenden Literatur und ihrem Gegenteil klarstellt: dem spröden, der breiten Kommunikation nicht zugänglichen, auf Einmaligkeit des Lesers und auch Einmaligkeit der Produktion kalkulierten ... ...

Aus der Frankfurter Allgemeinen Zeitung vom 25. Mai 1968

einem Polizisten erschossen worden war, den Protesten gegen den Vietnamkrieg war das Verhältnis der Basis zur politischen Macht (vorläufig) in ein neues Stadium eingetreten. Vier Monate vor den großen Demonstrationen des SDS auf der Frankfurter Buchmesse ist auf der »Literarischen Messe« von den politischen Auseinandersetzungen, auch der beginnenden Infragestellung des tradierten Literaturbegriffs, wenig zu merken. Allerdings fielen Publikationen aus der amerikanischen Literaturszene auf - Texte von Kerouac und Burroughs. Der Katalog enthielt - als ersten Beitrag - ein Gespräch zwischen Allan Watts, Allen Ginsberg, Timothy Leary und Gary Snyder, von den Herausgebern überschrieben »Was ist Underground? Was wollen die Hippies«. Ein Konterfei der vier Amerikaner schmückte, als Fotokollage, das Ausstellungsplakat. Auswirkungen der literarisch-publizistischen Gegenkultur der USA auf die junge deutsche Literaturszene machten sich bemerkbar.

Das Vorbild der amerikanischen Underground-Presse

Literatur der Beat Generation

Die den Medien in den entwickelten Industrieländern beigemessene Bedeutung für die Zementierung oder Aufhebung individueller und gesellschaftlicher Normen, politischer, sozialer und kultureller Sinnsetzungen erklärt auch die Korrelation zwischen der amerikanischen Protestbewegung der 1960er Jahre und ihrem Medium, der Underground-Presse. Eine der Gesamtgesellschaft und ihren Medien entgegengesetzte Publizistik zunächst weniger, später einiger hundert Zeitungen und Zeitschriften war an der Entfaltung der anfangs lokal begrenzten Revolten mitbeteiligt und ermöglichte ihre Ausdehnung auf das ganze Land. Die Underground-Presse verstand sich als für die Bewegung konstitutiv, als Plattform und Verständigungsorgan der an ihr Beteiligten und als Korrektiv gegenüber den etablierten nachrichtenarmen und kommentatorisch einseitigen Medien. Diese hatten über Jahre hinweg die Existenz eines Protestpotentials in der Bevölkerung, vornehmlich bei Jugendlichen und sozialen Randgruppen, ignoriert. Als dann die Bewegung »plötzlich« und für jedermann sichtbar die Straße zum Terrain ihrer politischen Aktionen machte, nahm die Öffentlichkeit davon überrascht und unvorbereitet Kenntnis.

Erste literarische Ausdrucksformen der Protestbewegung entstanden als Reflex auf die politischen und gesellschaftlichen Verhältnisse der ersten zehn Nachkriegsjahre, als Kalter Krieg und Koreakrieg eine hysterische Furcht vor kommunistischer Subversion aufkommen ließen. Die von der politischen Führung der USA forcierten Ressentiments machte sich der Senator Josef McCarthy für seine antidemokratischen Kampagnen zunutze (»McCarthyismus« 1950-54), »deren jahrelange Duldung und teilweise Billigung in der amerikanischen Öffentlichkeit einen Tiefpunkt der Geltung individueller Freiheitsrechte, insbesondere des Rechts auf freie Meinungsäußerung, darstellten«.(1) Die von Ausschüssen des Kongresses durchgeführten Loyalitätsprüfungen erstreckten sich, nach Maßgabe neuer Sicherheitsgesetze, auf mehrheitlich intellektuelle und künstlerische, liberale, bürgerrechtsorientierte Kreise und Einzelpersonen. Als Sicherheitsrisiko galten zunehmend nicht nur die vermeintlichen »kommunistischen Umtriebe«, sondern auch Alkoholkonsum, deviantes sexuelles Verhalten und Drogengebrauch. Viele der Untersuchten verloren ihren Arbeitsplatz und ihre Reputation. »In dieser Atmosphäre der Furcht und Hysterie wurden Mittelmäßigkeit, Konformismus und Duckmäusertum zur Regel.«(2) Die überwiegende Mehrheit der amerikanischen Künstler zog sich zurück »in den abstrakten Expressionismus und Formalismus« - doch die »unnatürliche, hochästhetische Ruhe wurde nicht lange von den Künstlern hingenommen. Angst und Unzufriedenheit verlangten nach Ausdruck.«(3)

Mit dem Auftreten der »Beats« begann die Artikulation einer künstlerischen, emotional-politischen und spirituellen Absage an den »American Way of Life« und seine Leitfigur, den »Organization Man«(4). In den Autoren der »Beat Generation«(5) - Jack Kerouac, Allen Ginsberg, Gregory Corso, Lawrence Ferlinghetti, Frank O'Hara, Gary Snyder, William S. Burroughs, Michael McClure u.a. - verkörperte sich der durch Reflexion, Radikalität, Spontaneität und exzentrischen Lebensstil »andere Amerikaner«. Die meist jungen Autoren, die zunächst in San Francisco und Los Angeles, dann in New York mit ungewöhnlichen Lesungen Aufsehen erregten verstanden ihre Texte als den genauen »Gegensatz zu den trockenen, präzisen und berechnenden Versen der akademischen Dichter, die gerade damals glaubten, die einzigen amerikanischen Dichter zu sein, die dieses Namens würdig wären.«(6) In ihren Werken gestalteten sie z.T. im Randgruppen-Slang und unter bewußtem Verzicht auf besondere Stilformen die für ihren eigenen Lebenszusammenhang maßgeblichen Themen: die Abenteuer ziellosen Reisens und Vagabundierens, Veränderungen des Bewußtseins durch Drogengenuß und Meditation (Zen-Buddhismus), Sexualität, aber auch Krankheit, Alkoholismus, psychisches und materielles Elend. Die Rezeption dieser Literatur in Amerika und Europa zeichnete sich, wenn nicht in verachtender Ablehnung, durch Verharmlosung und Selektionismus aus.

»Die Beat Generation ist, je nach Informationsstand und Interesse des Betrachters, in verschiedenen Ausfertigungen zu haben: als östlich-religiös versponnener Eremiten-Club; als angebliche Brutstätte von Jugendkriminalität; als erster erfolgreicher Versuch zur Überwindung von sexfeindlicher Scheinmoral, verbiesteter Leistungsideologie und eiskalter Rassendiskriminierung in den USA; als echt amerikanische Erneuerungsbewegung - in der Dichtung wie im Leben - in der Tradition von Whitman und Thoreau; als gesellschaftssanitäres Problem für Psychiater und Polizei (so der Soziologe Ned Polsky); als stinkfauler Klüngel von 'hirnlosen Bohemiens'(so der Literaturkritiker Norman Podhoretz); usw.«(7)

Die Kritik übersah, daß ein Teil der Beat-Autoren sich in der Nachfolge der amerikanischen marxistischen Erzählkunst der dreißiger Jahre verstand (8), sie unterschlug ihren Protest gegen Kommunistenverfolgung und Kriegshetze und hob mit Vorliebe die exzentrischen, malerischen und rauschhaften Aspekte der Werke als sensationell hervor. Andere Kritiker akzentuierten, wie Robert Weimann in einem Aufsatz 1965 feststellte, »die mystisch-religiösen Elemente über Gebühr, Lawrence Lipton, der Monograph der Beatniks, den anarchistischen Lebensstil, Nor-

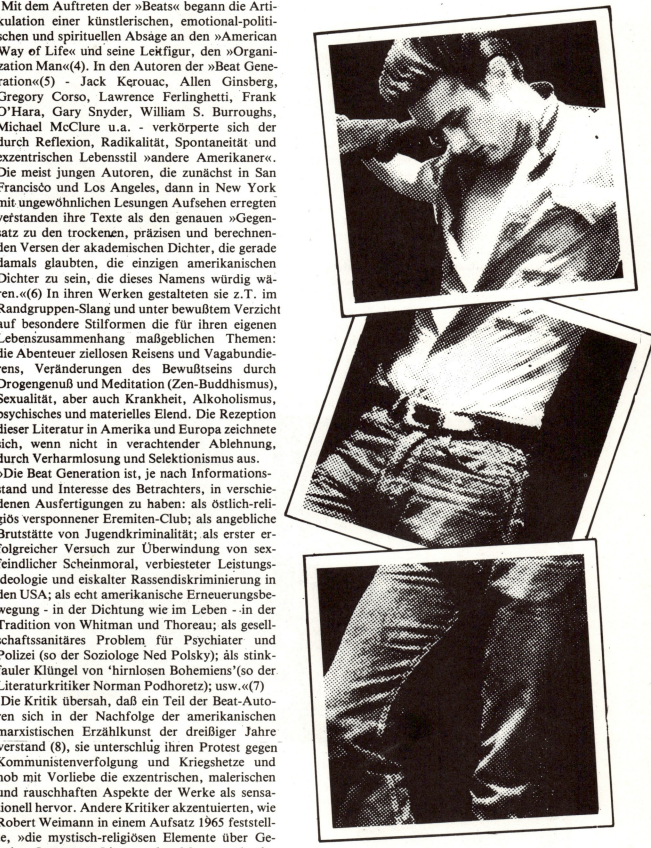

James Dean, Kultfigur der 50er Jahre

man Mailer das Psychopathische, und so weiter …
Insgesamt gesehen ist aber ihr kritisch-opposi-
tioneller Impuls hintertrieben worden; er wurde
bislang kaum untersucht, geschweige denn in
seinen strukturell-künstlerischen Konsequenzen
gewürdigt.«(9) Dieses Resümee kann in besonderer Weise auf das Werk Allen Ginsbergs bezogen
werden, dessen Gesamtauflage in die Millionen
geht, bis in die Gegenwart aber kaum einer kritischen Werkanalyse unterzogen wurde, wie ein
Kritiker noch 1974 bemerkte: »Die Zurückhaltung der Literaturwissenschaft ist kaum ver-
wunderlich. Ginsbergs oft skandalöses Verhalten
in der Öffentlichkeit und das starke Engagement,
mit dem er die Poesie in den Dienst seiner links-
gerichteten Propaganda zu zwingen scheint, muß
ihn vielen suspekt erscheinen lassen.«(10)

Die heutige Auflagenhöhe der Beat-Literatur in
den großen amerikanischen und europäischen
Verlagshäusern sollte nicht vergessen machen,
daß den Autoren eine Veröffentlichung der Manuskripte zunächst unmöglich war. Ginsbergs
berühmtes Gedicht »Howl« erschien in einer
Sondernummer der Zeitschrift »Evergreen Review«(11), deren Verleger, Lawrence Ferlinghet-

Allen Ginsberg

ti, der selbst zu den bekannteren Beat-Autoren
gehört, wegen angeblicher Obszönitäten des Textes vor Gericht gestellt wurde. Kerouac schrieb
den als Manifest der Bewegung geltenden Roman
»On the Road« im Frühjahr 1951, das Manuskript wanderte von Verlag zu Verlag, als Buch
erschien es erst 1957. Der 1953 veröffentlichte

Absage an den American Way of Life: William S. Burroughs

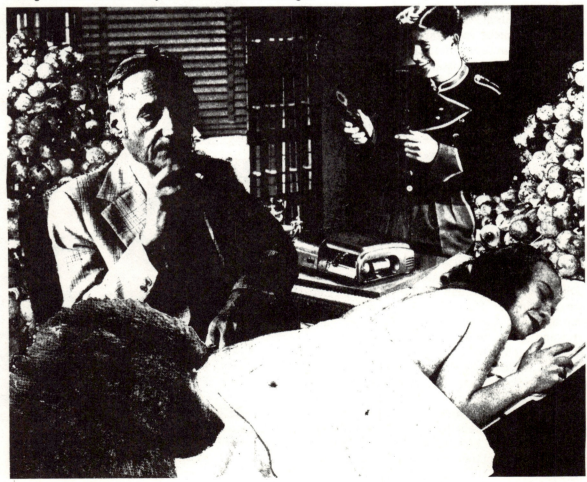

Roman »Junkie« von William S. Burroughs, des »vielleicht stärksten Prosaisten der Bewegung« (12), konnte im Verlag *Ace Books* nur in Druck gehen, weil der dem Autor verbundene Lektor Carl Salomon Vorkehrungen in Gestalt einer Selbstzensur getroffen hatte. Ginsberg, der den Kontakt zwischen Autor und Lektor hergestellt hatte, beschreibt im Vorwort der erstmals 1977 ungekürzt und unzensiert erschienenen amerikanischen Ausgabe des Buches die Maßnahmen des Lektors angesichts der zu befürchtenden Reaktionen der Behörden:

»Die Angst und die Einschüchterung, von denen Salomon spricht, waren so real, daß man sie in den Schundroman-Verlagen längst verinnerlicht hatte; und so konnte das Buch von Burroughs erst gedruckt werden, nachdem man allerlei Dementis in den Text eingebaut hatte - der Verleger mußte sich von der kriminellen Vergangenheit des Autors distanzieren, und die Leser durften nicht irregeführt werden durch subjektive Äußerungen des Autors, die sich nicht vertrugen mit den Ansichten der 'anerkannten medizinischen Autoritäten'.«(13) (Burroughs stellt in seinem autobiographisch geprägten Roman die genaue Anwendung und physiologische Wirkung von Opiaten dar.)

Wie andere literarische Avantgarde-Bewegungen vor und nach ihnen mußten die Beats sich ihre eigenen Publikationsformen schaffen. Das waren einmal die öffentlichen Lesungen, die stets als improvisierte »jam sessions« mit Jazz und Diskussionen eine spontane Kommunikation mit dem Publikum ermöglichten. Zum anderen schuf Ferlinghetti mit seinem Verlag *City Lights Books* und der *Evergreen Review* ein bleibendes Forum für seine Freunde; daneben gab es eine Anzahl weiterer »Little Magazines« wie *Beatitude, Big Table, Origin, East, Aardvark, Combustion, My Own Magazine, Kulchur, Intercourse* und andere Hans Magnus Enzensberger äußerte sich 1962 mit Anerkennung über die Qualität der neuen Literatur und die Medien, in denen sie Verbreitung fand: »Die Renaissance der amerikanischen Poesie, der scheinbar plötzliche Ausbruch dichterischer Energien, der in den 50er Jahren wahrzunehmen war, läßt sich auf die mühseligen und aussichtslosen Kämpfe einer winzigen Minorität zurückführen ... Wer ihre Vorgeschichte studieren will, muß sich einer beinahe apokryphen Überlieferung zuwenden: Den kleinen Flugblättern und Magazinen, die damals in geringen Auflagen, jenseits des offiziellen Verlagsbetriebs unter schweren, nicht nur materiellen Opfern, unter wenige Leute gebracht worden sind.«(14)

In dieser Zeit entstanden in New York zwei Zeitschriften, die als die Vorläufer der späteren Underground-Presse anzusehen sind. »They were largely a response to the social indifference and journalistic vacuum at the end of the silent generation of the 1950s.«(15) Zu den Gründern der *Village Voice*, die 1956, nach einjährigem Bestehen, eine Wochenauflage von 140.000 Exemplaren erreichte, gehörte auch Norman Mailer. »Ich wollte, daß sich alle über die Zeitschrift empörten.«(16) Das Blatt besaß keinen Nachrichtenteil im engeren Sinne, sondern brachte vorwiegend Kritiken, Essays und »filler items«, die der etablierten Presse zu gewagt waren. Zu den ständigen Autoren zählten u.a. Anaïs Nin, Donald Carpenter, die Beat-Autoren Ginsberg und Burroughs sowie Mailer selbst. Der Herausgeber des 1958 gegründeten satirischen Magazins *The Realist*, Paul Krassner, »weigerte sich, zensiert zu werden; er weigerte sich, Anzeigen aufzunehmen; und damit verweigerte er sich der Inkarnation von Amerikas sozialer Mythologie.«(17)

Die Protestbewegung der 60er Jahre in den USA

Mit der Literatur der Beats und den ihnen nahestehenden neuen politischen und literarischen Magazinen war den Wertvorstellungen der weissen Mittelklasse durch eine kleine Gruppe die Legitimität aufgekündigt worden. Zwar tendierten die Autoren eher zu individualistischer Zurückgezogenheit als zu politischer Aktion und Popularisierung ihrer Kritik, aber sie artikulierten, was im Bewußtsein zumindest der sozialen Minderheiten virulent war und dann innerhalb weniger Jahre im Anwachsen der Bürgerrechtsbewegung und der studentischen Proteste materiellen Ausdruck fand.

Der Bürgerrechtsbewegung unter Martin Luther King gelang es Anfang der sechziger Jahre, die Apathie der Schwarzen zu durchbrechen, sie zu Protestaktionen und Friedensmärschen zu mobilisieren und ihnen Mut zu machen gegenüber der Gewalt von Polizei und Behörden. Weiße aus dem Lager der Liberalen beteiligten sich auf Seiten der Schwarzen an den Auseinandersetzungen (Alabama); noch bis 1963 sah der drei Jahre zuvor gegründete SDS (Students for a Democratic Society) in Liberalen und Gewerkschaften Verbündete im Kampf für bürgerliche Grundrechte - bis er erkannte, daß die Machtstruktur nicht vor allem auf dem Rassismus beruhte. Die Kennedy-Administration setzte sich zwar gegenüber reaktionären Gouverneuren in den Südstaaten durch und erreichte eine partielle Aufhebung der Rassendiskriminierung, doch die notwendigen strukturellen Reformen blieben aus. Das Bürgerrechtsgesetz scheiterte im Kongreß, die Arbeitslosigkeit der Schwarzen lag auch 1963 noch bei über 10 %, 50 Millionen Amerikaner lebten nach Schätzungen [18] am Rande des Existenzminimums. Der gescheiterte Überfall auf Kuba (Invasion in der Schweinebucht 1961) und die Entsendung der ersten amerikanischen Truppen und Militärberater nach Südvietnam diskreditierten auch die Außenpolitik des Präsidenten in den Augen seiner liberalen Anhänger.

Nach Hollstein demonstriert die Phase der Regierung Kennedys eine Beziehung zwischen der »Involution des Systems« und der »Evolution jugendlicher Protestbewegungen«.[19] Personengruppen, die dem System skeptisch oder kritisch gegenüberstanden (»Drop-outs«, wie beispielsweise die Beats), gaben ihre Distanz zur Gesellschaft teilweise auf und verbanden ihre anfängliche Sympathie für Kennedy mit einer Hoffnung auf eine demokratische Regenration im Rahmen und mit Hilfe der bestehenden Institutionen. »John F. Kennedy ... schwächte die amerikanische Protestbewegung entscheidend.« Aber seine Ermordung »und die dunklen Machenschaften nach dieser Tat bewirkten erneut die Evolution der jugendlichen Protestbewegung in den USA.«[20]

Die Entstehung und der Verlauf des »Movement« sind nach Auffassung der Sozialwissenschaftler Leineweber und Schibel »jenseits von langweiligen, dem Phänomen völlig äußerlich bleibenden soziologischen Untersuchungen nur sehr schwer nachvollziehbar.«[21] Wie Baacke [22], Hollstein, Mehnert u.a. erklären sie das Aufkommen einer von Institutionen und Parteien unabhängigen politischen Bewegung Anfang der sechziger Jahre im Zusammenhang einer gegenkulturellen Bewegung seit Mitte der fünfziger Jahre. Sie begnügen sich jedoch nicht mit einer phänomenologischen Rezeption, noch schließen sie sich dem verbreiteten Usus an, die Revolte im Kontinuum eines historisch ständig wiederkehrenden jugendlichen Aufbegehrens anzusiedeln, wie etwa Blancpain und Hänselmann, Heer, Kuhn, Dietz u.a. [23] Ihre Untersuchung macht deutlich, daß die Bewegung sich im wesentlichen innerhalb zweier unterschiedlicher Richtungen entfaltete: einer politischen und einer kulturellen. Der kulturelle Protest orientierte sich an einer Negation des vorherrschenden Lebensstils und der standardisierten Kultur, der politische Protest implizierte revolutionären Widerstand. Nach Ansicht der Autoren war entscheidend, daß sich in der Nachkriegsgeschichte der Begriff des Politischen geändert habe, sowohl der »der offiziellen Politik,... als auch der politische Begriff des politischen Widerstands. Dieser Veränderung auf die Spur zu kommen und sie theoretisch und öffentlich zu entfalten, ist die eigentliche produktive Leistung der politisierten Teile der Bewegung, wozu sie aber nur in enger Tuchfühlung und Auseinandersetzung mit ihrer gegenkulturellen Basis in der Lage waren.«[24]

Für den folgenden Überblick über den Verlauf der amerikanischen Protestbewegung und seine publizistische Unterstützung soll vorläufig auf die Dialektik der beiden genannten Richtungen verwiesen werden: »Neue Linke« (Studentenbewegung, Intellektuelle) und »Street Movement« (Yippies, Diggers, Crazies, Greasers u.a.). Es standen, in den Termini Schwendters, auf dem Höhepunkt der Bewegung eine »rationalistische« und eine »emotionelle« Ausprägung subkulturellen Protestes in enger Beziehung.(25) Die Chronologie der Ereignisse wird man auf diesem Hintergrund zu verstehen haben.

Nach Jerry Rubin, dem Gründer der »Yippies«,

Fesseln los ... Der Rücksitz des Automobils war die Wiege der sexuellen Revolution und das Autoradio das Medium der Subversion.«(26)

Die »Unmittelbarkeit«, die das Warenangebot versprach, stand im Widerspruch zum »rigiden Funktionalismus« des Arbeitsprozesses. Aus diesem Widerspruch ging nach Leineweber/Schibel die Jugendrevolte hervor. Die Mittelklassejugend habe begonnen, gegen die Arbeit zu rebellieren; dabei habe der Konsumerismus - so sieht es auch Rubin - eine befreiende Kraft entwickelt. In

Yippies im August 1968: Der »Sturm aufs Capitol«

war die Überflußkultur der USA Bedingung und auslösende Kraft der Bewegung; eine neue Musik, ein ihr adäquates Medium und die Entdeckung sexueller Freiheit markierten ihren Anfang:

»Die Neue Linke entsprang - ein auserwähltes Kind, das die Schnauze voll hatte - dem rotierenden Pelvis des Elvis ... Während es vorn im Wagen aus dem Radio 'Turn Me Loose' rockte, machten sich die kids auf den Rücksitzen von den

ihrem Widerspruch gegen das System konnten die Drop-outs auf die konsumeristische Wohlstandsgesellschaft vertrauen: ihr »ökonomischer Existenzialismus«·war ein »Existenzialismus ohne Angst«.(27)

1964 organisierte die Mehrheit der Studenten der Berkeley-Universität eine Protestkundgebung gegen einen Erlaß der Universitätsleitung, der das Verteilen von politischen Flugblättern auf dem Campus untersagte. Gegen die einrückende

WANTED BY THE FBI

DR. TIMOTHY LEARY   RALPH GINZBURG   ALLEN GINSBERG

"I have the right to follow my own spiritual method."

"America is not only no longer a peace-loving country, but it is also no longer a liberty loving country."

"Has anyone looked in the eyes of the wounded."
"The Secretary of State is speaking nothing but language."

CAUTION   CONSIDER EXTREMELY DANGEROUS.   Date photograph taken

IF YOU HAVE INFORMATION CONCERNING THIS PERSON, PLEASE NOTIFY ME OR CONTACT YOUR LOCAL FBI OFFICE. TELEPHONE NUMBER IS LISTED BELOW.

DIRECTOR
FEDERAL BUREAU OF INVESTIGATION
UNITED STATES DEPARTMENT OF JUSTICE
WASHINGTON, D. C. 20535
TELEPHONE, NATIONAL 8-7117

Wanted Flyer No. 3000
March 31, 1966

CALL NYC
LE 5-7700

»Die Kinder laufen aus der Schule weg, weil es keine Gurus für sie gibt, keine Lehrer der Weisheit. Die sensitivsten und besten Köpfe verlassen das System. Sie schauen sich ihre Nation an, schauen in die Gesichter der Älteren, dann lassen sie sich die Haare lang wachsen und bilden Gemeinden in den Slums, pilgern nach Big Sur oder leben nachts in den Wäldern auf der Suche nach Meditation und Vision.« (Allen Ginsberg)

Polizei protestierten über 5000 Studenten in einem zehnstündigen Sitzstreik, ein »Free Speach Movement« wurde gegründet, die Besetzung der Verwaltungsgebäude und ein tagelanger Streik waren die Antwort auf die Verhaftung von 800 Studenten. Die Vorgänge waren einmalig in der amerikanischen Universitätsgeschichte. Das »FSM« informierte sämtliche Universitäten des Landes und rief zu einer Solidaritätskampagne auf. In der Folgezeit »strömten« Tausende von Flüchtlingen aus New York und dem Mittelwesten herbei, um auf den Straßen von Berkeley zu leben ... Vor den Toren der größten Universität in der Geschichte der Menschheit entwickelte sich spontan eine neue Kultur.«(28) Die Bewegung griff auf das benachbarte San Francisco über, wo im Stadtteil Haight Ashbury bereits die Beats Anfänge einer Gegenkultur mit antibürgerlichen Lebensformen entwickelt hatten. Entsprechend verlief die Invasion jugendlicher Drop-outs in New York (East Village und die Lower East Side von Manhattan), Washington, Chicago und anderen Metropolen, in denen bestimmte Stadtteile als traditionelle Zentren bohemischer und künstlerischer Zirkel Bedeutung gewonnen hatten. Der Personenkreis, der innerhalb kurzer Zeit in den Straßenzügen und Wohnkollektiven dieser Anlaufzentren neue Verkehrsformen und Gegenwerte gegenüber den Normen der Mittelklasse schuf, war ein Amalgam aus alter existenzialistischer Bohème, proletarischen Jugend-Subkulturen und mittelständischen Drop-outs, von denen ab Mitte der sechziger Jahre die Hippies weltweit bekannt und zum bevorzugten Negativbild einer feindseligen Presse und einer auf Vermarktung des Phänomens bedachten aufsprießenden Pop-Industrie wurden. Die Hippies (29) intendierten keine Veränderung des Systems, sie kehrten ihm den Rücken und waren vollauf damit beschäftigt, sich von ihrer mittelständischen Sozialisation zu emanzipieren. Unmittelbarkeit und eine ihr zugehörige reiche Symbolik, Hedonismus, Sinnlichkeit, Phantasie, Imagination, Liebe, Spiritualität, Naturnähe etc. entwickelten sich als neue Werte aus der Praxis des täglichen Umgangs miteinander sowie der Rezeption des neu entdeckten Hesse und der Werke von Ginsberg, Allan Watts, Timothy Leary u.a.

Genuin politische Ansätze auf der Grundlage soziologischer Analyse führten im SDS 1963 zur Gründung des Economic Research and Action Project (ERAP), einem Versuch, in den Ghettos der schwarzen und weißen Armen Selbsthilfe-Organisationen in Miet- und Gesundheitsfragen aufzubauen und im Auftreten gegenüber der Administration Solidarität herzustellen. Das Projekt scheiterte an den Spannungen, die sich aus dem sozialen Gefälle zwischen den Studenten und den Betroffenen ergaben. Die politische Basisarbeit

wurde abgelöst durch die Massenaktionen seit Mitte der sechziger Jahre, die sich gegen die amerikanische Beteiligung am Krieg in Vietnam richteten. 1965 begann das Bombardement auf Nordvietnam, 25000 Menschen demonstrierten dagegen in Washington, in weiteren 90 Städten waren es über 100.000. Im selben Jahr wurde die Black Panther Party gegründet und die erste Underground-Zeitschrift, die *Los Angeles Free Press* erschien; zwei Jahre später schon existierte eine Gegenpresse, die über eigene Presseagenturen verfügte.

Das Jahr 1967 brachte der Hippiebewegung, die nach Schätzungen damals mehr als 500.000 Jugendliche umfaßte (30), ihren »genau fixierbaren Höhepunkt«, das Massen-Love-in im Januar, und ein »offizielles Ende« im Oktober (31), als maßgebliche Protagonisten, angeekelt und entsetzt von der Veräußerlichung der Bewegung - durch Fotoreporter, Hippietourismus, Pop-Industrie, Verbreitung der Opiat-Derivate, Kriminalität, Brutalisierung - in der Underground-Presse Todesanzeigen aufgaben für »Hippie, den treuen Sohn der Massenmedien« und eine symbolische Beerdigung veranstalteten. Im Oktober desselben Jahres demonstrierten in Washington 200.000 Kriegsgegner. Im Dezember gründeten Rubin und Abbie Hoffman die Organisation der »Yippies« (Youth International Party), zu der auch ein großer Teil ehemaliger Hippies stieß, die durch die politischen Ereignisse radikalisiert wor-

Hippiebewegung 1967: Mehr als 500.000 Jugendliche in den USA

den waren, jedoch bei den politisch bewußtesten Angehörigen der Gesamtbewegung, den studentischen Revolutionären »mit weißem Kragen«, nicht die praktischen Lebensformen vorfanden, die im Einklang mit ihren eigenen Überzeugungen standen (Sinnlichkeit, Genußfähigkeit, freie Sexualität etc.). Im August 1968 zogen die Yippies zum Wahlkongress der Demokraten nach Washington und kürten ein Schwein zu ihrem Präsidentschaftskandidaten. Die Polizei ging mit äußerster Brutalität gegen das friedliche Happening vor, die TV-Sender zeigten tagelang die Bilder dieser Gewaltaktion, unter der auch Unbeteiligte zu leiden hatten und die landesweit Empörung bei vielen Journalisten, Schriftstellern und liberalen Politikern hervorrief. »Die Bullen von Chicago machten einen Fehler, als sie einigen Reportern unserer großen Zeitungen eins überzogen - der Schlag auf den Hinterkopf mochte immerhin einige nachdenklich stimmen.«(Charles Bukowski) (32)

1968 und 1969 kam es zu den Aufständen in den schwarzen Ghettos, das Street Movement und die Neue Linke solidarisierten sich mit den Radikalen der Black Panther.

»Es gab ein plötzliches, gegenseitiges Erkennen zwischen den Schwarzen und den Weißen, die zusammengeschlagen worden waren - wobei die Weißen erleichtert entdeckten, daß die Schwarzen Freunde sind, nicht Feinde, und daß sie immer schon da waren. Ein gewaltiges Aufatmen für alle. Die Schwarzen bekamen, wonach sie gedürstet hatten: Kameradschaft statt Lippenbekenntnissen und der üblichen Mißachtung.«(33)

1969 fand das große Moratorium gegen den Vietnam-Krieg statt - fast 30 Millionen Amerikaner sollen sich daran beteiligt haben.(34) Im Juni 1969 spaltete sich der SDS in zwei Fraktionen, beide waren maoistisch ausgerichtet; die eine nannte sich »Weathermen« und verfolgte in den kommenden Jahren ein Konzept des bewaffneten Kampfes in der Illegalität als Stadtguerilla. Im August versammelten sich 400.000 junge Amerikaner in Woodstock, beim größten Festival in der Geschichte der Rock-Musik; die Veranstaltung galt den Beteiligten, der »Woodstock-Nation«, als Fest der Zusammengehörigkeit und der Liebe.(35) Im Dezember veranstalteten die »Rolling Stones« auf der Rennbahn von Altamont ein Konzert, bei dem die von der Veranstaltungsleitung angeheuerte Schlägerbande der »Hell's Angels« auf offener Bühne einen jungen Schwarzen erstach. Im selben Monat ermordeten Charles Manson und seine »family« die Schauspielerin Sharon Tate und deren Gäste im Haus ihres Mannes, des Regisseurs Roman Polanski; in der Presse begann erneut eine großangelegte Anti-Hippie-Kampagne.

Unterschiedlich werden das Auftreten der Weathermen, das Konzert von Altamont oder die Mordtaten der Manson-family als das »Ende der Bewegung« angesehen. Unilinear soll, etwa bei Mehnert, nach dem »Aufbruch mit Gebrüll« über »Vietnam und die Studenten« der »Weg in den Terror« beschritten worden sein, bis dann in den siebziger Jahren »die Wendung nach innen« erfolgt sei.(36) Dagegen entwickeln Leineweber und Schibel den Zerfall der Bewegung differenziert aus den Schwierigkeiten und Widersprüchen innerhalb der unterschiedlichen Richtungen und untereinander sowie den von außen in sie hineingetragenen Zersetzungsmechanismen. Sie sehen weder in chronologischen Fixpunkten noch in besonderen Ereignissen einen bestimmten Anfang und ein bestimmtes Ende der Bewegung. Für die Gruppen der Studentenbewegung (»Student Power«) innerhalb des Street Movement, die sich für die Universität und für den Beruf entschieden hätten und nicht als Drop-outs lebten, habe die Bewegung Ansätze einer Machtposition erbracht. Ihr Kampf gegen die Verflechtung von wissenschaftlicher Forschung mit den Interessen der Kriegswirtschaft, ihre Aktionen für freie politische Betätigung und gegen Rekrutenwerbung auf dem Campus, ihre Forderungen nach Mitbestimmung und Abschaffung des Prüfungswesens seien nicht ohne Erfolg geblieben.

»Die Ansätze zu einer Machtbasis machten zugleich die Isolation der politisierten Studenten von der Masse der Bewegung aus. Diese mußten ihre eigenen Formen und Strukturen hervorbringen, um aus dem drop-out-Dasein längerfristig etwas machen zu können: jene konnten die Illusion nähren, die bestehenden institutionellen Strukturen selber seien politisch im revolutionären Sinne veränderbar.«(37)

Ein Teil der politisch arbeitenden Studenten begann Anfang der siebziger Jahre mit dem Aufbau parteiähnlicher, traditionalistischer Organisationen.(38) Ein anderer Teil versuchte, subjektive Motivation und eigene Bedürfnisse mit politischer Praxis in Einklang zu bringen (d.h. Aufhebung des Widerspruchs zwischen politischer Theorie und persönlichen Lebens- und Verkehrsformen); dies wurde angestrebt im Zusammenhang von Produktionsgemeinschaften und Landkommunen. Dabei traf man wieder auf Angehörige der alten Drop-out-Bewegung, jene nämlich, die im Sommer 1967 zu Tausenden die Quartiere in den Zentren verlassen hatten, weil »Flower Power« und »Love and Peace« zu Markenzeichen der Pop-Industrie und des Hippie-Tourismus verkommen und die Jugendghettos wegen Überfüllung, Schmutz und zunehmender Aggressionen nicht mehr bewohnbar waren. Der Zug aufs Land führte bis Ende der sechziger Jahre zu mehr als 2000 Kommune-Gründungen (39), die seit Anfang der siebziger durch den Zuzug der an subjektiven Bedürfnissen orientierten Intellektuellen aus dem Lager der Neuen Linken zahlenmäßig weiter anwuchsen. Bis 1974/76 entstanden Schätzungen zufolge in den USA 6000 Landkommunen (40); Jules Jerome, nach Meinung Schwendters »kenntnisreichster Subkulturforscher der USA« (41), nimmt gar die Existenz von 20-30.000 Landkommunen an.(42) Rechnet man zu der community-Bewegung weitere Ansätze hinzu, die sich direkt oder mittelbar aus dem Movement der sechziger Jahre entwickelten (ökologische- und Emanzipationsbewegung, Basisgruppen in den Städten, Selbsterfahrungsgruppen, Obdachlosen-, Randgruppen-, Ghettoarbeit), wird man von einem eigentlichen »Zerfall« kaum reden können. Die unterschiedlichen Gruppen arbeiten heute mehr dezentral und projektbezogen und meiden das Rampenlicht der Öffentlichkeit. Damit knüpfen die Beteiligten bewußt oder unbewußt an die Basisarbeit und die Selbsthilfe-Projekte an, die schon 1964 und 1965, in den Jahren vor dem Entstehen einer Massenbewegung, geschaffen worden waren. Auf das ERAP-Projekt des SDS in dieser Zeit wurde oben bereits verwiesen. Unabhängig von der Sozialarbeit der studentischen Linken in den Ghettos der Schwarzen hatte je-

SDS - Students for a Democratic Society

41

doch auch das mehr gegenkulturell orientierte Street-Movement in den Wohnquartieren der Jugendlichen für unterschiedliche Formen der Selbsthilfe, für kulturelle, kommunikatorische und soziale Einrichtungen gesorgt. Die »Diggers« begannen 1965 in San Francisco mit einem »free store«, in dem jeder die Dinge, die er entbehren konnte, abgab, damit sie kostenlos weiterverteilt werden konnten. In der Folge entstanden in allen Zentren der Bewegung Lokale mit freier Essensausgabe, kostenlose Übergangswohnungen und freie Schlafstätten für Neuankömmlinge, eine »free clinic« und eine »food conspiracy«, die je 15 oder mehr Gruppen in stadtübergreifenden größeren Einheiten organisierte und auf dieser Grundlage ein Verteilersystem für im Großen eingekaufte Lebensmittel einrichtete.(43) 1969 entstanden Anwaltskollektive, kooperative Autowerkstätten, Modelle alternativer Energieversorgung und eine »People's Bank«.(44) »Klar erkannten die Diggers, daß die freien Geschäfte, Kliniken, Buchläden, Clubs und Restaurants sich der Kontrolle des Systems entziehen können und dieses an der ökonomischen Basis verletzen.«(45) Hier ist nun auf die spezielle Kommunikationsstruktur zu verweisen, auf das gegengesellschaftliche Netz von Solidarität, Unterstützung und Information, das zwischen den einzelnen Einrichtungen geknüpft war. Die Entstehung und die Funktion der Untergrund-Presse wird man als die vielleicht bedeutsamste Einrichtung im Zusammenhang der genannten Autonomie-Projekte zu verstehen haben. »In besonderem Maß werden Stil und Existenz des Untergrunds von seinem Kommunikationssystem geprägt ... Unzweifelhaft die größte Bedeutung für Kommunikation und Kohärenz der Bewegung kommt der Untergrund-Presse zu, die seit Anfang 1968 die ganze Welt umspannt.«(46)

Entwicklung und Funktion der Underground-Presse

Die etablierte amerikanische Presse stellte nicht nur für die Beteiligten der Protestbewegung Makulatur ohne jeden Gebrauchswert dar - ihre Reputation schwand zunehmend auch bei der Mehrheit der Bevölkerung. Nach einer Umfrage des Instituts *Roper Research Associates* hielten 1968 nur 21% der Befragten »die Tageszeitung für das glaubwürdigste Kommunikationsmittel« (47). Mitte der sechziger Jahre erfolgte in den USA im Zuge von Konzentrations- und Monopolisierungstendenzen im Pressewesen ein Rückgang der Massenmedien, der dazu führte, daß in vielen amerikanischen Großstädten lediglich noch eine Zeitung erschien, und deren Herausgeber befand sich in der Regel in gutem Einklang mit der örtlichen Administration.

»Die gebildeten Schichten kennen eine Handvoll mehr oder weniger seriöser Tageszeitungen. Doch große Gebiete unseres Landes werden von langweiligen und furchtsamen Blättern versorgt, die nur darauf achten, die Vorurteile eines sich mehr durch ererbten Reichtum als durch Intelligenz oder Verständnis für den Dienst an der Öffentlichkeit auszeichnenden Presseeigentümers wiederzugeben.« (48)

Über die einzige Tageszeitung der Millionenstadt San Diego schreibt Reinhard Lettau im Vorwort seiner Materialsammlung über den »Täglichen Faschismus« in den USA: »Verglichen mit der Nachrichten- und Leitartikelpolitik dieser Monopolpresse müßte man die Zeitungen des westdeutschen Springerkonzerns als trotzkistisch bezeichnen.«(49) Die wenigen von ihrer Konzeption her kritischen und liberalen Tageszeitungen (v.a. *New York Times* und *Washington Post;* sie zählen zu den wenigen Zeitungen mit nationaler Verbreitung) lassen zwar unterschiedliche Meinungen zu Wort kommen, pflegen aber, was die Bloßlegung systembedingter Widersprüche angeht, einen Enthüllungsjournalismus, dem vorwiegend skandalöse Einzelphänomene - etwa konkrete Verstöße gegen die Verfassung seitens der Administration - als »news« von Bedeutung sind; als solche können sich jedoch permanent vorhandene Tatsache: der Dauerzustand von Ausbeutung, Armut, Manipulation, nicht qualifizieren.

Das Aufkommen der Untergrundpresse ist somit nicht ausschließlich im Zusammenhang der genannten autonomen Einrichtungen der Bewegung zu verstehen, sie war auch notwendig gewordenes Korrektiv gegenüber der amerikanischen Tagespresse, die gerade auch die Argumente der Protestbewegung weitgehend unterschlug - wohl deshalb, um einen der Regierung unerwünschten Multiplikationseffekt zu vermeiden. Die Zeitschrift *Editor & Publisher* faßte die Kritik an den Pressemedien 1969 in folgenden Punkten zusammen:

»1. Die etablierte Presse räumt abweichenden

Minoritäten keine redaktionelle Stimme ein;

2. die Presse gibt nicht die ganze Wahrheit wieder, sondern filtert die Nachrichten, um die etablierte Gesellschaft zu stärken;

3. abweichende Gruppen werden von ihr sensationalistisch behandelt und damit in ihrer Bedeutung entweder unter- oder überschätzt;

4. die Presse glaubt nicht an die totale Freiheit des Ausdrucks;

5. sie ist nicht mehr zeitgemäß, sondern eine Art Anachronismus im elektronischen Zeitalter.«(50)

Als erste Untergrundzeitschriften entstanden 1964/65 die *Los Angeles Free Press* (LFP) und die *East Village Other* (EVO), New York. Die Auflage der LFP steigerte sich von 17.000 Exemplaren 1967 auf 60.000 im darauffolgenden Jahr und 80.000 ein weiteres Jahr später; die EVO erreichte 1968 eine Auflage von 40.000, jedes Blatt umfaßte durchschnittlich 40 Seiten. Mit drei weiteren Blättern (*Provo, The Oracle of Southern California, Open City*) schlossen sich 1967 zum *Underground Press Syndicate* (UPS) zusammen, dem 1968 bereits 62 Zeitungen und andere Kommunikationsmedien angehörten.(51) Diesem Kooperationsorgan, das informative Aufgaben wahrnimmt und dafür sorgt, daß jedes Mitglied das jeweils neueste Exemplar aller angeschlossenen Blätter erhält, trat die Mehrheit aller Untergrundzeitschriften bei, weshalb Leamer, im

Grunde tautologisch, meint, »engste Definition« der Untergrundpresse wäre »Mitgliedschaft im UPS«.(52)

1972 erreichten die UPS-Blätter eine Auflage von 1,5 Mill. Exemplaren; das ergibt, legt man nach Leamer einen Rezipienten-Index von 6:1 zugrunde, eine Leserzahl von 9 Millionen. Rechne man die »Underground-Zeitschriften der Hochschulen«, die Publikationen der traditionellen Linken, die Blätter für Rock-Musik und andere zur Jugend-Kultur gehörenden Periodika hinzu, dann müsse man, folgert Leamer, von einer 3-Millionen-Auflage oder 18 Mill. Lesern ausgehen. Leamer beziffert 1972 die Untergrundblätter mit »einigen 200« (die zuletzt genannten anderen Jugend-Medien sind in dieser Zahl nicht erfaßt), über 100 dem UPS angehörende hat er adressarisch aufgelistet.(53)

Als einen indirekten Beweis für die Bedeutung der Gegenpresse kann man die Tatsache ansehen, daß Hanoi zwei ständige Korrespondenten des UPS in Nordvietnam als einzige Vertreter der amerikanischen Presse akkreditierte.(54)

Mit dem *Libration News Service* (LNS), einem weiteren Koordinationsorgan, schufen sich die Zeitungen der Gegenkultur eine eigene Nachrichtenagentur, die 1969 über 400 Informationspunkte weltweit verband; neben mehr als 200 Untergrundblättern gehörten u.a. auch die sowjeti-

San Francisco 1967: Allan Watts, Allen Ginsberg, Timothy Leary und Gary Snyder

sche Nachrichtenagentur TASS, der Sender CBS und das Nachrichtenmagazin *Life* zu den Abonennten. Das von eigenen Reportern erstellte

OZ-Titel 1968, »The Pornography of Violence«

Nachrichten- und Bildmaterial wurde den Abnehmern gegen einen Jahresbeitrag von 180 Dollar mit der Post oder per Fernschreiber zugestellt.(55)

Die Zeitschriften der »ersten Generation« (Leamer unterscheidet drei »Generationen«; dem entspricht die Entwicklung der Bewegung selbst) lassen sich, etwa am Beispiel der *East Village Other,* inhaltlich aufschlüsseln in künstlerische Beiträge (20%), Nachrichten (10%), Artikel über die anfänglich favorisierten Gegenstände Drogen, Musik, Spirituelles, Sexualität (10%) (56) und die den größten Teil der Blätter ausmachenden Informationen (Veranstaltungskalender), Adressarien und Privatanzeigen. Unter den »personal ads« waren vor allem die Anzeigen von Kontaktsuchenden formal wie inhaltlich ungewöhnlich, vergleicht man sie mit den standardisierten Annoncen in der bürgerlichen Presse.(57) Häufig mit genauer Adresse, also ohne das Inkognito einer Chiffre, subjektiv und in der Diktion der Umgangssprache wiesen die Offerten ihre Inserenten nach Maßgabe der aktuellen Gegennormen als zärtlich, kreativ und sinnlich aus.(58) Kommerzielle Produkt- und Dienstleistungsanzeigen spielten anfangs kaum eine Rolle, Auflagenhöhe, Umfang und Erscheinungsweise richteten sich nach den vorhandenen Mitteln, et-

wa dem Erlös der vorherigen Ausgabe, weshalb die Zeitungen zunächst Unabhängigkeit von Anzeigenkunden wahrten.

Finanziell stellte die Gründung einer Zeitschrift kein Problem dar, denn mit dem Aufkommen und der Verbreitung des photomechanischen Offset-Druckverfahrens wurden die Herstellungskosten äußerst niedrig. Nach Angaben des *Wall Street Journal* konnte man 1968 in Los Angeles 5000 Kopien eines achtseitigen Blattes für rund 10 Dollar herstellen lassen.(59) Der Offset-Druck machte die Verwendung von Klischees überflüssig, womit die reiche graphisch-ornamentale und fotographische Ausstattung der Blätter, die Vielzahl der Comics, Cartoons etc. auch von der technisch einfacher gewordenen Reproduzierbarkeit der Druckvorlagen her erklärt ist. Man könnte sagen, daß die inhaltlichen und formalen Besonderheiten der Untergrundpresse zwar eine bestimmte ästhetische Konzeption der Herausgeber voraussetzen, sich andererseits aber fast von selbst aus den Möglichkeiten einer neuen Technik entfalteten, genauer: durch diese vorgegeben wurden.

Erst das Offset-Verfahren läßt die unkomplizierte authentische Wiedergabe handschriftlicher Texte, Kommentare und Ergänzungen an den Rändern, im Text und zwischen den Zeilen der fertigen Textvorlage zu, vereinfacht die Komposition von Bild- und Textcollagen und hat ein z.T. mit Absicht verwirrendes Layout zur Folge. Das Experimentieren mit einer Druckvorlage aus gewöhnlichem Papier, das sich beschriften, bekleben, ausschneiden, bemalen und übermalen läßt, ermöglichte, anders als die konventionelle Drucktechnik, eine Ästhetik der Unmittelbarkeit und Spontaneität, die der Lebenspraxis und den Wertvorstellungen der Herausgeber und ihrer Zielgruppe entsprach. Weitgehender Verzicht auf Korrektur und Redaktion brachte es mit sich, daß die Blätter die Normen der Rechtschreibung und Grammatik nicht sonderlich einhielten. Dahinter verbarg sich wohl kaum eine provokative Ablehnung bestehender Konventionen; eher ist anzunehmen, daß die Autoren und Herausgeber die Unmittelbarkeit des Schreib- und Gestaltungsvorgangs nicht aufzuheben gedachten. An den meisten Zeitschriften seit Anfang der siebziger Jahre, die irgendwann bewußt »sorgfältig« hergestellt wurden, vermißt man diese Authentizität; sofern die Inhalte die gleichen geblieben sind, scheinen sie nun ihres typischen formalen Zusammenhangs entkleidet und weisen unverhüllt ihre Naivität vor, was sich auch an Alternativzeitschriften in der Bundesrepublik beobachten läßt. Befremdend wirken andererseits mit Bedacht ausgeklügelte Nachahmungen. Kaysers sorgfältig im Verwirrstil angelegtes Buch

Underground? Pop? Nein! Gegenkultur!, im Verlag Kiepenheuer & Witsch erschienen (1969), bemächtigte sich in Layout, Design und Stil der amerikanischen Vorbilder; die Präzision und Perfektion der Gestaltung (Druck in unterschiedlichen Typen, verschiedenfarbigen Seiten etc.) verraten aber die dahinter stehende Vermarktungsstrategie.

Nach den Worten des Gründungsmanifestes des UPS hatten die Untergrundblätter folgende Ziele zu verfolgen:

»1. Die ‚zivilisierte Welt' vor ihrem bevorstehenden Zusammenbruch zu warnen.

2. Ereignisse anzuzeigen, die zu diesem Zusammenbruch führen.

3. Vernünftige Vorschläge zu erarbeiten und anzubieten, die einen schnellen Zusammenbruch verhindern und eine Übergangslösung (transmission) ermöglichen.

4. Das amerikanische Volk auf die Verwilderung (wilderness) vorzubereiten.

5. Anhaltenden Widerstand in den sterbenden Städten zu leisten.«(60)

Von 1964 bis 1967 herrschte in den meisten Zeitschriften der Gegenpresse ein wenig strukturiertes Nebeneinander politischer und kultureller Positionen, die entsprechend der Fraktionierung des »Street Movement« von Blatt zu Blatt unterschiedlich favorisiert wurden, wobei die mit »Flower Power« zu umschreibenden Wertvorstellungen überwogen. Der Mythos, alles sei »Revolution« - Liebe, Dope, Musik, Hamburgers, Coca-Cola etc. -, wenn man nur das richtige Verhältnis dazu habe, war zwar zunächst noch eine kokette Ironie gegenüber dem Konsumerismus, (61) schleuste ihn bald aber in anderer Form, subkulturell vermittelt und neu gewandet durch die Hintertür wieder ein. Im redaktionellen Teil vieler Blätter machte sich die langweilige Wiederholung einer stereotypen Emphase breit, gleichzeitig nahm der Anzeigenteil immer mehr Raum ein und präsentierte die Reklamepalette einer auf »hip«-Artikel spezialisierten Konsumindustrie. Die Privatanzeigen glichen zunehmend den späteren Sex-Anzeigen pornographischer Boulevardblätter, UPS sprach in einem Bulletin kritisch von »hip Playboy«-Magazinen.(62) Diese Entwicklung der Zeitschriften (die *Los Angeles Free Press* erwirtschaftete mit Anzeigen 1969 ein Verlagsvermögen von 1 Million Dollar) wurde von den Mitarbeitern in vielen Fällen nicht einfach hingenommen. Sie wandten sich sowohl gegen die frauenfeindlichen Sex-Annoncen als auch gegen die Vermögenspolitik der Herausgeber, die, in der Regel als Alleininhaber der Zeitschriften, abfallende Gewinne allein für sich verbuchten. Als die Mitarbeiter der *Berkeley Barb* herausfanden,

daß der Herausgeber Max Scherr 5000 Dollar in der Woche verdiente, kam es zu Streiks. Die »zweite Generation« der Gegenmedien baute zwischen 1968 und 1972 die Redaktionshierarchie ab, einige der größeren Blätter gingen in Kollektiveigentum über. Gleichzeitig mit der Auflösung der Hippie-Bewegung und der Politisierung des »Street Movement« radikalisierten sich die Blätter. Die Agentur LNS sprach sich gegen Landkommunen aus und propagierte den antiimperialistischen Kampf.(63) Die Zeitschriften grenzten sich voneinander ab und mußten deshalb mit der Kritik derer rechnen, die in den Fraktionierungen den Beginn eines Zerfalls sahen.

»Die Untergrundpresse ist eine ganze Sache. Es besteht keine Möglichkeit, die Zeitungen zu begreifen, wenn man sie nicht in einem umfassenden Zusammenhang sieht. Da gibt es keine Trennung! Die Untergrundzeitungen sind die Lösung des Trennungsproblems, weil sie sich so zusammenfügen. Die U-Presse ist total auf die Revolution festgelegt, genauso wie es sich die Revolution zur Aufgabe gemacht hat, die Leute aus ihren einzelnen Gehäusen heraus in die Arme der anderen zu treiben.«(64)

Obwohl er die Sektionierung und Dogmatisierung kritisiert, bemerkt Leamer, die »zweite Generation« der Untergrundpresse habe »die Hippie-Subkultur in eine Jugend-Massenkultur umfunktioniert« (65), das movement insgesamt gestärkt, Demonstrationen organisiert und ein Bewußtsein für ökologische und Emanzipationsfragen geschaffen; in einigen Städten (San Diego, Jackson, Dallas) sei sie zu einem wirklich alternativen Medium gegenüber der offiziellen Presse geworden.(66) 1972 habe mit den Zeitschriften *Ace* (New York) und *Staff* (Los Angeles) eine dritte Entwicklungsetappe begonnen (67), in der die Beteiligten die Erfahrung machten, daß mit inzwischen erreichtem Erwachsenenalter die propagierten Veränderungen (gemeint ist wohl der persönliche Lebensbereich) Wirklichkeit würden. Die Zeitschriften seien nicht mehr so schrill, dafür aber selbstbewußter, denn sie seien sicher, daß sie »den langen Marsch gewinnen« würden. In einem Blatt der deutschen Alternativpresse schrieb im selben Jahr (1972) der Herausgeber, ähnlich resümierend wie Leamer, jedoch in der Diktion dessen, der dazugehört:

»Die Underground-Presse ... präsentiert keine Endlösung - & sie wird auch wieder verschwinden, wenn sie dereinst nicht mehr nötig sein wird. Sie kann es sich leisten, unperfekt & kreativ zu sein & oder sich ständig zu ändern. ... Sie nimmt was sie braucht & gibt was sie kann. Was man von den Lügenmedien der Leichen nicht behaupten kann.«(68)

.... AND THE WORD SHALL BE MADE FLESH!

in free). Theoretically you have to be a member of the 'club' for 24 hours before seeing a performance but this is a formality which is overlooked. In a large room is a double circle of armchairs surrounding a double bed. From time to time a film is projected on the wall, topless girls serve you free coffee or beer and the background music is something between Ray Coniff and the military brass band. First a girl does a strip tease, teasing herself with a vibromasseur. After an interlude of music two girls make love on the bed — but you have the feeling that you are watching a 4th rate X film — after all, what sort of emotions can the girls work up doing this two times a day for let's say £2.10. a shot? In the same vein a young man 'makes love' to a girl. The night I was there he did not have a hard on and they had a hard time convincing us that they really screwed — in fact they didn't.

Speedy Gonzales

The crowning glory of the evening was the 'massage intime' where, to the strains of always the same lousy music, any man in the audience (there were about 15 men and two women there on my night) can go up to the bed, drop his trousers spread his legs and be masturbated by the girl whose duty it is to masturbate, and this in front of us all. If he doesn't come in about 5 minutes then he is more or less rejected and another takes his place. On my night one young Italian did not make it but two 50-year old Danes did. The audience is about 80% foreigners, and when I was there there were Americans, Canadians, English, a Czech, a Swede and a Norwegian. The Dane who ran the show had been a member of the French Foreign Legion. The girls with whom I spoke after the show hated their jobs and

Supermarket
the moose)

were doing it for the money — although they are not fantastically well paid.

THE SEX MESSE: The world's first sex fair in an indoor football stadium. It consists of about 50 stands representing the various Danish, Swedish and German pornographical productions and agents where the general public could find under under one roof all the things that are usually sold all around town. There were projections of films on the odd wall and there massed many men. There was a strip tease show thrice a day and a group of topless girls played pop music. The fair lasted one week and was a smashing success financially. During the whole time there was a waiting queue four deep and about two blocks long. I was greatly disappointed because no effort had been made to introduce a note of fantasy and the whole thing was chintsy. The main purpose and preoccupation was to sell as much as possible to as many as possible (particularly to the foreigners who came from Europe, Asia, America, Australia and Africa.) Sex might as well have been canned tomatoes.

Who buys pornography: 10% of the male Dane population buy new products every month, and 80% of the rest of the market are foreigners, particularly Germans, Denmarks closest neighbours. You can buy a magazine or film or photos from almost any kiosk and the majority of 'SEX SHOPS' are in the centre of town on Istedgade and Absalonsgade. Estimated income for Denmark from pornography raphy: 500 million danish crowns.

Why did it happen in Denmark? Freedom of religious worship was established in 1849. Women were granted the vote in 1915. The death penalty was abolished in 1930. Attempted suicide is not punishable as an offence. Freedom of speech, the freedom of association and assembly and personal freedom are enjoyed by all persons living in Denmark, whether citizens or not. (That is what is printed in the brochure but it really depends on the colour of your skin and the size of your wallet — particularly if you are alien). This is a country where the freedom of the individual has been a

matter of concern for a while longer than in other countries. It is said that the German occupation of Denmark imposed on the people so many restrictions they were not used to that public feeling here is inclined to support all liberalizing measures, even though possibly the majority of individuals may not necessarily be inclined to change their old ways. It is certain, also, that the sex education which all young Scandinavians receive at an early age has been a positive factor towards this liberalizing movement. (In fact, Sweden has not yet passed such liberalizing laws, although pornographical production is tolerated and Norway is far behind).

Good Loving

CONCLUSION
I feel that the freeing of pornography is a good thing in that it tends to counteract to a certain degree, many harmful and untrue ideas about the human body and sex that have been handed from father to son (and mother to daughter) for so many years. I rather like my cunt, now, and a penis is beautiful, and I don't sweat any more when I get into a conversation about sex. BUT, I am DISAPPOINTED. Though Copenhagen is one of the more socially relaxed areas in Europe (the country itself is another matter), money remains the passion of the majority of the citizens. It is relatively simple to find people to love. I speak as an outsider. Perhaps the Danes, encouraged by Inge & Sten Hegeler, have discovered that if you make perfect physical love, caressing and oiling all the right glands, the rest will come naturally. Perhaps it is the hot blooded Southerners who cannot understand the system because of their sentimentality and notion of dignity. However, I say that in Denmark they have really worked on the sex part, and let's hope that they start to work on the love part next.

Aspasia Gard

Aus der amerikanischen Underground-Zeitschrift IT vom 24. April 1970

Gegenöffentlichkeit in der Bundesrepublik

Studentenbewegung in der Bundesrepublik 1967/68

Die wie in fast allen Industriestaaten Ende der sechziger Jahre in der Bundesrepublik aufkommende Protestbewegung fand in der politischen Öffentlichkeit und im Bewußtsein großer Teile der Bevölkerung sowie in den meisten Disziplinen der Sozial- und Geisteswissenschaften eine theoretische und praktische Resonanz, wie sie seit Ende des Zweiten Weltkriegs auf kaum ein anderes innenpolitisches Ereignis oder theoretische Innovationen erfolgt war. Beurteilt als das »wahrscheinlich ... bedeutendste historische Phänomen dieser letzten Jahre und vielleicht das erste Anzeichen einer geschichtlichen Wende in der Entwicklung der gegenwärtigen Welt« (1) wurde den Protestbewegungen der einzelnen Länder national und international in allen Phasen ihrer Entwicklung das Interesse wissenschaftlicher und journalistischer Arbeiten zuteil, was eine nicht mehr zu überschauende Anzahl von Einzeluntersuchungen und tausende Artikel der Tagespresse dieser Zeit demonstrieren. In der Bundesrepublik ist bis in die Gegenwart die Diskussion über Entstehung, Verlauf und Wirkung der Bewegung nicht verstummt. Das Jahr 1977 veranlaßte die Medien zu ausführlicher Berichterstattung über die sich zum zehnten mal jährenden Ereignisse des »heissen Sommers« 1967 und seiner Folgen. Im selben Jahr eschienen, wohl aus gleichem Anlaß, eine Anzahl weiterer Dokumentationen, Einzeluntersuchungen und Gesamtdarstellungen, von denen einige von den Wortführern der Revolte verfaßt oder mitverfaßt waren.(2)

Eine Chronologie der Studentenbewegung ließe sich, wie Margareth Kukuck in ihrer grundlegenden Arbeit zum Selbstverständnis und zur politischen Bedeutung der Bewegung mit Recht feststellt, »historisch getreu ... nur unter Beachtung der regional bedingten Ungleichzeitigkeiten und der Differenz zwischen Konzeption der Avantgarde-Organisationen und den Aktionen der Massenbewegung ... schreiben.«(3) Diese Arbeit sei »von einem Einzelnen nicht zu leisten«. So sind denn auch in bisher vorliegenden Thematisierungen der Protestbewegung, deren Verfasser auf eine Chronologie der Ereignisse nicht verzichten wollen, die von Kukuck genannten Ungleichzeitigkeiten weitgehend ausgespart.(4) Für die vorliegende Arbeit ist die Chronologie der Studentenbewegung in der Bundesrepublik nicht zentral. Die äußeren Ereignisse der Jahre 1967/68/69 - die Demonstrationen gegen den Staatsbesuch des Schah von Persien, bei denen der Student Benno Ohnesorg von einem Polizisten erschossen wurde (2. Juni 1967), der Vietnam-Kongress im Februar 68, die Kampagnen gegen die Springerpresse im Anschluß an das Attentat auf Rudi Dutschke Ostern 68, die Aktionen und Demonstrationen gegen die Verabschiedung der Notstandsgesetze, die offen ausgetragenen Konflikte der Studenten mit den personellen und institutionellen Gegebenheiten der Hochschulen (Kampf gegen die neuen Hochschulgesetze 1969, Institutsbesetzungen) - können als bekannt vorausgesetzt werden. Eine zusammenhängende Darstellung der Struktur der Bewegung, die, mit den Worten Dietmar K. Pfeiffers, »Voraussetzung für die Entwicklung adäquater Erklärungsmodelle wäre«, jedoch »nach wie vor fehlt« (5), kann auch ansatzweise in der vorliegenden Arbeit nicht geleistet werden. Mit der folgenden Zusammenfassung einiger Erklärungsmodelle soll der engere Rahmen des Themas gewahrt bleiben.

Konzentriert man sich auf wissenschaftliche Erklärungsmodelle der Protestbewegung, läßt also etwa die in der konservativen und Boulevardpresse eine zeitlang favorisierten »Verschwörungstheorien«: die Spekulationen über (ausländische) Drahtzieher und Hintermänner außer acht, so wird man zwischen geistesgeschichtlichen, sozialpsychologischen, soziologisch-empi-

rischen und politisch-ökonomischen Erklärungs-
versuchen unterscheiden können.

Geistesgeschichtliche Ansätze, die ihre Erkenntnisse auf der Ebene kulturhistorischer, darunter
auch literaturgeschichtlicher Vergleiche und Ka-
tegoriebildungen entwickeln, stellen die Revolte,
indem sie deren phänotypischen Merkmale
hervorheben, in die Tradition tatsächlich oder

scheinbar verwandter Phänomene, etwa des mittelalterlichen Vagantentums, der Bohème des 19. Jahrhunderts, des »voluntaristischen Anarchismus«.(6) Solche Parallelen mögen aufschlußreich sein, sie erklären indes wenig.

Sozialpsychologische Erklärungsmodelle, wie sie in der Methodik der Jugendsoziologie zur Anwendung kommen, orientieren sich entweder an entwicklungspsychologischen (biologischer »Jugend«-Topos) oder, überzeugender, sozialisationstheoretischen Annahmen. »Befreite« und »vaterlose« Generation sind die zentralen Begriffe bei Habermas, für den »die Studenten- und Schülerbewegung aus einem Potential hervor-(geht), das keine ökonomische, sondern eine sozialpsychologische Erklärung verlangt.«(7) Er verweist auf eine überproportionale Zugehörigkeit der an der Protestbewegung Beteiligten zur oberen Mittelschicht und eine für deren Familienstruktur typische liberale Wertorientierung der Eltern. Der tradierte bürgerliche Autoritätskonflikt mit einer übermächtigen Vaterfigur finde nicht statt, die Kinder identifizierten sich eher mit der Mutter; es sei anzunehmen, daß die rebellierenden Jugendlichen die im Verbalen verbliebenen moralischen Intentionen der »progressiven« Eltern mit Nachdruck in politische Praxis umsetzen wollten.(8)

»Der Protest wäre demnach nicht die Projektion eines generationsspezifischen Autoritätskonfliktes auf die Gesellschaft, als die er so oft ausgegeben wird, vielmehr die Verlagerung dieses Konfliktes aus der Familie in die Gesellschaft ... . Dennoch: dieser Erklärungsversuch erklärt nicht viel, weniger deshalb, weil er keineswegs alles Erklärungsbedürftige deckt, als weil er zu viel deckt: von jenen, die den skizzierten Sozialisationsweg beschritten haben, sind nur einige an das hier vorausgesehene Ziel (d.i.: Politisierung, Th.D.) gelangt. Der Erklärungswert entspricht etwa dem der Feststellung, daß Edeläpfel eher wurmstichig werden als Wirtschaftsäpfel. Warum aber in diesem Apfel der Wurm drin ist und nicht in jenem, weiß nur der Wurm, nicht die Wissenschaft.«(9)

Der von Habermas angenommene liberale, permissive Erziehungsstil lasse sich, wie Allerbeck/ Rosenmayr kritisieren, mit nur einer einzigen Quelle belegen, »eine(r) winzige(n) Untersuchung des Soziologen R. Flacks (1967) in Chicago. Geht man dem Quellenverweis nach, so findet man eine Untersuchung, die erstens gegen eine Reihe von Grundregeln der empirischen Sozialforschung verstößt und zweitens, selbst wenn man sie trotz dieser Verstöße ernst nimmt, gar nicht behauptet, was ihr nachgesagt wird.«(10) Die Studie betone in erster Linie die Bedeutung der politischen Orientierung der Eltern - nicht den Erziehungsstil. Nichts anderes aber sagt Habermas. Die ihm von Allerbeck/Rosenmayr zugeschriebene Bedeutung eines Erziehungsstils, »für den Vernachlässigung möglicherweise eine treffendere Bezeichnung wäre als das Wort 'Erziehung'«(11), ist bloße Unterstellung. Habermas spricht im Gegenteil von einer »individuierenden Erziehung«, die auf die Intentionen des Kindes eingeht, seine Selbständigkeit prämiert und »Rücksichtnahme auf andere vorlebt«.(12)

Zu den für sie wenig stichhaltigen Erklärungsmustern rechnen Allerbeck/Rosenmayr auch die Hochschulsituation: »Die Zufriedenheit oder Unzufriedenheit mit den eigenen Studienbedingungen (hat) keinerlei nachweisbaren Zusammenhang mit den Einstellungen zur Studentenbewegung. Eine Fülle von Einzeluntersuchungen in den USA und in der BRD hat dies immer wieder aufs neue nachgewiesen. Daß dies umfangreiche Datenmaterial immer wieder ignoriert wurde, ist selbst erklärungsbedürftig.«(13) Aber selbst wenn die empirischen Ergebnisse einen unmittelbaren Zusammenhang zwischen individueller Erfahrung der Hochschulsituation und einer bewußten politisch-aktiven Reaktion auf diese (schlechte) Erfahrung nicht belegen - in unterschiedlichen Vermittlungen müssen gerade die Studienbedingungen kanalisierend für Proteste und Aktionen gewesen sein, auch unbewußt und auch über den (Um-)Weg psychischer Störungen. Denn es läßt sich nachweisen, daß »vom Ende der 50er bis in die Mitte der 60er Jahre eine äußerlich wenig lärmende Symptomatik mit Lern- und Arbeitsschwierigkeiten, Ich- und Orientierungsstörungen bis hin zu einer großen Anzahl von narzißtischen oder depressiven Charakterneurosen relativ immer häufiger wurde.«(14)

Daß, wie Kaase sich ausdrückt, »die Perzeption der Hochschulsituation durch die Studenten nicht den Rang einer unabhängigen, sondern bestenfalls einer intervenierenden Variablen in dem Sinne beanspruchen kann, daß Hochschule paradigmatisch für Gesamtgesellschaft verstanden wurde« (15), ist doch, so wäre Langguth, der sich auf Kaase bezieht, entgegenzuhalten, das denkbar schlechteste Argument gegen ein Erklärungsmodell, das die Hochschulsituation miteinbezieht.(16) Es mutet paradox an, daß gerade die von den Studenten mit Nachdruck behauptete Untrennbarkeit universitärer und gesellschaftlicher Zustände diesem Argument Tragkraft verleihen soll. Evident ist, daß die Struktur der Hochschule als Arbeitsplatz und als emotionaler Interaktions- und Lebensraum notwendig das subjektive Befinden ihrer Mitglieder und ein ihm entsprechendes konkretes Verhalten definiert. In Aufzeichnungen der an den Protesten Beteiligten spielt stets auch die subjektive Erfahrung der als deprimierend empfundenen Studienbedingungen eine Rolle. »Wir haben gehofft, daß der Übergang zur Universität unser Dasein verändert, uns Möglichkeiten eröffnet, selbständig denken, lernen und leben zu lernen. ... Von all den Veränderungen, die wir uns von dem Eintritt in die Universität erhofft haben, ist nichts oder kaum etwas eingetroffen. Wir werden genauso fremdbestimmt weiter vor uns hinleben wie bisher.«(17) Daß, wer so empfindet, die Gelegenheit wahrnimmt, sich zu solidarisieren, um das schlechte Bestehende zu verändern, ist vielfach dokumentiert und dürfte fast als Regel jedem bekannt sein, der an der Studentenbewegung - und sei es als teilnehmender Beobachter - in irgendeiner Form selbst partizipierte. Stattdessen liest man: »Diese gerade in den 60er Jahren noch häufig vertretene These, daß eigentlich zunächst eine mangelnde Hochschulreform an dem Entstehen der Protestbewegung Schuld sei, ist falsch und absolut einseitig.«(18) Solcher Apodiktik, mit der wohl postum die Überflüssigkeit von Hochschulreformen dekretiert werden soll, lassen sich etwa

die Erinnerungen Cohn-Bendits entgegenhalten:
»Da gab es also dieses etablierte politische Milieu und innerhalb dieses Milieus einige Außenseiter, die dieses Universum der Berufspolitiker radikal kritisierten, weil es keinerlei Bezug zu irgendjemandem hatte. Wir waren zwar selbst ein Teil davon, aber in den Vorlesungen und Seminaren vertraten wir die Bedürfnisse der Studenten, die diese Politik ebenfalls kritisierten. Denn anders als die Militanten der Gruppen gingen wir häufig in die Vorlesungen. ... Wir wollten einen anderen Verlauf der Vorlesungen, hatten bestimmte regressive Zusammenhänge satt und artikulierten spontan das Bedürfnis der Studenten nach einer Studienreform.«(19)
Gerade weil diese zuerst die konkreten Studienbedingungen thematisierten (20), wuchs die Anhängerschaft radikaler Hochschulgruppen in Frankreich wie in der Bundesrepublik, und zugleich mit dem Erstarken der Bewegung stellte sich die Frage nach der gesellschaftlichen Vermitteltheit der Studienprobleme.
Wie für die amerikanischen Studenten der Viet-

Demonstration auf dem Kurfürstendamm im Februar 1968

namkrieg und die Bürgerrechtsbewegung waren für die deutschen die Große Koalition, die Notstandsgesetze und Vietnam die (aktuelle) politische Ebene, auf der sich Kritik an Hochschule und Wissenschaft mit der an Ökonomie, Staat und Gesellschaft vermittelte. Warum sich zur gleichen Zeit keine nennenswerten nicht-studentischen Bewegungen außerparlamentarisch formierten, erklären Allerbeck/Rosenmayr mit der »Rolle 'Student'« für die der in der Soziologie gebräuchliche Terminus der »totalen Rolle« zutreffe, die man solchen gesellschaftlichen Gruppen zuschreibt, bei denen, im Gegensatz zur Mehrheit, sonst getrennte soziale Rollen zu einer einzigen verschmolzen sind; Arbeit, Reproduktion und menschliche Beziehungen fallen nicht auseinander. »Untersuchungen zeigen, daß, wenn Träger solch totaler Rollen in größerer Zahl zusammen kommen und als Gruppe in einer eigenen Welt leben, die Bedingungen für soziale Bewegungen und Konflikte mit der Außenwelt besonders günstig sind.«(21)

Daß vor allem Studenten der Geistes- und So-

zialwissenschaften ihre Rolle politisch ausspielten, nicht aber die »Träger totaler Rollen« aus anderen wissenschaftlichen Disziplinen, macht eine weitergehende Erklärung notwendig. Hier bietet sich eine von Teilen der Studentenbewegung (*Schmierer/Krahl/Roth-Debatte*) selbstentwickelte Interpretation an, die »die durch Veränderungen im Ausbildungs- und Wissenschaftssektor hervorgerufenen ideologischen Brüche, Stichwort: Studentenrevolte als Revolte der kleinbürgerlichen Geisteswissenschaftler im Überbau«, akzentuiert.(22) Diese Interpretation ist Bestandteil des politisch-ökonomischen Erklärungsmodells, das, von unterschiedlichen marxistischen Autoren entwickelt und differenziert, Geschlossenheit und Plausibilität für sich beanspruchen kann.

Ausgangspunkt bildet die allgemeine Analyse der sich verändernden Situation der geistig Arbeitenden im entwickelten Kapitalismus - bei Moltschanow noch auf die 'technische Intelligenz', also Ingenieure und Naturwissenschaftler begrenzt: »Die gegenwärtige technische Intelligenz,

deren Zahl jäh ansteigt, unterscheidet sich ihrer Stellung im Produktionsprozeß nach nur durch das Niveau der Qualifikation vom Arbeiter. Sie ist das Objekt der ganz gleichen Ausbeutung wie auch die Arbeiterklasse.«(23) Von westdeutschen Marxisten wurde der Ansatz weiterentwickelt und auf die Bundesrepublik übertragen; das Theorem vom »Ende der Rekonstruktionsperiode in der BRD« spezifizierte die deutschen Verhältnisse und bot sich als Erklärungsmuster für eine sich verändernde Situation auch der Geistes- und Sozialwissenschaftler im Produktionsprozeß an. Danach erfolgte in den Anfangsjahren der Bundesrepublik zugleich mit der Installation der parlamentarischen Demokratie eine nur provisorische Restauration der Humboldtschen Universität, die seit den 60er Jahren den Übergriffen »der einzelnen Kapitalfraktionen und den Maßnahmen des ideellen Gesamtkapitalisten Staat« ausgesetzt gewesen sei.(24) Ausgenommen von der Subsumtion der Wissenschaft unter das Kapital (25) »blieben zunächst noch die Geistes- und Sozialwissenschaften, wo deshalb das politische Kleinbürgertum besser überwintern konnte - bis auch hier das Erwachen kam (Massenstudium, Reglementierung der Studienwege etc.).«(26) In der Rebellion der Studenten vornehmlich dieser Wissenschaftsdisziplinen artikuliert sich daher mehr als »bloßes Trauern um den Tod des bürgerlichen Individuums«(27), mehr auch als Trauer über die Ausschaltung der in den Geisteswissenschaften aufrechterhaltenen Freiheitsbegriffe; es artikuliert sich ein Protest auch gegen die drohende materielle und soziale Deklassierung. »Hinter dem Protest stehen ... handgreifliche Interessen (nicht bloß das Ideal einer autonomen Wissenschaft); die Revolte ist Ausdruck einer objektiven Lage.«(28)

In der Regel berücksichtigten die unterschiedlichen Erklärungsansätze einander nicht; ein weiterer Mangel ist ihre perspektivische Verengung auf die deutschen Verhältnisse - die Revolte war jedoch ein übernationales Phänomen. Wünschenswert wäre ein Modell, das sich um eine Weiterentwicklung und Integration der verschiedenen Interpretationen im Sinne eines »theoretischen Pluralismus der Linken«(29) bemüht. Dieser Versuch kann hier nicht unternommen werden; mit der Darstellung einiger relevanter Ansätze, die nach den Gründen des Protestes fragen, sollten nicht die Bausteine eines noch zu erstellenden integrativen Modells markiert, sondern ein Licht auf die Situation der Studenten Ende der 60er Jahre und ihre Disposition für den Protest geworfen werden. Aus der Perspektive der vorliegenden Erklärungsversuche läßt sich die historische Ausgangsposition der Bewegung, mit der die Entstehung der Alternativpresse in

engem Zusammenhang steht, besser verdeutlichen, als durch historiographische Faktenschau. Die zitierten Arbeiten beschäftigen sich in der Regel wesentlich ausführlicher mit der Zersplitterung und dem Zerfall der Bewegung als mit ihrem Ursprung; die Diskussion darüber soll hier nicht aufgegriffen werden, einige Hinweise mögen genügen. Aspekte der Spaltung und Entmischung der Bewegung spiegeln sich in der Produktion

Frankreich, Mai 68:
»Ende« der Universität

und im Selbstverständnis der Alternativpresse und sind für eine Theorie der Subkultur von Bedeutung; sie · werden unten (Kap. VI) im konkreten Zusammenhang berücksichtigt.

Der Zerfall der Bewegung begann im Anschluß an ihre antiautoritäre Phase und vollzog sich, vollends nach der Auflösung des SDS im März 1970, in unterschiedlichen Etappen von 1969 bis 1971.(30) »In diesem Zeitraum änderte sich die politische Szene abrupt. Mit der ML-Politik und spätestens seit Gründung der KPD/AO war die Aktionseinheit der Linken zerstört.«(31) Der Prozeß der Dogmatisierung, der Fraktionierung und der Parteigründungen war 1973 abgeschlossen, von den sechs größeren Gruppen stagnierten bald darauf fünf.

»Die Fragmentierung der Studentenbewegung und der phasenverschoben einsetzende Überdruß an den ML-Gruppen führte zum Anwachsen von Gruppen, in welchen die genannten Tendenzen (Wahrnehmung materieller Interessen, Tendenz zu Fragen alternativer Ökonomie, Th.D.) noch verstärkt wurden. Ohne diese beiden Prozesse hätte die DKP wohl kaum so rasch 40.000 Mitglieder erhalten (bei welcher Zahl sie in der Folge stagnierte). Ohne sie wäre es kaum zu Masseneintritten bei den Jungsozialisten gekommen, deren 'alternative' Seite die aktive Mitarbeit in Bürgerinitiativen wurde. ... Schließlich entwickelte sich ein weiteres zunächst studentisches Sammelbecken: die 'Spontis'.«(32)

Die »Spontis«, die keine homogene Gruppe darstellen, kann man als Puffer zwischen dem politischen und dem »gegenkulturellen« Lager der Bewegung bezeichnen. Als »Fraktion der Phantasie und der unmittelbaren Bedürfnisse«(33) knüpfen sie an den subjektiven, »hedonistischen« Implikationen der Revolte an, die mit dem Ausklingen der antiautoritären Phase und der Herausbildung zentralistischer Parteiorganisationen verlorengegangen und verdrängt worden waren, oder, als kleinbürgerlich-illusionistisch, subkulturell-borniert, »eskapistisch«, etc. denunziert, neutralisiert werden sollten. Ähnlich wie im amerikanischen Movement, wenn auch bei weitem nicht so richtungweisend wie dort, existierte von Anfang an, zunächst noch in die Bewegung integriert, aber auch neben ihr angesiedelt und später vollends von ihr isoliert, ein gegenkulturelles Potential, das individuelle Bedürfnisse, emotionale Sehnsüchte, Phantasie und Spontaneität mit politischer Praxis zu verbinden suchte (z.B. die Kommune K 1 in Berlin). Im Verlauf des Entmischungsprozesses separierte sich dieses Element - teils als Refugium enttäuschter Aussteiger, teils als die »bewußtere« Abteilung der Musik- und Drogenszene, teils auch als Versuch einer neuen, freilich meist unpolitischen Praxis (Landkommunen). Für viele Jugendliche der Generation, die auf die der Protestbewegung folgte, für die 17-20jährigen der Jahre 1973/74 - diejenigen zumindest, die noch nicht Opfer der »Tendenzwende« im politischen Klima der Bundesrepublik waren (34) - nahm sich diese »scene« als letztes überhaupt noch sinnlich wahrnehmbares Überbleibsel der antiautoritären Revolte aus. Ihre Partizipation an diesem gegenkulturellen Restpotential beschränkte sich entweder auf die Frequentierung der Treffpunkte im Kneipenmilieu großstädtischer Subkultur-Enklaven, oder sie fanden, teils ohne politischen »Umweg«, zu den privatisierenden Landkommunen und ähnlichen Einrichtungen, teils, mit basisdemokratischen Intentionen, zu den Bürgerinitiativen oder der in der Mitte der 70er Jahre sich herausbildenden »Alternativbewegung«, zu der auch diejenigen

Landkommunen zu zählen sind, die eine »unmittelbare Herstellung von antikapitalistischen und antibürgerlichen Reproduktions- und Verkehrsverhältnissen«(35) anstreben.

Offenbar wächst seit 1975/76 der Wunsch nach einer Integration der unterschiedlichen »alternativen«, sozialistischen und, wie die Bürgerinitiativen zeigen, bürgerlich-liberalen Gruppen und Organisationen zur Durchsetzung gemeinsamer Interessen. Dazu gehören vorrangig die Forderung nach Abschaffung der durch den Erlaß der Ministerpräsidenten 1972 möglich gemachten Be-

Deutscher Sprachexport:
Berufsverbot

rufsverbote im öffentlichen Dienst und die Abwehr einer drohenden Einengung der Verfassungsrechte in der Bundesrepublik.(36) Die Beteiligten eint das Unbehagen gegenüber anonymer Bevormundung und Lenkung, Angst vor dem lebensbedrohenden Anwachsen der Großtechnologie und der irrsinnigen Wachstumsideologie, die Hyperproduktivität und Ausbeutung aller natürlichen Ressourcen zur Voraussetzung ihres Fortschrittsbegriffs macht. Das Aufkommen der Bürgerinitiativen wird häufig mit dem der Protestbewegung von 1967/68 verglichen - nicht als ihre Wiederauflage, sondern als neue Formation einer »Vierten Gewalt«, die von der Gesamtbevölkerung, im Gegensatz zur Rebellion 67/68, nicht isoliert ist.(37)

Zum Begriff »Gegenöffentlichkeit«

Unter den Theorien, die von der Studentenbewegung teils rezipiert, teils entwickelt wurden und praxisanleitend waren, ist für die hier darzustellende Genese der Alternativpresse der Begriff der Gegenöffentlichkeit von zentraler Bedeutung. »Irgendwann in den Jahren 1967/68 ... kam die vorerst folgenlose Rede von der 'Gegenöffentlichkeit' auf.«(38)

Den theoretischen Hintergrund der Parole von der herzustellenden Gegenöffentlichkeit bildet ein in der Kritischen Theorie bei Adorno/Horkheimer und bei Marcuse entwickelter Begriff der *Manipulation* - jener Form der Unterdrückung, die sich neben der Verwaltungsmaschinerie des Staates und der Wirtschaftsunternehmen gerade auch der Massenmedien bedient, um Menschen durch Autorität, Vorurteile und - als sens commun vorgespiegelte - Meinungsstandards in ein etabliertes System zu integrieren.(39) Manipulation »bezeichnet die nichtterroristische Lenkung des Bewußtseins und Verhaltens der Massen durch sprachliche und ästhetische Mittel.«(40) Die Herausbildung von Massenkommunikationsmitteln als Schaltstellen gesellschaftlicher Ideologiebildung in den Ländern des hochentwickelten Kapitalismus ließ Kritikern eine eingehende Analyse der Zusammenhänge geboten erscheinen. In der Bundesrepublik wurde zu Beginn der sechziger Jahre mit der Habilitationsschrift von Habermas über den »Funktionswandel der Öffentlichkeit« die Diskussion über die Massenmedien eingeleitet.(41) Habermas untersucht die analog zu den ökonomischen Entwicklungsetappen des Kapitalismus sich verändernde Kategorie 'Bürgerliche Öffentlichkeit' und konstatiert ihre Umkehrung von kritischer Publizität in manipulative:

»Ursprünglich garantierte Publizität den Zusammenhang des öffentlichen Räsonnments sowohl mit der legislativen Begründung der Herrschaft als auch mit der kritischen Aufsicht über deren Ausübung. Inzwischen ermöglicht sie die eigentümliche Ambivalenz einer Herrschaft über die Herrschaft der nichtöffentlichen Meinung: Sie dient der Manipulation d e s Publikums im gleichen Maße wie der Legitimation v o r ihm. Kritische Publizität wird durch manipulative verdrängt.«(42)

In der zunächst auf akademischer Ebene geführten Debatte vor 1967 kam der unmittelbar politische Bezug der Manipulationsthese vorerst nicht zum Tragen. Eher noch sah man zu dieser Zeit »als den Massenmedien innewohnende Gefahr ... hauptsächlich die des Anpassungszwangs für Intellektuelle an den 'Massengeschmack' - die Instrumentalisierung der Massenmedien als Sprachrohr der Intellektuellen wurde als gegeben angenommen. Oder aber man ging - innerhalb der sozialistischen Linken - davon aus, daß eine Veränderung der Struktur und ein »ideologischer Einbruch in den ... angepaßten 'Meinungsmarkt' nicht möglich sein würde.«(43)

Mit dem Anwachsen der Studentenbewegung änderte sich schlagartig die Einschätzung der Einbruchsmöglichkeiten in die etablierte Öffentlichkeit. Die Ereignisse des 2. Juni 1967 führten auf Seiten der Studenten zum massiven Angriff gegen jenen Pressekonzern, der sich als Exponent der Massenmanipulation sowie als treibende Kraft im Monopolisierungsprozeß der Zeitungsverlage auswies: die Springer-Presse. Schon in der Gewerkschaftspresse, im *Spiegel* und Publikationen wie dem *Kursbuch* bezog sich seit 1965/66 die Kritik an der Pressekonzentration auf die in einigen Städten - vornehmlich in Berlin - marktbeherrschenden Blätter des Verlagshauses Springer, namentlich die *Bild-Zeitung*. Die in einer bitteren Analyse Reinhard Lettaus mit der Kennzeichnung »Journalismus als Menschenjagd« (44) bedachte Informationspolitik der Springer-Presse nahm sich der Studentenbewegung in einer Form an, die von den Betroffenen nur als Aufforderung an die Bevölkerung zur Lynchjustiz begriffen werden konnte (Schlagzeile der *Berliner Morgenpost* vom 11. Januar 1967: »Störenfriede ausmerzen«). Spätestens jetzt machte sich in der Bewegung die Einsicht breit, daß der Beeinflußung des Massenbewußtseins durch eine Monopolpresse ein Korrektiv entgegengesetzt werden müsse. Dabei dachte man zunächst an die Möglichkeit einer recht unmittelbaren Lösung des Problems - die Enteignung der Springer-Presse.

Unter dem Primat dieser Forderung begann die Kampagne gegen den Konzern, die in den »Osterunruhen« 1968 mit der Belagerung seiner Verlagshäuser und Auslieferungszentralen ihren Höhepunkt fand. In den Augen der Akteure war einerseits, und zwar sehr direkt, das harmonische Funktionieren eines wesentlichen Bereichs manipulativer Öffentlichkeit in Frage gestellt und - zumindest kurzfristig - auch praktisch gestört worden. Andererseits gelang den Beteiligten mit

EINLASSUNG ZUR SACHE / LANGHANS

LANGHANS: An dem Morgen haben wir die Zeitung geholt, da waren die schrecklichen Bilder drin von dem Warenhausbrand in Brüssel. Großartige Bilder für den, der sie gemacht hat. Und dann kamen die Hinweise, es könnte Brandstiftung dahinterstecken. Und das war dann die Idee. Meistens ist das so, daß wir was lesen und hören, und daß uns dann etwas dazu einfällt. Wir haben uns gefragt, wie man das konkretisieren könnte. Dazu haben wir das erst einmal durchgespielt.

SCHWERDTNER: Durchgespielt? . . . Wie man ein Kaufhaus in Brand setzt?

LANGHANS (ironisch): Natürlich . . . (nach Pause) natürlich nicht. Sondern wie man den Leuten klar machen könnte, welche Zusammenhänge bestehen. — Wir haben das dann geschrieben und vervielfältigt.

SCHWERDTNER: Geschrieben haben Sie: Dieses knisternde Vietnamgefühl, das wir bislang in Berlin noch missen müssen — das ist doch ein Wunsch?

LANGHANS: Erstmal ist das eine Feststellung, und dann, ich weiß nicht, ob Sie es gemerkt haben, hier ist doch die Sprache der Werbung parodiert worden.

SCHWERDTNER: Glauben Sie noch heute, daß es in Brüssel eine Brandstiftung war oder meinen Sie, es war ein Unglück?

LANGHANS: Unsere Verbindungen sind noch nicht so gut, daß ich es weiß, und die Zeitungen, die schreiben jetzt nicht mehr darüber. Wir haben versucht, die Dinge in Form von Fiktionen zu schildern in einer persiflierenden Sprache.

KUNTZE: Wir Älteren haben noch brennende Häuser erlebt.

LANGHANS: Sie haben es aber vergessen.

KUNTZE: Sie behaupten, die Flugblätter sind nicht ernst gemeint. Wollen Sie bitte sagen, wo der Scherz beginnt?

LANGHANS: Das Wort Scherz ist nicht richtig. Es ist mehr Satire, schon Groteske, schwarzer Humor . . .

Nach der Pause
SCHWERDTNER: Herr Langhans, ich wollte das Thema

Wer den Prozeß nicht selber führt   wird vom Richter angeschmiert

Doppelseite aus dem Buch »Klau mich« von Fritz Teufel und Rainer Langhans

dieser wie mit anderen Aktionen der Einbruch in die bürgerlichen Medien. Sie funktionierten »durch die provokante Erschütterung der herrschenden Ideologie die bürgerliche Öffentlichkeit zum Forum der Bewegung um« (45), und für kurze Zeit konnten sie sich der einer Verunsicherung entspringenden Toleranz einiger liberaler Blätter und TV-Sendungen sicher sein. Die das traditionelle Ausmaß aktueller Berichterstattung sprengende Quantität der Meldungen und Kommentare aller Medien zu Einzelerscheinungen und Gesamtaspekten der Revolte läßt sich beispielhaft am publizistischen Niederschlag des Prozesses gegen die Hersteller der im Mai 1967 in Berlin verteilten »Kaufhaus-Brand-Flugblätter« verfolgen.(46) Teilweise wurde die Publizität geplanter Aktionen bewußt mit einkalkuliert. Im Hinblick auf die Berliner Kommune I spricht der später als Terrorist gesuchte Michael (»Bommi«) Baumann von der »Message, die man über die bürgerliche Presse weitergegeben hat, also über die Medien. ...Man interessierte sich auch sehr für die Presse. Man hat gleich ausgerechnet, wie wird speziell die Berliner Presse auf die Aktion reagieren, wie

werden sie die Sache auslegen, und danach wurde die Strategie bestimmt.«(47)

Als eigentliche Form von Gegenöffentlichkeit verstand die Bewegung weniger die nur von kurzer Dauer bleibende Möglichkeit, sich die etablierten Medien partiell zunutze zu machen. Im weiteren Sinne galt als Gegenöffentlichkeit das Ensemble der Aktionen selbst: Demonstrationen, Teach-ins, Sit-ins, Protestkundgebungen, Straßenblockaden, Massenversammlungen - also jede Form geschlossenen Auftretens, die kommunikativen und informativen Charakter besaß. Gegenöffentlichkeit in einem engeren Sinne des Begriffs:»institutionalisiert« in Form von Gegenmedien, vor allem als *Gegenpresse,* war hingegen auch zur Zeit des Höhepunktes der Protestbewegung in der Bundesrepublik nur in Ansätzen verwirklicht - zumal im Vergleich mit der amerikanischen Underground-Presse. Diese hatte sich, wie oben näher ausgeführt, als Teilbereich eines die politischen, kulturellen, »privaten« Bedürfnisse umfassenden Gegenmilieus entwickelt. Die schon kurz nach Beginn der amerikanischen Revolte existierende Menge politischer und gegenkultureller Blätter verdankt ihr Zustandekommen darüber hinaus der Tatsache, daß in den USA, anders als in der Bundesrepublik, die etablierte Presse das Movement fast ausnahmslos gehässig denunzierte oder aber völlig ignorierte. Dagegen hatte die Bewegung in Deutschland - kurzfristig - den Vorteil, sich auch über einige der großen Medien vermitteln zu können; ihr Nachteil war das vorläufige Fehlen ausgeprägter Gegeninstitutionen. Beide Faktoren waren für die breite Entfaltung einer Gegenpresse ungünstig. Gleichwohl kann davon ausgegangen werden, daß sich die Protestbewegung auch »durch Bücher, Broschüren und Flugschriften ihre eigene, große Kreise der Schüler, Studenten und Lehrlinge erfassende Öffentlichkeit schuf.«(48) Vor allem in Berlin und Frankfurt, den Zentren der Revolte, entstanden - neben den Schriften und Flugblättern der sozialistischen Hochschulgruppen - politische Zeitschriften einer Gegenpresse: *Linkeck* (49), *Fizz, Agit 883, Ca Ira, Radikalinski, Extradienst, Rote Presse Korrespondenz, Pinx, Charlie Kaputt, Stadtanzünder, Demonstrazza* (alle Berlin), *Diskus, Koop, SC-Info* (Frankfurt), *Apo Press Hamburg, Partisan* (Hamburg), *Apo Press München* u.a.(50). Schon 1968 kam es zu polizeilichen Hausdurchsuchungen und Beschlagnahmungen in den Redaktionen. Anlaß dazu gaben pornographische oder subversive Abbildungen und Texte.

Die Tendenz zu Fraktionierung und mangelnder Kompromißbereitschaft, wie sie später die Bewegung insgesamt aufwies, machte sich bereits in der Gründungsphase der Zeitschriften zwischen diesen, aber auch innerhalb der Redaktionen breit. Es gab, wie Schwendter berichtet, »Korrespondentenzirkel, ... Rundbriefe, ... regionale und nationale Redaktionskonferenzen« (51), aber es fehlte ein der US-Gegenpresse vergleichbarer übergeordneter Zusammenhang, wie er dort etwa im UPS (United Press Syndicat) hergestellt worden war.

Ein häufig vorgetragenes Anliegen der Zeitungsmacher war schon damals eine überregionale »linke Tageszeitung«, in der unterschiedliche Gruppen und Fraktionen eine Plattform auch zur Abklärung gegensätzlicher Positionen finden würden; dieses Projekt, »die Frau meiner Träume seit 67«, wie Fritz Teufel zehn Jahre später sagte (52), wurde erst 1978 Wirklichkeit - mit Gründung der in Frankfurt herausgegebenen, Montag bis Freitag erscheinenden *tageszeitung* (*die Taz*). Ihre Auflage beträgt 1980 ca. 20.000 verkaufte Exemplare täglich, die Zahl der regelmäßigen Mitarbeiter beläuft sich auf rund 250.(53)

Häufig diskutiert wurde auch das Projekt einer »Gegen-Bild-Zeitung«. In einer »Prospektiven

Gegenpresse in der Bundesrepublik

Bundesgeschichte der Jahre 1969-1977« progno-
stizierte Rolf Schwendter 1968 ihr Erscheinen für
1970: »Ein gemeinsamer Kongreß einer wesentlichen Minorität im DGB, der Außerparlamentarischen Opposition, des linken Flügels der EKD
und der fortschrittlichen Buchverlage beschließt
die Gründung einer linken Bildzeitung. Das
Gründungskapital von 5 Mio. DM ... wird in 14
Tagen aufgebracht.«(54) Dieses - damals, in
Zeiten hochfliegender Hoffnungen durchaus
nicht ironisch gemeinte - Projekt blieb Utopie
ebenso wie die Überlegung, »Springer und seine
gleichgesinnten Krähen an ihrer mächtigsten,
zugleich schwächsten Stelle anzugreifen: nämlich
auf dem Markt der Sonntagszeitungen.«(55)

Sozialistische Kleinverlage

Ein anderes Element der Gegenöffentlichkeit, das mehr noch als die vorerst marginalen Zeitschriften die Landschaft der Gegenmedien konstituierte, waren die ersten »linken Kleinverlage«. Die Entstehung dieser Verlage neuen Typs - *Linkeck, Ca Ira Presse, Oberbaum Verlag, Edition Voltaire, Log-Verlag, Quer-Verlag, Heinrich Heine Verlag, Trikont, Peter Paul Zahl Verlag* u.a. - wird man auf folgende Motive ihrer Gründer (-kollektive) zurückführen können:
- die Organisation einer »kulturellen Selbstversorgung« der Linken,
- die Kritik an der den Marktmechanismen unterworfenen Buchproduktion und -distribution,
- die Kritik am Geschäftssinn etablierter Verlage für »linke Literatur«,
- die Möglichkeit der Existenzsicherung, die auch ein kleiner Verlag zu bieten schien.

Der Diskurs innerhalb der Studentenbewegung entwickelte sich an bestimmten theoretischen Ansätzen, die sich die Beteiligten zum größten Teil erst noch aneignen mußten: d.h., sie mußten sich Texte vor allem der marxistischen Tradition beschaffen, die im Buchhandel und Bibliothekswesen Westdeutschlands nach Jahren eines erbitterten Antimarxismus nicht greifbar waren - vor allem nicht in ausreichender Anzahl. Diese Leerstelle auszufüllen war die erste Aufgabe der linken Kleinverlage. Sie kamen ihr auf eine Weise nach, die ebenso sinnfällig wie verblüffend und für die Bundesrepublik in dieser Form neu war: durch »Raubdrucke«, d.h. Nachdrucke, die die geltenden urheber- und verlagsrechtlichen Schutzbestimmungen umgingen.(56) Verlage und Buchhandel, namentlich der sie vertretende Börsenverein für den Deutschen Buchhandel, sahen ihre wirtschaftlichen Interessen spätestens von dem Zeitpunkt an durch die Raubdrucker gefährdet, als diese über den engeren Vertriebsrahmen des Campus hinaus ihre Bücher und Broschüren in den immer zahlreicher werdenden »linken Buchläden« zum Verkauf brachten. In der Diskussion um die Raubdruck-Bewegung, an der sich die liberale bürgerliche Publizistik z.T. wohlwollend-kritisch zugunsten der inkriminierten »Piratendrucker« beteiligte, wurden von Beteiligten und Betroffenen, darunter vielen Autoren, die unterschiedlichsten Argumente für und gegen die formal-rechtlich illegalen Reprints vorgetragen, die hier nicht im einzelnen aufgezählt werden sollen.(57) Gegenmaßnahmen (58), insbesondere juristische Maßnahmen einzelner Buchhändler und Verlage (z.B. *Kiepenheuer & Witsch*) blieben indes die Ausnahme - zumal, wie noch zu zeigen sein wird, das Raubdruckwesen den großen Verlagen unvermutet als »Testmarkt« von Vorteil war. Allerdings nahmen die Strafverfolgungsbehörden - Polizei und Staatsanwaltschaft - ihrerseits jetzt die Möglichkeit wahr, unter dem Vorwand, Urheberrechte zu sichern, in die Kleinverlage im Rahmen von Durchsuchungsaktionen einzudringen und sich Informationen über deren Struktur zu verschaffen.(59)

Der Komplex »Raubdrucke« verlor seine Relevanz, als der Nachholbedarf an kritischer Literatur, vor allem an älteren Texten, gedeckt war. Außerdem warfen die großen Verlage preiswerte Taschenbuchausgaben »linker Literatur« auf den dafür erschlossenen Markt. Die sozialistischen Verlage und Buchhandlungen waren ihrerseits nicht mehr auf die Nachdrucke angewiesen, sondern mit der Produktion eigener Bücher ausgelastet: Der »German-Ableitungs-Marxism« (60), die anschwellende Bibliothek scholastischer Kompendien zu den »Klassikern« (des Marxismus), die »Entlarvungs«-, Schulungs- und Abgrenzungsliteratur, die Drucklegung marxistischer Hochschulschriften, die Statements und Strategieentwürfe der Protagonisten der Bewegung, dazu Übersetzungen wichtiger Texte aus dem Ausland - das alles, einige hundert Titel, war bereits zwei bis drei Jahre nach Entstehung der sozialistischen Verlagskooperativen kaum noch zu überschauen. In der Bundesrepublik, dem Land mit der größten Buchproduktion der Welt, hat sich auch »Gegenöffentlichkeit« augenscheinlich in diesem traditionellsten Medienbereich am wirksamsten entfaltet.

Die *politische* Zielsetzung bei der Gründung sozialistischer Kleinverlage nahm ihren Ausgang bei der Kritik des »Warencharakters des Buchs«, die ihre eigene Vorgeschichte hat. Diese Kritik spielt später auch bei den Kleinverlagen der literarischen Alternativpresse eine Rolle.
Die Frage nach dem Warencharakter der *Kunst* war 1967/68 in literaturwissenschaftlichen Arbeitsgruppen des SDS auf Hochschulebene gestellt und in den Seminarbetrieb einzelner Fächer der philosophischen Fakultäten eingebracht wor-

den. Eine SDS-Gruppe *Kultur und Revolution* machte eine breitere Öffentlichkeit in einem Beitrag in der Wochenzeitung *Die Zeit* (Nr.48, 29. Nov. 1968) auf den Gegenstand ihrer theoretischen Bemühungen aufmerksam. Die Autoren setzten damit eine Diskussion in Gang, die für das Selbstverständnis der Kunst- und Literaturwissenschaften in den nächsten Jahren nicht ohne Folgen blieb.(61) »Die große Entdeckung: Kunst als Ware.«(62)

Der gesellschaftliche Zusammenhang der Kunst drückt sich aus in ihrer Produktion, Distribution und Rezeption. In dieser Aufteilung hat nach Meinung der SDS-Autoren die Distribution den wesentlichen Anteil, denn ihrer hat sich eine »Kulturindustrie« angenommen. Deren Vertriebssystem unterworfen verfällt Kunst dem Verhältnis von Angebot und Nachfrage und wird damit zur Ware. Als solche besitzt sie den aller Ware innewohnenden Doppelcharakter von Gebrauchswert und Tauschwert. Der Tauschwert der Waren verselbständigt sich im Geld, mit ihm entsteht eine neue Qualität: abstrakter Reichtum, und mit diesem: Verwertungsinteresse. Die Produktion von Gebrauchswerten wird bloßes Mittel für den Zweck der Verwertung. Das heißt, bezogen auf die Kulturindustrie und die »Ware Kunst« im Kapitalismus:

»Für die Kulturindustrie legitimiert sich die Kunstproduktion nur durch den Tausch-, nicht aber durch den Gebrauchswert. Mit anderen Worten: der objektive Gehalt von Kunstwerken, die aufklärerische Funktion, werden uninteressant für ein System, das nur Profitmaximierung im Kopf hat und gegen dessen Interessen eine adäquate und konsequente Rezeption ja gerade Widerstand leisten würde. Der Verteilerapparat muß sich neue Kriterien schaffen, mit denen er Kunst propagieren kann. Der Tauschwert orientiert sich nach ihnen: gesellschaftliche Aura, großer Name, Seltenheit, Virtuosität.«(63)

Daß die Übertragbarkeit der Waren-Kategorien dem Kunstwerk möglicherweise äußerlich bleiben, daß diese eben das, was an der Kunst relevant ist, nicht treffen, daß der »Gebrauchswert« von Kunst »nicht identisch ist mit dem von Suppenwürfeln«(Lüdke), usw.: diese Argumente gegen den Ansatz der Berliner Gruppe (bei Schlaffer, Lüdke, u.a.) und solche, die ihn untermauern (Holz) oder ihn anderen Aspekten subsumieren, sollen hier nicht weiter ausgeführt werden. Auch andere, mit dem Begriff »Kunst als Ware« in enger Verbindung stehende Ansätze - solche vor allem, die dem hier skizzierten Zusammenhang von Seiten der Produktion (»Der Autor als Produzent«) oder Rezeption (»Repressive Befriedigung«) nachgehen - können an dieser Stelle nicht weiter verfolgt werden.

Bei der Gründung linker Kleinverlage wird von den drei Aspekten gesellschaftlicher Vermitteltheit der Kunst (Produktion - Distribution - Rezeption) der Distributionszusammenhang von maßgeblichem theoretischen und folglich praktischem Interesse gewesen sein. Mit der Kritik an einer Kulturindustrie, der »Literaturwaren« ausschließlich unter dem Aspekt des Profits von Bedeutung sind, war gleichzeitig das Medium selbst, in dem traditionell Literatur sich materialisiert, auf seine Warenform festgelegt: *Buch* als Ware.

Die Formel war nicht eben neu, durchgängig

Das Buch als Ware

schon seit dem 18. Jahrhundert von seiten der Autoren und Leser gegen die Buchhändler und deren hohe Selbsteinschätzung gerichtet. Auf dem Hintergrund der Diskussion um die Warenästhetik der Kunst erhielt die Formel einen neuen Stellenwert, ermunterte jedoch andererseits manche Kritiker zum vorschnellen Rundschlag mit der Keule der Gebrauchswert-Kategorie: »Was die Bibel vom Harzer Käse unterscheidet, ist die verschiedene Art und Weise der Bedürfnisbefriedigung, also der Gebrauchswert der jeweiligen Ware.«(64)

Den Warencharakter des Buchs aufzuheben war jedenfalls Gegenstand der Diskussion, die dem Entstehen der sozialistischen Verlagskooperativen vorausgingen, wie z.B. ein Brief eines der *Linkeck*-Verleger an Rudi Dutschke verdeutlicht: licht:

»Ich erinnere mich, wie wir und hauptsächlich Du vor längerer Zeit im Berliner Buchhändlerkeller den Buchhändlern unsere Vorstellungen vom antiautoritären Buch'geschäft' entwickelt haben ..., über die Notwendigkeit, vom Warencharakter des Buchs wegzukommen durch Verknüpfung von 'Buch' mit 'Aktion'... Hingewiesen auf die Wichtigkeit der Entwicklung einer eigenen Öffentlichkeit ..., auch deren materielle Grundlagen (Maschinen, Buchhandlungen, etc.).«(65)

Die Passage enthält Hinweise darauf, wie man die bestehenden Verhältnisse im Buch- und Verlagswesen aufzuheben gedachte; es wird deutlich, daß man die Organisation »eigener« Medien als Teil der ideologischen Arbeit ansah. In einem Rundbrief der Berliner *Ca Ira Presse* an die »Kollegen und Genossen« der linken Verlage und Buchhandlungen heißt es: »daß wir so sekundäres - wie das verlagsgeschäft - zum anlaß nehmen, mit der lösung dieses problems anzufangen, deshalb, weil a) die ideologische praxis wichtig ist, b) man sich nur über praktische tätigkeit organisieren kann.«(66)

Die damals entwickelten Vorstellungen blieben auch während der folgenden Jahre aktuell. Langfristig gehe es darum, die »großen Apparate (der Medien, Th.D.) für die Bevölkerungsmehrheit verfügbar zu machen, also unter demokratische Kontrolle zu bringen«, kurzfristig sei der Aufbau einer starken Gegenöffentlichkeit wünschenswert und auch machbar, denn die Integrationsfähigkeit der Massenmedien sei keineswegs unbegrenzt.(67)

Es versteht sich von selbst, daß die sozialistischen Verleger und Buchhändler ihren Betrieben, z.T. durch gründlich ausgearbeitete Statuten, eine Form gaben, die sich in Übereinstimmung mit ihren Vorstellungen von einer künftigen Gestalt des gesamten Verlags- und Buchwesens befanden: genossenschaftliches Eigentum, Mitent-

scheidung aller, Delegation der unterschiedlichen Pflichten und Befugnisse auf bestimmte Zeit.(68)

Weniger als Gründungsmotiv denn als nachträglichen Beweis für die Notwendigkeit »eigener« Verlage betrachteten die Druckkollektive die Agilität der Großverlage im »linken Geschäft«. In ihren Augen lieferten diese damit den besten Beweis für ihre Korruptheit und den Primat des Tauschwerts: Bauten sie doch in ihre vom Umsatz- und Profitkalkül bestimmten Programme eine Literatur ein, deren ganze Tendenz solcher Verwertung widerstrebte und den gesamten ökonomischen Zusammenhang, in dem sich auch das Verlagsgeschäft befindet, gründlich negierte und bekämpfte.

Der Affront enthielt mehr als moralische Empörung über die Händler, die sich in einem Tempel breit machten, aus dem es sie zu vertreiben galt. Hier drückte sich die Befürchtung aus, daß schon die Vermarktung eines widerspenstigen Textes dessen »konsequente Rezeption« beeinflussen könne - und zwar im Sinne von Entschärfung und Nivellierung. Die Befürchtung entsprang jenem Glauben - Haug spricht davon -, daß »auf irgendeine geheimnisvolle Weise ... die pure Käuflichkeit einer Sache ... diese Sache pervertieren, in einen Zusammenhang der Verblendung und verdummenden Abspeisung integrieren« könne.(69)

Die Selbstorganisation bei der Herstellung und Distribution kritischer Texte und vor allem eine daraus abzuleitende Praxis verstand man als konsequente Antwort auf die »Linksgeschäftemacher«:

»wir müssen versuchen, dies elend praktisch zu wenden. das 'rechte elend': die linke zu verschachern/das linke elend: sich verschachern zu lassen. was bedeutet das konkret? das zu vermittelnde ('unsere kritik') wird immer mehr durch den vermittlungsapparat bestimmt. wir können 'revolutionär' drucken, schreiben, reden, was wir wollen: der apparat (die bürgerlichen verlage, vertriebsorganisationen, druckereien, etc.) integriert alles, machts zum dekor, verwertet es eilig. ... wir müssen die kritische theorie, das geschriebene konsequent mit revolutionärer praxis verknüpfen! also weg von den bürgerlichen verlagen, den rowohlts, hansers, wagenbachs, heines, usw.«(70)

Mit Verbitterung registrierten die sozialistischen Kleinverleger, daß ihre Produktionen - nicht zuletzt die Raubdrucke - zunehmend den Markt für die großen Verlagshäuser sondierten. Aus den Absatzzahlen der Reprints und Neuerscheinungen der Kleinverlage ließen sich die jeweils bevorzugten Gegenstände des aktuellen Bedürfnisses nach »kritischer Literatur« ermitteln. Ohne Risiko konnten die großen Verlage jetzt die

Auflage bestimmter wissenschaftlicher (marxistischer) Werke verzehnfachen - man kannte ihre Absatzchancen; mit billigen oder besseren Ausgaben machte man den linken Verlagen Konkurrenz oder kam ihnen zuvor: »Die neuen Luchterhand-Typoskripte, die Sammlung Luchterhand, die günstigen Basis-Bücher bei der Europäischen Verlagsanstalt, zahlreiche Taschenbuch-Editionen beim Suhrkamp-Verlag oder die Rowohlt-Taschenbuch-Texte des Sozialismus und Anarchismus sind Beispiele für die Anleihen bei den Raubdruck-Programmen.«(71)

Autoren aus den Reihen der Bewegung wurde es zum Vorwurf gemacht, wenn sie sich von Großverlagen unter Vertrag nehmen ließen. In einem

BERLIN UND ANDERSWO: GEGENKULTUR DEUTSCHLAND

Glaubt man den großen deutschen Meinungsmedien, dann gibt es in der Bundesrepublik Deutschland keine Gegenkultur. Sie berichten nicht darüber. Allenfalls, wenn es um Berlin geht, hört man von Linkeck, Kinderläden und Kommunen.

Man darf den deutschen Meinungsmedien nicht glauben. Selbst in deutschen Kleinstädten geschieht bereits mehr, als sie melden. Rolf Schwendter, Wiener, hatte es, von seinen österreichischen Erfahrungen ausgehend, nicht für möglich gehalten, »daß es subkulturelle Ansätze in Schwäbisch Gmünd, Lübbecke in Ostwestfalen oder Opladen gibt«. Dann hat er dort Leute gefunden, »die in einem weitgehenden Maße von den Wertordnungen, seien sie künstlerische, politische, moralische, sexuelle, eine andere Vorstellung haben als die Gesellschaft, die sie umgibt und zu der sie in Opposition stehen«.

Der deutschen Gegenkultur fehlen bislang noch die Gegeninstitutionen, vor allem Gegenmedien, zum Beispiel auflagenstarke Zeitungen. Dennoch finden sich überall Ansätze, wenn sie auch von den großen Demonstrationen überdeckt werden. Das geschieht z. T. deshalb, weil ein kleiner, aber wortführender Teil des SDS von traditionellem kulturellem Vorverständnis geprägt ist und darum die neuen kulturellen Entwicklungen nicht sieht, zum Teil nicht versteht.

(176)

Brief des Rowohlt-Verlages vom 27.8.68 wird die *Oberbaumpresse*, die bis dahin die Texte Dutschkes verlegte, darauf aufmerksam gemacht, daß Rowohlt »sämtliche Verlagsrechte an allen Arbeiten und Texten Rudi Dutschkes erworben hat... Dieser Generalvertrag mit Rudi Dutschke hat ab sofort Gültigkeit.« Auf die (oben zitierte) briefliche Anfrage Hartmut Sanders von *Linkeck*, die sich auf dieses Schreiben (»Büro Dr. F.J. Raddatz«) bezieht, antwortete Dutschke im Rahmen eines längeren Briefes mit nur einem Satz: »Okay, ich habe keinen 'Generalvertrag' unterschrieben, was soll ich mich noch darüber entschuldigen ...«(72)

Freilich waren die Konditionen, die ein großer Verlag zu bieten hatte, verlockend: exemplarisch ist der Fall der Gebrüder Cohn-Bendit, deren Buch »Linksradikalismus - Gewaltkur gegen die Alterskrankheit des Kommunismus« eine Auftragsarbeit war.(73) Daniel Cohn-Bendit schreibt später darüber: »Als Krönung des ganzen bietet mir der Rowohlt Verlag 15 Millionen alte Francs (damals ca. 100.000,- DM, Th.D.) für ein Buch, das ich zusammen mit meinem Bruder schreiben soll. ... Der Verleger mietet uns ein Appartement in einem bayrischen Hotel, und innerhalb von sechs Wochen basteln wir ein Buch zusammen.« (74) Daß die Drucklegung im Großverlag zuweilen nur nach Streichung mißliebiger Stellen im Manuskript (»innere Zensur«) erfolgen konnte (allerdings nicht bei Cohn-Bendit), ist die andere Seite der Medaille.(75)

Nicht unterschlagen werden dürfen die materiellen Interessen, die bei der Gründung linker Kleinverlage eine Rolle spielten. Bei den Raubdrucken wurde, auch wenn sie, als »sozialistische Drucke« und »proletarische Reprints« definiert, in der Regel preiswert zum Verkauf angeboten wurden, mit Gewinn gearbeitet. Auch hier ließ sich, wie aus dem Rundschreiben der *Ca Ira Presse* zur geplanten »Gegenmesse« hervorgeht, ein politischer Zusammenhang herstellen:

»wir müssen ... leben, d.h. essen, miete bezahlen, usw. wir müssen also die vorhandenen kapazitäten so organisieren, daß wir als einheit ... für die reproduktion der in den linken betrieben tätigen genossen arbeiten können.« Im Verlagsgeschäft bestehe die Möglichkeit, »sehr schnell zu 'verdienen', schnell die möglichkeiten für selbstorganisation herzustellen, die materiellen bedingungen dafür.«(76)

Mit der Entmischung und Zersplitterung der Bewegung, der Unfähigkeit der einzelnen Gruppen, weiterhin Öffentlichkeit herzustellen und die partiellen Ansätze hergestellter Öffentlichkeit zu behaupten, ging im Bereich der linken Verlags- und Buchhandelsszene die Tendenz einher, den politischen Zusammenhang ihrer Erwerbsquelle aufzulösen. Das »Geschäft« verselbständigte sich.

»Die revolutionäre Phrase ersetzte zunehmend die Artikulation kollektiver gesellschaftlicher Erfahrung. Auf der anderen Seite konnte man einen Vorgang beobachten, den man wohl am treffendsten als 'Vermarktung der linken Kommunikation' bezeichnen könnte: Gruppen, Grüppchen und Individuen begannen, die Öffentlichkeit nicht mehr als politische, sondern vom Standpunkt des einfachen Warenproduzenten her als wirtschaftliche zu begreifen und sich durch die Herausgabe von Zeitungen, Broschüren und Raubdrucken zu finanzieren.«(77)

Buchmesse und Gegenbuchmesse 1968

Die zum Zeitpunkt der Frankfurter Buchmesse 1968 abgehaltene »Gegenbuchmesse« war von der *Ca Ira Presse* angeregt und vorbereitet worden. Ein Plakat-Aufruf des Berliner Verlagskollektivs gab Auskunft über die Programmatik der Veranstaltung:

»Das zu Vermittelnde wird durch den Vermittlungsapparat bestimmt: Wir müssen uns selbst organisieren! Nicht Widersprüche richtig benennen, sondern Widersprüche aufbrechen lassen! Durch Handlungen lernen! Laßt euch nicht von den Rowohlts verschachern, Genossen! Organisiert euch selbst! Macht den bürgerlichen Linksgeschäftemachern ihr Geschäft kaputt! Der Polizeiknüppel, der uns auf den Kopf schlug, ließ es bei den Verlegern bimmeln: Schlagt da zurück! Beschleunigt den kulturellen countdown!«(78)

Über siebzig kleine Verlage und Zeitschriften, darunter einige aus dem Ausland, folgten dem Aufruf und präsentierten ihre Produktion in Räumen des Frankfurter Studentenhauses. Die Veranstaltung fand jedoch keine große Beachtung und blieb ohne Einfluß auf das Messegeschehen - die Schlagzeilen machenden Aktionen spielten sich vielmehr auf dem Messegelände selbst ab.

Schon während der Messe des Vorjahres war es zu Protestaktionen gegen die Messestände der Springerzeitungen und anderer Verlage gekommen. In einem Rundbrief vom 13. August 1968 machte der Börsenverein deutlich, daß er diesmal von seinem Hausrecht Gebrauch machen werde, falls sich Vorfälle dieser Art wiederholen sollten. Am Schluß des Briefs heißt es: »Die Frankfurter Buchmesse ... ist nicht der Platz für politische Auseinandersetzungen irgendwelcher Art, für Demonstrationen oder enthemmte Selbstdarstellungen.«(79)

Daß Literatur und Literaturvermarktung durchaus in politischen Kategorien begriffen werden müssen, brachten über 100 Verlage und ebensoviele Autoren in einer Protestdeklaration dem Börsenverein gegenüber zum Ausdruck. Anlaß des Schreibens waren der zeitweilige Ausschluß der Öffentlichkeit aus Halle 6 und das massive Vorgehen einiger Hundertschaften der Polizei gegen die Teilnehmer einer Demonstration, die sich gegen die Verleihung des Friedenspreises an Léopold Sédar Senghor richtete, dem der SDS arbeiterfeindliche Politik und Unterstützung des Neokolonialismus in Afrika vorwarf. Es gab zahlreiche Verletzte, einige »Rädelsführer«, unter ihnen Cohn-Bendit, wurden verhaftet. Die Deklaration der Autoren und Verleger sowie die vorübergehende freiwillige Schließung einer Reihe von Ständen, mit der einige Verlage gegen die »Polizeimesse« protestierten, bewogen den Börsenverein und die Messeleitung, den begrenzten Rückzug der Polizei vom Messegelände zu veranlassen.

Als Opposition zu Messeleitung und Börsenverein schloß sich eine Anzahl von Autoren, Buchhandels- und Verlagsangestellten im Rückgriff auf die bekannte Formulierung Walter Benjamins zur Gruppe der *Literaturproduzenten* zusammen. Die Vereinigung setzte sich zunächst für eine »Demokratisierung des Börsenvereins« ein und erreichte die Bildung eines »Messerates«, den der Börsenverein - widerwillig - akzeptierte; in ihm sind künftig Delegierte der Aussteller, der Gewerkschaften und Autoren vertreten. Delegierte des Messerates erhielten das Recht, an allen Beratungen des Börsenvereins und der Messeleitung teilzunehmen. Damit sollte verhindert werden, daß sich auf künftigen Messen eine Reglementierung kritischer Öffentlichkeit wiederholen könnte. In der Folgezeit gaben sich die *Literaturproduzenten* während zweier Hauptversammlungen 1969 und 1970 ein Programm, das über gewerkschaftliche und auf die Buchmessen bezogene verfahrenstechnische Forderungen hinausging.

»Die deutschsprachigen Literaturproduzenten konstituieren sich als politische Vertretung aller sozialistischen Gruppen und berufsspezifischen Sektionen aus dem Bereich der Literaturproduktion. ... Aufgabe der Literaturproduzenten ist die Analyse der gesamtgesellschaftlichen Entwicklung, ihre Auswirkung auf den Bereich der Literaturproduktion und deren Stellenwert im System des Kapitalismus. ... Ziel ist die Aufhebung der branchen- und sektionsspezifischen Organisationsformen.«(80)

Ebenfalls im Anschluß an die Buchmesse 1968 bildete sich - in Zusammenarbeit mit der Gruppe der *Literaturproduzenten* - ein *Verband des Linken Buchhandels* (*VLB*), der sich in den folgenden Jahren zu einer wichtigen Interessengemeinschaft der sozialistischen Kleinverlage und Buchläden entwickelte.

Selbstverständnis und Produktion der mit dem VLB kooperierenden Verlage werden in der vorliegenden Arbeit nicht weiter verfolgt. Von der späteren literarischen Alternativpresse, mit der zusammen sie wesentlich den westdeutschen Verlags- und Distributionsbereich repräsentieren, der sich als der Öffentlichkeit vorgelagert oder von ihr ausgegliedert oder ihr entgegengesetzt versteht, unterscheiden sie sich durch ihr Verlagsprogramm. Verkürzt läßt sich sagen, daß die linken Kleinverlage theoretische Texte aus dem Bereich der Sozialwissenschaften und der politischen Ökonomie, historisch-materialistische Analysen, »Schulungsmaterial«, Quellen zur Geschichte des Marxismus, des Anarchismus usw. publizieren, jedoch fast ausnahmslos über kein im engeren Sinne literarisches Programm verfü-

zentrum, *Pro Media, Überdruck* u.a.) vertreiben immer auch Bücher der sozialistischen Kleinverlage, und auf den von der Alternativpresse organisierten späteren Ausstellungen, Minipressen-Messen, Gegenmessen und anderen Veranstaltungen sind sie stets vertreten. Mit der theoretischen Weiterentwicklung unterschiedlicher »Alternativmodelle« im politischen, ökonomischen, ökologischen und kulturellen Bereich stellt sich bei sozialistischen und Alternativverlagen seit etwa 1974 auch eine gewisse inhaltliche Kongruenz her.

Der VLB koordiniert die Arbeit der ihm angeschlossenen Betriebe. Er informiert die Öffentlichkeit über staatliche Maßnahmen gegen seine Mitglieder (Hausdurchsuchungen, Beschlagnahmungen, Prozesse). Als notwendig und

Frankfurter Buchmesse 1968

gen. Die literarische Alternativpresse berücksichtigt hingegen ein breites Spektrum auch der Produktion der VLB-Verlage. Distributionsorgane der Alternativpresse (*Literarisches Informations-* nützlich erwies sich die Katalogisierung der im VLB vertriebenen Publikationen; seit 1976 erscheint ein »Verzeichnis Linker Lieferbarer Bücher« [VL(L)B].(81)

»Tod der Literatur« und »Neueste Stimmung im Westen«

Hatten die Thesen der studentischen Neuen Linken, ihr Postulat sozialistischer Praxis und die Versuche, es innerhalb von »Gegenöffentlichkeit« einzulösen, 1968 Konsequenzen im literarischen Distributionsbereich gezeitigt, so verursachten sie im selben Jahr eine nicht minder nachhaltige Auseinandersetzung um die westdeutsche Literatur selbst. Auf die Diskussion, die der provokative Aufsatz der Gruppe »Kultur und Revolution« in der *Zeit* auslöste, wurde oben bereits verwiesen. Gleichzeitig erschienen mit dem *Kursbuch* 15 jene Beiträge, auf die zu beziehen sich in den folgenden Jahren fast jede literaturwissenschaftliche Beschäftigung mit westdeutscher Gegenwartsliteratur genötigt sah.(82) »Vereinzelte Artikulationen der studentischen Protestbewegung gleichsam zur Formel zusammenziehend«(83) stellten die Autoren des *Kursbuch*s 15, allen voran Enzensberger, die Relevanz literarischer Texte mit einer Radikalität in Frage, deren unterkühlte Schroffheit allgemein als Totsagung der Literatur aufgefaßt wurde. Die Parole vom »Tod der Literatur«, von Enzensberger selbst eher als literarische Metapher verstanden (84), hielt Einzug in den Jargon der Literaturkritik. Da auch die Diskussion der späteren Alternativpresse um ihr literarisches Selbstverständnis direkt oder indirekt auf die im *Kursbuch* 15 aufgeworfenen Grundsatzfragen nach der Berechtigung, dem »Nutzen« und der Zukunft der Literatur zurückgreift, soll im folgenden der Ansatz Enzensbergers - er ist der wichtigste - dargestellt und erläutert werden.

Die Überlegungen der Autoren waren den zeitlichen Ereignissen, insbesondere der Reaktion des Literaturbetriebs, auf ihre Weise adäquat: Enzensberger konnte ironisch auf ein aktuelles Krisenbewußtsein des Literaturbetriebs verweisen - nur sah er eben auch in diesem eine der literarischen Szene traditionell innewohnende Attitüde, ja geradezu eine Voraussetzung für die Aufrechterhaltung des Betriebes und die Existenz der Literatur selbst. Auch »engagierte Literatur« sei nichts als das Alibi im Überbau der westdeutschen Gesellschaft, und die Folgenlosigkeit des Engagements Kalkül. Eine Literatur, die, wie die südamerikanische, die Massen erreiche, existiere nicht. Formale Erfindungen seien politisch harmlos: die von einer »progressiven Literaturwissenschaft« jahrzehntelang behauptete Relation formaler und gesellschaftlicher Innovationen sei absurd. Dieser Wendung sowohl gegen »engagierte« als auch »formale« Konventionen fällt konsequent die gesamte zeitgenössische Literatur zum Opfer - Enzensberger zählt auf: Agitprop-Songs, Straßentheater, Sozialistischer Realismus, abstrakte Poesie, Literatur der Affirmation und des Protestes, absurdes und dokumentarisches Theater. Er begründet sein Verdikt - darin unausgesprochen Lukács folgend - mit der Funktion der Literatur seit den Klassenkämpfen des 19. Jahrhunderts. Einerseits habe Literatur als die der

»Tod der Literatur« ...

herrschenden Klasse zur Verschleierung der Klassenherrschaft herhalten müssen. Andererseits habe sie unter dem Mandat der bürgerlichen Revolution gestanden, aus der sie hervorging. Diese Doppelfunktion der Literatur sei seit Anfang des 20. Jahrhunderts im Schwinden. Einerseits sei der Imperialismus, der inzwischen weit wirksamere Mittel der Massenmanipulation entwickelt habe, nicht mehr auf sie angewiesen; damit sei andererseits auch ihre kritische Funktion zurückgetreten.

... oder »Neueste Stimmung im Westen«?

In diesem Zusammenhang verweist Enzensberger auf die Fähigkeit des literarischen Marktes, auch die sperrigsten Texte zu absorbieren. Er knüpft damit ausdrücklich an die entsprechende Bemer-kung Benjamins aus den dreißiger Jahren und implizit an die im Erscheinungsmonat des *Kursbuch* 15 ausgetragene Diskussion um den Warencharakter der Kunst an, ohne jedoch, wie

etwa die Gruppe des Berliner SDS, einen weiteren Schluß daraus zu ziehen: nämlich den, daß bereits die Vermarktung der Literatur Einfluß auf ihre formale wie inhaltliche Struktur hätte. Enzensbergers Interesse gilt erklärtermaßen überhaupt nicht den Texten als solchen. Ihm geht es ausschließlich um ihre Wirkung, wie er sie versteht: als verändernde. Einerseits kann er solche Wirkung nirgendwo erkennen - dies auszusprechen und zu belegen war die Absicht des Aufsatzes. Andererseits - und das nimmt sich nur auf den ersten Blick merkwürdig aus - *postuliert* er diese Wirkung nicht explizit. Weil er politische Wirkung der Literatur als im Kapitalismus unmöglich begreift, fordert er sie erst nicht. Wo Wirkungslosigkeit evident ist, muß Wirkungsabsicht naiv, bestenfalls idealistisch erscheinen. Schon 1966 hatte Enzensberger gegen Peter Weiß polemisiert:

»Es ist nicht jedermanns Sache, mit Bekenntnissen um sich zu schmeißen. Da Peter Weiss und andere mich auffordern, Farbe zu bekennen, so erwidere ich: Die diversen Seelen in ihrer und in meiner Brust sind weltpolitisch nicht von Interesse. Die Moralische Aufrüstung von links kann mir gestohlen bleiben. Ich bin kein Idealist. Bekenntnissen ziehe ich Argumente vor. ... Im Zweifelsfall entscheidet die Wirklichkeit.«(85)

Die Wirklichkeit, so formuliert Enzensberger im *Kursbuch* 15 zwei Jahre später, halte für den Schriftsteller »nutzbringende Beschäftigungen« bereit, Börne und Rosa Luxemburg hätten davon Gebrauch gemacht. Die Empfehlung ist deutlich, aber nicht eindeutig. Möchte sie die Autoren zur revolutionären Praxis verpflichten oder enthält sie lediglich die (alte) Forderung nach praxisorientiertem Schreiben? Letzteres scheint gemeint zu sein, denn Enzensberger verweist mit seiner Empfehlung an gleicher Stelle auf die neuere Dokumentarliteratur.(86)

Einen anderen Weg in die »Zukunft der Literatur« verfolgt der *Kursbuch*-Aufsatz K.M. Michels. Brecht »und die engagierte Literatur in seinem Gefolge« gäben den Weg nicht an, eher schon »Beckett und die Folgen« - »diese verröchelnde Stimme der Poesie, die nicht mehr zu sagen vermochte, was anders sein sollte, an der gemessen aber jede andere Rede als Geschwätz erschien«.(87)

Als richtungsweisende »dritte Möglichkeit« bezeichnet er die poetische Praxis der Pariser Studenten, ihre Gedichte an den Mauern der Universitäten (88), ihre Plakate und Flugblätter. Die Mauerlosungen seien ein Beispiel für McLuhans These »The medium is the message«, ihre Provokationen seien allgegenwärtig und sie seien »potentiell politische Handlungen, bis hin zum Pinselstrich, die ihrerseits zwar nicht unbedingt aus Reflexion folgen, ihr aber das Tor öffnen sol-

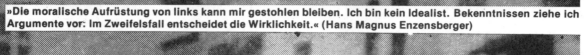

»Die moralische Aufrüstung von links kann mir gestohlen bleiben. Ich bin kein Idealist. Bekenntnissen ziehe ich Argumente vor: Im Zweifelsfall entscheidet die Wirklichkeit.« (Hans Magnus Enzensberger)

len«.(89) Michel sieht eine Verwandtschaft mit »Pop und Happening und manchen Formen der Subkultur«(90); aber er kritisiert die Beweggründe einer zu beobachtenden vorschnellen Identifizierung der Ästhetik des Protestes mit diesen Formen: damit sei die Desavouierung des Protestes beabsichtigt. Den subkulturellen Kunstformen sei bereits »Ungefährlichkeit bescheinigt, schon dekorativer Wert zugesprochen« worden (91). Weitgehend zu Unrecht, wie Michel weiter ausführt:

»Erst durch die gegenseitige Befreiung von Marxismus und Psychoanalyse konnten alte Fesseln abgestreift werden, erst die in den letzten Jahren aus dem zivilisatorischen Underground aufgetauchte Subkultur hat die neue Freiheit zu nutzen gesucht (und zum Teil schon wieder verkauft an die Industrie). In diesem Kontext muß auch der ästhetische Mehrwert der antiautoritären Bewegung gesehen werden.«(92)

Bei Michel klingt an, was zur Erscheinungszeit des *Kursbuchs* 15 in gleicher Weise wie die These vom »Tod der Literatur« und die Auseinandersetzung über die Warenästhetik die literarische Diskussion bestimmte: der öffentliche Reflex auf das Vordringen einer ästhetischen Richtung, die ihren Ursprung in der literarischen Subkultur der USA hatte, in verschiedenen Magazinen der Underground-Presse weite Verbreitung fand und mit deren Ausdehnung auf Europa Einzug hielt in die Publikationen einer entstehenden subkulturellen Literaturszene in der Bundesrepublik.

Die Tendenz dieser Literatur galt ihren Kritikern als unpolitisch - und dieses Verdikt hatte besonderes Gewicht in einer Zeit, in der die politische Funktion der Literatur, (für manche ein »Gemeinplatz«, für andere ein unerhörtes Novum), programmatisch hervorgekehrt wurde.

Die neue Richtung platzte hinein in einen Prozeß der politischen Selbstverständigung und Neuorientierung der literarischen Öffentlichkeit. Martin Walser, der sie entschieden ablehnte, brachte sie auf den Begriff: Er bezeichnete sie als »die Neueste Stimmung im Westen«.(93) Seine

Kritik richtete sich gegen Leslie A. Fielder, den »theoretische(n) Prophet(en) dieser Neuesten Stimmung«(94), und als deren literarische Vertreter zitierte er exemplarisch John Perreault, Tuli Kupferberg, Chester Anderson, Peter Stafford, Marshall McLuhan, W.S. Burroughs; als deutsche Adepten Peter Handke, Helmut Heißenbüttel und Rolf Dieter Brinkmann. Deren gesellschaftliches Desengagement verzichte darauf, »die Welt noch mit Hilfe kritischer Abbilder korrigieren zu wollen«(95); er führt vor, in welcher Weise die Autoren stattdessen sprachliche Versatzstücke arrangieren, um damit Sprachstrukturen (aber eben *nur* Sprachstrukturen, wie Walser meint) bloßzulegen. Die artistische Methode besteht im Wiederholen von Bildsequenzen, sie bedient sich der Mittel der Montage und Collage. Richtig erkennt Walser die neue Vorliebe für Trivialmythen, für die Bilder und Sprache der Western-Filme, der Reklame, usw. Ähnlich der Pop-Art, die beliebige Artikel der Konsumwelt aus ihrem Manipulations- und Gebrauchszusammenhang löst und sie - bevorzugt im Ambiente ihrer Verpackung - mit der Aura ästhetisch autonomer Objekte ausstattet, trennen die Autoren der »Neuesten Stimmung« sprachliche Trivialitäten von ihrem Verwertungszusammenhang (die Reklamesprüche von der Konsumaufforderung, die Trivialität der Liebesschwüre in den Heftchen der Heimat- und Arztromane von der Identifizierungs- und Verdrängungsaufforderung, usw.).

Ob diese Methode damit auf Kritik des Vorgestellten verzichtet, ja, sie liquidiert, wie Walser unterstellt, und ob die Autoren sich mit elitärem Genießen der Verdinglichung begnügen und ihre soziale und ästhetische Distanz von den realiter Verführten, den Konsumenten, lässig auskosten - oder ob nicht im Gegenteil gerade diese Methode sehr unvermittelt Aufklärung über die Techniken der Konsumpropagandisten und ihre suggestiven Absichten ermöglicht: diese Frage stellt er nicht.

Die von Walser so genannte »Neueste Stimmung« macht einen erheblichen Anteil der späteren literarischen Alternativpresse aus und präsentiert sich dort in sehr unterschiedlichen Formen: Beat-Literatur, Cut-up-Texte, Literatur aus dem Bereich »alternativer Lebensformen«, aus dem Bereich der Drogenszene, etc.

Walser berücksichtigt weder die formalen noch vor allem inhaltlichen Unterschiede, ja, Gegensätze der von ihm inkriminierten Literatur; sein der »Neuesten Stimmung« bereitetes Prokrustesbett setzt in eins, was sich gegenseitig ausschließt, also etwa spirituelle Texte mit dem Sprachmaterial literarisch verarbeiteter oder kommentarlos vorgeführter Trivialmythen. Er will - übrigens ganz gegen eine am Schluß seines Textes auftauchende Replik - »recht haben«: und so zwängt er

denn Handke - da er ihn nicht explizit, wie es nötig wäre, davon ausnimmt - in die Subkultur-Abteilung »Drogen«, »Rock-Musik«, »Neue Religionen«, »Hermann Hesse« (»indischer und schwäbischer Weg nach innen«).(96) Walser setzt auf die denunziatorische Wirkung, die offenbar schon die bloße Aufzählung solcher Begriffe und Kategorien zu versprechen scheint. Der Oberbegriff der »Neuesten Stimmung« gebiert einen weiteren: »Ich halte es für möglich, daß in diesen Neuesten Stimmungen die Bewußtseinspräparate für die neueste Form des Faschismus hergestellt werden.«(97)

Walser separiert die subkulturelle amerikanische Literaturszene von der Protestbewegung in den

USA. »Die Studentenbewegung in der ganzen Welt findet auf jeden Fall nicht im Zeichen der Neuesten Stimmung statt.«(98) Was schon zumindest auf die Anfangsphase der deutschen Protestbewegung derart dezidiert nicht zutrifft, greift auf jeden Fall zu kurz in der Beurteilung des amerikanischen »Street Movement«. Wie oben dargestellt, gingen in der amerikanischen Bewegung die »gegenkulturellen« Ansätze und die der Neuen Linken ineinander über. Die Autoren des literarischen Underground waren an der Verbreitung der politischen und kulturellen Inhalte der Bewegung maßgeblich beteiligt, in ihren Texten artikulierte sich deren Selbstverständnis. Eine Anzahl Autoren gehörte zu den wichtigsten Aktivisten der Revolte: Kupferberg, Ginsberg, Ed Sanders, u.a. Im übrigen war die »Neueste Stimmung« so neu nicht, sahen sich doch viele ihrer Autoren in der Tradition der Beat Generation der fünfziger Jahre oder gehörten ihr selbst noch an, wie Ginsberg und Burroughs.

Im Nachwort der Anfang 1969 von R.D.

Brinkmann und R.R. Rygulla herausgegebenen Textsammlung »Acid - Neue amerikanische Szene« wird dieser historische Zusammenhang hervorgehoben:

»Die Absicht dieses Buches ist, ein Gesamtklima vorzustellen, das sich seit dem Auftreten der Beat Generation Mitte der fünfziger Jahre andeutete und von der nachfolgenden jüngeren Generation aufgegriffen, modifiziert und weiterentwickelt worden ist. ... Zwar bestand (der) voroffizielle Bereich literarischer Aktivität, der durch kein kanalisierendes Marktregulativ eingegrenzt ist, seit jeher, doch seit der Beat-Bewegung und in verstärktem Maße seit Beginn der sechziger Jahre hat er eine quantitative Ausweitung erfahren ...« Der Band enthält das »Gesamtbild einer einheitlichen Sensibilität, die sowohl den Trivialbereich wie den hochkulturellen Bereich einschließt und für die Begriffe wie Pop oder Sub-Kultur nicht ausreichen.«(99)

Für die deutsche literarische Alternativpresse, die sich damals herausbildete, waren die Tendenz der »Neuesten Stimmung« und die Tradition, in der diese stand, ebenso konstitutiv wie die anderen in der vorliegenden Arbeit bisher dargestellten und erläuterten historischen, sozialen und literarischen Voraussetzungen: die Tradition der Klein- und Selbstverlage des 18. bis 20. Jahrhunderts, das Vorbild eines sich abseits des öffentlichen Literaturbetriebs entwickelnden Milieus kleiner Literaturzeitschriften und individualistischer Außenseiterverlage (Stomps u.a.) in den beiden ersten Jahrzehnten der Bundesrepublik; ferner die Veränderung des politischen und literarischen Klimas mit dem Auftreten der Protestbewegungen in der USA und der Bundesrepublik seit Mitte der sechziger Jahre und die von ihnen hergestellte Gegenöffentlichkeit im publizistischen Bereich und im Bereich literarischer Distribution.

Mit der Bemerkung, diese recht unterschiedlichen Phänomene und Ereignisse seien »konstitutiv« für die literarische Alternativpresse in der Bundesrepublik gewesen, soll nicht behauptet werden, ihr Entstehen sei mehr oder minder zwangsläufig erfolgt. Doch wenn man die Existenz eines literarisch-publizistischen Randbereichs, der sich selbst als »Alternativpresse« versteht, als gegeben sieht und nach seinen Bedingungen fragt, wird man im wesentlichen auf die zu verweisen haben, die in den vorangegangenen Kapiteln herausgearbeitet wurden. Der folgende Teil beschreibt die Entwicklungsetappen der literarischen Alternativszene und fragt nach dem Selbstverständnis der ihr angehörenden Autoren, Verleger und Leser.

Alternativpresse und Alternativliteratur zu Beginn der Siebziger

»Underground« in der BRD

Als Schwendter 1970 seine »Theorie der Subkultur« schrieb, besaß die darin getroffene Feststellung, in der Bundesrepublik repräsentierten im wesentlichen die Organe der »rationalistischen Subkulturen«(1) die Untergrundliteratur, durchaus ihre Gültigkeit, und zwar insbesondere im Vergleich mit der zu dieser Zeit bereits vier bis fünf Jahre existierenden anglo-amerikanischen Underground-Presse. »Eine nennenswerte Untergrundliteratur im amerikanischen Sinn ... existiert in Westdeutschland nicht. Was wir haben, sind die politischen Flugschriften sozialistischer Gruppen«, schrieben zur selben Zeit Buselmeier und Schehl.(2) Doch ebenso wie Schwendter konnten sie bei ihren deutschen Lesern voraussetzen, daß diese wußten, was gemeint war.

»Underground«/»Untergrund« und »Subkultur« waren Ende der sechziger Jahre keine unbekannten Begriffe mehr - im Gegenteil. In der Öffentlichkeit hatte sich, verbreitet durch die Massenmedien, die ihren Blick dabei vor allem auf die USA richteten, eine bestimmte Vorstellung von dem durchgesetzt, was als »Underground« zu verstehen sei: ein Amalgam aus psychodelischen Drogen, lasziver Sexualität, chaotischer Musik, exzentrischen Umgangsformen und bestimmten äußerlichen Merkmalen des Habitus, der Sprache und des Lebensstils Jugendlicher in einer subkulturellen Szene am Rande der Gesellschaft. Gewiß war damit das Erscheinungsbild in seinen phänotypischen Besonderheiten umrissen, zumal auch die Beteiligten selbst sich gegenseitig über relativ normative Erkennungsmerkmale und Zugehörigkeitssignale identifizierten. Über die eigentlichen Strukturen dieser Szene, zu denen die öffentliche Rezeption keinen Zugang finden wollte oder konnte, war damit gleichwohl nichts ausgesagt. Doch in der Presse entwickelte sich schnell eine Tendenz, die unterschiedlichen subkulturellen Ausdrucksformen, da sie sich schon dem allgemeinen Verständnis entzogen, pauschal zu vereinheitlichen und darüber hinaus zu verunglimpfen oder gar zu kriminalisieren.

Auch in der Konsumindustrie wurden äußerliche Merkmale der »neuen Jugendkultur« von ihren inhaltlichen Strukturen isoliert. Das heißt, daß bei aller Ablehnung durch die Massenpresse bestimmte sinnliche Reize, die mit dem Phänomen »Underground« assoziiert werden konnten, sich nicht bloß zur Denunziation (»Sex- und Hasch-Orgien« etc.) eigneten, sondern im Gegenteil versprachen, werbeträchtig und verkaufsfördernd eingesetzt werden zu können (vgl. die Arbeiten des Werbefotografen Charles Wilp, Düsseldorf). Ob die der subkulturellen Szene in diesem kommerziellen Zusammenhang zugesprochenen sinnlichen und emotionalen Kategorien zum Teil nichts als Projektionen der Werbe- und Verkaufsstrategen darstellten, muß hier nicht erörtert werden; eine Nachbarschaft von entrüsteter Ablehnung und kleinbürgerlicher Neugier dem subkulturellen Untergrund gegenüber ist jedenfalls evident und wurde von einer bestimmten Industrie ebenso wie von der Massenpresse erkannt und ausgenutzt, man denke etwa an die Dämonisierung aller Hippies infolge der Manson-Morde einerseits und an das Stereotyp des Hippie-Weibchens in der Boulevardpresse andererseits.

Die Vermarktung ästhetischer Charakteristika des Untergrunds in geglätteter, stilisierender und typisierender Gestalt als neueste Form des Dekorations- und Gebrauchskitschs in der Modeindustrie, der Werbung, dem Schallplattenmarkt, usw. beschäftigte linke Kritiker (z.B. Buselmeier und Schehl). Paradoxerweise legte man die Kommerzialisierung dem Objekt dieser ästhetischen Ausplünderung selbst zur Last: Wenn die Ausdrucksformen des Underground in solcher Weise vermarktbar waren, bestätigte das nur die schon vorhandenen ablehnende Distanz. Die subkulturellen Kunstformen konnten demnach wenig taugen, und man bescheinigte ihnen - K.M. Michel erwähnt und kritisiert diesen Rigorismus im oben zitierten Aufsatz des *Kursbuch* 15 - Ungefährlichkeit und rein dekorativen Wert.

Eine der ersten deutschen Underground-Zeitungen mit überregionaler Verbreitung, die Zeitschrift *Song*, bemühte sich denn auch, dieses Verdikt zu entkräften. Das zunächst in Erlangen, später in Mainz herausgegebene Blatt mit dem Untertitel *Chanson, Folklore, Bänkelsang* nannte sich ab Heft 6/1968 *Song - deutsche Underground-Zeitschrift*. Die Redaktion betonte, der Titel meine nicht »die Harmlosigkeit einer konzessionierten Subkultur, nicht den gesellschaftlich folgenlosen Spielraum für junge Leute, sondern vielmehr so etwas wie Gegenöffentlichkeit«. Ganz bewußt knüpfte man also an diesen zentralen Begriff der antiautoritären Bewegung an, ohne sich jedoch in einer Reihe mit den radikalen Blättern der politischen Gegenpresse zu sehen. Im Editorial der Nummer 1/1969, von der ab die Zeitschrift mit dem Untertitel *Für progressive Subkultur* erschien, gehen die Herausgeber darauf ein und erklären zugleich die erneute Titeländerung:

»Weil einerseits die Marke Untergrund von der Verklärungsindustrie, zumal der plattenproduzierenden, verramscht wird und nichts sagt; weil zum anderen wir nicht konkurrieren mit der U-Presse, die von Charlie Kaputt, Linkeck, Radikalinski bis zu IT und OZ diesen Namen verdient... - deshalb nennen wir unser Zielobjekt 'progressive Subkultur'. Auch das stinkt wie alles, was Kaufsignal sein soll, nach Auflagensteigerung. Aber es trifft auch das, was wir meinen: Berichterstattung über politisierende und ästhetisch innovierende Formen im Lied, Kabarett, Jazz, Film, Funk, Fernsehen, in Popmusik und Literatur.«(3)

Ein Aufsatz Thomas Schröders im Heft 8/1968 der Zeitschrift ging der Verbreitung des Begriffs »Underground« in der Bundesrepublik nach. Für die deutsche Szene sei aufschlußreich, daß mit

Titelseite von WIR WOLLEN ALLES, 1972

DER HÄUSERKAMPF GEHT WEITER!

Linkeck und *Charlie Kaputt* eine anarchistische Komponente zum Tragen komme, »ein Ableger des politisch harmlosen Hippieblattes *Oracle* jedoch bislang fehlt.«(4) In den oben zitierten Bemerkungen Schwendters und Buselmeiers/ Schehls wird auch drei Jahre später noch an diesem Tatbestand festgehalten.

Offenbar verbot sich angesichts der existierenden Vorbehalte gegen »harmlose« publizistische Ableger der ohnehin schon abklingenden Mentalität von »flower power« die massenhafte Verbreitung dieses Typs der Underground-Presse in Westdeutschland. Außerdem fehlte hier zunächst das besondere gesellschaftliche Umfeld für eine solche Verbreitung. In den USA hatte sich der Underground als ein System vielfältiger sozialer, ökonomischer und kommunikativer Einrichtungen entwickelt, von denen die eigene Presse nur ein Teil war - und zwar der vielleicht wichtigste. Für einen Vergleich zwischen der Gegenpresse beider Länder ist allein diese Tatsache ausschlaggebend. Welche der amerikanischen Blätter »harmlos« und welche radikal waren, spielt weniger eine Rolle als das Phänomen ihrer Eingebundenheit in das umfassende System einer Gegenkultur.

Was in der Bundesrepublik fehlte, war nicht so sehr eine breit gefächerte Palette von Untergrundblättern unterschiedlicher inhaltlicher Ausrichtung, sondern die Existenz gegenkultureller Einrichtungen, zwischen denen eine eigene Presse als kommunikatives Bindeglied und Informationsträger hätte fungieren können. »Underground« war hier zunächst kaum mehr als ein importierter Begriff, der für besondere Ausdrucksformen stand, die man entweder ablehnte oder sich auf die eine oder andere Weise zu eigen machte. Die verstreuten Ansätze kleiner Gruppen, auch in der Bundesrepublik Gegeninstitutionen nach amerikanischem Vorbild einzurichten, also den Begriff »Underground« in die Praxis zu überführen, die ihm den Namen gegeben hatte, blieben vorerst schwach und widersprüchlich. Daß sie dennoch bereits Gegenstand der Kritik mancher sozialistischer Gruppen sein konnten, ist ein Kuriosum für sich.

Die Reduktion des Begriffs auf die Kennzeichnung von Ausdrucksformen führte in der Bundesrepublik denn auch dazu, ihn fast ausschließlich in Verbindung mit Kunstformen - Musik, Film, Literatur, Malerei, Grafik - zu verwenden. Er hatte insbesondere »im literarischen und intellektuellen Leben ein solches Gewicht, daß man, würde man ihn übergehen, nur ein unangemessenes, unvollständiges Bild des Jahrzehnts böte«, schreiben Thomas und Bullivant in ihrem Buch über »Westdeutsche Literatur der sechziger Jahre«.(5) »Untergrundliteratur« wurde als ästheti-

sche Innovation rezipiert und gab Anlaß zu literaturkritischen Kontroversen, wovon oben bereits die Rede war (»Über die Neueste Stimmung im Westen«).

Die ersten Anthologien amerikanischer »underground poems« in deutscher Übersetzung, *Fuck you* (1968) und *Acid* (1969), waren von den Herausgebern aus einer großen Anzahl amerikanischer Untergrundblätter zusammengetragen worden. Im Nachwort von *Acid* bemerkt Brinkmann, in den USA spielten die Kleinverlage eine andere Rolle als die »kleinen Pressen« in der Bundesrepublik; diese wollten mit den großen Verlagen konkurrieren und im übrigen bloß »schöne Literatur«(schöne Bücher!) machen, während im »voroffiziellen, unregulierten« Literaturbereich der USA sich neue Trends entwickelten: »jene Vorstöße, das Schreiben auszuweiten«(6).

In den Textsammlungen dominiert die Lyrik. Sie kommt nach Meinung Brinkmanns dem Kurzzeitgedächtnis entgegen und erfordert den geringsten Wort- und Zeitaufwand; wie schon bei den Beats gebe man in der neuen amerikanischen Szene bei lyrischen Texten persönlichen Vorlieben Vorrang vor »Stil«- und »Form«-Fragen: die Formen orientierten sich am vorgefundenen Material. Die Autoren gingen davon aus, daß Literatur »Spaß machen« müsse; gegen Lustfeindlichkeit, Unsinnlichkeit, manische Wortproduktion und überanstrengte Reflexion setzten sie die

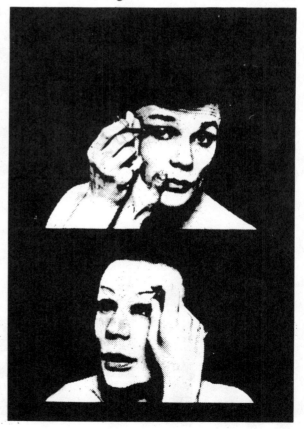

Spontaneität der künstlerischen Arbeit. Viele Texte »polemisieren nicht einmal, sie sind einfach gemacht worden und ‚da‘, und daß sie das zuerst sind und sagen, mag ihre Provokation für den abendländischen Literaturgeschmack darstellen.« (7) In der zeitgenössischen Literatur Westdeutschlands vermag Brinkmann, insbesondere im Gedicht, entweder nur eine »Aufblähung des Altbekannten« oder einen falschen »Avantgardismus« der »leeren Seiten« (gemeint ist die Konkrete Poesie) erkennen.

Kennzeichnend für die Produkte im vooffiziellen Bereich der amerikanischen Literatur sind nach Brinkmann folgende Merkmale:

- Zusammenstellung profaner und dabei häufig nicht zueinander »passender« Materialien: »Zufälligkeiten, ... Augenblick, Abfall, Gelegenheiten«, ständige Mutation;
- hoher Bildergehalt - aber die Gedichte seien nicht »zu gebrauchen«, entzögen sich der »Interpretation«;
- aus dem Gegensatz Natur - Zivilisation wird anders als etwa in der Bundesrepublik kein Aufhebens mehr gemacht. Technik, Rock-Musik, Werbetexte, etc.: »genommen wird, was da ist: ‚die Absurdität der Gesellschaft, die eigene Verrücktheit‘«.(8)

Da Brinkmann die »neue Sensibilität«, die sich in den Texten des amerikanischen Underground artikuliere, auch in visuellen Kategorien begriff und den Texten Bilder, zumeist Fotos aus den U-Blättern selbst, unterlegte, in denen diese verfremdet oder drastisch untermalt wurden, unterschied sich die Präsentation der neuen amerikanischen Literatur schon von ihrer äußeren Darbietungsform her von der zeitgenössischen deutschen.

Eine eigentümliche Visualität wurde in der Folgezeit geradezu zum Markenzeichen der neuen literarischen Szene. Bis in die Gegenwart kommt kaum eine der deutschen Alternativzeitschriften, kaum ein Autor oder Kleinverlag, die sich in der Tradition dieser Richtung verstehen, ohne solche visuellen Konnotationen aus. Würden die Texte nicht eine ganz bestimmte Sprache sprechen und hätten die Fotos nicht auch illustrativen und dokumentarischen Charakter, könnte man in Versuchung kommen, in ihnen auf den ersten Blick eine neue Ausformung von »l'art pure« zu sehen.

Bei denen, die der neuen Richtung offen gegenüberstanden und ihr nicht sofort Verrat und Verkauf kritischer Positionen vorhielten (wie M. Walser), mag auch eine gewisse Faszination über die visuell frappante Art der »Aufmachung« der Bücher und Hefte der amerikanischen Szene und ihrer ersten deutschen Übersetzungen und Ableger die Rezeption beeinflußt haben.

Walter Holstein, der in der Bundesrepublik 1969 als erster eine Monographie über den Untergrund verfaßte, bemerkte kritisch, hierzulande werde dessen »wesentlicher sozialer Charakter« verkannt. »Literaturzeitschriften, Nachrichtenmagazine und ‚literarische Messen‘ entdeckten einzig ästhetische Aspekte des Untergrunds.« (9)

Auf der 1968 von Horst Bingel veranstalteten *Literarischen Messe* in Frankfurt wurden inmitten der Produktion der Ein-Mann-Verlage, der Privat- und Handpressen und neben den kleinen Literaturzeitschriften, Flugblättern, Unikaten, Broschüren und drucktechnischen Experimenten erstmals in der Bundesrepublik »Undergroundzeitschriften und Hippieblätter« in umfangreicher Auswahl einem größeren Publikum vorgeführt. In einem solchen Schaukasten bunt zusammengestellter Kuriositäten bekamen die Exponate aus den USA einerseits den Charakter von Exotika zugesprochen; Hollsteins Kritik zielt zu Recht auf diesen Tatbestand. Andererseits muß Bingel, der den Katalog der Ausstellung auf dem Titelblatt mit Porträtfotos von Leary, Ginsberg, Watts und Snyder hatte ausstatten lassen, um damit die Bedeutung der Ausstellungsstücke aus dem Bereich des US-Underground noch hervorzuheben, eine Gemeinsamkeit zwischen den Pressedrucken und Kleinverlagen der Bundesrepublik

Dem ein Gegengewicht hinzus...
mehr ist als ein Teil des Problems
dern ein Teil der Lösung: das ist die
Funktion der Alternativ-Presse. Die pla-
netarische Filmleinwand lässt sich um-
programmieren wenn Meldungen Neuigkeiten
Vorgänge & Reflexionen die in der Massen
-presse heruntergespielt verzerrt oder
unterdrückt ~~werden~~ in einer Form verbrei
-tet werden die sie am Leben erhält.Das
vielbesungene

Neue Bewusstsein: "Das
Persönliche wird jetzt öffentlich. Unsere Öffentlichkeit besteht darin wie
wir uns verhalten" (Ch.Olson).

Ausriß aus der »Frankfurter Gemeinen, Stadtzeitung der Direkten Aktion«, 1972.

und den Broschüren und Zeitschriften des amerikanischen Underground gesehen haben.

Das »Vorfeld der 'nichtkommerziellen' Literatur wurde um so wichtiger, je mehr das Größenverhältnis zwischen kleineren Verlagen und multimedialen Verbundsystemen differierte. Die Rolle der Untergrundpresse, der Gegenpresse, beispielsweise in den USA, ist ein extremer Beweis dafür«, schrieb Bingel einige Jahre später.(10) Das heißt, neben ihren inhaltlichen und formal-ästhetischen Eigenheiten besaßen Produktionen der Untergrundpresse für einen Teil ihrer deutschen Rezipienten ein weiteres besonderes Merkmal: sie wurden abseits des etablierten Verlagswesens produziert und vertrieben, begnügten sich jedoch nicht mit einer stillen Existenz als literarische oder publizistische Außenseiter, sondern verstanden sich ausdrücklich als notwendige Antipoden der Großverlage. Form und Inhalt der Bücher und Zeitschriften wurden zusammen mit den Produktions- und Distributionsbedingungen als voneinander abhängig begriffen. Ganz offenbar wünschte Bingel den kleinen Pressen und Verlagen in der Bundesrepublik eine ähnliche Programmatik, und die Literarische Messe sollte dazu anregen, über deren Entwicklungsmöglichkeiten nachzudenken.

Mit dem Auftauchen literarischer und publizistischer Produktionen des amerikanischen Underground auf dieser *literarischen* Veranstaltung kündigte sich an, welcher Platz ihnen in der Bundesrepublik zunächst zugedacht war. Da hier dessen alternatives soziales und kulturelles Netz fehlte, wurden die ihm eigenen Publikationen in den Überbau verlagert; ihre Heimat war vorerst weniger die soziale Welt Jugendlicher, die im Konflikt mit tradierten Normen standen, sondern ein Konglomerat zum Teil schon längere Zeit bestehender kleiner literarischer Zeitschriften und experimenteller Verlage, deren zumeist jüngere Autoren und Verleger zunehmend miteinander zu kommunizieren begannen und sich auf irgendeine Weise zusammengehörig fühlten. »Im Vorfeld bundesdeutscher Literatur tat sich etwas. Man begann sich so langsam als 'neue deutsche Scene' zu begreifen. Die Suche nach Gemeinsamkeiten setzte ein, der Gedanke, Minizeitschriften zusammenzulegen, wurde diskutiert.«(11)

Die Berliner Zeitschrift *underground* (der Mitherausgeber Hans A. Nikel hatte im Herbst 1967 Titelschutz für das Blatt durchgesetzt und bestand später gegenüber anderen Zeitschriften darauf!) stellte 1969 in verschiedenen Ausgaben eine Anzahl kleiner literarischer Hefte vor (*das ei, Kassiber, endlich, fragmente, Edelgammler, Lyrische Hefte* u.a.) und berichtete in der Ausgabe 12/1969 ausführlich über V.O. Stomps und die *Eremitenpresse*. Hier drückt sich deutlich die für

die Bundesrepublik vorerst typische Zugehörigkeit der Untergrundliteratur zum Bereich einer kleinen literarischen Szene aus, die zunächst einmal mit dem, was der Begriff »Underground« ursprünglich inhaltlich umfaßte, wenig gemein hatte. Da aber innerhalb dieser Szene die Produkte der amerikanischen Underground-Presse kursierten und ihre Herstellungs- und Vertriebsweise z.T. auch eine äußere Verwandtschaft mit den Publikationsbedingungen für Kleinverlage und kleine Literaturblätter in Deutschland besaß, mußte die «Begriffskrücke *Underground*» (Th. Schröder) ihren Namen auch für Verlagsprogramme und Zeitschriften hergeben, die außer einer sehr vagen »Protesthaltung« eines Teils der von ihnen veröffentlichten Texte mit dem politisch-kulturellen Underground nichts verband.

Die willkürliche Adaption benachbarter Begriffe: Subkultur, Alternativkultur und Alternativpresse, die sich zur selben Zeit vollzog, führte bei den Beteiligten zu nicht geringer Verwirrung, und noch die spätere Diskussion der literarischen Alternativpresse über ihr Selbstverständnis hält sich bevorzugt mit Begriffsklärungen auf. Die terminologischen Scharmützel verraten die tiefe Unsicherheit der Beteiligten über den Standort der Underground- bzw. Alternativpresse und -literatur in Westdeutschland.

So einfach die Zuordnung der amerikanischen Gegenpresse zu einem bestimmten sozio-kulturellen Hintergrund ist, so schwierig ist sie bei der deutschen.

Hier tritt zu den Ungereimtheiten, die mit den willkürlichen Begriffsadaptionen einhergehen, das Auseinanderstreben der sie in Anspruch nehmenden Personen und Gruppen - genauer gesagt die Tatsache, daß es diesen sozio-kulturellen Hintergrund so (relativ) homogen und geschlossen wie in den USA nicht gab: Gemeint ist die in der Bundesrepublik vorhandene Trennung von politischer Protestbewegung und gegenkultureller Praxis schon kurze Zeit nach Beginn eines gemeinsamen Aufbruchs, wohingegen beide Richtungen in den USA über einen längeren Zeitraum hin im »Movement« zusammenfielen. Und während die amerikanische Untergrundpresse sich lange an einen bei allen ideologischen Unterschieden zusammengehörigen Personenkreis wenden konnte, verbreiteten sich in Deutschland getrennt voneinander die politischen Flugschriften sozialistischer Gruppen und die Publikationen einer langsam im Entstehen begriffenen Alternativpresse, die ihrerseits kein einheitliches Selbstverständnis besaß und besitzt und von der sich beliebige Verlags- und Publikationsorgane nach Gutdünken den Namen borgten.

In der Entstehungszeit der Alternativpresse, in

Robert Crumb: Comic aus der FRANKFURTER GEMEINEN, 1972

den Jahren 1969 bis 1971, sind genauere Unterscheidungen und Zuordnungen der unterschiedlichen Publikationen, Zeitschriften, Blätter, Flugschriften, Bücher, Verlage etc., die sich auf die eine oder andere Weise dieser »neuen deutschen Szene« zugehörig fühlten, kaum möglich. Es gab so etwas wie eine gemeinsame Aufbruchstimmung bei den ansonsten recht gegensätzlichen »Machern« aus dem Personenkreis publizistischer und verlegerischer Außenseiter. Bei manchen Veranstaltungen der Alternativpresse, die im folgenden aufgezählt werden, präsentierten sich sämtliche papiernen und schriftlichen Ergebnisse dieses »Aufbruchs« unter einem Dach.

Minipressen-Messen Verlegertreffen

Die erste *Mainzer Minipressen-Messe* im September 1970, die eine unerwartete öffentliche Resonanz erlebte, wird heute innerhalb der Alternativpresse als erste gemeinsame Selbstdarstellung betrachtet. Norbert Kubatzki, der als Pressendrucker in Wiesbaden die *Philippsberger Werkstatt* betreibt und seit 1969 unregelmäßig einen *Mini-Press-Report* herausgab, hatte über 90 Kleinstverlage eingeladen. Die Veranstaltung war eine Demonstration des Nebeneinanders unterschiedlicher Phänomene, die hier alle unter die Begriffe *Minipressen* und *Alternativpresse* subsumiert wurden.

Dabei stand der erste Begriff für die Tradition der kleinen Pressendrucker und Privatpressen und für formale buchkünstlerische Experimente, von denen die neueren den verschiedenen Kunstrichtungen der Pop Art verpflichtet waren (Bücher in Konservendosen, Buchattrappen aus Holz und Plastik, von Schrauben zusammengehaltene oder in Dachpappe oder Schmirgelpapier eingebundene Bücher usw.).

Die buchkünstlerischen, literarisch ambitionierten und experimentellen Kleinverleger bildeten die Mehrheit auf dieser Bücherschau und waren wohl auch die von Kubatzki in erster Linie Angesprochenen. »Ihm ging es darum, den Leuten, die nebenbei auch Bücher machen, ein Podium zu geben, auf dem sie ihre Produkte zeigen konnten.«(12)

Neben diesen Freizeit-Druckern und Bücherbastlern waren sozialistische Kleinverlage, engagierte literarische Kleinstverlage, neue kleine Literaturblätter und erste »alternative« und Stadtzeitungen vertreten. Sie repräsentierten, wennschon nicht sonderlich als eigene Abteilung der Messe herausgestellt, die Alternativpresse. Die Mehrzahl der Exponate dieses Bereichs fiel von der formalen und Ausstattungsseite her kaum ins Gewicht, um so mehr aber hinsichtlich ihrer politischen und »alternativen« Inhalte. Einzig die auch hier in repräsentativer Auswahl vorgelegten amerikanischen Underground-Zeitschriften und erste deutschsprachige Nachahmungen (*Hotcha, Pänggg, Love, Senf,* u.a.) stachen aus den bekannten Gründen auch äußerlich hervor (Collagen konträrer Bild-Elemente, chaotisches Schriftbild, großgeschriebene »dirty-speech«-Wörter, pornographische Fotos und Zeichnungen etc.). Die linken Kleinverlage präsentierten politische Dokumentationen und Analysen, Agit-prop-Literatur und politische Comic-Strips. Auf einer Podiumsdiskussion versuchten junge Autoren im Gespräch mit Schwendter den Subkultur-Begriff und das Selbstverständnis der an der literarischen Alternativpresse Beteiligten zu bestimmen. »Doch dieser Versuch verlief kläglich. Er zeigte nur, wie sehr mittlerweile der Begriff Subkultur abgenutzt worden war, von wie vielen Gruppen und Strömungen er in Anspruch genommen wurde.«(13)

Die Bücherschau im Mainzer Schloß erlebte über 9000 Besucher, Funk und Fernsehen brachten zum Teil ausführliche Berichte. »Der Erfolg der Messe für Kleinverleger war einmalig. Ein Band von über 600 Seiten mit Zeitungsausschnitten aus ganz Deutschland zeigte, daß sich die Presse gern mit derartigen Besonderheiten beschäftigt.«(14) Kubatzki errechnete kühn: »Etwa 300 Zeitungen haben etwa 18 Mill. Leser auf diese Messe aufmerksam gemacht.«(15)

Der Veranstaltung in Mainz waren 1969, zumeist auf einen kleinen Interessentenkreis beschränkt, ähnliche Bemühungen, die Alternativpresse bekannt zu machen, vorausgegangen, wie etwa die Ausstellung »Engagierte Verleger und Pressendrucker« in der Duisburger Atlantis-Buchhandlung, das Forum »Junge Autoren lesen in Bocholt« und die Hamburger Ausstellung »Zwischen Buch und Bilderbogen - Junge Verleger experimentieren«, die der Autor Kurt P.G. Brandt initiiert hatte. Brandt war es auch, der 1969/70 mit dem Aufbau eines »U-Archivs« begann.(16)

Kurz nach der ersten Minipressen-Messe, Ende Oktober 1970, organisierte der Buchhändler Thomas M. Neuffer in der Stuttgarter Buchhand-

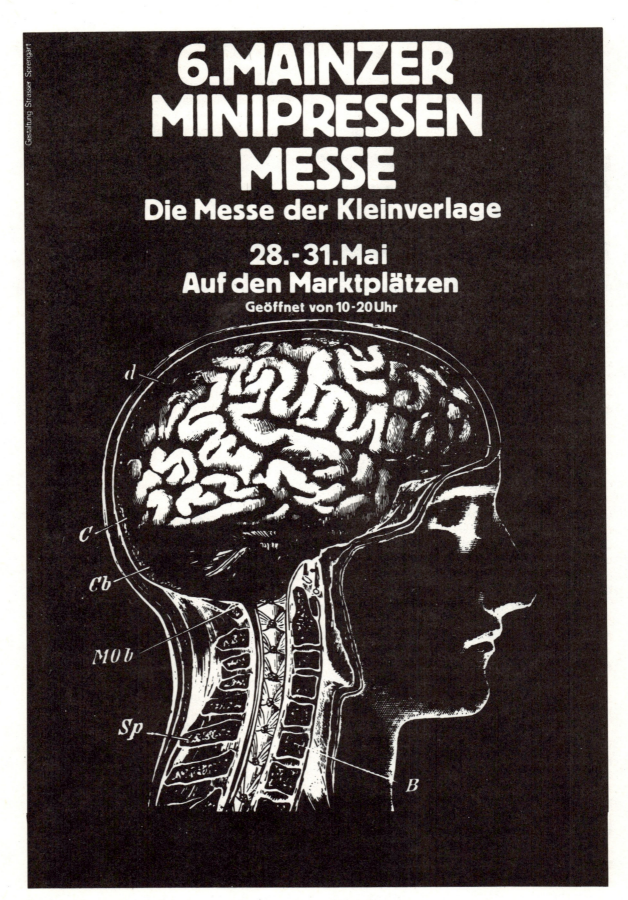

Plakat der 6. Mainzer Minipressen-Messe von Andreas Strasser und Michael Sprengart

lung Wittwer eine Verkaufsausstellung unter dem Titel »Bücher die man sonst nicht findet«. Im Vorwort des Katalogs hieß es, die Kleinverlage stellten ein Gegengewicht zum Büchermarkt dar und seien »der eigentliche Nährboden des Literatur- und Kunstbetriebs. ... Wer den Büchermarkt in den letzten Jahren beobachtete kam nicht umhin, eine Einebnung der literarischen Szene zu bemerken, die ... erstaunlich glatt vor sich geht und verblüffend widerspruchslos hingenommen wird.«(17) Im darauf folgenden Jahr war die Aussstellung in mehr als zehn deutschen Städten zu sehen, der erweiterte Katalog verzeichnete 52 Verlage, zumeist Minipressen der älteren Tradition, aber auch einige Verlage und Organisationen, die von ihrer inhaltlichen Ausrichtung her dem engeren Bereich »Alternativpressen« zugeordnet werden konnten (*Maro Verlag, Prop-Alternativpresse, Centrale für Bewußtseinsgestaltung, Phoenix-Free-Press* u.a.). Im redaktionellen Teil des Katalogs berichten junge Autoren und Verleger über ihre praktische Arbeit in Kleinverlagen.(18)

1972 fand die *Zweite Mainzer Minipressen-Messe* statt. 150 Verlage waren vertreten, in einer Sonderabteilung waren 200 Betriebszeitungen und 40 Gefängniszeitungen ausgestellt. »Vertreten waren sie wieder alle, von der *Editions Agentzia,* die Jochen Gertz in Paris betreibt, bis zur österreichischen Zeitschrift *das pult,* der Katalog glich dem der ersten Mainzer Messe mindestens im Hinblick auf fehlendes Register und fehlende Einordnung ... . Es gab eigentlich keine neuen Ideen, keine weitertreibenden Impulse, keine Verlagsneugründungen, deren Programme etwas versprochen hätten: Eine gewisse Stagnation machte sich breit.«(19)

Während der beiden folgenden Messen im Mainzer Schloß, 1974 und 1976, wurden kritische Stimmen wie die gerade zitierte immer deutlicher. Ein Teil der Kleinverleger und Autoren, unter ihnen vor allem die Programmatiker aus der *Arbeitsgemeinschaft Alternativer Verlage und Autoren* (AGAV), von der noch die Rede sein wird, nahm Anstoß an der konzeptionslosen Darbietung der Ausstellungsstücke; es war zu hören, die Veranstalter der 4. Minipressen-Messe (15. - 22. Sept. 1976) hätten nur wenige Stunden vor deren Beginn die Tische wahllos mit den Büchern und Heften der teilnehmenden Verlage vollgepackt.

Daß eine öffentliche Diskussion um das Selbstverständnis und die Perspektiven der Alternativpresse während der dritten Messe abgebrochen werden mußte, weil die Uneinigkeit und Aggressivität der teilnehmenden Autoren und einiger Kleinverleger jede Verständigungsmöglichkeit hintertrieb, beleuchtet den Hintergrund der Kritik an den Veranstaltungen in Mainz. Sie

leisteten nicht, was eine Anzahl der Teilnehmer insgeheim von ihnen erwartete, was andererseits jedoch niemals die erklärte Intention ihres Organisators Kubatzki gewesen war: Ansätze zu einer Integration der Alternativpresse, zu größerer Verständigung und mehr konzeptioneller Gemeinsamkeit zu entwickeln. Manch einer wollte sich nicht mehr mit dem zufriedengeben, was die Minipressen-Messe nun einmal war: eine Bücherschau, die sich von ihrem Namen her ganz bewußt für völlig unterschiedliche Bücherproduzenten offen hielt, wenn diese nur mit den Begriffen »klein«, »individuell« oder »handwerklich« abzudecken waren. Für programmatische Ansätze, etwa eine inhaltliche Bestimmung des »Alternativ«-Begriffs, den immer mehr junge Autoren und Kleinverleger für sich in Anspruch nahmen, konnte die Mainzer Messe allenfalls den äußeren Rahmen bieten: als Treffpunkt und als Forum für Gespräche. Daß von dieser Möglichkeit nur beschränkt oder in wenig solidarischer Weise Gebrauch gemacht wurde, kann nicht auf den Veranstalter zurückfallen.

Im Mai 1979 fand die 5. *Minipressen-Messe* statt, vorbereitet von einer neu gegründeten Projektgruppe, die auch ein vielfältiges Rahmenprogramm konzipiert hatte. Die zentrale Lage der Veranstaltung - in zwei Zelten im Stadtzentrum - sorgte für zahlreiches Publikum, die Messe war ein Verkaufs- und Ausstellungserfolg.

Auf der 6. *Mainzer Minipressen-Messe* vom 28. - 31. Mai 1981 präsentierten 230 Kleinverlage aus der Bundesrepublik und dem deutschsprachigen Ausland über 2000 Bücher; mehr als die Hälfte der Kleinverleger war persönlich anwesend. In einem umfangreichen und sorgfältig erarbeiteten Katalog stellen 160 Verlage ihr Programm vor, 600 Verlagsadressen weist das Register aus. In seinem Grußwort spricht der Kulturdezernent der Stadt Mainz - sie unterstützt und finanziert die Veranstaltungen in vorbildlicher Weise - von den »engagiertesten und auch konsequentesten Büchermachern in der Tradition Johannes Gutenbergs«.(20) In einer Presseerklärung der Projektgruppe heißt es: »Die 6. Mainzer Minipressen-Messe präsentiert Buch- und Zeitschriftenpublikationen, die es in dieser Vielfalt und Zusammenstellung sonst nirgendwo zu sehen gibt: Romane, Erzählungen, Lyrik, Sachbücher aus allen Bereichen 'alternativer' Praxis und Utopie, experimentelle Literatur, Übersetzungen aus dem Ausland, Pressendrucke, Neuauflagen schon lange vergriffener Bücher, buchkünstlerische Arbeiten, bibliophile Kuriositäten und mancherlei Gedrucktes und Papiernes, das sich nirgendwo einordnen läßt.«

Eine Podiumsdiskussion »Zur Situation kleiner Verlage« kam über Zustandsbeschreibungen nicht hinaus - zumindest in diesem Punkt zeigte die bisher letzte Mainzer Minipressen-Messe Kontinuität gegenüber den vorangegangenen. Die Teilnehmer wollen sich nicht auf »Konzepte«

Aus dem Katalog der 2. Minipressen-Messe

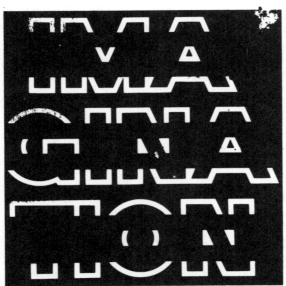

festlegen oder festlegen lassen; organisatorische und vertriebstechnische Probleme der kleinen Verlage werden im Rahmen solcher Diskussionen nicht gelöst.

Treffen der Kleinverleger und Alternativautoren, wie sie in Mainz eher beiläufig zustandekamen, hatte es in organisierter Form schon früher gegeben. »Seit der Frankfurter Gegenbuchmesse von

1968 und dem 'litkrit'-Treffen in Göttingen (November 1969) hat es immer wieder Versuche gegeben, zu einer Intensivierung der Zusammenarbeit im Bereich der alternativen Kleinverleger und Zeitschriftenmacher zu kommen ... . All diese Versuche sind bekanntlich gescheitert«, heißt es in einem Info aus dem Jahr 1976.(21) Zu der hier genannten Tagung in Göttingen hatten sich 15 junge Autoren eingefunden; dabei wurde ein Projekt diskutiert, das auch in den folgenden Jahren auf der Tagesordnung solcher Treffen stehen sollte: eine Alternativzeitung nach dem Vorbild einer der großen Underground-Zeitschriften der USA. Aus einer Nachricht der Deutschen Presseagentur vom 2. 12. 69 geht hervor, welche weiteren Themen die Teilnehmer beschäftigen: »Vertreter von Kleinverlagen und Literaturzeitschriften sowie deren Autoren aus Österreich, der Schweiz und der Bundesrepublik haben sich in Göttingen zu einer Interessengemeinschaft zusammengeschlossen. Bei einer Zusammenkunft wurden gemeinsame Probleme wie Wirtschaftlichkeit, Vertrieb, Annocen- und Adressenaustausch diskutiert. ... Anfang nächsten Jahres soll in Göttingen oder in Hannover ein von der Gruppe 'litkrit' organisiertes Treffen von Underground-Autoren und Verlagen stattfinden.«(22)

Die Göttinger Gruppe zerfiel, und die angekündigte Zusammenkunft wurde erst im Februar 1971 möglich; man traf sich auf Einladung des jungen Buchhändlers Thomas Ch. Niehörster in Dortmund. Über die inhomogene Zusammensetzung der annähernd 40 Teilnehmer und ihre Verständigungsschwierigkeiten gab kurz darauf eine Notiz im *Ulcus Molle Info* Auskunft:

»Seit den Enttäuschungen von Treffen in Göttingen und Mainz gab es in Dortmund zwar eine Reihe Lichtblicke, jedoch ohne konkrete Effizienz! ... Die Diskussion verlief ohne Aggressionen, ohne persönliche Angriffe. Bulkowski ... beschwichtigte die Koalitionen des rein politisch agierenden Kontingents, vermittelte Verständigung zum stark besetzten ultrakosmischen Törn (Buddha - Zen - Drogen) und dazwischen bemühten sich die Vertreter der literarisch ausgerichteten Publikationen um ihre Existenzberechtigung! Diese inhaltlichen Verschiedenheiten ließen sich dummerweise auch technisch in Sachen kooperativer Werbung und in der Funktion eines Zentralvertriebes nicht unter einen Hut bringen! ... Die Zersplitterung war offensichtlich! Der kosmische Trend törnte in eine verkiffte Teestube, der Rest versuchte wegen Überfüllung die lasche Diskussion andernorts fortzusetzen. Trotz allem war diese persönliche Begegnung von immenser Wichtigkeit und es wurde geplant, annodazumal in Bonn ein erneutes Treffen zu fietschern.«(23)

In diesen wenigen Sätzen, deren Stil für die damaligen und noch manche späteren Infos und Untergrundblätter typisch ist, sind in schlagwortartiger Verkürzung die drei Gruppierungen genannt, deren gegensätzliche Anschauungen bei den folgenden Treffen der nächsten Jahre immer wieder aufeinanderstoßen; sie bilden im wesentlichen den Gegenstand stets wiederkehrender Diskussionen um das Selbstverständnis der Alternativpresse.

Dem angekündigten Treffen in Bonn, das im Juni 1971 stattfand, folgte im Oktober 1972 die »Konferenz der deutschsprachigen Alternativpresse« in Essen. Die Frage tauchte auf: »Warum machen wir diese Zeitungen? Wer liest denn die Erzeugnisse der Alternativpresse? Wie können wir in Konkurrenz zur 'bürgerlichen' Presse treten?«(24) Die Antworten bleiben auch diesmal unbefriedigend, und so war die Zusammenkunft in Essen die vorerst letzte dieser Art; erst ab 1975 kamen nach Gründung der *Arbeitsgemeinschaft Alternativer Verlage und Autoren* (AGAV) wieder organisierte Treffen zustande.

An die Stelle persönlicher Begegnungen - die es jedoch auf privater Ebene und im kleinen Kreis weiterhin gab - traten andere Formen der Kommunikation. In Briefen, Rundschreiben, Flugschriften usw., insbesondere in Artikeln und Leserbriefen der Alternativzeitschriften selbst, wurde die Diskussion um das Selbstverständnis und die Perspektiven der an der alternativen Literaturszene Beteiligten fortgeführt. Das Publikationsorgan, dem in diesem Prozeß der Selbstverständigung nach und nach die wichtigste Rolle zuwuchs, ist das seit 1969 im *Literarischen Informationszentrum* in Bottrop erscheinende *Ulcus Molle Info*.

Das »Ulcus Molle Info«

»Das größte Verdienst um die Alternativliteratur hat zweifellos Josef Wintjes mit seinem *Literarischen Informationszentrum,* das nicht nur ein Vertriebszentrum mit wachsendem Zuspruch darstellt, sondern der mit seinem Info ... ein Diskussionsforum anbietet und die ansonsten um Kommunikation in eigener Sache eher etwas verlegene 'Scene' zusammenhält.«(25)

Josef Wintjes, Jahrgang 1947, hatte Ende der sechziger Jahre unter dem Einfluß der neuen amerikanischen Literaturszene selbst mit Schreiben angefangen. Mit dem Gedicht *Frankfurt und Umgebung* etwa ist er in der Anthologie »Wir Kinder von Marx und Coca-Cola - Gedichte der Nachgeborenen« vetreten; hier befindet er sich in Gesellschaft von 126 Autoren der Jahrgänge 1945 bis 1955, von denen kaum einer über einen engeren literarischen Kreis hinaus bekannt oder sonst in irgendeiner Form in die Öffentlichkeit getreten war, der eine oder andere jedoch bereits innerhalb der literarischen Alternativszene einen Namen hatte. Dem *Peter Hammer Verlag*, der in der Presse unter dem Kennwort *Lyrik 70* dieses Projekt einer Sammlung von Gedichten, die für die jüngere Generation typisch sein sollten, angekündigt hatte, gingen bis März 1970 fast 12 000 Einsendungen von 1247 Schreibern zu - für die Anthologie wurden davon schließlich 226 Texte berücksichtigt.(26) Das Beispiel gibt Auskunft über das Verhältnis von Angebot und Publikationschance neuer Texte!

Die für junge Autoren wenig günstige Situation veranlaßte Wintjes zur Konzeption seines Informations- und Vertriebszentrums. In einer Sendung des WDR-Hörfunks vom 30.5.1974, die sich mit Wintjes und seiner Arbeit beschäftigte, fragte ihn der Interviewer: »Welche Überlegungen führten Sie dazu, ein Zentrum zu gründen, das sich mit der Publikmachung und dem Vertrieb von alternativer Literatur befaßt? Sahen Sie die Möglichkeit, eine Marktlücke zu schließen und damit Gewinn zu machen, oder geschah es aus einer Notwendigkeit im Interesse der Sache?« Die Antwort: »Früher habe ich selbst Lyrik geschrieben. Natürlich wurde ich das Zeug nicht los, und da gab ich's auf. Ich hatte in der Zeit aber eine Menge anderer Schreiber kennengelernt und gesehen, daß es denen nicht anders erging. Ihre Sachen stapelten sich im Keller. Ich sah sofort, daß da Abhilfe nötig war, daß ein Vertrieb geschaffen werden mußte. Ich bin gelernter Kaufmann, hatte also das nötige organisatorische Rüstzeug. Ja, und so baute ich neben meinem Beruf das Informationszentrum auf.«(27)

Das anfangs nur hektographierte *Ulcus Molle Info* (28) erschien zunächst monatlich und bestand aus einigen zusammengefalteten Blättern. Im Editorial firmierte Wintjes bis 1971 als *Nonkonformistisches Literarisches Informationszentrum,* dann strich er das »nonkonformistisch«; das Info selbst bezeichnet er gelegentlich auch als *Ulcus Molle Info-Dienst.* Seit 1972 erscheint das Heft regelmäßig im Abstand von zwei Monaten, sechsmal im Jahr, dennoch hält Wintjes daran fest, eine jede Ausgabe des Infos als Doppelnummer herauszugeben (1/2, 3/4 usw.). Den Lesern des Infos tritt er mit Vorliebe in der Wir-Form gegenüber, und hin und wieder nennt er Frau und Kind als Mitherausgeber. Seit Frühjahr 1974 arbeitet Wintjes ausschließlich für sein Informations- und Vertriebszentrum, seine Stelle als Computerfachmann gab er wegen der - auch bei Kleinverlegern und anderen Vertriebszentren üblichen - Doppelbelastung auf. Inzwischen fordert ihm sein aus einer Liebhaberei erwachsener neuer Brotberuf weitaus mehr als einen 8-Stunden-Tag ab.

Die Info-Hefte (Format DIN A 5) werden von Jahr zu Jahr umfangreicher, Druck und Layout aufwendiger und »professioneller«, zumal seit Wintjes dazu übergegangen ist, die eine oder andere Ausgabe des Infos von Graphikern gestalten zu lassen, deren künstlerische Federführung geradezu stilbildend für die visuelle Ästhetik auch zahlreicher anderer Alternativpublikationen wurde (Walter Hartmann, Mali & Werner, Norbert Eichler).

1975 umfaßten die Hefte durchschnittlich 50 Seiten - drei Jahre später bereits über 100. Die Auflage steigt kontinuierlich: nach vorliegenden Angaben von 1200 (davon 880 abonniert) im Juli 1974 auf 1500 (1080 abonniert) im Januar 1977 und 2000 (1382 abonniert) im November 1977(29). Im Zeitschriftenangebot der meisten linken und Alternativbuchläden der Bundesrepublik ist das *UM-Info* in der Regel nicht zu finden, es ist als Abonnement-Publikation konzipiert und dürfte überdies von Buchläden als »Konkurrenz« betrachtet werden. Wintjes' *Literarisches Informationszentrum* ist ein Vertrieb für die literarischen und publizistischen Produktionen alternativer Kleinverlage und Pressen, mithin ein spezialisierter Buch- und Zeitschriftenversand, der auf der Grundlage kaufmännischer Kalkulation funktioniert - wenn auch mit Konditionen, die sich vom Geschäftsgebaren einer normalen Versandbuchhandlung unterscheiden.

Wintjes bezieht die Bücher und Zeitschriften auf Kommissionsbasis mit einer Provision von durchschnittlich 30 % für die verkauften Exemplare. Besteller bezahlen nicht (wie etwa beim Buchversand *Zweitausendeins*) im Voraus, Wintjes liefert gegen Rechnung und mit nur geringem Aufschlag für den Versand. Die Päckchen des *Literarischen Informationszentrums* enthalten häufig eine kleine Beigabe als Geschenk, ein Heft oder eine Broschüre. Fast immer findet sich auch eine persönliche Notiz auf der Rechnung oder einem beiliegendem Zettel - Wintjes möchte nicht, daß die geschäftliche Seite sich verselbständigt, und er pflegt den persönlichen Kontakt mit den Abonnenten seines Infos, die auch den größ-

ten Teil der Besteller ausmachen, zusätzlich über eine ausgedehnte Korrespondenz. Daß seine Kulanz und die angenehmen Modalitäten der Bezahlung bei manchen Abnehmern zu Säumnis und Nachlässigkeiten führen, gibt Wintjes steten An-

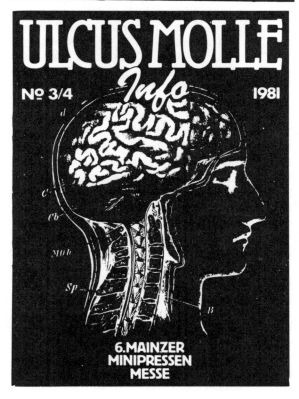

gig die »kulturelle Selbstversorgung« der Alternativszene mit den jeweils aktuellen Publikationen gewährleistet, entspricht die inhaltliche Struktur seines Periodikums. Annähernd die Hälfte jeder Ausgabe des *UM-Info* besteht aus dem nach Sachgebieten und Publikationsformen aufgeschlüsselten Bestellkatalog und einem Rezensionsteil, in dem Neuerscheinungen besprochen werden. Seit 1975 verfügt Wintjes über einen Stab von Rezensenten, die als freie Mitarbeiter gegen Überlassung der Rezensionsexemplare dem Herausgeber des Infos damit eine Arbeit abnehmen, über deren Mühsal er sich vorher häufig beklagt hatte.

Die subjektive Diktion der Rezensionen, die die Kriterien ihrer häufig recht willkürlichen Wertungen in der Regel nicht offenlegen und zuweilen die Form brüsker Autorenbeschimpfungen annehmen, und ebenso die in manchen Fällen deutlich zutage tretende literaturkritische Inkompetenz mancher Rezensenten, die auch das Kauderwelsch einer vorgeblich poetologischen Terminologie nicht zu verbergen vermag, geben immer wieder Anlaß zur Kritik, die sich in Leserbriefen an das Info niederschlägt. Diese Beschwerden kommen aus dem Personenkreis der Alternativpresse, häufig von seiten der Autoren selbst. Für Außenstehende - Kritiker und Journalisten, die weiter keine Berührung mit der Alternativszene haben - macht aber gerade der sehr persönliche Zugriff der Besprechungen das Besondere und Bemerkenswerte der Infos aus. »Nach allem, was ich bisher vergleichen konnte, gibt es in der gesamten deutschen literarischen Presse keine einzige Zeitschrift, deren kritischer Teil sich mit Ulcus Molle Info vergleichen läßt, - da liest sich fast alles so, wie man frisches Wasser trinkt, da ist nichts von der Bildungsparade, nichts von der Neologitis, nichts von den esoterischen Allüren zu finden, an denen die neuere und neueste deutsche Essayistik ach so sehr leidet; ein seltenes Wunder: In Ulcus Molle Info wird Sekundärliteratur für jeden, der Spaß hat an klarer und geistvoller Sprache, zur Primärliteratur«, schreibt ein Berliner Kritiker.(30)

Walter Gerlach, der unter anderem als freier Mitarbeiter des *Börsenblatts für den deutschen Buchhandel* tätig ist, schätzt an den Heften aus Bottrop neben der »chaotisch-sinnlichen Unübersichtlichkeit, die zum Lesen jedes einzelnen Satzes reizt«, die häufig nicht gerade verkaufsfördernden Rezensionen der im Katalog angebotenen Bücher und Zeitschriften. »Auffällt, daß Wintjes Produkte, die er vorstellt und verkaufen will, u.U. auch freundschaftlich in der Luft zerreißt, wenn ihm etwas nicht paßt.«(31)

Um den Lesern einen Eindruck von Neuerscheinungen zu vermitteln, begnügt Wintjes sich nicht

laß zu Beschwerden, die sich durch fast alle Ausgaben des 1979 bereits im zehnten Jahr erscheinenden Infos hinziehen.

Dem Eigenverständnis des Informationszentrums als einem Versand, der umfassend und zü-

mit Renzensionen, sondern er druckt, zum Teil ausführlich, Textstellen und ganze Passagen ab, die ihm bemerkenswert oder für einen Band oder eine Zeitschrift typisch erscheinen. Über das ganze Heft verstreut sind außerdem Gedichte, Aphorismen, Epigramme, eingängige Gedanken, Bonmots, die häufig von einem einzigen Autor stammen, der auf diese Weise dem Info-Publikum vertraut gemacht wird. Zum Abdruck kommende Buchauszüge, Zeitschriftenaufsätze und Gedichte stehen häufig im Zusammenhang eines Themas

KLEINANZEIGEN

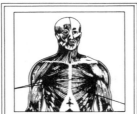

oder mehrerer Themen, deren sich das Info hin und wieder als Motto für ein ganzes Heft annimmt (»Selbstdarstellungen«, »Anarchie«, »Frauen«, »Alternative Energie«, »Homosexualität«, etc.). Das Bücher- und Zeitschriftenangebot sowie die Rezensionen sind somit kein vom anderen Teil des Infos abgetrennter eigener Bereich, der mehr oder minder dem Verkauf zu dienen hätte, sondern sie bilden mit diesem eine Einheit.

In diesem anderen Teil kommen die Leser selbst zu Wort. Unter der Überschrift »Feedback« sind Beiträge versammelt, die sich auf die Rezensionen, Artikel und Diskussionen zurückliegender Infos beziehen. Kontroverse Stellungnahmen, etwa solche, die sich mit dem »Alternativ«-Begriff und dem Selbstverständnis der Szene beschäftigen, können sich zuweilen über die Ausgaben eines ganzen Jahres erstrecken, bis der Herausgeber darum bittet, die Diskussion zu be-

enden, oder bis er dem Disput auf rigide Weise ein Ende macht, indem er neu eingehende Beiträge nicht mehr abdruckt. Wintjes ist generell an der redaktionellen Mitarbeit der Info-Leser interessiert; häufig fordert er dazu auf, Manuskripte einzusenden, wobei er Wert darauf legt, daß diese bereits als fertige Druckvorlage gestaltet sind, d.h. die Beiträge müssen auf Schreibmaschine geschrieben sein, einen bestimmten Seitenrand und einen starken Schwarz-Weiß-Kontrast des Schriftbildes aufweisen. »Wir sind ... sehr an solchen reproreifen Beiträgen interessiert. ... Die Chancen für eine Veröffentlichung sind dann enorm größer, weil wir ständig unter Zeitdruck arbeiten. Uns stehen für die komplette Druckvorlage für die Fertigung des gesamten Umfanges 14 Tage zur Verfügung - und in dem Zeitraum ist kein Kunstwerk zu produzieren.«(32) Da Wintjes seit einigen Jahren außer dem obligaten Vor- und Nachwort mit Ausnahmen keinerlei eigene Beiträge bringt, die Infos also keinen eigentlichen redaktionellen Teil besitzen, ist hier in der Tat verwirklicht, was andere Alternativzeitschriften stets anstreben: Eine »Zeitschrift von Lesern für Leser« (Untertitel der *az - die andere zeitung*, die in Frankfurt erscheint). Der kommunikative Charakter des Infos wird zusätzlich durch den umfangreichen Kleinanzeigen-Service unterstrichen, wie er auch bei anderen Alternativblättern üblich ist; allerdings gibt es im *Ulcus Molle Info* im Gegensatz zu den meisten von diesen eine große Zahl von Anzeigen, in denen Einmann-Verlage ihre Neuerscheinungen vorstellen und junge Autoren ihre Manuskripte anbieten.

Das Info versteht sich, auch wenn alternative Projekte, politische Diskussionen, Erfahrungsberichte, Ausführungen über Ökologie und alternative Lebensformen, praktische Hinweise (für Hausbau, Landwirtschaft, Reisen, etc.), Veranstaltungsprotokolle, Aufrufe zu politischen Aktionen, usw. in immer größerem Maß die Beiträge des »redaktionellen« Teils bestimmen, als Agentur der *literarischen* Alternativpresse, als Forum für junge Autoren, die ihre Arbeiten als »alternativ« betrachten. Dennoch hadert Wintjes zuweilen mit den »Dichtern« und »Schreibtischtypen« und wünscht dem Info, seinen Lesern und wohl auch sich selbst mehr »Praxis« im Rahmen alternativer Projekte. Im äußersten Fall geraten ihm die Autoren zu Sündenböcken schlechthin, und er sieht - wie übrigens ein großer Teil der nichtschreibenden Info-Leser - in deren angeblicher Theorielastigkeit und Debattiersucht ein Hemmnis für die Entwicklung konkreter Vorhaben. In einem Aufsatz bezeichnete er einmal die Verwirklichung eines »überregionalen Mediums, in dem alle Freaks der Szene ... eine Heimat finden«, für solange als unmöglich, »wie innerhalb der allgemeinen Freak-Szene die literarisch orientierten Schreibtisch-Typen weiterhin die erste Geige spielen. O.k., sie haben wichtige Arbeit geleistet im Aufbau theoretischer Grundlagen, sie haben das geistige Gerüst geschaffen; doch der nächste Schritt ist einleuchtenderweise der Übergang zur Praxis. Und wie diese Praxis realisierbar sein könnte, zu dieser Frage können uns die Dichter und Schriftsteller die Antwort nicht geben, sondern durch ihre pedantischen Querelen untereinander um germanistische/linguistische Interpunktion blockieren sie die zukünftige Entwicklung entschieden.«(33)

Das hier zum Ausdruck kommende Ungenügen an den »Literaten« und ihrer Rolle in der Alternativpresse hat seine Ursache im diffusen Selbstverständnis der Beteiligten, zu denen Wintjes maßgeblich gehört. Es war und ist in der »scene« umstritten, welche Bedeutung man dem Umgang mit Wörtern und Sätzen beimessen sollte - und gar dem kreativen Umgang mit der Sprache, dem »sprachlichen Kunstwerk«. Der Herausgeber des *UM-Info* argwöhnt - durchaus stellvertretend für viele von dessen Lesern - über seinen auf die Autoren zugespitzten Affront hinaus, ob nicht überhaupt die bevorzugte Beschäftigung mit Texten den Zugang zur »Praxis« verbaue (er nennt als weiteres »konkretes Projekt« einen großen Bauernhof als wünschenswerte zentrale Produktions- und Informationsstätte der Alternativpresse). Hier wird ein Bedürfnis deutlich, das sich immer wieder auch in Leserbriefen an das Info artikuliert: es möge weniger »geschrieben« und mehr »getan« werden. »Im Ulcus Molle Info ist zwar viel von Alternativliteratur die Rede, aber wenig von realen alternativen Lebensformen. Es wäre vielleicht einmal gut, wenn einige Autoren der sog. Alternativpresse Erfahrungsberichte aus ihrem Alltag geben würden. Es wäre interessant, ob die Ansprüche, die sie in ihren Werken stellen, mit ihrer Praxis übereinstimmen?!«(34) Diesen Anmerkungen eines Lesers könnte man entgegenhalten, daß das Info durchaus über alternative Lebensformen »redet« - und sogar häufiger (nämlich mehrfach in jeder Ausgabe), beständiger und vergleichsweise informativer als jede andere Zeitschrift der Alternativpresse (abgesehen von der Zeitschrift *Kompost*). Doch mit diesem Einwand dürfte sich der zitierte Leser wohl kaum zufriedengeben; seine Frage zielt auf das Problem, inwieweit theoretische und literarische Entwürfe durch die Autoren selbst in der »Praxis« eingelöst werden, und im Grunde behauptet sie den Widerspruch von »Schreiben« und »Leben«: eine Behauptung mit klassischer Tradition, die aber, auf die Alternativszene angewendet, eine zusätzliche Bedeutung dadurch erhält, daß hier dem Begriff »Leben« geradezu programmatisch

Werte zugeordnet werden, in denen sich »Unmittelbarkeit« ausdrückt (»Aktion«, »Spontaneität«). Schreiben, Lesen und Reflexion stehen entsprechend als Ausformungen mittelbarer Weltaneignung auf der anderen Seite jener Werte-Skala.

»Unser Info hat zuviel mit *Literatur* zu tun und zu wenig mit dem wirklichen Leben.«(35) Daß auf diesem angeblichen Widerspruch in den Publikationen der Alternativpresse so beharrlich insistiert wird - und damit zusammenhängend wird man auch die der Szene zuweilen unterstellte

»Theoriefeindlichkeit« oder ihre tatsächliche Theorielosigkeit zu begreifen haben -, hat mit dem Entwicklungsstand gegenkultureller Projekte in der Bundesrepublik zu tun. Wie schon mehrfach in der vorliegenden Arbeit ausgeführt, hatten solche Einrichtungen in den USA bis zu Beginn der siebziger Jahre eine beachtliche Verbreitung gefunden, in der Bundesrepublik aber nicht. Man könnte geradezu von Ungleichzeitigkeit reden, was hierzulande den guten Informationsstand über diese Einrichtungen - und ihre Imitation oder sonstige Realisierung in der Praxis angeht. Und nur deshalb können Beteiligte einen »Widerspruch« konstatieren. In ihren Augen besteht ein fast schon lächerliches Mißverhältnis zwischen bedrucktem Papier und konkreten gegenkulturellen Einrichtungen. Statt nun aber den »Widerspruch« als für die Bundesrepublik historisch zwangsläufig und als Ausgangspunkt einer erst zu bestimmenden Praxis zu akzeptieren oder ihn auf andere Weise produktiv zu machen, begnügt man sich häufig mit dem Kurzschluß, die Menge der vorliegenden literarischen und theoretischen Alternativentwürfe verbaue den Zugang zum Konkreten. Man schlägt den Sack (»Literatur«) und meint den Esel (unzureichende Praxis).

Zwar hat die Praxis alternativ lebender und arbeitender Gruppen in der Bundesrepublik seit Mitte der siebziger Jahre qualitativ und von der Zahl her neue Formen angenommen, doch auch weiterhin gilt, »daß die Alternativszene in vielen Aspekten eher medial als real, also eher in der Form von Zeitschriften, Broschüren, Postern besteht«, wie noch im Dezember 1978 Helmut Hartwig in der Zeitschrift *Ästhetik und Kommunikation* feststellte.(36)

Daß »Alternativszene« und »Alternativpresse« in der Bundesrepublik nahezu Synonyma sind, äußert auch der Alternativautor Christoph Schubert (Mitherausgeber des »Handbuchs der alternativen deutschsprachigen Literatur«) in einem Aufsatz vom Februar 1979: Ende der sechziger Jahre »war in spontanen Aufsätzen vorhanden, was uns heute ... organisiert, institutionalisiert, professionalisiert entgegentritt: eine politische, eine psychedelische, eine meditative, eine esoterische, eine anarchistische, eine makrobiotische, eine literarische Subkultur - nebst vielen weiteren Subkulturen.

Die schriftliche Äußerung darf in der abendländischen Zivilisation als die bestgeachtete Kulturäußerung gelten, was wohl nach 1968 dazu beigetragen haben mag, daß die Alternativszene der 'hundert Blumen' rasch mit den Begriffen 'Alternativliteratur', 'Alternativpresse' markiert wurde.«(37)

Wintjes und andere sehen darin ein Entwicklungshemmnis für die Alternativszene; sie vermuten, daß die mediale Szene als Ersatz für die reale herhalte. Aber dabei gerät in Vergessenheit, welche Funktion dem medialen Bereich in erster Linie zukommt: Er informiert, ermöglicht Kommunikation und bewirkt damit, daß sich »Praxis« überhaupt erst entfaltet; das »Movement« der amerikanischen Jugend beispielsweise wäre ohne die weit verbreitete Underground-Presse nie in dieser Form zustandegekommen (so sehen es auch Hollstein und Leamer). Und wenn zwischen dem breiten Angebot an medialen Informationen (und fiktionalen literarischen Entwürfen) einerseits und der gegenwärtigen Praxis konkreter Alternativen andererseits eine Lücke klafft, sollte dies als Selbstverständlichkeit begriffen und akzeptiert werden. Die Ungleichzeitigkeit von Informationen und ihrer Einlösung in der Praxis kann auch in der Alternativszene nicht aufgehoben werden. »Nicht nur für die Außenstehenden, sondern auch für die Alternativen selbst spielen

bei dem Versuch, sich zu orientieren, die Medien eine zentrale Rolle. Ihnen gegenüber ist die eigene Praxis immer prinzipiell beschränkt, kann man mit ihr nur punktuell und eher suggestiv als diskursiv argumentieren.«(38)

Auch Information stiftet Bewußtsein. »Textproduktion ist kein Selbstzweck, sondern alle alternativen Textproduzenten wollen ja ein bestimmtes Bewußtsein produzieren.«(39) Über die bewußtseinsverändernde Funktion der alternativen Medien schreibt Ferdinand Menne in den *Frankfurter Heften*:

»'Bewußtseinserweiterung' und 'Bewußtseinsveränderung' sind Schlagworte, die die Durchbrechung von Alltagsbewußtsein signalisieren sollen. ... Die Wege zu einem alternativen Bewußtsein und seine Formen sind vielgestaltig wie der ganze Bereich. Um sie zu unterscheiden, könnte man von Formen reden, die sich auf die innere oder äußere Welt beziehen, auf Natur oder Gesellschaft, auf kulturell verformte Natur oder Kultivierung des Natürlichen, man könnte politisches Bewußtsein von unpolitischem trennen. Den Stoff alternativen Bewußtseins bildet 'anderes Wissen'. Es speist sich oft aus vergessenen und verdrängten Quellen, aus Erinnerungen an Geschichten, die sich nicht durchsetzen konnten, weil der Sog des kulturellen Hauptstroms sie wegriß. Drehpunkte und Medien der Alternativen gibt es viele; ihre Unterscheidung würde wiederum viel Kleinarbeit erfordern.«(40)

Menne erwähnt an dieser Stelle die alternativen Zeitungen, Nachrichtendienste und Stadtzeitungen, ein alternatives Vorlesungsverzeichnis und eben die »Alternativ-Verlage und auf Alternativ-Literatur spezialisierten (Versand-) Buchhandlungen sowie Medien-Kooperativen.«(41) Hier nennt er ausdrücklich (neben dem »Handbuch der alternativen deutschsprachigen Literatur«) den *Ulcus Molle Info Dienst*. Von »außen«, von Seiten liberaler bürgerlicher Publizistik, erfahren das *Literarische Informationszentrum* und die Autoren der Alternativszene eine ihrer Bedeutung und ihren Möglichkeiten angemessenere kritische Wertschätzung als - häufig - aus den eigenen Reihen. Von einem grundsätzlichen Widerspruch zwischen Entwurf und Praxis ist bei Menne wie auch bei Hartwig, der sich an einer Stelle ebenfalls auf Wintjes und das *UM-Info* bezieht, nicht die Rede. Hier wird sachlich konstatiert und vorbehaltlos anerkannt, was der Alternativliteratur ebenso wie dem *UM-Info* und den ihm verwandten Medien als »Praxis« zu eigen ist: Information, Kommunikation und bewußtseinsstiftende Impulse.

Andererseits wird natürlich auch innerhalb der Alternativszene selbst die Bedeutung der eigenen Medien und Literatur in ähnlicher Weise beurteilt und nicht selten auch euphorisch überschätzt (vgl. die unten zitierten Äußerungen von Imhoff und anderen). Die jungen Autoren und Zeitschriftenmacher legen ihrerseits mehr Selbstgewißheit an den Tag als die zuweilen selbstquälerischen Vor- und Nachworte in Wintjes' Informationsdienst. Die Äußerungen des Info-Herausgebers über die »hemmenden« Einflüsse der »Schreibtischtypen und Dichter« stehen an dieser Stelle der vorliegenden Arbeit als Vorgriff auf einen Teilaspekt der Selbstverständnis-Diskussion der Alternativpresse, von der im folgenden Kapitel ausführlicher zu sprechen sein wird. Sie stehen bereits hier, weil sie es ermöglichen, als Charakteristikum der *Ulcus Molle*-Hefte das Spannungsverhältnis zwischen »Literaten« und den teils anvisierten, teils realisierten Projekten alternativer »Praxis« sichtbar zu machen.

Das *Literarische Informationszentrum* und sein Info-Dienst verstanden sich anfangs als Organ und Agentur vorwiegend literarischer Alternativen. Wintjes schuf eine Vertriebsstelle für die ersten Undergroundblätter und die Produktionen der über die ganze Bundesrepublik verstreuten Kleinverlage und Minipressen. Mit dem *UM-Info* und dem ihm angeschlossenen Vertriebssystem hat die Alternativliteratur tatsächlich ein Zentrum, einen Ort bleibender Präsenz gefunden. Wer in der Bundesrepublik als junger Autor oder Kleinverleger die Vermittlung mit einer - wenn auch begrenzten - Öffentlichkeit sucht und, und wer einen Platz im Arsenal gegenöffentlicher Medien finden möchte, kann damit rechnen, über das *Literarische Informationszentrum* in Kontakt mit einem für seine Arbeit grundsätzlich aufgeschlossenen Publikum treten zu können.

Auch ohne konzeptionelle Vollkommenheit wird das Info schon seit langem von durchaus gegensätzlichen Gruppierungen innerhalb der Alternativpresse anerkannt. In einem Brief des Autors Jürgen Ploog an Wintjes heißt es: »Du bist, ob Du das willst oder nicht, eine Institution. Du & das Info, ihr steht für eine Sache, die wichtiger ist als alles Geplänkel darüber, ob Du Deine Sache besser machen könntest oder ob die Machart des Infos optimal das darstellt, was wir uns alle wünschen.... Kommen wir dazu, was das Info ist: eine informative Grundlage für die Verbreitung von Produkten, für die auf dem Markt des konservativen Buchhandels, der Großverlage, des ideologisierten Geschmacks (kurz, der gängigen Monokultur) kein Platz ist.« (42) Ploog hebt damit die Bedeutung hervor, die das Info für ihn als Schriftsteller besitzt und die dem Organ nach dem Selbstverständnis seines Herausgebers auch wesentlich zukommt. Aber »das Literarische Informationszentrum hat nie bloß 'Literaten' informieren wollen. Josef Wintjes begriff als erster, daß diese Szene eines Zentrums bedurfte, über das Informationen abgerufen und ausgetauscht werden konnten. Das hieß, die Nachbarschaft der über den deutschsprachigen Raum verstreuten Einzelnen und Gruppen zu organisieren.«(43)

Darin sieht das Info seine zweite Aufgabe - den vielen sich als alternativ und emanzipatorisch verstehenden Einzelpersonen und Gruppen ein Forum zur Verfügung zu stellen: politischen ebenso wie spirituell ausgerichteten Gruppierungen, den Frauengruppen und der »Männerbewegung«, den Kernkraftgegnern, Ökologisten, Landkommunen, Wohngemeinschafts-Initiativen, den Projekten alternativer Ökonomie, alternativer Pädagogik, alternativer Medizin, Psychologie und Psychiatrie, den Freunden von Rock, Folk und Jazz, den Reisenden (»Indienfahrern«) und Abenteurern, den Initiativen für ethnische Minderheiten (Indianer, Zigeuner) und sozialen Minderheiten und »Außenseitern«: Strafgefangenen, Drogenabhängigen, Kranken, Obdachlosen.

In zwei Sonderheften, 1974 und 1976, hat Wintjes der nicht ablassenden Diskussion um den Alternativbegriff und insbesondere die Definition von Alternativ-*Literatur* Rechnung getragen. Ein weiteres Sonderheft (Mai 1976), »Eine andere

Katalogseite des Lit. Informationszentrums

Ansicht der Welt/Studie zu Carlos Castaneda«, reagierte auf den Erfolg, den das mehrbändige Werk dieses amerikanischen Ethnologen in der Gegenkultur fast aller westlichen Länder hatte.

Rezension im ULCUS MOLLE INFO (Ausriß)

Die von Wintjes herausgegebenen *Scenen-rea-
ders* 1971, 1972, 1973/74, 1975/76 geben aktuelle
Anregungen aus dem Bereich der Szene wieder,
bringen in größerem Umfang, als das im
UM-Info möglich ist, Gedichte und abgeschlos-
sene Prosatexte von Alternativautoren und
greifen die im Verlauf eines Jahres im Info geführten Grundsatzdiskussionen noch einmal auf.
»Die Scenenreader sind ... als Scenen-Jahrbücher
zu verstehen, freilich ohne alles Flair des Weihe-
vollen, das eine solche Bezeichnung meinen
könnte: neben literarischen Trends, die anhand
neuer Arbeiten aufgezeigt werden, wird ein um-
fangreiches Register 'aller' Kleinzeitschriften und
deren Macher und Autoren geboten und wiederum Diskussionsbeiträge.«(44)
Im Laufe der Jahre hat Wintjes für immer mehr
Zeitschriften die Alleinauslieferung übernommen; viele andere (etwa die auflagenstarke
Zeitschrift *die horen*) nennen im Editorial das
Literarische Informationszentrum als zweite
Bezugsanschrift neben der hauseigenen, und
gleiches gilt für eine ganze Anzahl kleiner
Verlage. Große Zeitungen und Zeitschriften, die
hin und wieder (*FAZ, Die Zeit*) oder regelmäßig
(*Pardon, Sounds*) über Alternativliteratur infor-
mieren, verweisen bevorzugt auf Wintjes und sein
Informationszentrum als deren Bezugsquelle
schlechthin. Die Zeitschrift *Ästhetik und Kom-
munikation* vermerkte im Editorial des oben

zitierten Dezemberheftes 1978: »Ein Großteil der
Bilder stammt aus der Alternativpresse, die zu
beziehen ist über Ulcus Molle Info.«
Als wichtigste Quelle des auf den folgenden
Seiten erörterten Selbstverständnisses des literarischen Alternativszene dient das *Ulcus Molle
Info*. Obwohl es über 200 Alternativzeitschriften
gibt, von denen viele hin und wieder mit
Beiträgen »zum Selbstverständnis« aufwarten,
dürfte die weitgehende Beschränkung auf dieses
eine publizistische Organ methodisch zu rechtfer-
tigen sein. Abgesehen davon, daß die Berücksichtigung sämtlicher Informationsträger ins Uferlo-
se führen würde, zur bloßen Addition von »Be-
legstellen«, darf angenommen werden, daß gezeigt werden konnte, welche besondere Bedeutung dem *UM-Info* zukommt. Der in der vorliegenden Arbeit primär interessierende Bereich der
Alternativpresse: der literarische und Literatur
distribuierende, ist von seiten informierender Berichterstattung im *Ulcus Molle Info* wie sonst nirgendwo erfaßt. Und auch über den Bereich
praktischer Alternativen und deren Theorie gibt
das Info einen guten Überblick. Klaus-Bernd
Vollmar, der mit seinen Büchern über »Landkommunen in Nordamerika« und »Alternative
Selbstorganisation auf dem Lande« eine über die
Alternativszene hinausgehende Öffentlichkeit erreichte, bezeichnet das Info aus Bottrop als »repräsentative Zeitung der Szene«.(45)

Zum Selbstverständnis der literarischen Alternativpresse

Mit dem *Ulcus Molle Info* 3/4 1974 setzte, ausgelöst durch einen Aufsatz des Autors und Kleinverlegers Günter Emig »Über das 'Alternative' alternativer Publikationen«, die sogenannte »Selbstverständnisdiskussion« der literarischen Alternativszene ein. Sie wurde in den darauf folgenden Ausgaben des *UM-Infos* zunächst von den dem Literarischen Informationszentrum nahestehenden jungen Autoren ausgetragen. Eine Sondernummer des *UM-Infos* im August 1974, »Diskussionsrunde zum Thema Alternativpresse«, faßte diese Beiträge zusammen, ergänzt um einige neue hinzugekommene. Die Aufsätze stammten von Christoph Schubert, Reimar Banis, Günter Emig, Hans Imhoff, Helmut Loeven, Raymond Martin, Klaus Sandler, Wolfgang Schiffer, Manfred Bosch, Rainer Zwing, Hans Josef Eisel, Reimar Lenz, Klaus Schneider, Horst Lummert, Hadayatullah Hübsch, Josef Wintjes und Illona Vollmar. Einige Monate später veröffentlichte dann Emig ebenfalls einen kleinen Sammelband mit Diskussionsbeiträgen von Manfred Bosch, Günter Emig, Bernhard Grimmiger, Hadayatullah Hübsch, Hans Imhoff, Jürgen Kramer, Reimar Lenz, Jürgen Ploog, Christoph Schubert, Dieter Walter und Josef Wintjes. Die Broschüre trägt den Titel »Über das 'Alternative' alternativer Publikationen. Eine Kontroverse über Möglichkeiten des literarischen Underground.« (Heidelberg/Birkenau 1974) Im Dezember 1976 erschien mit dem Heft »Alternativpresse-Diskussion« - dem dritten »Sonder-Info« des Literarischen Informationszentrums (das Sonder-Info Nr. 2 befaßte sich mit Carlos Castaneda) - die vorerst letzte Publikation mit Beiträgen speziell zum Selbstverständnis der literarischen Alternativpresse. Diese Sonderheft wurde herausgegeben von Josef Wintjes und Klaus-Bernd Vollmar; es enthält Beiträge der Herausgeber selbst - drei von Vollmar und im Anhang eine von ihm zusammengestellte Bibliographie zur Alternativliteratur - sowie von Sigi und Daniel Zubert, Klaus Schneider, Elisabeth Alexander, J. Gehret, Rudolf A. Goldmann, Karsten Paul Sturm, Hans Imhoff und Norbert Ney, außerdem einige Briefe von Lesern des *UM-Infos*.

Ein Vergleich der Namen aller an diesen Publikationen Beteiligten wirft ein Licht auf deren Zugehörigkeit zu einem kleinen und auch recht geschlossenen Zirkel innerhalb der literarischen Alternativszene; Imhoff spricht an einer Stelle vom »harten Kern«. Die »Selbstverständnisdiskussion« wurde im wesentlichen von den hier aufgezählten Autoren getragen; andererseits kamen bei weitem nicht alle Beiträge, die allein bei Wintjes eingingen, zum Abdruck. In seinem Vorwort zum Sonderinfo »Alternativpresse-Diskussion« schreibt Vollmar: »... Die interessantesten Diskussionen finden nämlich (leider) meist nur im privaten Rahmen statt: In Briefen, persönlichen Diskussionen oder Zeitschriften mit kleinster Auflage. Besonders die Menge an Briefen, die Josef und ich bekamen und die voller neuer Ideen stecken und von viel Engagement geprägt sind, möchten wir hier ausnahmsweise einer größeren Öffentlichkeit vorstellen.« (S. 5) Allerdings mußte angesichts der Materialfülle auch hier wieder eine Auswahl getroffen werden.

Vollmar bezieht sich zu Beginn seines Vorworts auf die bis dahin erschienenen Publikationen zum Selbstverständnis der literarischen Alternativszene - neben den oben genannten auch auf die von mir veröffentlichte Arbeit »Ghetto, Sprungbrett, Basis: Zum Selbstverständnis der Alternativpresse seit 1968«. (Hamburg/München 1975) Meine darin getroffenen Feststellungen zum Selbstverständnis der Alternativautoren (2) und die Zusammenfassung der unterschiedlichen Positionen werde ich im folgenden in überarbeiteter Form wiederholen. Wo es mir notwendig und nützlich erscheint, werden Gedanken und Positionen aus der damals fast zeitgleich von Emig herausgegebenen Publikation und aus dem genannten, ein Jahr später erschienenen *UM-Sonderinfo* Nr. 3 in die Darstellung einfließen.

Spätestens ein Jahr nach dem Einsetzen der »Selbstverständnis-Diskussion« mochten viele Leser der Alternativpresse allein dieses Wort nicht mehr hören und brachten in Leserbriefen vehement ihren Unmut über die anschwellenden Introspektionen des »harten Kerns« zum Ausdruck, denn was da zur Sprache kam, war im Grunde zu simpel, um mit sich stets wiederholenden Argumenten immer wieder aufgegriffen zu werden. Schließlich gab auch das quantitative Verhältnis zwischen »Diskussionen« und Lippenbekenntnissen einerseits und der literarischen Produktivität andererseits zu denken. Christoph Schubert schrieb in einem Nachwort zu meiner Publikation aus dem Jahr 1975:

»Die Szene ist denn recht aktiv, jedes ulcus molle info aus Bottrop dokumentiert dies, aber die Aktivitäten der Szenenmatadoren haben kaum schlichte Literatur zum Resultat. Man gibt Anthologien heraus, produziert Selbstdarstellungen in Handbüchern, macht bei der schon so selbstverständlichen Selbstverständnisdiskussion - mit - das letzte 'Handbuch der alternativen deutschsprachigen Literatur' bibliographiert vielleicht zehn Romane, längere Stücke Literatur, bei etwa 120 aufgeführten Autoren der Szene. ... Wer den Anspruch stellt, ein Schriftsteller zu sein, darf sich nicht in Minilyrik oder herzallersubtilsten Diskussionen um's Selbstverständnis erschöpfen; es wäre den Alternativautoren dringend angeraten, sich auf das Sitzfleisch zu besinnen, das an ihren Hintern hängt, statt dieselben kokett zu schwenken.«(3)

Der Kritik Schuberts ließe sich eine ganze Anzahl ähnlicher Äußerungen hinzufügen - etwa dieser Satz von Landfried Schröpfer: »In letzter Zeit hat man den Eindruck, daß ein bißchen viel Sekundärliteratur produziert wird. Also: Die Alternativliteratur existiert vor allem in den Beiträgen über Alternativliteratur.«(4) Noch deutlicher drückt sich ein Redakteur des Düsseldorfer *Stadtmagazins* aus: »Mir scheint, was im besagten Info (*UM-Info,* Th.D.) als Diskussionsbrei über A- oder U-Presse angerichtet worden ist, ... schiebt sich wechselseitig eine Minigemeinde ... zu, in der Hoffnung, wo geschoben wird, entwickelt sich diese Ebene schon irgendwie zur Plattform, die man dann reinen Herzens Scene nennen kann.«(5)

Zwar ist trotz solcher Kritik von »außerhalb« und aus den eigenen Reihen die Selbstverständnisdiskussion seit dem Erscheinen der genannten Publikationen nicht verstummt, doch wesentlich neue Aspekte sind nicht hinzugekommen. Allerdings hat sich die »Praxis« geändert. Mit dem Anwachsen der »Alternativbewegung« und ihrer realisierten Projekte in der Bundesrepublik hat auch die literarische Alternativpresse an Selbstbewußtsein gewonnen. Dies zeigen allein die seit 1977 von der *Arbeitsgemeinschaft Alternativer Verlage* (AGAV) durchgeführten »Gegenbuchmessen« parallel zur Frankfurter Buchmesse, die von Jahr zu Jahr mehr öffentliche Resonanz fanden und von vielen tausenden, meist jungen, Leuten besucht wurden, die sich in ihrer Mehrzahl zur Alternativbewegung zählen oder ihr zumindest mental in irgendeiner Weise nahestehen.

Die »Korrektiv«-Funktion der literarischen Alternativpresse

Die Arbeit der Szenenautoren und der Vertrieb ihrer literarischen Produktion vollziehen sich im Rahmen von Produktions- und Vertriebsbedingungen, die von ihnen selbst als »alternativ« bezeichnet werden. Nach Günter Emig hat sich der Begriff der »Alternativität« im Bewußtsein derer, die ihn für sich, für ihre politische und literarische Arbeit in Anspruch nehmen, verselbständigt.

Der Begriff finde Anwendung auf alle Publikationen in den kleinen Zeitschriften und Selbstverlagen, ohne daß noch Reflexionen darüber vonstatten gingen, wozu das, was man schreibe, »alternativ« sei. Ähnlich äußert sich der Autor Christoph Schubert: »wir nennen uns ex negativo alternativ, aber positiv hat alternativ so viele bedeutungen wie es zeitschriftenmacher gibt.«(6)

Deshalb hält Emig eine Begriffserklärung für dringend notwendig; seine Überlegungen versteht er als »Diskussionsgrundlage zu einem Selbstverständnis der Szene«.(7) Er definiert den Alternativbegriff, indem er zwischen »mittelbarer« und »unmittelbarer« Alternativität unterscheidet: als unmittelbar alternativ bezeichnet er alle Publikationen mit erklärter politischer Tendenz. Hier artikulieren Personen oder Gruppen ihre Ablehnung des kapitalistischen Systems, propagieren seine Ablösung durch »alternative« Systeme. Mittelbar alternativ sind nach Emig Publikationen, deren Inhalt keine politischen Implikationen hat, deren Produktion und Vertrieb aber nicht von kaufmännischem Kalkül, sondern »vom Interesse für die Sache« bestimmt sind. Solche

Unser kleiner Wortschatz
DIESmal: Scene II. Folge sprich: ssien
AF Comix
TEXT NACH ZEICHNUNGEN p. p. zahl WERNER.

Zeitschriften und Bücher sind allein deshalb »alternativ«, weil sie bei den etablierten Verlagen und Buchhandlungen aus verschiedenen Gründen keine Resonanz finden. Es handelt sich dabei also um Publikationen, die sich mehr oder minder der Tradition des Selbstverlagswesens und der literarischen Kleinverlage zuordnen lassen.

Tatsächlich verstehen sich die meisten Gruppierungen innerhalb der literarischen Alternativpresse - auch die »unmittelbar« alternativen - wegen ihres Ausgeschlossenseins aus dem literarischen Markt als »alternativ«. Eine kritische Beurteilung der großen Verlage kennzeichnet das Selbstverständnis aller Alternativautoren, sie ist eine der wenigen Gemeinsamkeiten der gesamten Szene. Die Konsequenzen, die man aus dieser Kritik zieht, sind dagegen nicht einheitlich.

»Wenn man beim Schreiben als Arbeitsmotiv ... als wesentlich auch den Mitteilungsdrang und die Kommunikation als gesellschaftliche Funktion setzen will, ... so ist die *Veröffentlichung* als Möglichkeit der Konfrontation mit der Gesellschaft unerläßlich.«(8) Die literarische Alternativpresse stellt für junge Autoren heute fast die einzige Möglichkeit dar, Geschriebenes zu veröffentlichen, denn in den großen Verlagen haben unbekannte Autoren keine Chance. Hier ist an das oben bereits dargestellte Ausleseverfahren der etablierten Verlagshäuser zu erinnern und an den zitierten Satz Peter Melzers: »Der *Suhrkamp Verlag* hat in den letzten acht Jahren nur zwei Manuskripte von Autoren angenommen, die ohne Empfehlung und unbekannt ein Manuskript ans Lektorat geschickt hatten.«(9)

Die Kritik vieler Alternativautoren am etablierten Verlagswesen resultiert aus den schlechten persönlichen Erfahrungen, aus Mißerfolgserlebnissen im Umgang mit Großverlagen. Sie versuchen solche Enttäuschungen zu objektivieren, indem sie die Mechanismen der Kulturwarenproduktion und ihre politische Funktion analysieren und zu ihren eigenen Erfahrungen ins Verhältnis setzen. Ihre Kritik an der den Marktgesetzen unterworfenen Buchproduktion und -distribution ist identisch mit der von seiten der sozialistischen Kleinverlage und knüpft an die Thesen der materialistischen Warenästhetik an, wie sie etwa von der SDS-Gruppe *Kultur und Revolution* oder der Vereinigung der *Literaturproduzenten* 1968 entwickelt worden waren.

Ausgehend vom Warencharakter der Kunst und den Besonderheiten der Herstellung von »Kulturwaren« unter industriellen Produktionsbedin-

ES SCHEINT, ALS MÜSSTE ERST EINMAL GEKLÄRT WERDEN... →

gungen begreift etwa Schubert die Zentralisierung, Konzentration, Monopolisierung im Verlagsbereich in Abhängigkeit von den entsprechenden Verhältnissen im Produktionsbereich insgesamt. »Im spätkapitalismus ist literatur als ware das monopol einiger weniger: *bertelsmannkonzern, bauer-konzern, suhrkamp* noch zu nennen als handlanger zur integration linker literatur.«(9) Emig kritisiert, daß sich »auf dem Literaturmarkt ... in den letzten Jahren Veränderungen ergeben (haben), die faktisch auf eine Zensur hinauslaufen.«(10)

Im einzelnen nennt er die Tendenz zum Bestseller und die damit verbundene werbestrategische Promotion, die Anpassung des Buchhandels an Seller-Listen, die Funktion des Zwischenbuchhandels als Regulationsfaktor gegenüber Verlag und Buchhandel, die Vereinheitlichung der Bücher in Reihen, den Wandel vom »verantwortungsvollen Verleger« zum Manager eines Konzerns, die faktische Zensur aufgrund ökonomischer Kriterien (Rückgang von Belletristik gegenüber dem Sachbuch, Interesselosigkeit an Lyrik). Damit sind die wesentlichen kritischen Ansätze von Alternativautoren gegenüber den grossen Verlagen gekennzeichnet. Allerdings beziehen solche Autoren, die die Szene ganz bewußt nur als Sprungbrett benutzen, um auf dem literarischen Markt zu arrivieren, diesem gegenüber nur solange eine kritische Position, wie er ihnen Anerkennung und Erfolg verwehrt. Sobald sich eine Gelegenheit bietet, die Anonymität des Kleinstverlags zu durchbrechen und in den öffentlichen Literaturbetrieb einzudringen, geben sie mit der Integration die Kritik zum Teil auf und passen sich den Erfordernissen des Marktes an. Anders

verhält es sich mit Autoren, die aus eigenen Erfahrungen Einsichten in den kapitalistischen Buchverwertungsprozeß gewannen, die ihnen nicht in Form bloßer Theorien als Kompensation für ausbleibenden Erfolg dienten, sondern ihnen den Blick öffneten für die der Kulturwarenproduktion entsprechenden Gesetze der gesamten materiellen Produktion.

Dennoch gibt es in der alternativen Literaturszene so gut wie keine Autoren, die aus ihrer Kritik die Konsequenz ziehen, daß es wie für den Industriearbeiter auch für den »Literaturproduzenten« zur Aufgabe werden müßte, sich die Produktionsmittel anzueignen, beziehungsweise Einfluß auf ihre Verwendung auszuüben, obwohl, wie Schubert sagt, der »durchschnitt der 'alternativ' sich nennenden auffassungen die antikapitalistische haltung ist.«(11) Einer solchen Haltung entspricht zwar eine Vielfalt gesellschaftliche Veränderungen involvierender Tendenzen, diese enthalten aber fast ausnahmslos nicht explizit das Element der Umfunktionierung der Großverlagsproduktionsmittel. Die durchgängig »antikapitalistische Haltung«, die sich auch in der Zugehörigkeit zu sozialistischen Gruppen und, v.a. seit Mitte der siebziger Jahre, der Partizipation an der von ihrer ganzen Struktur her systemtranszendierenden Alternativbewegung niederschlägt und eine »positive Stellungnahme der jungen Autoren zur Arbeit der Verbände, insbesondere des Verbandes Deutscher Schriftsteller« bedingt (12), ist dennoch kaum beeinflußt von den »gegenwärtigen Versuchen, ... den Produktionsmittelbesitzern die alleinige Verfügungsgewalt streitig zu machen.«(13)

Das mag einmal daran liegen, daß so gut wie alle Autoren der Alternativpresse nicht hauptberuflich schriftstellerisch tätig sind und nicht darauf angewiesen, mit dem Verkauf ihrer literarischen Arbeitsprodukte den eigenen Lebensunterhalt si-cherzustellen. Damit entfällt zunächst, was den »Autor als Produzent« erst vor die Notwendigkeit einer Umwälzung der Produktionsverhältnisse stellt: »Ein Schriftsteller ist ein produktiver Arbeiter ..., insofern er den Buchhändler bereichert, der den Verkauf seiner Schriften betreibt, oder sofern er der Lohnarbeiter eines Kapitalisten ist.«(14)

Zum anderen ist es ja gerade das Charakteristikum der alternativen Literaturszene, daß - im Idealfall - alle Produzenten auch ihre eigenen Verleger sind, nur eben ohne Profit zu erzielen. Sie leisten keine entfremdete Arbeit (15) und machen Bücher, die sich nicht in erster Linie am Publikumsgeschmack, am Lektorat, am Vertrieb etc. orientieren müssen. Sie betreiben ihre Verlage nicht nach kapitalistischen Prinzipien, sondern nach denen des »Lustgewinns«, denn Büchermachen sei »viel zu lustig, als daß man es den Bertelsmännern überlassen dürfte«.(16) Das Verlagsprogramm z.B. von Benno Käsmayr, dem bekanntesten der Alternativverleger (*Maro Verlag*), läßt sich in den Satz zusammenfassen: »Was uns gefällt, wird gemacht.«(17) Schuberts These

von der »antikapitalistischen Haltung« der Mehrheit der am alternativen Literaturbetrieb Beteiligten muß in diesem Zusammenhang modifiziert werden. Bosch schreibt:

»Schubert weist in seinem Beitrag als gemeinsamen Nenner aller Varianten von Scenen-Selbsteinschätzung (von der DKP bis zur Makrobiotik) den Antikapitalismus aus. Das mag zwar für einige Erscheinungen zutreffen, dennoch kann einem bei dieser Feststellung nicht so ganz wohl sein. Es ist nämlich durchaus angreifbar, antikapitalistische Einstellungen als in der Scene vorherrschend auszugeben: insgesamt scheint das meiste eher bloß 'nicht-kapitalistisch', darstellbar als der Versuch, sich inmitten einer kapitalistischen Umwelt einen 'naturwüchsigen' Lebenszusammenhang mit durchaus antizipatorischen Elementen von individuellen Freiheitsräumen und tendenzieller Selbstbestimmung, Freisein von Konkurrenzverhalten, Befreiung des Denkens zu bewahren.«(18)

Man dringt nicht in den etablierten literarischen Markt mit der Intention einer Umwälzung der »herrschenden Druckverhältnisse« (Astel) ein, sondern bezieht aus der Kritik an den Großverlagen das Selbstverständnis, *neben* diesen oder auch gegen sie gerichtet alternative Literatur und alternative verlegerische Modelle entwickeln zu können. Für Emig ist es Aufgabe der literarischen Alternativpresse, »die Lücken, die sich durch die Monopolisierung im Buchwesen ergeben, zu schließen.«(19) Die faktische Zensur der großen Verlage müsse dadurch umgangen werden, daß die Manuskriptauswahl primär nach »qualitativen« (20) und nur sekundär nach dem Verkaufserfolg sich orientierenden Kriterien erfolgen dürfe. Mit dem Verlegen von Literatur, für die kein Großverlag Marktchancen sehe, werde der Alternativverlag zum notwendigen Feigenblatt für diese Verlage, die ihn jedoch dann »an die Wand« spielten, wenn er das Terrain für sich sondiert habe: Dann, wenn ein Verkaufserfolg für die eine oder andere Publikation des Alternativverlags absehbar sei.(21) Dennoch solle der Alternativverlag dieses »Risiko« eingehen - für Emig ist die »Korrektiv-Funktion« der Alternativpresse eine »ethische Verpflichtung«.

Die Gift scene

DIE
GURU
SCENE

O GEIST,
HÖRE,
ICH WERDE
DIR
SAGEN

DU HAST mich ertränkt ...
gierig verlangt es DICH
nach dem Reichtum ANDERER!!
Wie lange kannst du das essen?

Dagegen verweist Hans Imhoff auf die Eigenständigkeit der Alternativliteratur, die alles andere als ein Lückenbüßer für die Marktstrategie der Großverlage sei. »Jetzt von 'Korrektur' an einem Betrieb reden, der durch und durch verfault ist und dessen historische Tage gezählt sind, ist Verrat.«(22) Imhoff plädiert dafür, die Selbstgenügsamkeit des »Untergrunds« solle von einer produktiven, alternativen Gegenöffentlichkeit abgelöst werden.

Anfang der siebziger Jahre, in der ersten Phase der Entmischung der Revolte, tendierte auch ein Teil der Alternativautoren zum gesellschaftlichen Rückzug. Sie begriffen ihre Ghettosituation nicht, wie ansatzweise die spätere Alternativbewegung und erst recht große Teile der amerikanischen Community-Bewegung, als eine besondere Umschlagstelle neuer Gedanken und praktischer Experimente, die des Versuchs einer gesellschaftlichen Vermittlung bedurften. Man akzeptierte vielmehr die Isolation des Ghettos als Insel der Bedürfnisbefriedigung und hielt dafür, daß die eigene, selbstverlegte Literatur nur dort zu zirkulieren habe. Programmatisch fand dieses Selbstverständnis Ausdruck in einem Statement von *afra* im *Szenenreader* 1973/74:

»die scene braucht die totale *verweigerung* einer teil-habe am KUL-tur-betrieb:--weil sie nicht nur zur hure werden soll ... . *nur* durch unsere egozentrik können wir anders sein und der ver-marktung entgehen ... deshalb braucht die scene die egozentrische *isolation*: nur das ICH der scene garantiert die eigenständ-igkeit der ihr verbundenen individuen. daraus erfolgt die not-wendigkeit einer scenen-orientierten *eigen*-produktion. der selbstverlag ohne profitorientierung garantiert die identität des ichs. ... akzeptiert die beschränkungen der scene ... sie gehören zu ihrer identität: unsere FREI-heit ist die sensibilisierung des mangels.«(23)

Aber auch da, wo weder selbstgenügsames Ausharren in einer »Korrektiv«-Nische noch Isolationsprogrammatik das verlegerische Selbstverständnis bestimmten, wurde in der unauffälligen Zirkulation der literarisch-publizistischen Eigenproduktion schon das einzige Merkmal einer »Alternative« gesehen. Für die Mehrzahl gerade der kleinen Literaturzeitschriften galt und gilt noch immer, daß ihre Herausgeber mit einer Existenz »im mosernden Abseits« ganz zufrieden sind, wenn nur das Erscheinen der nächsten Nummer, die Deckung der Selbstkosten gesichert sind. Schreiber, Verleger und Leser bilden oft genug einen engen Kreis, in dem jeder jeden kennt: Unerkannte junge Dichtertalente versorgen sich gegenseitig, und so ist sichergestellt, daß man unter sich bleibt. »Nach dem Prinzip 'druckst du mich, drucke ich dich' und durch den

Wald von Publikationen, für die gar kein Publikum vorhanden ist, bleibt die Veröffentlichung wirkungsloser, als wenn man den Text seiner wohlmeinenden, aber verständnislosen Großmutter vorliest. ... Und so wird, weil Literaten meist nur schreiben und nicht lesen (nur die eigenen Beiträge in den sorgsam gesammelten Belegexemplaren) der Aufenthalt im Untergrund zur Quarantäne auf Zeit, gewissermaßen zur Erlangung der niederen literarischen Weihen.« (24)

Von verlegerischen Gegenmodellen, von wirksamen Versuchen, den kritisierten Praktiken der Großverlage demokratische, nichtkommerzielle, ohne »Zensur« auskommende Äquivalente entgegenzusetzen, kann solange nicht die Rede sein, wie sich solche Bemühungen darin erschöpfen, daß jeder jeden druckt und die so entstandenen literarisch-publizistischen Produkte in kleinen Insider-Gruppen zum Selbstkostenpreis verkauft oder verschenkt werden. (Mit der sogenannten »Verschenkbewegung« wollten deren Initiatoren ihren Publikationen den Warencharakter abkaufen, indem sie die Publikationen selbst bezahlten und verschenkten.) (25)

Die folgenden Ausführungen Christoph Schuberts machen deutlich, daß nicht nur ein alternatives Verlagsmodell im Großen unmöglich ist,

sondern daß auch das Akzeptieren der Gesetze des literarischen Marktes den Kleinstverlagsproduktionen kaum zum öffentlichen Durchbruch verhelfen kann:

»nimmt man nun anstand, über das ghetto hinaus in die öffentlichkeit hinein zu wirken ... , wird bei steigender auflage der kauf von warencharakter zu teuer: man nimmt drum den warencharakter in kauf. hiermit steht dem produzenten bzw. verleger das verteilersystem des etablierten buchmarktes offen, das den warencharakter von büchern notwendig voraussetzt, hier muß die frage gestellt werden, ob der alternativ arbeitende verleger es sich leisten kann, diesen buchmarkt zu betreten, ohne profitorientiert zu arbeiten - für wessen profit auch immer. denn das paradoxon ist, daß das verteilersystem von einer edition *profitieren* möchte, deren ökonomisches ziel gar nicht der profit ist, sondern genau die abdeckung von unkosten und investitionen. kalkuliert der verleger den endpreis seiner editionen nach dem prinzip der kostendeckung nur knapp über selbstkosten, katapultiert er sich aus dem verteilersystem hinaus, weil er die verdienstspannen von grossisten und buchhändlern nicht tragen kann. beugt er sich dem marktgesetz und berechnet den endpreis seiner publikationen auf das dreifache der unkosten, läuft er gefahr, ein viel zu teures

bemängelt, »der vertrieb der alternativliteratur monopolisiert« und damit das, »was 'alternativpresse' heißt, lediglich die fortsetzung bürgerlichen literarischen verhaltens«.(28) Für vorbildlich hält Schubert das Konzept einer »Eroberung der Medien«, wie es von dem Hamburger dpa-Redakteur und Alternativautor Peter Engel propagiert wird. Engel kritisierte 1972, die Alternativschriftsteller hätten zu lange geglaubt, »der simple Rückzug aus dem bürgerlichen Literaturbetrieb sei die erste Voraussetzung für eine Alternativhaltung zum Bestehenden«. Die weitgehende Wirkungslosigkeit dieses Rückzuges solle die Autoren eines besseren belehren: »Nicht nur wurde dieses Ausscheren von dem ohnehin kleinen Publikum, das nach wie vor nur die Spitzenprodukte der *Buchkultur* zur Kenntnis nimmt, nicht einmal bemerkt, sondern schlimmer: die da ausgeschert waren und etwas Alternatives wollten, sind nicht einmal zur restlosen Klärung ihrer Motive gelangt, sie haben keine Perspektive entwickeln können.« Engel möchte den Alternativautoren, an die er sich wendet, mit seiner Strategie der Medieneroberung zu größerer Öffentlichkeit verhelfen - mehr noch: »Wenn hier zur Eroberung der Medien, von der Tageszeitung bis zum Fernsehen, aufgerufen wird, so kann es nicht darum gehen, lediglich 'hineinzugehen' um präsent zu sein, sondern wir müssen die Medien

buch auf den markt zu bringen: als kleinverleger kann er nicht en masse produzieren; ohne renommée, wie der avantgardist ist, bleibt er mit einem unverkäuflichen titel, liquidiert sich.«(26) Eine Möglichkeit, Alternativliteratur dennoch

an die Öffentlichkeit zu bringen, besteht im Aufbau eigener Vertriebsorganisationen, bzw. der Erweiterung und Unterstützung bereits vorhandener wie des *Literarischen Informationszentrums* von Josef Wintjes. Eine Breitenwirkung ist nach Wintjes »noch nicht erreicht, aber das Interesse an den Untergrund-Publikationen ist doch erheblich gestiegen«; die weitere Arbeit des Zentrums werde es erreichen, »daß sich in absehbarer Zeit eine weitaus größere Leserschaft mit der Alternativpresse auseinandersetzen wird.«(27) Durch Wintjes sei aber, wie Schubert

unseren Zwecken nutzbar machen.«(29) Die Alternativautoren sollten Redakteure einzeln, in Gruppen oder Leserbriefaktionen auf die Szene aufmerksam machen. Begünstigend werde sich die Bereitschaft der Medien auswirken, »jedem *Neuen* im Handumdrehen Tor und Tür zu öffnen«.(30) Schubert legt auch den Kleinstverlagen nahe, in die Medien einzudringen.

»Das mittlerweile oft propagierte programm

einer eroberung der medien betrifft auch die kleinverleger. die medien könnten dem alternativverleger den markt schaffen - im tausch gegen themen, gegen stoff, worüber zu schreiben vielleicht nicht allein vom zeilenhonorar her lohnt. daß der versuch, die medien zu erobern, für den kleinverleger viel riskanter ist, als für den kleinliteraten, versteht sich von selbst; und der fall unter die rezensenten kann in der tat ein sehr tiefer fall sein. allerdings muß dieses risiko eingegangen werden; wo nicht, hat der kleinverleger nur noch die wahl zwischen dem publizistischen suizit und der ökonomischen liquidation.«(31)

Ein wirksames Gegenmodell zum bestehenden Buchmarkt zu realisieren, gelang bisher nicht.

Wenn die einzelnen Autoren und Kleinstverleger auch über »Produktionsmittel« verfügen, so scheiterte doch meist alles am Vertrieb und den zu gegensätzlichen Meinungen über dessen Organisation. Mangel an Selbstorganisation und Solidarität verhinderte, von Ausnahmen abgesehen, den Zusammenschluß zu wirksamen Verlags- und Vertriebskollektiven. »Wintjes' Traum, durch die überregionale Zusammenfassung auch überregionale Zusammenschlüsse wenigstens ähnlicher Publikationen zu erreichen, hat sich nicht realisiert, vielmehr lockte sein Informations-, Kommunikations- und Vertriebszentrum auch noch die letzten Reserven an Überindividualisten hervor.«(32)

Die literarische Alternativpresse als subkulturelle Institution

Für viele Autoren der Szene ist ausschließlich das »mittelbar Alternative« der Alternativpresse von Interesse: Die Möglichkeit zu haben, bei einem der vielen Kleinstverleger und Zeitschriftenherausgeber, die für fast jeden Außenseiter offen sind, publiziert zu werden. Dabei sind sich Verleger und Herausgeber der Tatsache bewußt, daß nicht wenige der Jungautoren allzu oft »deshalb Außenseiter (sind), weil sie qualitativ unterlegen sind, nicht das nötige Format erreichen, um allgemein anerkannt zu werden.«(33) Und diejenigen, denen es gelingt, das Augenmerk der Öffentlichkeit auf sich zu richten, wechseln dann häufig sofort in einen der etablierten Verlage über: Für sie war die Alternativpresse nichts als das notwendige Sprungbrett und die »Spielwiese«, auf der sich gefahrlos kritisieren ließ. »Doch viele haben auch erkannt, worum es letzlich in der Szene geht. Eine Gegenkultur aufzubauen, die, wie es der Soziologe Arno Klönne fordert, nicht auf eine Welt der Blumenkinder vorbereitet, 'sondern auf Sozialisationsleistungen, die historisch ohne Beispiel sind'.«(34)

»Gegengesellschaft«, »Gegenmilieu«, »Gegenkultur«, »Subkultur« sind Begriffe, mit denen nach dem Verständnis vieler Autoren das »unmittelbar Alternative« der Alternativpresse, wie es sich darstellt oder darstellen sollte, richtig gekennzeichnet ist. Kaum ein Aufsatz, ein theoretischer Beitrag in den Publikationen, vor allem in den kleinen Zeitschriften, der nach dem Wesen der Szene fragt, kommt ohne diese Begriffe aus, es gibt kaum ein *Ulcus Molle Info*, in dem sie nicht auftauchen. Schon seit ihren organisatorischen Anfängen versteht sich die Alternativpresse als Bestandteil der Subkultur, propagiert subkulturelle Normen und fächert die ihr aktiv Angeschlossenen in verschiedene subkulturelle Gruppen auf; häufig wird sogar »Alternativpresse« mit »Subkultur« so identifiziert, daß gleichermaßen beide Begriffe wahlweise verwendet werden, wenn beispielsweise Alternativautoren ihre Zugehörigkeit zum publizistisch-literarischen Untergrund und die Beschaffenheit ihrer Literaturproduktion Außenstehenden erläutern wollen.

Obwohl die Begriffe »Underground« und »Subkultur« in der Alternativpresse den Charakter von Schlagwörtern haben, die in der Diskussion inhaltlich nicht mehr hinterfragt werden, weil hinsichtlich ihrer Definition ein allgemeiner Konsens bei den Alternativautoren vorausgesetzt wird, finden sich in den Publikationen der Szene immer wieder theoretische Ansätze, in denen auf den soziologischen Hintergrund von »Subkultur« verwiesen und mit dem Selbstverständnis der Alternativpresse in Verbindung gebracht wird. Die Vielfalt dessen, was man unter den Subkultur-Begriff zu subsumieren pflegte, ironisierte P. P. Zahl 1973 in dieser rhetorischen Frage:

»ist scene tummelplatz unterdrückter / kreativer / spontaneistischer / shit dem schnaps vorziehender / kaputter / protestierender / sexueller / artistischer / maulhurerischer / abgefuckter ... minderheiten? ist scene der ort, wo sensible middleclass-bübchen ihre neurosen abreagieren können?«(35)

Damit bediente sich Zahl eines Repertoires von Begriffen, die damals zum Standard sowohl bürgerlicher als auch sozialistischer Subkulturkritiker gehörten. Allgemein wurde Subkultur, wie es Leona Siebenschön stellvertretend für die gesamte bürgerliche Presse tat, als »Beat- und Drogenszenerie« definiert. (36) Das gilt auch für solche grundsätzlichen Auseinandersetzungen mit dem Begriff, die sich als marxistische Analysen verstehen. Stefan Paul meinte, daß der Underground ein »reines ingroup-Modell« sei, »durchaus auf eine jüngere Generation bezogen, deren Identifikationsmerkmale an der Physiognomie: Kleidung, Haartracht erkennbar sind.«(37) Im *Kürbiskern* äußerten Buselmeier und Schehl, daß die Leute des Underground die »avantgardistischen Hofnarren des Kapitalismus« seien und sich die Emanzipationsmodelle subkultureller Gruppen auf die halluzinogene Praxis, Pop-Musik, Happenings und Pop-Art beschränkten.

Zehn Jahre später hat sich an der Tendenz dieser Kritik von seiten orthodoxer Marxisten nichts geändert. Allenfalls die Vokabeln wurden ausgewechselt - analog den Begriffsveränderungen und -ausweitungen, die die alternative »scene« im Verlauf ihrer Entwicklung selbst herausgebildet hat. Immer noch (oder schon wieder) ist für Kritiker, die etwa der DKP angehören, die falsche Praxis derjenigen, die an der Alternativbewegung beteiligt sind, »an ihrem äußeren Erscheinungsbild ablesbar. Der Zwang zur Konformität in Kleidung, Sprache und Gestus ist hier mindestens ebenso ausgeprägt wie beim Travolta-Look der Disko-Mode.«(38) Im Kern unverändert taucht der zitierte Satz von Buselmeier/Schehl zehn Jahre später in einem Aufsatz der Bundesvorsitzenden des MSB Spartakus wieder auf: »Die 'alternativen Lebensformen' der Spontis ebnen nicht den Weg in eine neue Gesellschaft, sondern den Rückzug in die private Idylle. Deshalb ist ihre 'Subkultur' voll integrierbar in die von den Herrschenden produzierte imperialistische Massenkultur.«(39)

Daß auch in den Reihen der literarischen Alternativpresse Pauschalbegriffe von Subkultur ihren Platz haben und zugleich mit eindeutigen Wertungen gekoppelt sind, macht etwa folgende Textstelle eines offenen Briefes von Schubert an Imhoff deutlich: »ich weiß nicht was du für einen begriff von der alternativpresse oder scene hast was immer das sei ich subtrahiere von vornherein diese subkulturscheißer die du als hanfanbauer bezeichnest das heißt ich verschwende nicht einmal wörter an sie für sie.«(40) »Subkultur« und die entsprechenden Synonyme können ganz verschieden besetzt sowohl positiv für das eigene Selbstverständnis beansprucht als auch denunziatorisch ausgespielt werden.

Zur Theorie der Subkultur

Notwendige Differenzierungen unternimmt der Soziologe Rolf Schwendter in seiner umfassenden Typologie der Subkulturen. Seine in der vorliegenden Arbeit schon mehrfach zitierte »Theorie der Subkultur«, 1971 erstmals erschienen, fand in der Alternativpresse bleibende Resonanz, was wohl auch damit zusammenhängt, daß der an der Gesamthochschule Kassel lehrende Wissenschaftler an zahlreichen alternativen Projekten mitarbeitet.(41) Jedenfalls wird auch in Publikationen der Alternativpresse häufig auf den Band verwiesen, und wesentliche inhaltliche Kriterien der Typologie haben als Schlagwörter Eingang in den Jargon der Szene gefunden; sie bilden zuweilen das Gerüst für interfraktionelle Auseinandersetzungen.

Schwendter versteht Subkultur als Teil einer konkreten Gesellschaft, »der sich in seinen Institutionen, Bräuchen, Werkzeugen, Normen, Wertordnungssystemen, Präferenzen usw. in einem wesentlichen Ausmaß von den herrschenden Institutionen der jeweiligen Gesamtgesellschaft unterscheidet.«(S.11) Diese »Minimaldefinition des Begriffs Subkultur (Amendt) ist in ihrer Bündigkeit immer noch weit genug für konkrete inhaltliche Bestimmungen. Schwendter läßt schon auf der ersten Seite seines Buches keinen Zweifel daran, wie er selbst diese seine Definition inhaltlich konkretisiert wissen möchte. Der »Teil-

kultur«-Definition einer affirmativen Soziologie (»Teilkultur ist ein System von Werten und Verhalten, das innerhalb der Gesamtkultur ein Eigendasein führt«) hält er entgegen: »Die Subkulturen als Gegenkulturen sind ... solche, die sich als entschiedene Opposition zum bestehenden System ausdrücken und auch so verstanden werden wollen.«(S.11) Ebenso wie Hollstein tritt er der damals üblichen Verengung des Begriffs auf »hippieähnliche Gruppen«(S.12), die sich der Gesellschaft unpolitisch verweigern wollen, entgegen. Andererseits hatte sich Schwendter mit der zu Beginn der sechziger Jahre aufgekommenen Jugendkultur-Diskussion auseinanderzusetzen.

Im Verlauf der Wiederaufbauperiode nach dem zweiten Weltkrieg zeichnete sich in der Bundesrepublik wie schon zuvor in den USA die Tendenz einer Teilung der Familieneinkommen ab: Jugendlichen stand ein Teil des eigenen oder elterlichen Einkommens für den privaten Konsum zur Verfügung. »Mit dem veränderten oder erweiterten Konsumverhalten waren Veränderungen im Verhalten 'der' Jugend zu beobachten, die zum Gegenstand soziologischer Forschung wurden.« (42) In der sich dabei herauskristallisierenden Frage, ob man es bei dem Verhalten der Jugendlichen mit einer Übergangsphase zur Welt der Erwachsenen oder mit der Konstituierung einer Gegengesellschaft zu tun habe, sprach René König von einem »konfliktgeladenen Übergang« in die Erwachsenengesellschaft, deren Normen denen der jugendlichen »peer-groups« diametral entgegenstünden.(43) Dagegen maß Tenbruck den jugendeigenen Standards eine die Erwachsenenkultur faszinierende Ausstrahlung bei. Mit zunehmender Orientierung an jugendspezifischen Normen und Präferenzen werde der autonome Bereich der Jugendkultur zwangsläufig absorbiert, gehe in der »puerilen Gesamtgesellschaft« auf.(44)

Völlig entgegengesetzt argumentierte Ludwig von Friedeburg, die Normen der Erwachsenen-Majorität ließen autonome Jugendkulturen überhaupt nicht zu. Nur scheinbar lebten Jugendliche in einem Freiraum; dieser sei nichts anderes als ein den Heranwachsenden von der Erwachsenenkultur gewährtes Übungsfeld, das die Aufgabe habe, »soziale Kontrollen zu gewährleisten.«(45) Die Positionen der genannten Jugendkultursoziologen stellen sich Schwendter im wesentlichen als Varianten einer »Ideologie der Anpassung« dar, der die gesamte »affirmative Soziologie, die Soziologie der Herrschenden« (S.19) verpflichtet sei. Schon Hollstein hatte sein Buch über den Underground mit dieser Kritik eingeleitet: »Die gegenwärtige Soziologie ist in ihrer Methodik, Terminologie und Thematik dergestalt dem Beste-

Regressive Subkultur?

Progressive Subkultur?

henden verhaftet, daß sie den Widerstand jugendlicher Gruppen gegen den Sozialisationsprozeß der Gesellschaft nicht zu fassen vermag und auch das, was sie mit dem System unversöhnbar will, noch gleichzuordnen versucht.«(46)

Wie im einzelnen die - auch für die damalige Soziologie weitgehend verbindlichen - Normen der Gesamtgesellschaft aussehen, denen sich Subkul-

turen früher oder später anzupassen hätten (nach Meinung der Jugendsoziologie), führt Schwendter anschaulich vor (Kap.II). Im darauf folgenden Kapitel analysiert er - keineswegs affirmativ, sondern unter Beachtung unterschiedlicher »Nebenwidersprüche« - die Normen der Subkultur und kommt zu einer tabellarischen Gegenüberstellung von gesamtgesellschaftlichen (»These«)

und subkulturellen (»Antithese«) Normen; als »Synthese« verzeichnet die Tabelle Beispiele der von Schwendter geforderten Aufhebung reiner Negation: »Die Gesamtgesellschaften neigen zur Affirmation, die Subkulturen zur Negation; die Synthese, die Aufhebung des Widerspruchs ... ist

Freiwillige Subkultur?

Unfreiwillige Subkultur?

selten in Angriff genommen worden.«(S.192)
Hier einige Beispiele aus der tabellarischen Gegenüberstellung (Reihenfolge: These - Antithese - Synthese): Arbeit, Arbeitsteilung - Drop-Outs; interventionsfreies Laissez-faire - Minimierung der Arbeit, Muße, Rotation; Erfolg, Prestige - Ablehnung derselben - Kollektiver Erfolg; Treue, Sicherheit - Untreue, Unsicherheit - Solidarität, gegenseitige Hilfe; Konvention - abweichender Stil - Wandel des Stils; etc. (vgl. S.194f.).
In zwei materialreichen Kapiteln entwickelt Schwendter eine »Bedürfnissoziologie« der Subkulturen (Nahrung, Wohnung, Sexualität, medizinische Versorgung etc.) und beschäftigt sich mit bereits existierenden Institutionen der Subkultur (Gegenöffentlichkeit, Gegenmilieu etc.). »Keine Institution der Herrschenden ist imstande, jene Hilfs- und (wenigstens punktuellen) Antizipationsfunktionen zu leisten, die den subkulturellen

Bedürfnissen entsprechen.«(S.259) Voraussetzung für subkulturelle Institutionen ist die Schaffung einer Gegenökonomie. Wo diese bereits Praxis ist, entdeckt Schwendter die Widersprüche, die ansatzweise auch in der Selbstverständnisdiskussion der literarischen Alternativpresse zur Sprache kommen. Er erkennt innerhalb der subkulturellen Ökonomie eine mechanische Negation der auf dem Markt vorherrschenden Kapitalkonzentration: »Einzelhändler, Einzelproduzenten, Minipressen, Minikooperativen. Dieser Trend führt zurück in eine anachronistische Produktions- und Distributionsweise: in das Kleinbürgertum privatkapitalistischer Einzelhändler. Dies ist der Hauptwiderspruch in der subkulturellen Ökonomie.«(S.259 f.) An anderer Stelle spricht er explizit von einem »vorindustriellen Produktionsverfahren der Minipressen.«(S.263) Er kritisiert das Desinteresse der Beteiligten an gegenökonomischen Problemen, ihr Arbeiten in der Isolation, ihre Reproduktion ökonomischen Konsumverhaltens, was alles letzlich »den großen Konzernen« zugute komme. Für notwendig hält er eine Vergesellschaftung (»besser: Versubkultivierung«) bereits bestehender subkultureller Institutionen. Als Rechtsform empfiehlt er die Genossenschaft mbH und verweist in diesem Zusammenhang auf das Vorbild des zur KPD gehörenden Münzenberg-Konzerns zur Zeit der Weimarer Republik (S.264).
Ausführlicher als in der »Theorie der Subkultur« beschäftigt sich Schwendter in den von ihm und einer »Arbeitsgemeinschaft sozialpolitischer Arbeitskreise« herausgegebenen Materialsammlungen »Zur alternativen Ökonomie« mit den Schwierigkeiten und partiellen Erfolgen alternativer Praxis der Gegenwart (Gruppenpraxen, Buchläden, Konsumvereine, Arbeitslosenselbsthilfe, Werkstätten u.a.). Die Überlegungen zur Gegenökonomie der »Theorie der Subkultur« werden hier z.T. revidiert:
»Vor 7 Jahren hätte ich zweifelsfrei diesen Materialband als solchen zur 'Gegenökonomie' bezeichnet. Diese damals übliche Sprachregelung bezeichnete zwar richtig die Notwendigkeit, auch eine ökonomische Basis zur Reproduktion nonkonformer Personengruppen zu schaffen, blieb jedoch insofern fehlerhaft, daß sie die Möglichkeiten ökonomischer Veränderungen unter gegebenen Bedingungen überschätzte. Diese Illusion ist nicht neu: der Gedanke, mittels eigener Unternehmungen den Privatkapitalismus niederkonkurrieren zu können, findet sich nicht nur im utopischen Sozialismus, sondern auch in den Reihen der praktischen Arbeiterbewegung.«(47)
Die dieser Prämisse folgende Kritik alternativer Projekte bringt auf den Begriff, was die Erfahrungsberichte und Beschwerden z.B. auch

101

Emotionelle Subkultur?

Rationalistische Subkultur?

der Klein- und Einmannverlage wie ein roter Faden durchläuft:

»Die Senkung der Reproduktionskosten der Ware Arbeitskraft kennzeichnet durchgehend die alternative Ökonomie - vom Kibbutz bis zur Underground-Zeitung. Wir können also ...

festhalten: ein strukturelles Prinzip alternativer Ökonomie ist das der Selbstausbeutung. ... Demgemäß sind in den vorherrschenden Formen alternativer Ökonomie Tariflohn und Normalarbeitstag unbekannte Größen.«(48)

Schwendters Arbeiten zur Gegenökonomie demonstrieren, daß die Theorien dieses undogmatischen Marxisten zur Praxis drängen. Im Unterschied zu den meisten anderen wissenschaftlichen Bemühungen, sich dem Phänomen der Subkultur beschreibend-analytisch zu nähern, geht es Schwendter darum, den Subkultur-Begriff »zur Grundlage einer gesamtgesellschaftlich vermittelten Theorie der mittleren Reichweite zu machen und daraus eine bewußte Praxis zu entwickeln, die die Erfahrungen der vielen subkulturellen Versuche mit einschließt.« (S. 10) Diesem in der Einleitung formulierten Anspruch wird die »Theorie der Subkultur« gerecht; das Schlußkapitel, als praxisanleitende konkrete Utopie angelegt, endet mit »Folgerungen für den Leser«. Eine von ihnen lautet: »Organisieren Sie Gegenmilieu an Ihrem Arbeitsplatz, in Ihrem Wohnbezirk, in ihrer Schule, Hochschule, Verlag etc. etc.« (S. 308)

Weitere Merkmale der Subkulturtheorie Schwendters sind neben ihrem Praxisbezug die Ausweitung des Subkultur-Begriffs auf politische Gruppen sowie Aufhebung der Einengung des Begriffs auf *jugendliche* Gruppen. Damit unterscheiden sich die Positionen Schendters auch von denen einiger Wortführer der Studentenbewegung und Vertretern der Jugendsoziologie in der DDR, die in die Subkultur-Diskussion den Begriff »Jugend als Klasse« einbrachten. (49)

Seine Ausweitung des Subkultur-Begriffs demonstriert Schwendter an einem kurzen historischen Abriß der Subkulturen seit Beginn des 19. Jahrhunderts. Dabei verfährt er auf der Grundlage von Kategorien, die das gesamte Buch durchziehen: der Einteilung in *progressive* und *regressive* Subkulturen. Regressive Subkulturen entwickeln Normen und Institutionen, die dazu dienen, »einen vergangenen Stand der Gesellschaft, Normen, die nicht mehr oder nicht in dieser Weise in der gegenwärtigen Gesellschaft wirksam sind, wiederherzustellen.« (S. 37) Die Normen und Institutionen der progressiven Subkulturen können den gegenwärtigen Stand der Gesellschaft aufheben, weitertreiben, einen grundsätzlich neuen Zustand erarbeiten. Amendt hält diese Klassifikation (ebenso wie Schwendters Unterscheidung zwischen »freiwilligen« und »unfreiwilligen« Subkulturen) zur Beschreibung subkultureller Phänomene für sinnvoll; er bezweifelt jedoch, ob mit Hilfe dieser Kategorien entschieden werden könne, ob eine Subkultur integrierbar sei oder nicht. Amendt betrachtet den Gegenstand seiner Untersuchung, die jugendliche Drogen-Subkultur, zu recht als regressiv. Dazu vermerkt er:

»Diese Festlegung entspricht nicht dem Selbstverständnis eines großen Teils der Jugendlichen in der Drogensubkultur. Abgesehen davon, daß

die 'scene' durch Fremd- oder Selbstdefinition als 'progressiv' bezeichnet wird, insistieren viele Jugendliche darauf, daß der Drogengebrauch in Verbindung mit 'linken' politischen Einstellungen 'progressiv' sei bzw. daß der Gebrauch von Drogen allein 'progressiv' sei.«(50)

Auch die literarische Alternativpresse versteht sich vorbehaltlos als »progressive« Subkultur. Der bisher viermal erschienene »Scenen-Reader« etwa, den der Herausgeber Wintjes als »Sammlung von Ideen und konstruktiven Beiträgen zum

Rolf Schwendter

Selbstverständnis der deutschen Szene« bezeichnet, enthält dem entsprechend »theoretische Abhandlungen über real existierende Sachverhalte, die sich dem Oberbegriff 'Progressive Subkultur' zuordnen lassen.«(51)

Nicht *daß* man eine progressive Subkultur repräsentiert, sondern *wie* diese beschaffen ist und beschaffen sein sollte, ist Gegenstand der Selbstverständnisdiskussion der Szene. So liegt den oben zitierten Ausfällen Schuberts gegen bestimmte subkulturelle Gruppen nicht etwa deren Abqualifizierung als regressiv, sondern eine Gegensätzlichkeit zugrunde, die Schwendter als ein »rationalistisches Syndrom von Subkulturen« einerseits und ein »emotionelles Syndrom von Subkulturen« andererseits bezeichnet.

Nach Schwendter zeichnen sich rationalistische Subkulturen aus durch wissenschaftliche sozialistische Analysen, durch Praxis zur kompakten Majorität (Masse der Beherrschten) hin, durch Aktivierung unfreiwilliger Subkulturen (z.B. Gastarbeiter), durch konkrete Arbeit an den technologischen Möglichkeiten. Emotionelle Subkulturen betonen die Werte individueller Freiheit und individueller Bewußtseinsentwicklung, wie sie aus Religion, Meditation, Kunst, Drogen geschöpft werden können. Das Nebeneinander rationalistischer und emotioneller Subkulturen wertet Schwendter als »den Hauptwiderspruch innerhalb der progressiven Subkulturen.«(S.40)

Dieser Hauptwiderspruch besteht auch in der literarischen Alternativpresse und artikulierte sich in der vom *UM-Info* 1973 initiierten Selbstverständnisdiskussion. Andererseits läßt sich seit Mitte der siebziger Jahre mit dem Erstarken einer Alternativbewegung und Veränderungen im Ghetto der linken »scene« eine Annäherung der sich anfangs einander völlig ausschließenden Positionen beobachten. So verschränkt etwa das 1975 erschienene Buch »Der Mensch ist anders«, verfaßt von dem Soziologen und Psychologen Dieter Duhm, »emotionelle« und »rationalistische« Standpunkte zu einer »ganzheitlichen Theorie der Befreiung«. Der Band wurde zu einer Art Bestseller in der Szene und gab auch der Selbstverständnis-Diskussion der literarischen Alternativpresse neue Anstöße.(52)

Im folgenden sollen exemplarisch einige Positionen der »emotionellen« und der »rationalistischen« Fraktionen, wie sie im Verlauf der Diskussion von 1973/74 zum Ausdruck kamen, dargestellt werden. Anschließend soll den Veränderungen, die sich seitdem ergeben haben, Rechnung getragen werden.

»Emotionelle« Alternativen

Die Gegenkulturellen Einrichtungen in den USA, die Underground-Blätter inbegriffen, gaben sich unter dem Einfluß der amerikanischen »New Left« eine sozio-politische Perspektive; sie brachten ihre »emotionellen« Strukturen in eine politische Praxis ein. Hollstein vermerkte 1971: »Was heute in den Aktionszentren wie auch in den anderen Institutionen des 'underground' erreicht wird, ist ... keine passive Ausnutzung von Freiräumen mehr, sondern die Schaffung 'Befreiten Terrains', welches seine Aggressivität gegenüber dem System bewahrt und gegen dessen Widerstand eingenommen wurde.«(53) Im Gegensatz dazu war es der deutschen Szene noch Anfang der siebziger Jahre nicht gelungen, Gegeninstitutionen aufzubauen, die mit denen der USA vergleichbar gewesen wären. Hollstein, dessen Kritik des schweizerischen Underground »allgemeinhin auf den deutschsprachigen Raum bezogen werden kann«, hielt fest, der Begriff der Gegenkultur sei hier mechanisch statt dialektisch aufgefaßt worden: statt früher Kultur konsu-

mierten die Anhänger des schweizerischen Underground eben Gegenkultur. Immerhin sei der Versuch gemacht worden, gegengesellschaftliche Modelle wie ein »Gegendorf« und ein »Gegenzentrum« zu verwirklichen; »doch im Gegensatz zum 'underground' der anglo-amerikanischen Staaten ist das tatsächlich Verwirklichte im schweizerischen 'underground' schwach und selten.«(54)

Auch in der Bundesrepublik gab es noch 1972 nur wenige Gegeninstitutionen in Form von Landkommunen und Release-Zentren; es waren etwa zwanzig Gruppen, die miteinander in lockerem Kontakt standen und mit der unregelmäßigen Produktion von etwa einem Dutzend verschiedener Zeitschriften - sie waren auch auf den Minipressen-Messen ausgelegt - in der literarischen Alternativpresse in Erscheinung traten. Von ihnen (u.a. *100 Blumen, Elda, Grüner Zweig, Guten Morgen*) hatte die Zeitschrift *päng* mit 3000 Exemplaren die höchste Auflage und wurde überregional auch in »linken Buchläden« verkauft. Herausgeber war eine auch heute noch existierende Landkommune im fränkischen Jobstgreuth, die als *UPN-Volksverlag* (später *Volksverlag Linden GmbH*) viele Undergroundblätter aus den USA und eine große Auswahl ins Deutsche übersetzter »U-Comics« vertreibt. Die Titel-Geschichte des *Spiegel* vom 9. August 1971 (»Deutsche Jugendbewegung 71 - Flucht aus der Gesellschaft«) beschäftigte sich u.a. auch mit der »UPN-Sippe«, ihre damals neun Mitglieder posieren auf dem Titelblatt im Ambiente von Feld, Wald und blauem Himmel. Der Sprecher der Gruppe, Raymond Martin, betrachtet die Produkte des Verlags als Ergebnisse von Unmittelbarkeit und kindlicher Spielfreude: »Wir machen unsere Zeitungen aus dem gleichen Grund, aus dem kleine Kinder herumlaufen, schreien und Lärm machen. Weil wir leben. Das ist alles. Weil wir leben.«(55)

Päng pries er an als »*die* deutsche Untergrund-Zeitung überhaupt. Alles mit der Hand geschrieben, reichlich illustriert, viele schöne Fotos. Ohne politischen Anspruch, aber voller ehrlicher Aussagen; praxisbezogen, versponnen, radikal.«(56) Trotz postulierter politischer Anspruchslosigkeit wollte Martin seine »durch psychische und physische Erfahrungen entwickelte Sympathie für den Kommunismus« beachtet wissen - doch gleichwohl lautete seine Maxime: »Der einzige Weg nach außen ist der Weg nach innen.«(57) Er verzichtete auf »Programm« und »Zielsetzung«: »Hier genügt die Gegenwart sich selbst.« Die Schizophrenie seines Selbstverständnisses, das für die meisten »Landfreaks« dieser Anfangsphase repräsentativ sein dürfte, offenbart sich in Aussprüchen wie »Revolution? Quatsch und vorbei!«(58) einerseits und Kampfansagen gegen die Gesellschaft andererseits: »Die haben leider schon längst gemerkt, wie gefährlich die angeblich unpolitischen Frieks für dieses System sind. Sie fühlen, daß wir diesem kranken Ungeheuer den Todesstoß geben werden, und sie haben gemerkt, daß ihre eigenen Söhne und Töchter WIR sind, eine wachsende Bewegung Menschen, die vieles ganz anders macht!«(59)

Die meisten publizistisch aktiven Sippen und Landkommunen hatten ihre Publikationen unter der Bezeichnung »Partisanenpresse« zusammengefaßt. Die Partisanenpresse sollte ein in sich abgeschlossener Bestandteil der Gesamt-Alternativpresse sein und durch »öfteres Erscheinen, Auflagenhöhe und gegenseitigen Erfahrungs- und Informationsaustausch ... wirksamer werden« als andere Alternativzeitschriften.(60) Innerhalb der Alternativpresse wurden die Partisanen-Publikationen zuweilen als »Absonderungen« betrachtet. Der Alternativautor Oskar von Wolkenschein wertete sie als »kollektivistische Konglomerate von Outsiders, Religionskündern, Mystifikationspropheten, Linkslinksaußen-Überholern und Verbalrevoluzzern, (als) weiterentwickelte Relikte des Drogenkults, der Politpornowelle, der Neuen Romantik.«(61)

Ein Aufruf der »Obermühlen-Family«, der sich »an alle« richtet, die ihre »bewußtseinsveränderung entwicklungsrichtig in neuen, modern utopischen gemeinschaften und stämmen zu verwirklichen suchen«, nannte als Themen der Family-Zeitschrift *Erdenlog*: »das verstehen ganzheitlicher systeme (wie meditation, die meister, yoga, bewußtseinserweiternde und -verbreitende mittel etc.) /kommunikation (jeglicher art auf allen wegen) /behausung und landnutzung, handschöpfungen (auch produktion materieller güter)/gemeinschaften/lernen (nicht ausbilden!)/körper (wie: natürliches leben; du ißt was du bist; naturheilverfahren etc.).«(62)

Es fällt auf, daß bei aller Sehnsucht dieser »Sippen« nach religiöser, philosophischer und erotischer Vertiefung die Forderung nach einer spezifisch literarischen Betätigung nicht in den Themenkatalog aufgenommen ist. Aber man sollte nicht, wie Jost Hermand, sagen, sie hätten »für ästhetische Sublimierung nicht viel übrig« (63), sondern davon ausgehen, daß diese Gruppen nach *eigenem* Verständnis Sublimierung gleich welcher Form tatsächlich nicht nötig haben und ihre »Handschöpfungen« verschiedenster Art Zeugnisse unmittelbaren Gestaltungswillens sind, der sich jedoch anderen Objekten als der Literatur zuwendet. Den Grund dafür sieht Hermand ganz richtig in der Tatsache, daß die Mitglieder solcher Sippen »gar keine 'Dichter', sondern Zungenredner oder inspirierte Propheten sein

(wollen), die ganz ihrer momentanen Eingebung folgen und die spätere Niederschrift als etwas Nebensächliches betrachten.«(64)

Daneben gab und gibt es jedoch einzelne Szenenmitglieder, die zwar keiner Sippe, Kommune oder Land-Familie angehören, aber »emotionell«-subkulturelle Grundlagen mit diesen Gruppen gemeinsam haben und zum Gegenstand literarischer Arbeit machen - beispielhaft etwa Paul Gerhard Hadayatullah Hübsch. Hübsch ist der bekannteste Repräsentant einer spirituell orientierten, religiösen Subkultur, die in der Alternativpresse neben Einzelpublikationen mit den Zeitschriften *big table, Der grüne Zweig, Godestal, Wudd, Middle Earth, Zero, Family Press* u.a. vertreten war, die inzwischen z.T. wieder eingestellt und durch neue ersetzt wurden. Hübsch formuliert repräsentativ das Selbstverständnis der Zeitschriftenmacher: »allen, die diese zeitungen machen, ist eins gemeinsam: sie bemühen sich um die erkenntnis des Göttlichen, sie möchten etwas von den erfahrungen vermitteln, die sie nach ihrer suche nach 'peace of mind' gemacht haben, sie möchten schwingungen weitergeben, von denen sie glauben, daß sie anderen auf ihrem weg so weiterhelfen können, daß etwas haften bleibt von der Liebe, die sie geben und empfangen möchten.«(65)

Die Zeitungen sind in der Regel nicht Sprachrohr jeweils ganz bestimmter religiöser Richtungen; Zen-Buddhismus, Taoismus, Hinduismus, Astrologie und islamische und christliche Erneuerungsbewegungen suchen sich zu ergänzen. Paul Gerhard Hübsch wurde 1969 Anhänger des Islam und nennt sich seitdem Hadayatullah. 1967 arbeitete er noch im Club Voltaire und war später Mitglied der Kommune I in Berlin. Er veröffentlichte zwei Lyrik-Bände bei *Luchterhand* (»mach was du willst«, »ausgeflippt«), einen weiteren im *Maro Verlag* (»die von der generation kamikaze«). 1973 äußerte er, »daß der sieg des islam, wiewohl heute dem betrachter unwahrscheinlich, kommen wird«.(66) Er richtet seine literarische Arbeit auf »gebete und gedichte, gespräche und lieder, gedanken, geschichten«, die er in den von ihm herausgegebenen Alternativzeitschriften *wudd* und *sadid* veröffentlicht. *sadid* will den Dichtern, lebenden und toten, die das geheimnis der schöpfung, das weise leben ... in ihren versen und texten sichtbar machen möchten, eine zeitschrift sein, die somit zur reinigung des geistes ... beiträgt.«(67)

Reimar Lenz, ein über die Alternativpresse hinaus bekannter Publizist und Subkulturtheoretiker, sieht die religiösen Subkulturströmungen als Antwort auf den »Soziologismus«, auf den »Mythos von der alles erlösenden Kraft der Ratio. ... Wenn der Soziologismus als die Ersatz-

religion der Gebildeten unserer Tage einst den
Höhepunkt seiner Macht überschritten hat, kann
man sich erstaunt die Augen reiben und feststellen, daß die Gesellschaft nicht das Ganze ist.«(68)
Die religiösen Subkulturen seien in der Lage, mit
dem Produktivmachen von Yoga, Tanz, Eurythi-
mie, Fasten, Ekstase, Askese, meditativer Erotik
die Scheidung zwischen »Eros und Agape« aufzuheben und mit kreativer Phantasie, neuem fra-
ternitären Kommunikations- und Lebensstil,
»ehrfürchtigem« Naturverständnis und Einsicht
in die »Hierarchie der wirklichen Bedürfnisse«
wahren gesellschaftlichen Fortschritt erst zu
ermöglichen. »Der alten Linken galt die Industri-
alisierung noch unreflektiert als Fortschritt:
heute geht der Fortschritt von der Zentralisierung
zur Dezentralisation, von der Massenagitation
zur Gruppenidentität, von der Rationalisierung
zur Humanisierung der Arbeitswelt, vom trüben
Konsumrausch zur hellsichtigen Nüchternheit
neuer Bewußtseinsformen.«(69) Auch für ihn
stand noch 1974 fest, daß Subkulturgruppen in
der Bundesrepublik, »anders als in den USA,
noch nicht weit gekommen (sind) mit der Verviel-
fältigung ihrer Lebensmodelle, dem Anturnen
weiter gesellschaftlicher Bereiche, der Institutio-
nalisierung des Gegenmilieus.«(70) Als bereits
erzielten Erfolg der Subkultur wertete er das
Entstehen lebendiger Gruppen im Rahmen einer
Demokratisierungsstrategie, die »nicht einmal
verabredet« sei: Bürgerinitiativen, Betriebsgrup-
pen, Nachbarschaften, Großfamilien, Wohngemeinschaften, Jugendzentren, meditative und
kreative Zirkel, Alternativen auch im literarischen Bereich. »Völlig ohne Auskunft läßt uns
die zumeist philosophisch, religiös und spirituell
impotente deutsche Nachkriegsliteratur; inzwischen haben wir unsere eigenen Dichter: Dietmar
Becker, Rolf Brück, Tiny Stricker, Paul Gerhard
Hübsch.«(71) Diese Autoren nimmt Lenz »als
Dichter ernst«, was sie schreiben, bedeutet ihm
»mehr als alles, was die etablierten westdeutschen
Autoren von sich geben, und zwar vor allem
deshalb, weil es hier um alternative Inhalte geht:
diese Szenen-Dichter sind nicht religionsfeindlich,
nicht Anti-Romantiker, sie haben Drogenerfahrung, haben die linke Bewegung mitgemacht,
aber deren Schwächen erfahren - da müssen zum
Schluß alternative Inhalte sich melden, zusammen mit einem entsprechenden Stil.«(72)
Im Rahmen einer Abhandlung in *Pardon*
kritisierte Lenz die zeitgenössische Literatur der
Bundesrepublik. Sein Portrait »einer Gruppe, die
als literarische Elite gilt, immer mehr produziert
und doch immer steriler wird«, schloß ab mit
einer Würdigung der Alternativliteratur: »Die für
mich interessanteste deutsche Literatur wird
heute im Keller geschrieben, im Underground,

»Emotionelle« Alternativen:
Neue bürgerliche Fluchtbewegung?

von einer neuen Generation, von jungen Psyche-
delikern und Visionären, die gewiß auch Gesellschaftskritiker sind (sonst müßten sie ja blind
sein) - nur ist ihre Kritik weniger vordergründig
als die der hauptberuflichen, die Gesellschaft
repräsentierenden Gesellschaftskritiker.«(73)

»Rationalistische« Alternativen

Die Inhalte einer von Lenz als »vordergründig«
gebrandmarkten Gesellschaftskritik derjenigen
etablierten deutschen Autoren, die ihre Literatur
als »engagiert« verstehen, bestimmen jedoch das
Selbstverständnis gerade auch maßgeblicher Vertreter der Alternativliteratur in weitaus größerem
Maß, als der Berliner Subkulturtheoretiker
glauben machen will. Die Position der »emotionell« orientierten »Psychedeliker« und »Visionä-
re« war im Verlauf der Selbstverständnisdiskussion 1973/74 stets einer Kritik solcher Autoren
der Alternativpresse ausgesetzt, die, nach
Schwendters Terminologie, ein »rationalistisches
Syndrom von Subkulturen« repräsentieren. Deren Standort gegenüber den 'emotionell' Alternativen charakterisiert etwa eine Beurteilung Hadayatullah Hübschs durch Johann P. Tammen.
»Allah ist mir keine Stütze. Ich trage den Kopf
zwar immer noch oben, orientiere mich aber in
der Regel, indem ich nach links und rechts schaue,
mit beiden Beinen versuche, fest auf der Erde zu
bleiben, mein soziales Umfeld auszuloten, solidarisch zu sein. ... Gebete, nun ja! Gedichte, ja, Gespräche und Lieder, ja, aber sicherlich nicht zum
Lobe Allahs, den ich nicht kenne und den ich
nicht suche, sondern zum Nutzen der Sprachlo-
sen und Gehandicapten, zum Nutzen von Minderheiten und Randgruppen, zum Nutzen aller,

die noch hören, fühlen und kämpfen können.«(74)

»Rationalistische« Subkultur innerhalb der literarischen Alternativpresse war weitgehend gleichbedeutend mit dem Versuch, diese auf eine »Sozialistische Alternativpresse« hin entwickeln zu wollen, die literarisch-publizistisch leisten sollte: eine konkrete Gesellschaftsanalyse als Klassenanalyse, eine wissenschaftliche Kritik der bestehenden Verhältnisse auf der Grundlage marxischer Gesellschaftstheorie, die Entwicklung einer Strategie zur Überwindung dieser Verhältnisse und den Entwurf einer sozialistischen Perspektive. Das setzte für die Forderer einer Sozialistischen Alternativpresse eine Kritik der Alternativliteratur, so wie sie in ihren Augen war und eine Kritik »falschen« Bewußtseins, so wie sie es vertrat, voraus. Die Schwerpunkte dieser Kritik, wie sie in zahlreichen Publikationen, verschieden variiert, immer wieder laut wurde, lassen sich wie folgt zusammenfassen: Die Bezeichnung »alternativ« habe einen in sich politischen Gehalt. Diesem werde die bestehende Alternativpresse nicht gerecht, insofern sie ein Sammelbecken unpolitischer, realitätsferner Strömungen darstelle, die sich nicht an der bestehenden Gesellschaft orientierten und für ihre Veränderung kämpften, sondern elitär nach Privilegien trachteten und ausschließlich der Befriedigung individueller Bedürfnisse nachgingen. Im einzelnen wurden genannt:

- »die bibliophilen literaten, die bücher zu einer ware machen, die nach ästhetischen kriterien gehandelt wird. wenn politischer inhalt überhaupt gefragt wird, so wird er abstrahiert.
- die literaten, die die AP als vorfeld des großen literaturbetriebs betrachten & literatur um der literatur & nicht um einer gesellschaftsverändernden politik willen betreiben.
- die mystiker & drogenspezialisten, die sich im inneren verändern wollen & außen alles beim alten lassen, die jede beziehung zwischen dem individuellen bewußtsein und der umwelt, sowie die historische entwicklung des bewußtseins im zusammenhang mit den ökonomischen verhältnissen leugnen.
- die subs, die aus einer unreflektierten reaktion auf die gesellschaftliche realität heraus sich einen illusionären freiraum zu verschaffen suchen.«(75)

Auf Ablehnung stieß vor allem die in »emotionellen« Subkulturen entwickelte Idee einer Gegengesellschaft. »Prinzip: Wo ein Ding ist, kann kein anderes sein.«(76) Die Entstehung des Underground - und darunter wurden hier ausschließlich die »emotionellen« Subkulturen verstanden - führte man auf eine falsche Praxis als Folge eines Bewußtseins zurück, wie es sich im Verlauf der Studentenbewegung bei *allen* progressiven Kräften gebildet habe. »Wo, wenn überhaupt, eine illusionäre und falsche Praxis (z.B. Kommune), die Erfahrung der Veränderung der gesellschaftlichen Kräfte negativ ausfiel, diese Praxis unter den gegebenen Bedingungen aber nicht als falsch und illusionär durchschaut werden konnte, wurde das Bewußtsein der Leute regressiv (Meditation, Innerlichkeit, Rückzug).« (77) Die richtige Konsequenz aus dem Scheitern der Antiautoritären Bewegung konnte nach Meinung der sozialistischen Szenen-Publizisten nur in der Einsicht bestehen, daß die gesellschaftlichen Verhältnisse und das Leben im Kapitalismus zwar falsch seien, daß es aber dennoch *in* der Gesellschaft immer ein fortschrittliches, positives Element gebe, dem die Zukunft gehöre. »Die Klasse der Arbeiter birgt in sich diese 'Gegengesellschaft', die erst nach der gewaltsamen Zerschlagung der alten Gesellschaftsstruktur aufgebaut werden kann.«(78)

Die Protagonisten einer sozialistischen Alternativpresse waren festgelegt auf ein Konzept des »realen Sozialismus«: Sie waren gewerkschaftlich orientiert und standen teilweise der DKP nahe, bzw. gehören zu ihren Mitgliedern. Seit etwa 1972 verstärkte sich ihr Einfluß auf die Programm- und Selbstverständnisdiskussion der literarischen Alternativpresse. Viele Leserzuschriften, vornehmlich im *Ulcus Molle Info*, gaben der Solidarität mit den Vertretern des »realen Sozialismus« Ausdruck, vor allem mit deren wichtigstem Aktivisten, dem Frankfurter Alternativautor und damaligen DKP-Mitglied Hans Imhoff, der schon seit den ersten organisatorischen Anfängen der Alternativpresse eine zentrale Figur der Szene ist. Imhoff trat erstmals bei der *1. Literarischen Pfingstmesse Frankfurt* durch spektakuläre Aktionen in Erscheinung und wurde in den folgenden Jahren als »Kommissar« des »Koordinationsbüros der Freien Deutschen Presse, Partisanenpresse« in den Augen vieler Alternativpublizisten zum »profiliertesten Chefideologen des literarischen Untergrunds.«(79) Der häufig offen megalomane frühere »Kommissar des Volkskrieges« (»1790 - 1970: Zwischen Marat und Imhoff liegen 180 Jahre Desorganisation«) verstand seine spätere Mitgliedschaft in der DKP als Konsequenz »des Weges des Utopisten zum marxistischen Realisten«(80) und glaubte, daß auch die Alternativpresse insgesamt diese Etappen zurücklegen müsse. In einer Rede zur Eröffnung der zweiten Minipressen-Messe in Mainz urteilte er über die Alternativpresse, sie habe »seit ihren Anfängen, seit der antiautoritären Studentenbewegung nicht viel dazugelernt« und ihre Produkte seien so beschaffen, daß es »eine Verantwortungslosigkeit« sei, »sie unters Publikum zu bringen«.(81) Imhoff wandte sich vor allem gegen die in der Alternativpresse weit verbreitete Vorstellung von einem 'dritten Weg' zwischen Kapitalismus und Sozialismus. Vordringlichste Aufgabe »der besten Kräfte unserer Alternativbewegung« sei es, »die Scharlanterie der im Dienste des Kapitals stehenden Ideologen aufzudecken, die, weil sie davon leben oder leben möchten, nicht müde werden zu behaupten, die Geschichte hätte, wenn man nur wolle und 'kreativ'

»Integration der Literatur der DKP in die Alternativpresse«: Der selbsternannte Kommissar des Volkskrieges Hans Imhoff

genug sei, einen 'dritten Weg' bereit, eine 'Alternative' zu den bestehenden Gesellschaftssystemen, dem kapitalistischen und dem sozialistischen.«(82) Die Alternativpresse müsse erkennen, daß sie sich wie die Neue Linke ihren Antikapitalismus, ihre Rebellion von dem spätkapitalistischen Imperialismus um den Preis des Antikommunismus erkauft habe. Sie stehe »ihrem Selbstverständnis nach jenseits der realen Alternativen unserer Zeit, ihren Äußerungen nach

aber zwischen ihnen und ihrer gesellschaftlichen Praxis nach, d.h. objektiv, großenteils sogar auf der Seite der kapitalistischen Strategie.«(83) Genauso wandte er sich gegen alle anarchistischen Tendenzen, wie sie in den Alternativzeitschriften *Revolte, Schwarze Protokolle* und *Der Metzger* vertreten werden. »Man sollte nicht ... mit dem Gedanken spielen, daß das gesellschaftliche Chaos die Bedingungen der Befreiung vom Joch des kapitalistischen Systems begünstige. Der Traum von Kulturanarchie, Technoanarchie und Volkskrieg in Mitteleuropa wäre, wenn er Wirklichkeit würde, nicht die Freiheit, sondern der Faschismus.«(84)

Nach Imhoffs Meinung bezog die Alternativpresse 1969 eine »radikal-antirationale anarchistische Position« und ging zu einer politisierenden Praxis über. Sie habe damit die aufklärerisch-antiautoritäre Position ihrer Entstehungsphase und deren ästhetisierende Praxis aufgegeben. Seit 1972 kündige sich die zweite Kurskorrektur an. »Auch die Alternativbewegung überspringt nicht den Horizont, der durch die in unserer Zeit lebendigen Ideen abgesteckt ist; diese Ideen ihrerseits sind Spiegelungen realer historischer Bewegungen.«(85) Als solche nennt Imhoff das Erstarken der DKP, die Ostverträge der SPD-Regierung und das Scheitern extremistischer Sektierer. Der Antisowjetismus, der bis 1969 eine Selbstverständlichkeit der öffentlichen, politischen und ideologischen Meinung gewesen sei, habe seinen universellen Charakter verloren, seit er außenpolitisch abgebaut werde. Das sei die Ursache dafür, daß »seit 1972 die Integration der Literatur der DKP in die Alternativpresse« erfolge.(86) Der »harte Kern der Alternativen« verstehe die Advantgardefunktion der Alternativliteratur im Zusammenhang mit der globalen historischen Bewegung des Übergangs vom Kapitalismus zum Sozialismus. Als Ziel einer Sozialistischen Alternativpresse nannte Imhoff daher die »vollständige Ablösung der spätbürgerlichen Literatur durch die Literatur des realen Sozialismus.«(87) Die Alternativliteratur müsse darüber aufklären, daß die Grundlage wirklicher Alternativen im gegenwärtigen Zustand in der Veränderung der Machtverhältnisse bei der Produktion der materiellen Reichtümer und ihrer Verteilung liege. Deshalb forderte Imhoff die Unterstützung des gewerkschaftlichen Kampfes der Arbeiter durch die Alternativpresse und ihr Mitwirken an der Bildung einer Mediengewerkschaft. »Die Alternativbewegung muß und wird sich in ihren Aktivitäten und Produktionen immer mehr dem Kampf der Werktätigen anschließen und sich ihre Literatur, die Literatur der DKP, die Dokumente der Gewerkschaften und die Betriebszeitungen aneignen und an ihr orientieren. Der reale Sozialismus - Herrschaft der Arbeiterklasse, wissenschaftlicher Fortschritt und Humanismus muß und wird unsere Arbeit vorantreiben.«(88)

Bereits 1973 war für Imhoff die Alternativliteratur »der kräftige Kern einer künftigen sozialistischen Literatur in Westdeutschland«. Offensichtlich konnte er nicht auf literarische Arbeiten im Publikations- und Verlagsbereich der bestehenden Alternativpresse verweisen, die den Kriterien einer »Literatur des realen Sozialismus«, wie er sie an eine solche anlegte, gerecht würden.(89) Den »kräftigen Kern« machten in Imhoffs Darstellung nämlich solche Autoren aus, die in gar keinem unmittelbaren Zusammenhang mit der Alternativpresse stehen: »Wir haben über 50 Zirkel 'Literatur der Arbeitswelt'. Die Auflage der Betriebszeitungen der DKP hat die Millionengrenze erreicht. Der meistgespielte Bühnenautor der Bundesrepublik, Kroetz, ist DKP-Mitglied.«(90)

```
     AR TE MIL KOR PES TOP RAS TUM VEG DAL IS ------.
     VI DER TI SCHU KIA AP POI LANS WOK LER LON KE
 AR KOL TON SYL TIR PL AS --- ------- -- --- POK LEN LIN
     R SIN IN KUR TEL SEN BIR --- ------ NO CEP SIL KEN
          WE ---- CHI SUN KAF SON KAR VIL OR KE LAF
 ---- VUN SO R ----- V IX KES S ----- --- REM PHE AR --- ME TE
 --- --- GEN ZOL CH TREL IT VOR --- ---------
 OR PRIN IOK FR --- ------ TEL TA --- --- VI ----- L --- K
 ---- VRE --- -- ---- LOE BUK LIS PFOT KSI SIN GER PEN
 UL EVR MEU VOI TAN ---- --- ROL ---------- IN --- KES OL T
 --- VOR AK ISL BIS DE ROP SIR DEL WEL SIN ORP KI
 IN OK CAS LOT TR ----- OK OL SOM TEN TER MEN NIS TRE
 ---- FLOT KEL VEL GEN SOM BRED DOF GOL RON HOK WE
 DIER ---------- KOL ------------
 M PEN SIL RAT BI FLU TEP RIM SYR PLI NAR GE
 I --------- ORP ---------- CLOT ------ --- DAL ME
 TRAR TIP CE SHI TIP WORN PIST GOS LUT SO DIS IR SE
 UL --- --- DAM VA SIL TOP WUS TIT OL ----- SEC NA MON ---
 OP LEG SAI TOR PYN SAP LAN GUL TE HOR LAE
 TR M ---------- LOP KAS WI US URS LIP
 AL TI VI WOR AT TAC ROS DARC LOM TE PAS PO
 TAR VIL SEK TRE PO DOS GEL ZI ----- --- SI --- TI
```

Reprint aus Hans Imhoffs »Phyrro«

Imhoff verwies nicht auf die Alternativliteratur aus dem und über den Personenkreis sozialer Randgruppen und auf den gesamten Bereich politischer Lyrik in den Publikationen der Alternativpresse. Alternativautoren wie Bosch, Deppert, Kusz, Alexander reflektieren in ihrer Literatur kritisch gesellschaftliche Mißstände, Herrschaftsverhältnisse in Schulen und Betrieben, Manipulation durch die Medien, das soziale Elend der Menschen in der dritten Welt, Diskriminierung von Randgruppen, »täglichen Faschismus«. Die Aufgabe ihrer Literatur sehen sie in Bewußtmachung, Aufklärung, Verunsicherung, Agitation. Die von Imhoff geforderte Parteilichkeit und der Entwurf einer sozialistischen Perspektive sind in vielen

Texten nachweisbar, sie orientieren sich jedoch nicht an einem der DKP und ihren politischen Zielen verhafteten »realen Sozialismus«.

Manfred Bosch stellte fest, daß »die Blätter der Scene nicht jene erreicht haben, für die sie geschrieben waren« und meinte damit insbesondere die Arbeiter. »Man hofft auf die Arbeiter. Sind wir jedoch ehrlich dabei?«: Diese Frage Hans Josef Eisels (91) stellen sich gerade die »rationalistischen« Alternativautoren in zahllosen Aufsätzen; dabei steht die Antwort schon lange fest und ist jedem bekannt, der am Kommunikationsprozeß der Scene aktiv teilnimmt.

Aus Fragebogen-Aktionen von Thomas Niehörster(1971) und Benno Käsmayr(1974) geht hervor, daß der Anteil von Arbeitern am Leserpublikum der Alternativliteratur verschwindend klein ist. Die Alternativautoren selbst, Angehörige akademischer Berufe und bibliophile Sammler machen in diesen Statistiken mit über 90 % fast den gesamten Abnehmerkreis der Alternativpresse aus. Daß das nicht ausschließlich an Vertriebsschwierigkeiten liegt, sondern an den Inhalten der Publikationen und vor allem an der sprachlichen Vermittlung, geht aus Leserbriefen kritischer Lehrlinge und Arbeiter in verschiedenen *Ulcus Molle Infos* hervor:

»Meine Gefühle (bei der ersten Lektüre eines *UM-Infos*, Th.D.) waren: Undurchsichtigkeit (alles was undurchsichtig ist, ist Herrschaft); linke Spinnerei (alles was uns nicht weiterbringt); bürgerlich-linker Kitsch (all das, was der Arbeiterklasse nichts nützt, was sie noch mehr verunsichert); Kraut und Rüben (all das, was es nicht ermöglicht, Zusammenhänge zu erkennen); abstrakt (all das, was für die Arbeiterklasse nicht funktional ist und in ihren Bemühungen, sich aus Abhängigkeiten im Kapitalismus zu befreien, nicht weiterhilft).«(92)

»Es ist an der Zeit, die Alternativpresse *jedermann* zugänglich zu machen, statt den ohnehin bestehenden Unterschied zwischen Scene - Autor und Arbeiter durch neue sprachlich-thematische Barrieren zu vervollkommnen. Der Arbeiter soll umdenken, sagt ein Scene-Schreiber ... sollten nicht besser die umdenken, welche sich im Umdenken leichter tun?«(93) »Umdenken« heißt für Bosch, aus der Scene, einem »Ort schöner Selbsttäuschung«, eine Plattform der Kunst für die Massen zu machen. »Das Arbeitsfeld der Scene ist nicht die Phantasie und nicht die Flucht, sondern die Gesellschaft. ... Ich will eine Kultur für das Volk: in der es sich wiederfinden kann, in der es Mut bekommt für seinen Kampf gegen den Kapitalismus, in dem es nicht alleingelassen wird. Der gemeinsame Kampf braucht diese Kultur und wir brauchen den Kampf um eine andere Gesellschaft.«(94)

Zweite Kultur?

Ein Beitrag Hans Imhoffs im zweiten *UM-Sonderinfo* zur *Alternativpresse-Diskussion* (1976) muß die Vorstellung entstehen lassen, die zu Beginn dieser Diskussion 1972/73 artikulierten Positionen seien nun endgültig zu Antagonismen versteinert: Unversöhnlich stehen sich zwei »Lager« in der Alternativpresse gegenüber. Das eine setzt sich zusammen aus Mitgliedern von »Organisationen der Demokraten, Arbeiter und Kommunisten«, Repräsentanten einer »Republik des Geistes«, »edleren Menschen«, die die »Ziele der Vernunft und Güte« auf ihre Fahnen geschrieben haben. Die »finsteren Ziele« des anderen Lagers disqualifizieren sich hingegen als »Verhinderung der Entwicklung in Richtung auf den realen Sozialismus«. Seine Anhänger sind das Konglomerat eines »läppischen Drecks von Landkommune, Technoanarchie, Meditation, Bombenbastlern, Mr. Natural, Hanfanbau und Fotzenleckbildern.«(1)

Auf die zitierten Textstellen wie auf den Aufsatz als Ganzes ließen sich zwei der von Henryk M. Broder entwickelten Kategorien für »linken Kitsch« anwenden: »Der Argumentationsgang ist so alt und abgewetzt wie die Unart autoritärer Systeme, Gegner so zu beschreiben, daß sie zu Feinden und damit zum Abschuß freigegeben werden.«(2)

Imhoffs gedankliche und verbale Maßlosigkeit im Umgang mit der gegnerischen Fraktion und die korrespondierende Heroisierung der eigenen macht nicht allein wegen der peinlichen Pathetik der Redefiguren betroffen, sondern wegen der merkwürdigen Umdeutung realer politischer Prozesse im öffentlichen und gegenöffentlichen Bereich. Man muß Imhoffs Ausführungen nur gegen den Strich lesen, um sich ein zutreffendes Bild von dem Stand und der Zusammensetzung bestimmter oppositioneller Gruppierungen zu machen: 1976 stagnierte schon lange die Mitgliederzahl sowohl der DKP, der Imhoff damals noch angehörte, als auch anderer sogenannter K-Gruppen (mit dem Ergebnis der Selbstauflösung der KPD im Januar 1980). Bei den Bundestags- und Landtagswahlen 1976 z.B. hatte die DKP nirgends mehr als 0,4 Prozent der Stimmen erhalten. Imhoff läßt in seinem Aufsatz aus demselben Jahr solche Tatsachen außer Acht. Schon seine oben zitierten frühen Aufsätze ließen die Vorstellung entstehen, bei der DKP handele es sich um eine Massenpartei. Zu diesem für die DKP und andere K-Gruppen typischen Paradox bemerkt Broder: »Der Massenbegriff im linken Politkitsch trägt irrationale Züge. Er wird nicht als quantitative Größe verstanden. ... Masse bedeutet eine metaphysische Qualität; die Hingabe an die Massen wird zu einer kultischen Handlung.«(3) So, wie sich die objektive Bedeutung der DKP der Realität entsprechend erst interpretieren läßt, wenn Imhoffs Ausführungen auf den Kopf gestellt werden, so schält sich bei Anwendung des gleichen Verfahrens auch der materielle Kern seiner Diffamierung des gegnerischen Lagers heraus: Man darf annehmen, daß als »läppischer Dreck« Emanzipationstendenzen zu verstehen sind, die erfolgreicher oppositionelle Kräfte zusammenzufassen und zu mobilisieren verstehen, als es etwa die DKP vermochte.

Nun bildet Imhoffs Beitrag eine Ausnahme in diesem zweiten Sonderinfo zur Selbstverständnisdiskussion der Alternativpresse, denn der Autor bleibt in der Kontinuität seiner früheren apodiktischen Aufsätze, als sei zwischenzeitlich nichts geschehen. Doch es war etwas geschehen. Zeitgleich mit dem Aufkommen der Selbstverständnisdebatte und insbesondere seit 1974/75 war es im Bereich der Alternativpresse, in der Alternativszene selbst und in ihrem Umfeld zu Veränderungen und Bewegungen gekommen, deren Existenz Imhoff zwar andeutet, auf die er jedoch nicht weiter eingeht. Diese Bewegungen und Veränderungen hängen zusammen mit der Realisierung alternativer Praxis, dem ökologischen Bewußtsein, der breiten Entfaltung von Emanzipationsströmungen - vor allem der neuen feministischen Bewegung - , dem Anwachsen spontaneistischer und undogmatischer Gruppen und damit zusammenhängend einer Besinnung (und Rückbesinnung) auf die subjektiven Bedürfnisse des Einzelnen in politischen Gruppen. Die

Mehrzahl der Beiträge im *UM-Sonderinfo* des Jahres 1976 ist davon geprägt, zumal diejenigen des Mitherausgebers Klaus-Bernd Vollmar, der zu verstehen gibt, daß ihn die Auflösung der starren politischen Muster zugleich befriedigt und verwirrt. »Heute, nachdem ich viel mehr Gruppen kennengelernt habe und Zeit hatte, mich mit ihren Ideen auseinanderzusetzen, verschwimmen bei mir die schnellen Unterscheidungen von 'Politischen' und 'Spirituellen', und ich habe nicht mehr die verkürzte dogmatische Sicherheit, die Szene in kleine Schubkästchen aufzuteilen. ... Wir Macher der A-Literatur sind verwirrt und wissen nicht genau, wo's lang geht ... und so sind auch viele unserer Produkte: Denkansätze, keine Lösungen, sinnliche Erfahrungen, keine wissenschaftlichen Analysen, und gerade das macht uns unintegrierbar.«(4)

Spätestens seit 1974 reagieren die Publikationen der literarischen Alternativpresse - exemplarisch die Beiträge der *UM-Infos* - auf Strukturveränderungen im linken und alternativen Spektrum, und zum Teil kündigten sie sich dort bereits an, noch bevor sie sich breit im Bewußtsein der Gegenöffentlichkeit verankerten und sich dann, mit zum Teil zwei- bis dreijähriger Verzögerung, in den öffentlichen Medien niederschlugen, wo sie dann allerdings oft von ihrem gegenkulturellen Rezeptionszusammenhang als Einzelerscheinungen und Kuriosa behandelt wurden. Das *UM-Info* 5/6 1975 etwa wartet mit einer Anzahl von Beispielen der »inneren Revolution« - so die Überschrift über einigen Kurzartikeln verschiedener Verfasser - auf, die in den Folgeheften immer wieder aufgegriffen und gleichzeitig auch in anderen Alternativzeitschriften thematisiert werden. Erst zwei bis drei Jahre später tauchen dann entsprechende Artikel in großen deutschen Illustrierten und Zeitschriften auf.

Zwei Beispiele: Das *UM-Info* 5/6 1975 informierte über die damals kaum jemandem bekannte AAO, die »Aktionsanalytische Organisation«, das Kommune- und Therapiemodell des Wiener Kunstaktionisten Otto Mühl und seiner Anhänger; deren Publikationsorgan *Nachrichten AAO Kommune* vertreibt Wintjes seit Ende 1974. 1976 bringt *Pardon* einen längeren Artikel (5), 1977 der *Spiegel* (6) - inzwischen hatte die AAO in allen Alternativpublikationen von sich reden gemacht und war auf der Frankfurter Buchmesse und zahlreichen Alternativveranstaltungen in Erscheinung getreten. Auch ein Debut im Fernsehen blieb nicht aus - Mühl und eine Gruppe seiner Anhänger waren Gäste einer Talk-Show des österreichischen Fernsehens, die auch in der Bundesrepublik in den dritten Programmen ausgestrahlt wurde. Als »deutsche Erstveröffentlichung« erschien in derselben Ausgabe des *UM-Info* ein fünfseitiges Interview mit Bhagwan Shree Rajneesh; erst fünf Jahre später taucht die »Bhagwan-Bewegung« auch in den Medien auf, als Skandal und kurioses Exempel für die

Bagwhan Shree Rajneesh

Gemütsverwirrungen saturierter Künstler und Intellektueller.(7)

Die beiden Beispiele gehören zu einem Arsenal neuer Ansätze im alternativen Spektrum seit 1974/75. Sie verweisen gleichzeitig auf eine seit der frühen Mitte der siebziger Jahre sich abzeichnende Aufweichung fraktioneller Abgrenzungen innerhalb der subkulturellen Lager. Die Verschiebung erfolgt dabei von seiten der eher »rationalistischen« Gruppierungen in Richtung auf die mehr »emotionellen«. Von den Beiträgen zur »Inneren Revolution« in dem zitierten *UM-Info* 5/6 1975 gibt der einer Bremer Gruppe *psypol* Aufschluß über einen Aspekt jener Aufweichung und Neuorientierung:

»Mehr oder weniger deutlich verschieben alle neulinken Ideologien die Lösung unserer Kaputtheit bis nach der Revolution, an dieser Hoffnung sollen wir uns hochziehen. Und als Ventil für unsere neurotischen Spannungen bietet man uns den Kampf an. SPK (Sozialistisches Patientenkollektiv, Th.D.) und Duhm wollen die Aggression nach außen statt nach innen ableiten. Und abgesehen von diesen Wortführern ist das wohl 'ne stark verbreitete Ansicht in der linken und subkulturellen Scene.«(8)

Werden hier sozialistischer Theorie und Praxis aus der Perspektive einer an psychoanalytischen und therapeutischen Fragen interessierten Gruppe Mängel oder Leerstellen vorgehalten, so finden sich entsprechende Überlegungen oder Anschuldigungen auch bei anderen subkulturellen Gruppierungen, deren Mitglieder bestimmten »Besonderungen« anhängen, d.h., denen es um die »Verwirklichung von partikularen - z.B. regional-, geschlechts-, problemspezifischen Interessen« geht. (9)

Mit der sozialistischen Linken, der sie die Fähigkeit der Realisierung dieser Interessen und bestimmter damit zusammenhängender »Werte« absprechen, verbindet diese Kritiker in vielen Fällen die eigene persönliche Vergangenheit - z.B. die frühere politische Arbeit in marxistischen Studentengruppen.

Der Beitrag der Gruppe *psypol* sprach von Wortführern und nannte *Dieter Duhm*. Dieser wie auch Rainer Taeni (Autor des Buchs »Latente Angst«), Bernd Leineweber und Karl-Ludwig Schibel (die Autoren der schon mehrfach zitierten Analyse der Community-Bewegung), Klaus Bernd Vollmar (Mitherausgeber des zweiten UM-Sonderinfos zur Selbstverständnis-Debatte, Autor von Büchern u.a. über deutsche und amerikanische Landkommunen) und andere »informelle Personen«, die in ihren Büchern und ihrer alltäglichen Praxis auf den von Hollstein so genannten »Besonderungen« insistieren bzw., wie die hier namentlich Aufgeführten, sich darum bemühen, die besonderen Einzelinteressen verschiedener Subkulturen sowie unterschiedliche Denkansätze und Wissenschaften zusammenzubringen, kommen aus der Studentenbewegung und haben den Marxismus keineswegs als Theorie liquidiert.

In der Einleitung zu seinem Werk »Der Mensch ist anders« hebt Duhm vielmehr ausdrücklich hervor: »In diesem Buch konzentriere ich mich auf die Frage nach der Veränderung des Menschen und nach den menschlichen Möglichkeiten, die durch die Veränderung freigesetzt werden könnten. Die Notwendigkeit der gesellschaftlichen Veränderung, der rationale Kern von marxistischer Theorie und marxistischen Organisationen wird hierbei nicht bestritten, sondern vorausgesetzt.«(10)

Diese Voraussetzung Duhms enthält andererseits schon den Ansatz seiner »Kritik an der marxistischen Linken«, die er im ersten der drei Kapitel des Buchs entwickelt und als »grundsätzliche Kritik des Marxismus« (11) vorstellt. Der Ansatz gründet in dem Axiom, daß der Marxismus die Veränderung der Gesellschaft, nicht aber die des Menschen theoretisch entwickle und in der Praxis vorantreibe. Einige Thesen leiten die Krtik ein; sie lauten zusammengefaßt: Der Marxismus leugnet anthropologische Grundtatsachen, bis heute

wissen Marxisten kaum etwas über Subjektivität, Individualität und Psyche. Mit ihrer Verweigerung gegenüber metaphysischen Fragen verhindern sie eine wesentliche kulturelle Bewußtseinserweiterung. Als Intellektuelle nehmen sich Marxisten mit ihrer Fetischisierung des Proletariats ihrer spezifischen Möglichkeiten und Aufgaben und verzögern revolutionäre Veränderungen, statt sie zu fördern. Die Arroganz, mit der er in Theorie und Praxis auftritt, machte den Marxismus zu einem Werkzeug geistiger Selbstkastrierung. Dialektik ist entgegen dem, was sie leisten kann, zu einer obligatorischen Leerformel verkommen. Mit seinen Globalaussagen führt der Marxismus zu »intellektueller Schlamperei«, die eine Überprüfung des je eigenen Wissens hintertreibt. Der dialektische Materialismus ist nicht die Aufhebung des Hegelschen Idealismus, sondern erst die materialistische Antithese zu ihm.(12)

Die Untermauerung dieser Thesen rief, wie schon die früheren Arbeiten Duhms (13), nicht nur Kritik hervor, sie löste Betroffenheit aus und fand Zustimmung gerade auch unter Studenten. Allein den Abschnitt »Theorie-Schwindel« am Schluß des ersten Kapitels - nicht einmal der gewichtigste in dessen Argumentationsketten - dürften viele Leser als notwendige Aufklärung und wohltuende Entlastung aufgenommen haben. Denn in einer den Rezipienten zugewandten Weise und dabei unverhohlener Wut über die vorgestellten Tatbestände zeigt Duhm, in welcher Weise marxistische Theoriebildung in manchen Büchern, Seminaren und politischen Schulungen zu einem Instrumentarium der Angsteinflößung und Autoritätsabsicherung in den Händen solcher »Großgenossen« wird, die sich in gewisse Techniken und Praktiken der Wissensvortäuschung und des Verwirrspiels mit Begriffen eingeübt haben.(14) Entlastet dürfen sich vor allem jene unter Duhms Lesern gefühlt haben, die sich in dem von ihm beschriebenen Anfänger im Ritual marxistischer Liturgie wiedererkannt haben.(15)

Das in Duhms Buch zentrale zweite Kapitel »Beiträge zur Erweiterung unseres Menschenbildes und zur Überwindung ideologischer Vorurteile«, exemplifiziert die Forderung des Autors nach einer ganzheitlichen Anthropologie.

»Die anstehenden Fragen kreisen um den Entwurf einer neuen menschlichen Existenz. Wie kann unsere seelische und geistige Deformierung überwunden werden? Wie gewinnen wir ein repressionsfreies Verhältnis zu unserem Körper? Wie schaffen wir ein solidarisches Verhältnis zwischen den Geschlechtern? Wie entwickeln wir ein sinnvolles Verhältnis zu unserer natürlichen Umwelt, von der doch letzlich unsere Existenz ab-

künstlerischen Betätigung einen angemessenen Raum in unserem Leben? Wie überwinden wir die intellektuelle Einseitigkeit unserer Weltanschauung, wie können wir die intuitiven Möglichkeiten unseres Bewußtseins und die verschütteten Kräfte unseres unbekannten Organismus voll zur Entfaltung bringen? Wie bringen wir unser Leben zu jener lebendigen Ganzheit, in der Kopf und Hand, Kopf und Bauch, Individuum und Gesellschaft, Mensch und Natur, Mann und Frau, Religion und Wissenschaft, Arbeit und Spiel, Notwendiges und Künstlerisches, Mikrokosmos und Makrokosmos wieder vereinigt sind?«(16)

Bei der Antwort auf diese Fragen rekurriert Duhm auf die moderne Physik, auf die Archetypen C.G. Jungs, auf Zen, Yoga, Karate, auf Drogenerfahrung und Psychose, auf die Parapsychologie und auf Religionen; er spricht von Gott, er analysiert die »existentielle Bedeutung« des Phänomens Angst und denkt gründlich nach über Liebe, Zweierbeziehung und Sexualität.

Schwendter sieht in Duhms Buch und dessen Wirkung seine Annahme bestätigt, »daß der Synkretismus (die äußerliche Zusammenfassung von Normen verschiedener Subkulturen) als subkulturelle Norm eine zunehmende Rolle zu spielen beginnt.«(17)

Duhm prognostiziert für die Zukunft eine Synthese von Marxismus, Anarchismus, Psychoanalyse und ostasiatischer Philosophie. Ein Zusammendenken von Marxismus und Psychoanalyse werde schon seit längerem in Gruppen und Wohngemeinschaften praktiziert, die ihre politischen und persönlichen Interessen nicht weiterhin auseinanderdividieren wollten.

»Ein historischer Entwicklungs- und Synthetisierungsprozeß erfolgt oft auf dem Weg der Ausdifferenzierung der Extreme. Heute stehen die Extreme so hart nebeneinander, daß wir sagen können: es ist ein bestimmter Reifegrad erreicht. Es werden Gruppen entstehen - die ersten gibt es bereits - welche bewußt auf die Synthese hinarbeiten. In einigen Jahren werden diese Gruppen in der allgemeinen Diskussion sein. So wird sich *langsam* (die meisten marxistischen Gruppierungen rechnen mit ziemlich unrealistischen Zeitkategorien) ein Gegemilieu ausbreiten, das seine Überzeugungs- und Wirkkraft nicht aus einer straffen Iedeologie gewinnt, sondern aus einer Praxis der Veränderung und Befreiung, welche die eigene Person ganz und gar miteinschließt. Diese neue Bewegung wird keinen alten Namen tragen können, sie zielt ab auf einen radikalen Humanismus mit neuen Inhalten. Es werden Begriffe wieder lebendig werden, die im Marxismus vergessen wurden, weil sie keinen legitimen Platz in seiner Theorie hatten. Ich meine u.a. Begriffe wie 'Leben', 'Liebe', 'Schönheit', 'Würde', 'Ehrfurcht', 'Hoffnung', vielleicht auch 'Glaube'. Die berechtigte Auflehnung gegen die Perversion dieser Begriffe durch die bürgerliche Kultur hat in der antiautoritären Rebellion dazu geführt, diese Begriffe aus der Sprache zu verbannen. Was aber aus der Sprache vertrieben wird, geht langsam auch dem Bewußtsein verloren.«(18)

Man kann es Duhm als Verdienst anrechnen, daß gerade sein Buch *Der Mensch ist anders* mit dazu beigetragen hat, die genannten Begriffe in das Bewußtsein zurückzuholen - vorerst noch in das Bewußtsein von Subkulturen.

Die Duhm-Rezeption (seine Bücher haben fünfstellige Auflagen) hatte praktische Auswirkungen. »Es entstand so etwas wie eine 'Emanzipationsbewegung', an deren Spitze sich Duhm teils stellte, teils gedrängt wurde.«(19) Das geschah zwischen 1973 und 1974, im Anschluß an die ersten Arbeiten Duhms. Zum Zeitpunkt des Erscheinen des »Der Mensch ist anders« war diese Emanzipationsbewegung - im engeren Sinne die vom Sozialistischen Büro Offenbach mitinitierte »Emanzipationsdebatte« - wieder auseinandergefallen, blühte aber als allgemeinere, nicht auf einen speziellen Debattierkreis festgelegte Emanzipationsbewegung, die eine zunehmend größere Personengruppe umfaßte, wieder auf, als sie eine praktische Ausweitung durch die ökologische Bewegung erfuhr.

Die traditionellen Naturschutzverbände fanden in den fünfziger und sechziger Jahren mit ihren Warnungen und Protesten keine Resonanz. Das änderte sich erst, als die SPD als Regierungspartei unter ihrem Vorsitzenden Brandt die Vokabeln »Umweltschutz« und »Lebensqualität« in ihr Programm aufnahm. Anfang der siebziger Jahre schlossen sich die ersten Bürgerinitiativen zusammen; sie griffen, organisiert im *Bundesverband Bürgerinitiativen Umweltschutz* (BBU, gegr. 1972) in kommunalen und regionalen Bereichen ökologische, teilweise auch gesundheits- und bildungspolitische Probleme auf und fanden dabei zunächst noch die Unterstützung von Parteien, Kirchen und Gewerkschaften.

1972 erschien in New York die *Meadows-Studie*, ihre Initiatoren sind Mitglieder des *Club of Rome*. Der Forschungsbericht, der 1973 mit dem Friedenspreis des Deutschen Buchhandels ausgezeichnet wurde, setzte weltweit eine Diskussion in Gang, die seitdem nicht mehr abreißen wird, denn er wirft Fragen auf, die von existentieller Bedeutung für die Zukunft der Menschheit sind. Das Fazit der Studie ist eindeutig: »Unser Bevölkerungs- und Produktionswachstum ist ein Wachstum zum Tode. Der 'teuflische Regelkreis' - die Menschheitszunahme als Ursache und Folge

Foto: Günter Zint

der Ausplünderung unseres Lebensraums - kann nur durch radikale Änderung unserer Denkgewohnheiten, Verhaltensweisen und Gesellschaftsstrukturen durchbrochen werden.«(20) Einige wesentliche der in der Meadows-Studie vorhergesagten Konflikte nahmen in der Realität Gestalt an, kaum daß das Buch erschienen war; die Prognose erfuhr eine unmittelbare Bestätigung durch die »Energiekrise« 1973/74. Das Ende der bis dahin weitgehend uneingeschränkten Verfügbarkeit des Erdöls ließ eine »Energiediskussion« aufkommen, die seitdem die Öffentlichkeit beherrscht, politische und administrative Entscheidungen herbeizwingt und Interessengruppen herausbildete, in deren Folge Fraktionierungen quer durch die politischen und weltanschaulichen Lager, letzlich quer durch die Gesamtpopulation entstanden.

Nach Abschluß einer ersten Phase der Orientierung und kontroverser Debatten einigten sich die großen politischen Parteien und die Gewerkschaften in der Bundesrepublik im wesentlichen auf ein Konzept der atomaren Energiegewinnung, das heißt die Erweiterung vorhandener und den Bau neuer Kernkraftwerke. Als Gegengewicht dazu formierten sich Bürgerinitiativen gegen den Bau von Kernkraftwerken, Gruppierungen von Betroffenen, die sich zunächst regional auf die Standorte und Bauplätze konzentrierten - in Wyhl, Biblis, Brokdorf, Grohnde, Kalkar

und anderen Orten - , in der Folge aber zu einer Bewegung anwuchsen, die sich mit Massendemonstrationen und unzähligen Informationsveranstaltungen zu einer politischen Kraft entwickelte, die als »Vierte Gewalt« unmittelbar in politische und administrative Prozesse hineinwirkt. Vollends den Sprung in die politische Tagesordnung machte die Bewegung, als sich wesentliche ihrer Teile zusammen mit anderen ökologischen und politischen Gruppierungen 1979 als Partei *Die Grünen* zusammenschlossen, die auf Anhieb - wiewohl unerwartet - bei Bürgerschafts-, Kommunal- und Landtagswahlen 1979 und 1980 über fünf Prozent der Wählerstimmen gewinnen konnte und mit entsprechenden Mandaten Einzug in Länder- und Kommunalparlamente hielt.

Hier ist nicht der Platz für eine Analyse der Geschichte und Wirkung der Bürgerinitiativen, ihrer Forderungen, ihrer Erfolge und Rückschläge und ihrer Diffamierung und Unterdrückung durch die staatlichen Organe. Die Publizität, die die Bewegung sich teils selbst verschaffte, teils durch die Medien hergestellt wurde, spricht für sich und berechtigt zu der Annahme, daß die von ihr hervorgekehrten Tatsachen und programmatischen Alternativen als bekannt vorausgesetzt werden dürfen. Für den Gegenstand der vorliegenden Arbeit ist es bedeutsam, daß der überwiegende Personenkreis der Emanzipationsbewegung, von der oben die Rede war, und darü-

114

Michael Sprengart: Fotomontage, 1981

ber hinaus ehemalige Beteiligte der Studentenbewegung und weitere nicht organisierte oder organisationsfeindliche Individuen und Gruppierungen über die Gegenöffentlichkeit der Bürgerinitiativen und Ökologisten eine neue politische Identität fanden oder wiedergewannen. Ohnehin hatten schon die Studentenbewegung und andere Protestbewegungen der sechziger Jahre auch eine ökologische Programmatik.

Der Begriff der »Alternative«, vorher fast ausschließlich in der Wortzusammensetzung »Alternativpresse« gebräuchlich - dabei inhaltlich umstritten, wie oben dargelegt wurde - , schob sich seit Mitte der siebziger Jahre zusehends vor alle anderen Begriffsbildungen, Selbst- und Fremddefinitionen politischer und emanzipatorischer Gruppierungen, generell fast aller »freiwilligen« und »progressiven« Subkulturen. Diese Tatsache ist bezeichnend für den Synkretismus, von dem Schwendter als einer neuen für diese Subkulturen verbindlichen Gesamtnorm spricht. Subkultur-Zugehörige z.T. recht unterschiedlicher Herkunft und divergierend im Hinblick auf konkrete engere Nahziele, fühlten sich einer *Alternativbewegung* zugehörig, die wesentlich breiter als etwa die Studentenbewegung das Wesen einer Sammlungsbewegung mit fortschrittlichen Implikationen annahm, sich jedenfalls als ungeeignet erwies, von rigiden Organisationsschemata übergestülpt zu werden.

Die Alternativbewegung zeichnet sich aus durch Offenheit und Vielfalt, sie kann andere, parallel verlaufende Bewegungen integrieren oder teilintegrieren: etwa die Emanzipationsbewegung der Frauen, die neben feministischen z.B. auch ökologische Zielsetzungen hat, und ebenso die undogmatischen linken Gruppierungen. Eine Gemeinsamkeit der an der Alternativbewegung Beteiligten ist das Insistieren auf dem »Hier und Jetzt«. Emanzipationsansprüche werden nicht in die Zukunft verlängert, sondern mit dem Alltag verbunden; aus der Vermittlung der Ansprüche mit der Praxis entstehen weitere Perspektiven, erst von hier aus soll sich Theorie entfalten.

Kurze Zeit nach dem Auftreten der Alternativbewegung liegen auch schon erste Ansätze vor, sie historisch in die Geschichte der Protestbewegungen einzuordnen und kritisch zu deuten.

In einer überarbeiteten und erweiterten Neuausgabe seines 1971 erschienenen Buches »Der Untergrund« macht Hollstein einerseits zwar einen historischen Schnitt zwischen der Protestbewegung der sechziger Jahre, ihrer Entmischung bis Mitte der siebziger Jahre und der seitherigen Herausbildung einer gesonderten Alternativbewegung, betont aber vor allem die Kontinuität »der Bewegung« schlechthin seit dem Auftreten der Beat-Generation in den fünfziger Jahren. Hollstein ersetzt den Begriff »Untergrund« durch den der »Alternativbewegung«. Deutlich wird das terminologische Austauschverfahren etwa in dem Satz: »... Die Debatte um das wirtschaftliche Wachstum, das Energieproblem und den Umweltschutz ... ist von der Alternativbewegung schon vor 20 Jahren initiiert worden.«(21)

Kraushaar verwendet den Alternativbegriff streng in Analogie seiner historischen Genese, an deren Anfang das Nachdenken »undogmatisch-spontaneistischer« Gruppen über die Gründe der Erfolglosigkeit ihrer politischen Basisarbeit stehe. Die Reflexion habe Konsequenzen gezeitigt: Radikalisierung des eigenen Lebenszusammenhangs plus Schaffung einer eigenen Reproduktionsbasis. Damit existierten nach Kraushaar die Voraussetzungen für »jene Ansätze, die etwas pauschal als Alternativbewegung bezeichnet werden.«(22)

Der DKP nahestehende oder angehörende Kritiker reden statt von der Alternativbewegung lieber von der »Spontiströmung« (pars pro toto); Schlagwort: »Vom Stadtindianer zum Landfreak«. Auch für diese Kritiker - z.B. Ladefeld, Krings - steht eher die Betonung einer historischen Kontinuität im Vordergrund: die der kleinbürgerlichen Fluchtbewegungen. Die Alternativbewegung gilt ihnen ausschließlich als Reflex der sozialen Entwurzelung von Mittelschichten.

Mit der sozialen Zusammensetzung der Alternativbewegung beschäftigt sich auch ein Aufsatz von Milan Horacek. Den Beteiligten wird ihre soziale Herkunft jedoch nicht als Kainszeichen auf die Stirn gedrückt. »Obwohl sich die Alternativbewegung derzeit vorwiegend aus Kreisen der Intelligenz und der Mittelschichten rekrutiert, ist sie perspektivisch doch nicht auf diese beschränkt. Die Arbeiter in den Fabriken, auf den Baustellen, in den Berg- und Hüttenwerken leiden unter lebenslanger Abhängigkeit und Unterdrückung, Fließbandarbeit, Lärm, Staub, Abgasen, Hitze und Frost, das Wohnen in Betonsilos und industrienahen Siedlungen ... machen Körper und Kopf kaputt.«(23) Die Interessenidentität der Arbeiter- und Alternativbewegung betont auch Hollstein. »Empirisch zu prüfen wäre hier auch, inwiefern in den letzten Jahren autonome Streiks und dezentrale Tendenzen der Arbeiterbewegung *praktisch* mit Autonomie- und Dezentralismusforderungen in der Alternativbewegung zusammentreffen, sich u.U. beeinflußt haben und weiter stimulieren.«(24)

Horacek nimmt eine Unterteilung der Alternativbewegung vor, die zu akzeptieren ist, auch wenn sie etwas mechanisch verfährt. Er spricht von einer Gesamtalternativbewegung (und kürzt ab: GAB), die sich zusammensetzt aus Ökologiebewegung, Alternativbewegung, Frauenbewegung und undogmatischer linker Bewegung. Die Ökologiebewegung umfasse mit dem ihr angehö-renden Bürgerinitiativen ein breites Spektrum von »Wertkonservativen« über »Systemkritiker« bis hin zu Marxisten und freien Sozialisten. Die Frauenbewegung leiste mit den Massenauflagen der Zeitschriften *Emma* und *Courage* sowie eigenen Verlagen einen wichtigen Beitrag für die Gesamtalternativbewegung. Auch für die Alternativbewegung (im engeren Sinne) hebt er die Bedeutung der bisher realisierten Projekte hervor, die eine Brücke zwischen Theorie und Praxis darstellten: »Wohn- und Produktionsgemeinschaften, Kommunen, alternative Lebens- und Arbeitsprojekte (Buchläden, Verlage, Zeitschriften, Kinos Theater, Werkstätten etc.).«(25)

Als uneinheitlichste Gruppierung betrachtet Horacek die undogmatische Linke. »Zum einen, weil sie im Spannungsfeld der verschiedenen linken Gruppen steht, die sich aus ihren Reihen zu rekrutieren versuchen, zum anderen, weil sie ein Auffangbecken für diejenigen darstellt, die die verschiedenen Kaderorganisationen verlassen haben und eine neue politische Heimat suchen, die nicht hierarchisch repressiv, entmündigend und sektiererisch ist, sondern konstruktivem und kreativem Handeln Raum gibt.«(26)

Horaceks Aufteilung der »Gesamtalternativbewegung« berücksichtigt auch, was Hollstein als »Besonderung« bezeichnet - also die Unterscheidung spezifischer Einzelinteressen oder Betätigungsfelder. Solche Besonderungen verdienen Beachtung, und sie sind auch zu kritisieren, zumal da, wo der Übergang zur Fetischisierung des einzelnen Anliegens nicht mehr fern liegt (Ritualisierung des Frau-Seins, Kultus der eigenen Körperlichkeit, Dogma der gesunden Ernährung, Spontaneität als Verhaltensnorm, etc.). Häufig jedoch gehen »Besonderungen« ineinander über; aufschlußreicher als eine Katalogisierung solcher Besonderungen (Addition alternativer Einzelnormen) dürften empirische Nachweise für ihre Verschränkung bei den Beteiligten sein. Schon die alltägliche Beobachtung (in Wohngemeinschaften etc.) kann darüber Auskunft geben.

Wie schon die Protestbewegungen der sechziger Jahre ist auch die Alternativbewegung auf eigene Medien angewiesen.. Sie kann dabei auf die schon seit über einem Jahrzehnt bestehende Alternativpresse zurückgreifen - ein Vorteil, der gar nicht hoch genug eingeschätzt werden kann. Die sozialistischen Kleinverlage und die politischen Blätter der Alternativpresse ebenso wie die Publikationen, Verlage und Vetriebsorgane der literarischen Alternativpresse verhalfen der Alternativbewegung zu der notwendigen Öffentlichkeit, lange bevor auch die etablierten Medien sich ihrer annahmen. Die Manifestationen und Leitfäden der Kernkraftgegner und Ökologisten - in ihrer

Zahl inzwischen kaum noch zu überschauen - erschienen zuerst im Selbstverlag oder kleinen Alternativverlagen, bevor sie im Verlagsprogramm von *Rowohlt* und *Fischer* auftauchten bzw. der *Fischer* Verlag sich zu einer eigenen Taschenbuchreihe *fischer alternativ* entschloß.

Mit dem Anwachsen der Alternativbewegung, auch dem ihrer Integrationsfähigkeit und der Faszination, die sie auf die unterschiedlichen subkulturellen Gruppierungen ausübte, schossen neben den schon lange Zeit bestehenden in schneller Folge hunderte von neuen Blättern aus dem Boden, von denen viele jedoch ebenso rasch wieder eingingen. Schwendter behandelt diese Publikationen in einem Materialienband zur documenta 6 unter dem Oberbegriff »Stadtzeitungen«.

Für die Jahre 1973 - 76 spricht er von einer Inkubationszeit; es entwickelten sich Formen, die in

Gerhard Seyfried

117

die späteren »Stadtzeitungen« eingingen. In dieser Zeit waren nur wenige Blätter - etwa das Münchner *blatt* - auch überregional bekannt. »Als sich beim Antirepressionskongreß des Sozialistischen Büros zu Pfingsten 1976 eine Arbeitsgruppe Stadtzeitungen bildete, gab es auf einmal eine Reihe von Blättern und noch mehr Initiativen. Seitdem ist kaum eine Woche vergangen, in der nicht eine Stadtzeitung ihr Erscheinen begonnen hat. ... Ihre gemeinsame monatliche Gesamtauflage dürfte die 100.000-Grenze in der Zwischenzeit überschritten haben.«(27)

Schwendter unterscheidet in der alternativen Presse drei Zeitschriftentypen: Die »Volksblätter«, die »Scene-Blätter« und die Stadtzeitungen im engeren Sinne«.

Schwendter unterscheidet in der alternativen Presse drei Zeitschriftentypen: Die »Volksblätter«, die »Scene-Blätter« und die »Stadtzeitungen im engeren Sinne«.

Die »Volksblätter« verstehen sich »nur gleichsam als geschäftsführender Ausschuß der lokalen Bürgerinitiativen. ... Sie zeichnen sich durch eine einfache Sprache, ein konventionelles Lay-Out, das fast völlige Fehlen von gewerblichen Anzeigen und überregionalen Meldungen aus.«

In ein Amalgam aus verschiedenen Subkulturen - die Scene - eingebunden sind die nur in Groß- und Hochschulstädten erscheinenden »Scene-Blätter«, zu denen auch die meisten der schon seit Jahren existierenden subkulturellen und »Sponti«-Zeitschriften zu zählen sind (z.B. der Frankfurter *Pflasterstrand*). »Sie sind kenntlich durch einen gefühlsbetonten Jargon, ein kreatives Lay-Out, das jedoch nicht selten in Klischees erstarrt (Comics, Jugendstiltypographien, Nachdrucke von Karikaturen, gewollt uneinheitliches Schriftbild). ... Ihre Stärke sind der oft sehr gute Service-Teil (Adressen, Veranstaltungen, vor allem auch Kleinanzeigen, die oft mehr soziologische Inhalte vermitteln als die Artikel selbst) sowie die Beiträge zur subkulturellen Infrastruktur (etwa zu Selbsthilfegruppen).«

Die »Stadtzeitungen im engeren Sinne« - z.B. in Freiburg, Kassel, Mainz/Wiesbaden, München, Münster, Saarbrücken - stellen nach Schwendter eine Synthese aus Volks- und Scene-Blättern dar, denn sie versuchen, »den Anspruch der Bürgerinitiativen mit dem der Subkulturen zu verbinden.«(28)

Die Ausbreitung der Alternativbewegung hatte Auswirkungen auf die alternative Literaturszene. Sie brachte neues Leben in die zu Leerformeln erstarrte Selbstverständnisdebatte. Ein nicht geringer Teil der schon seit Ende der sechziger Jahre dem alternativen Literaturbetrieb angehörenden Autoren, Zeitschriftenmacher und Kleinverleger fühlte sich insbesondere von der Diskus-

sion ökologischer Fragen angesprochen. Auch die Fauenbewegung und »Gay Liberation«, die Emanzipationsbewegung der Homosexuellen sowie die Praxis einer neuen Natürlichkeit, generell die Idee einer ganzheitlichen Anthropologie - hier hatte u.a. die Duhm-Rezeption ihre Auswirkungen - fanden in der Alternativliteratur eine breite Aufnahme und konnten sich z.T. in deren Zeitschriften und Büchern überhaupt erst zum Ausdruck bringen.

Die Selbstverständnisdebatte und die literarische Produktion im alternativen Literaturbereich wurden somit einerseits um neue Themen und Anstöße bereichert, andererseits sah man sich dort aber auch in dem bestätigt, was man teilweise schon viele Jahre zuvor erörtert und praktiziert hatte. Den Synkretismus, von dem Schwendter 1978 spricht, gab es dort schon wesentlich früher - zwar weniger in Form eines gedanklichen Integrierens unterschiedlicher subkultureller Normen als im Pluralismus des Publikationsangebots. Ein Vertriebszentrum wie das von Wintjes bot neben politischen immer auch schon »spirituelle« oder »ganzheitlich« ausgerichtete Bücher und Zeitschriften an. Und während die politische Szene, vornehmlich im Hochschulbereich, damit beschäftigt war, fraktionelle Gräben auszuheben, brachte sich der engere Kreis der literarischen Alternativszene - z.B. auf den Minipressen-Messen und anderen gemeinsamen Veranstaltungen - niemals ganz um die Chance der interfraktionellen Verständigung. Das Aufkommen und Erstarken einer Alternativbewegung konnte daher in dem Personenkreis der Alternativliteratur auch nicht die Verblüffung und Sprachlosigkeit hervorrufen wie andernorts, in den marxistischen Zirkeln etwa oder in den etablierten Medien.

Die Alternativbewegung hatte für die literarische Alternativpresse weniger einen ideell-gedanklichen als einen praktischen Innovationswert. Was in den unterschiedlichen Gruppierungen der Gesamtalternativbewegung nach Ausdruck suchte, war hier zum Teil schon lange vorher reflektiert worden, also nicht neu. Aber trotz aller gedanklichen - oft auch nur verbalen - Anstrengung fühlte man sich doch unbedeutend, marginal und in einer Randzone angesiedelt. Dieses Gefühl der eigenen Bedeutungslosigkeit äußerte sich offen oder versteckt in manchen Äußerungen der Selbstverständnisdebatte - auch in den Einschätzungen der eigenen literarischen Produktion - und dürfte mit dazu beigetragen haben, daß diese immer langweiliger wurde und sich in Wiederholungen erschöpfte.

Der Innovationswert der Alternativbewegung bestand für den Produktions- und Kommunikationsbereich der Alternativliteratur in der Perspektive, die sich durch die Praxis der Bewegung eröffnete. Erst jetzt konnten sich die jungen Autoren, die Zeitschriftenmacher und Kleinverleger - so wie zuvor die sozialistischen Kleinverlage - als Bestandteil einer aktiven Gegenkultur begreifen, die nicht im gesellschaftlichen Abseits stand, sondern mit dem Anspruch auftrat, gesellschaftliche und staatliche Instanzen herauszufordern und mit realisierten oder realisierbaren Modellen anderer, »alternativer« Lebensformen zu konfrontieren. In diesem Zusammenhang bekamen die sich als alternativ verstehenden Medien - auch die literarischen - eine bestimmte Aufgabe zugewiesen, sie begriffen, daß sie eine für die Gesamtbewegung wichtige Funktion zu übernehmen hatten. In keiner der bisher erschienenen Veröffentlichungen über die Alternativbewegung fehlt der Hinweis auf die alternativen Medien; Hartwig hebt, wie oben bereits zitiert, ihre »zentrale Rolle« bei der Realisierung alternativer Praxis hervor. Mehr noch: Wo in den Beiträgen über die Alternativbewegung deren konkrete Projekte aufgezählt werden, fällt auf, daß zu zwei Dritteln solche Bereiche genannt werden, die sich mit der Herstellung und dem Vertrieb von Büchern und Zeitschriften beschäftigen.

Die häufig zu beobachtende Gleichsetzung der Begriffe »Alternativbewegung« und »Alternativkultur« muß auf diesem Hintergrund angesiedelt werden. Kraushaar geht soweit, für die Alternativbewegung einen »Ebenenwechsel von der Politik zur Ästhetik und damit von der Praxis zur Anschauung« zu behaupten; er kritisiert eine »vorschnelle Befriedigung durch Phantasieproduktion.«(29) Tatsächlich enthält der Terminus Alternativkultur neben einem umfassenderen anthropologischen Kulturbegriff auch jenen engeren, der Kultur bevorzugt mit ästhetischen Ausdrucksformen gleichsetzt.

1979/80 häufen sich in den Medien - etwa in der *Frankfurter Allgemeinen Zeitung* und der *Zeit* - Artikel und Kommentare über die »kulturfeindliche Jugend«; in ihnen wird beklagt, daß seitens der jungen Generation literarische Rezeption, Theaterbesuche etc. nicht mehr stattfänden; Analphabetisierung und »moralische Leere« seien die Folge. Christian Schultz-Gerstein schreibt dazu im *Spiegel:* »Wenn da Germanistikprofessoren, Kultusminister und Feuilleton-Chefs wegen der literarischen Unbildung und angeblichen Lesefaulheit von Schülern und Studenten Alarm schlagen, dann verschweigen sie allemal, daß Schüler und Studenten keineswegs weniger lesen als früher, sondern lediglich andere literarische Bedürfnisse haben ... .«(30) Der Journalist zeigt sich erstaunt, daß die Sachwalter der Hochkultur scheinbar nicht zur Kenntnis genommen haben, daß »der jugendliche Exodus aus der kulturellen Welt der Väter inzwischen zu einem derartigen

Alternative Praxis

Massenphänomen geworden ist, daß man bereits von der Existenz zweier voneinander unabhängiger Kulturen spricht.«(31)

Zwei Kulturen - den Begriff prägte der damalige Senator für Wissenschaft und Forschung in Berlin, Peter Glotz, angesichts des »Tunix«-Treffens in Berlin 1978, der bisher eindrucksvollsten Selbstdarstellung der Alternativkultur. Einige tausend junge Leute aus dem In- und Ausland, »Spontis«, »Stadtindianer«, »Mescaleros«, »Alternativler« und wie auch immer die Sammeletiketten für der Alternativbewegung angehörende Gruppierungen lauten, feierten hier ein Fest. Glotz schreibt:

»Heute haben wir zwei ganz verschiedene Kommunikationssysteme. Die Unterschiede sind so groß, daß ich von zwei Kulturen spreche. Es ist so, als ob sich Chinesen mit Japanern verständigen sollten. Die einen leben in einer Subkultur innerhalb der Hochschule. Sie lesen die Flugblätter, die 'Infos', sie lesen die eine oder andere linke

Alternative Praxis

Zeitschrift, vielleicht auch noch die 'Frankfurter Rundschau' oder mal einen Artikel im SPIEGEL oder im 'Stern'. Im Fernsehen interessiert sie allenfalls 'Panorama'. Und dann gibt es die ganz andere Kultur der vielen Leute, die ihre stinknormale Tageszeitung lesen, ganz gleich ob sie von

Springer oder jemand anderem kommt ... . Wer drei Jahre lang in der Info-Kultur gelebt hat, der spricht eine ganz andere Sprache als die Leute der anderen Kultur, und auch die gemeinsamen Selbstverständlichkeiten werden zerstört.«(32)

Während viele junge Autoren und Zeitschriftenmacher der literarischen Alternativpresse lange Zeit nicht anzugeben vermochten, wo der gesellschaftliche Ort ihrer Literatur sei, ist es ihnen durch die praktische Entfaltung der Alternativbewegung möglich geworden, diesen Ort zu benennen. Ob man dabei den Terminus der *Zweiten Kultur* akzeptiert und sich selbst zueigen macht, spielt dabei eine untergeordnete Rolle. Die Autoren und Verleger der literarischen Alternativpresse wissen jedenfalls, daß ihre literarische Produktion diejenigen sowohl erreicht als auch umgekehrt von ihnen beeinflußt wird, die auf der Suche nach Alternativen zur »ersten Kultur« sind.

»Wie anders wäre die Blüte alternativer Klein-Verlage oder die Ausbreitung von Frauenbuchläden zu erklären, wie anders wären die hohen Auflagen von Büchern des 2001-Versandes zu verstehen, wo Schüler und Studenten sich Vesper und Wallraff, Bukowski und Wondratschek, die »Akzente« und »Die Fackel« von Karl Kraus zu Hunderttausenden kaufen, wie wäre das zu begreifen, wenn die Jugend literarisch tatsächlich so desinteressiert wäre, wie die führenden Köpfe sich selbst weismachen.«(33)

Zur literarischen Produktion der Alternativpresse

Alternativliteratur und Literaturkritik

Die vorliegende Arbeit beschäftigte sich bisher im wesentlichen mit der Genese und dem Selbstverständnis der literarischen Alternativpresse im Kontext der Entfaltung von Gegenöffentlichkeit (Protestbewegungen, Subkultur, Alternativbewegung) in der Bundesrepublik. Dabei standen die Texte selbst, die jenen Teilbereich der Gegenöffentlichkeit erst konstituieren, der sich durch bloße Selbstdefinition zur »Alternativliteratur« erklärte, nicht im Mittelpunkt der vorangegangenen Kapitel.

Eine Präsentation von Texten, für die der Sammelbegriff »Alternativliteratur« reklamiert wird, macht dessen Definition wünschenswert. An terminologischen Bemühungen haben es die am alternativen Literaturbetrieb Beteiligten nie fehlen lassen. Die »Gretchenfrage, was denn nun bitte Alternativliteratur sei«(1), geriet zum Topos der Selbstverständnisdebatte. Letztlich besteht bei den betreffenden Autoren, Lesern und Kleinverlegern das ausgesprochene oder stillschweigende Einverständnis, daß eine Antwort darauf im Sinne einer gültigen Definition nicht möglich, bzw. daß von kanonischen Definitionen ohnehin wenig zu halten sei.

Wo schon selbst innerhalb der Szene die inhaltliche und erst recht formal-ästhetische Konkretisation der eigenen Wortschöpfung »Alternativliteratur« nur mit Mühe vonstatten geht, ist andererseits der Blick auf die zuständige Wissenschaft auch nicht erhellender. »Alternativliteratur« wird man etwa in einschlägigen Literaturlexika als literaturwissenschaftliche Gattungsbezeichnung innerhalb der Dichtarten vergeblich suchen; und ebensowenig findet »Alternativliteratur« als Bestandteil neuerer Literaturgeschichte literarhistorische Beachtung.

Diese Feststellung soll jedoch nicht zu dem Rückschluß verleiten, daß generell die Texte, die der alternativen Szene als ihre »eigene« Literatur gelten, von der Literaturwissenschaft vernachlässigt und aus literaturkritischen Diskussionen herausgenommen würden.

Auf *bestimmte* Texte und Textarten aus der Szene und ihrem Umfeld - Texte, die jedoch nicht vorwiegend oder ausschließlich innerhalb der Szene rezipiert wurden (etwa die Gedichte von Brinkmann) - richtete sich schon sehr früh das Augenmerk von Literaturkritikern und -wissenschaftlern; dies zu einer Zeit, da der »Alternativ«-Begriff noch im Schatten der Termini »Subkultur«, »underground«, »Pop« stand und allenfalls etwa den jungen Autoren im Wirkungskreis der ersten *UM-Infos* geläufig war. Literaturwissenschaftliche Beachtung einiger ganz bestimmter Texte des später als Alternativliteratur bezeichneten Bereichs erfolgte auf der Grundlage dieser Termini - »Untergrundliteratur«, »Pop-Literatur«.

Martin Walser sprach 1968 im Hinblick auf diese Texte von der »Neuesten Stimmung im Westen«, die er scharf kritisierte (»gesellschaftliches Desengagement«, »Bewußtseinspräparate für die neueste Form des Faschismus«). Er verzichtete auf eine Differenzierung des inkriminierten Trends. Die von den USA ausgehende breite Hesse-Rezeption der Jugendlichen, die Repräsentanten der Beat-Generation, das Medien-Konzept Marshall McLuhans, die literarischen Texte von Handke und Brinkmann, die Hinwendung emotioneller Subkulturen zu ostasiatischen Religionen etc. verfallen - wie oben bereits dargestellt - in einem Aufwasch dem Verdikt der »Neuesten Stimmung«.

Ein Aufsatz von Walther Huder aus dem Jahr 1969, »Die Pop-, Beat-, Hippie- und Underground-Generation und ihre Literatur«(2), behandelt seinen Gegenstand nurmehr als Kuriositäten-Kabinett. Die einleitende Definition ist noch annehmbar: »Pop-, Beat- und Hippie-Literatur sowie deren Radikalisierung in Underground-Texten ist eine Sache der westlichen Subkultur, der nichtherrschenden Gesellschaftsschicht intellektueller Söhne und Töchter, der antiautoritären Jugend, jenseits aller akademischen Kulturanalyse und altväterlichen Literaturgeschichte, ja zum großen Teil selbst außerhalb der kommerziellen Verlagsanstalten.«(3)

Dann jedoch versucht der Autor alles unter ein Dach zu bringen und ohne sonderliche historische und strukturelle Unterscheidungen gleichzusetzen, was nur irgendwelche Merkmale von »Abweichung« aufweist. Befremdender noch ist das bemühte Suchen nach literarischen Vorläufern, Vorbildern, Einflüssen, Vorwegnahmen; der Aufsatz ist durchsetzt mit z.T. längeren Zitaten literarischer Größen, was nichts anderes bedeutet, als daß Huder seine einleitende Bemerkung über eine Literatur »jenseits aller akademischen Kulturanalyse« nicht im geringsten beim Wort nimmt. Er zitiert Goethe, Büchner, Grillparzer, Novalis, Poe, Giraudoux, Flaubert, Joyce, Cocteau; er bezieht sich auf Naturalismus, Expressionismus, Dadaismus, Surrealismus, und auch Jugendstil, Rokoko, Freud, Fidus und Rasputin eignen sich als Verweis auf dieses oder jenes Detail. Die »Leute des underground« und der

Womens Liberation Poster, 1970

»Hippiewelt« ebenso wie die Autoren und ihre Texte werden bis hin zur Abstrusität beschrieben, gedeutet und miteinander in Beziehung gesetzt:

»Die Buben tragen Frauenhaar und bunte Damenblusen, die Bienen jedoch Blue-Jeans und Brechtschnitt. Der konventionelle Frauenrock wird zum allgemeingeschlechtlichen Lendenschurz verkürzt. Die primären Geschlechtsmerkmale bleiben zwar in ihrer nun einmal nicht zu ändernden Unterschiedlichkeit erhalten. Doch sie

treten dafür in ihrer natürlichen Uniformiertheit auf ... Literarisch spiegelt sich diese Uniformiertheit der Natur und der technisch-medizinisch denkenden Gesellschaft in der Verwendung der immer gleichen Vulgärausdrücke für solche eigentlich individuellen Sachen.«(4) Und weiter unten: »Die beliebtesten Stoffe der Beat-Literatur liefert die Märchen-Welt. Jeder Beatle kleidet sich wie ein Jüngling von General oder Prinz oder Salonlöwe. Er ist Page oder verkappter Gott mit Zeusperücke.«(5)

Immerhin arbeitet der Aufsatz außer der Vielzahl solcher Etikettierungen auch einige brauchbare, jedoch geläufige Kategorien heraus, z.B. für die »Pop-Literatur«: Verneinung eines artistischen Selbstverständnisses seitens der Autoren, Opposition gegen formale Erfindungen (absurdes Theater) und »die klassischen Literatursymptome wie Symbol, Metapher oder Verfremdung« (6), Ablehnung einer Aufteilung der Literatur nach Gattungen, Priorität der Darstellungsinhalte, unmittelbare Adaption der Realität in unerwarteten Konstellationen, Ästhetisierung der Dingwelt des Alltags.

Die bisher immer noch einzige literaturwissenschaftliche Monographie, die sich der Untergrund-Literatur der späten sechziger Jahre im deutschsprachigen Raum annimmt, ist Jost Hermands Arbeit »Pop International« aus dem Jahre 1971. Die entsprechenden Kapitel sind überschrieben mit »Die Subkultur der Hippies«, »Schocker-Pop«, »Die Revolte der Freaks und Kommippies«, »Linkes Entsetzen«, »Zwischen Agit-Pop und Aktion«.

Hermand beschränkt sich dabei nicht auf die Präsentation und Analyse literarischer Texte, ihn interessiert gleichermaßen die entsprechende Entwicklung innerhalb der bildenden Kunst, und er geht den gesellschaftlichen Ursachen, der Rezeption und Wirkung der »Pop-Begeisterung seit 1960« nach. Vergleicht man den Buchtitel mit den Kapitelüberschriften, so wird deutlich, daß Hermand mit dem Begriff des Pop recht unterschiedliche Bereiche avantgardistischer, gegenkultureller und politisch-agitatorischer Literatur- und Kunstformen eines Zeitraums von zehn Jahren abdeckt. Seine Begriffserweiterung des Pop erfolgt nicht etwa aus einem besonderen texttheoretischen Ansatz oder methodischen Erwägungen. Vielmehr stand ihm kein geeigneterer Oberbegriff zu Gebote. »Pop International« besagt nicht weniger und kaum mehr als »Neueste Stimmung im Westen«.

Mit dem heutigen Begriff »Alternativliteratur« verhält es sich kaum anders; möglicherweise werden erst eine größere zeitliche Distanz und literaturwissenschaftliche Einzeluntersuchungen entweder für geeignetere Sammelbezeichnungen sorgen oder aber den völligen Verzicht darauf anraten. Für die Literaturgeschichte wird es dabei auch darauf ankommen, das Phänomen »Subliteratur« - auch dies eine Bezeichnung, die des öfteren Verwendung findet - in Relation zur gesamten Literatur der sechziger und siebziger Jahre zu berücksichtigen.

Einen solchen Versuch unternimmt die schon oben zitierte Arbeit von R. Hinton Thomas und Keith Bullivant, »Westdeutsche Literatur der sechziger Jahre«, aus dem Jahr 1975 (engl. Originalausgabe 1974). Das Buch gliedert sich in die Abschnitte »Literatur und Identität«, »Literatur und Politisierung«, »Literatur und das 'Ende der Literatur'«, »Literatur und Dokumentation«, »Literatur und Arbeitswelt«, »Literatur und Subkultur«.

Für das letzte Kapitel, das sich mit Texten von Rolf Dieter Brinkmann, Wolf Wondratschek, Paul Gerhard (später Haddayatullah) Hübsch, Fred Viebahn, Tiny Stricker, Friedemann Hahn, Henryk M. Broder, Peter O. Chotjewitz, Helmut Salzinger, Hubert Fichte, Franz-Josef Degenhardt u.a. beschäftigt, glauben sich die Autoren gegenüber ihren Lesern fast schon entschuldigen zu müssen:

»Ein Kapitel über Subkultur mag in einem Buch über westdeutsche Literatur überraschen. Das ist weder im akademischen Sinne respektabel, noch waren unsere Kommentare dazu allzu begeistert. Als akademische Disziplin jedoch befaßte sich die Germanistik zu lange und zu eng mit den feineren, gehobeneren Aspekten der Literaturgeschichte. Was für Gründe auch immer in der Vergangenheit dafür bestanden haben mögen, diese Gepflogenheit ist um so weniger gerechtfertigt, je mehr man sich dem modernen zeitgenössischen Bereich nähert.«(7)

Wie Thomas/Bullivant stellen auch Jürgen Theobaldy und Gustav Züricher Texte der »Subliteratur« - es handelt sich hier ausschließlich um Gedichte - in den literaturhistorischen Zusammenhang der Lyrik eines Jahrzehnts, der Jahre 1965 bis 1975. Das 1976 erschienene Buch, »Veränderung der Lyrik. Über westdeutsche Gedichte seit 1965«, enthält im letzten Kapitel - es ist von Theobaldy verfaßt und trägt den Titel »Persönliche Erfahrungen und gesellschaftliche Perspektiven« - Textanalysen einiger paradigmatischer »Underground«-Gedichte. In diesem Zusammenhang reflektiert Theobaldy auch die Problematik einer angemessenen Begriffsbildung bei der Übertragung dieses Terminus von amerikanischen auf westdeutsche Verhältnisse:

»Die Tageskritik hat diese Lyrik schnell mit dem Etikett 'underground' belegt, in Anlehnung an amerikanische Gedichte. Tatsächlich ist ein Großteil dieser westdeutschen 'Underground-

Lyrik' ohne ihr amerikanisches Vorbild nicht zu denken. Viele dieser Gedichte lesen sich wie Übersetzungen aus dem Amerikanischen, auch da, wo die Erfahrungen mit Drogen, mit einem Leben in gesellschaftlichen Randgruppen ganz authentisch sind. Andererseits ist es wahrscheinlich, daß ähnliche Lebensweisen zu ähnlichen Ausdrucksformen und Inhalten bewegen. So wären bestimmte Gedichte keine Antwort, keine Reaktion auf vorangegangene Lyrik, sondern auf solche, die etwa zur gleichen Zeit in einem anderen Land geschrieben wird. Zwar ist der 'american way of life' sicher anders zu charakterisieren als der westdeutsche Alltag, jedoch scheint die Ablehnung beider... zu ähnlichen Positionen führen zu können.«(8)

Es ist bemerkenswert, daß die genannten literaturkritischen Untersuchungen subliterarischer Strömungen in der Bundesrepublik bei aller Unterschiedlichkeit ihres Ansatzes und ihrer Intentionen eines gemeinsam haben: eine mehr oder minder pejorative Grundhaltung gegenüber ihrem Sujet. Die in der vorliegenden Arbeit schon mehrfach zur Sprache gekommene ablehnende Position Walsers bedarf keines neuerlichen

Roy Lichtenstein: Girl, 1965

Kommentars. Huder, zwischen Spott und Anbiederung schwankend, entscheidet sich für punktuelle Seitenhiebe. Thomas/Bullivant räumen ihren Lesern gegenüber ein, daß in ihrem Buchkapitel über »Literatur und Subkultur« die »Kommentare allzu begeistert« nicht waren. Theobaldy, der selbst aus der Szene kommt (Mitherausgeber der Zeitschriften *Der fröhliche Tarzan*, *Benzin* u.a.), demonstriert »Underground-Lyrik« an einem Gedicht von Jörg Fauser, das in der Tat keine andere Interpretation und Wertung zuläßt als die, die Theobaldy anschließend vornimmt. Er urteilt nicht ablehnend über Texte des literarischen Underground, aber die Präsentation eines bestimmten - als exemplarisch verstandenen - Gedichts soll dem Leser ein Bild von der Realität des Underground vermitteln, das nicht gerade Euphorie aufkommen läßt:

Jörg Fauser
Zum Alex Nach Mitternacht

**Die Charles-Bronson-Imitation aus Knautschlack
brütet über einer Cola in der roten Sonne
überbelichteter Vorstadt-Träume; erledigte Rivalen,
klatschende Klöten, Kadaver am Galgen, letzter
Show-down,
triefende Mösen, absolutes Finale
in Technicolor.
Der blondgefärbte schwule Ithaker mit den lila
Denims
gibt es endgültig auf, Mick Jagger nachzuäffen,
Mann ohne Publikum, Publikum
ohne Mann.
Paß auf, daß du im Lokus nicht ausrutschst
und dir deinen
parfümierten Schwanz brichst.
Dieses miese Loch, Bastard
eines desolaten Hippie-Sommers, sag dem letzten
Taxifahrer Gute Nacht, sweet Mary
vor die Wahl gestellt zwischen deinen
abgekauten Titten und dem Nichts
wähle ich deine Titten.
Die Einsamkeit macht uns alle fertig, sagt Klaus
und drückt Janis Joplin, Whisky and »Me and
Bobby McGee«,
der Joker rattert, Maschinengewehr, Baader
geschnappt,
chant d'amour et de la mort, so'n Mordsdusel,
der Apparat spuckt lauter Markstücke aus
und wir bestellen nochmal
ein Magengeschwür.
Alles was da hängt
ist Fleisch.(9)**

Für Theobaldy ist das Gedicht »später Ausdruck einer Bewegung, die aufgebrochen war, mit bewußtseinsverändernden Drogen individuelle und dann auch kollektive Lernprozesse auszulösen, die schließlich auch eine Änderung der gesellschaftlichen Verkehrsformen bewirken sollten. Fausers Gedicht bedeutet ein Zeugnis des Scheiterns dieser Theorien und Praktiken.«(10)
Ausführlicher und gründlicher als die anderen genannten Autoren beschäftigt sich Hermand mit seinem Gegenstand. Er führt, wie er selbst sagt,

einen »Fünffrontenkrieg«: Gegen den esoterischen Kunstbegriff der Kulturverwalter, gegen die Vermarktung des Pop, gegen die »Hippie-Schwärmer«, gegen die Protagonisten des Agitprop und »gegen jene pseudo-linken Aktivisten, die bei dem Wort 'Kultur' sofort zum Messer greifen, weil sie darin von vornherein etwas Bourgeoises wittern.«(11)
Für den gesellschaftlichen Rückzug der Hippies, für ihre Gegenleitbilder, ihr ökologisches Bewußtsein, ihre sexuelle Offenheit etc. bringt er z.T. Verständnis auf, und er verteidigt die Hippies gegenüber der Doppelmoral der Elterngeneration oder auch gegenüber Vermarktungstendenzen. Aber er sieht in der Bewegung vorwiegend die reaktiven Momente, eine Opposition an und für sich, von der kaum Impulse in die Gesellschaft hineinwirken und deren Gegenkultur keinerlei Perspektiven hat. Hermand schreibt: »Daß eine so harmlose Bewegung von ihrem ersten Auftreten an rücksichtslos brutalisiert und lächerlich gemacht worden ist, spricht nicht unbedingt für die Gesellschaft, die sich ständig zu einem pluralistischen 'Liberalismus' bekennt.« (12) Doch er selbst neigt durchaus auch zum Lächerlich-Machen, wenn er z.B. bei der Erörterung des »sozialpsychologischen Aspekts dieses Phänomens« mit folgenden Bemerkungen operiert: »Jungsein (ist) ihre wichtigste Tugend ... Eines der wenigen Leitbilder ... ist immer noch der Naturbursche, der sich rein dem infantilen 'Pleasure-Principle' überläßt ... Anstatt also Mom und Dad nachzueifern, spielen sie lieber Indianer oder lesen Teenager-Magazine wie MAD, um nur ja keine Erwachsenen zu werden ...Alles, was sie erstreben, ist ein bißchen Schmutz, ein bißchen Freiheit, ein bißchen Liebe...«.(13) Er spricht von »Nackedeiparties«, »romantischer Fummel-Kommune«, »Blumengärtnerkult à la Hesse« etc. Für ästhetische Sublimierung hätten die Hippies nicht viel übrig, sie könnten »nur stammeln, mit Farbe herumklekkern oder mit kindlicher Freude auf (der) Gitarre zupfen.«(14) In Europa, zumal in Westdeutschland, sehe es noch trauriger aus als in den USA. »Das einzige etwas anspruchsvollere Werk der deutschen Hippie-Literatur sind bisher die »Schwarzen Tauben« von Fred Viebahn, das sich bei Kerouac und Hesse anzulehnen versucht und dann doch bei Waldemar Bonsels landet.«(15) Die Inhaltsangabe des Romans liest sich so: »Man veranstaltet ... Knutsch-ins mit Gammelgirls, gründet eine Beat-Band und tanzt einen lustigen Ringelreihen, als auf das zu hören, was die Eltern, Lehrer und andere Buhmänner der 'bürgerlichen' Gesellschaft für richtig halten. Und so erscheint denn die ältere Generation stets in negativer Perspektive, während die rührenden

Naivitäts-Parolen der Jugendlichen mit welterlösendem Elan vorgetragen werden.«(16)

Die in den zitierten Arbeiten zutage tretende Tendenz, entweder die Bewegung, aus der die »Pop«- und »Undergroundliteratur« hervorging, oder die literarischen Texte für sich oder aber beides - die Bewegung sowie ihre ästhetischen Ausdrucksformen - abzulehnen bzw. als gescheitert (Theobaldy), perspektivlos (Hermand) oder gefährlich (Walser) zu erklären, reproduziert sich in der jüngsten z.Z. vorliegenden lexikographischen Definition von fachwissenschaftlicher Seite.

Das »Sachwörterbuch der Literatur« von Gero von Wilpert (sechste, verbesserte und erweiterte Auflage, 1979) verweist unter dem Stichwort »Subliteratur« auf »Untergrund-Literatur« (und »Trivialliteratur«). Als Untergrundliteratur wird (neben der Literatur der Resistance, des Samisdat und der Trivialliteratur) definiert:

»4. die Literatur der Subkulturen oder radikalen Gegenkulturen, die die bestehenden bürgerlichen Normen ablehnen, ihre Tabus und Wertmaßstäbe negieren und sich durch provokativ-aggressive Untergrundzeitungen, -zeitschriften, Flugblätter, Protestsongs (Verweis), Drogenliteratur, Pornographie und Straßentheater (Verweis) im Vulgär-

Robert Crumb: Police Raiding Hippie Quarters, 1969

jargon eine literarische Öffentlichkeit außerhalb der kommerziellen Vertriebswege schaffen, deren meist intermediäre Experimente jedoch von der öffentlichen Meinung mit dem Verdikt des Unreif-Dilletantischen belegt werden. Sie können z.T. später Beachtung und literarische Anerkennung finden und münden vielfach in einer kommerziell betriebenen Subkultur-Industrie.«(17) (Es folgt ein Verweis auf die Stichwörter »Beatniks« und »Pop-Art«.)

Ein Mangel vorliegender fachwissenschaftlicher Arbeiten ist die unzureichende Berücksichtigung der Geschichte und Soziologie der subkulturellen Szene. Deren Begriff von Gegenöffentlichkeit, deren Selbstverständnis, das ja die eigenen Widersprüche durchaus mitreflektiert, und deren positive ideologiekritische oder praxisorientierte Alternativen gegenüber der gesellschaftlichen Majorität werden größtenteils vernachlässigt. An kaum einer Stelle ist ein ernstgemeintes Bemühen erkennbar, der Szene aus sich selbst heraus zur Darstellung zu verhelfen und einmal auf gängige Schablonen und das Vokabular journalistischer Begriffslieferanten zu verzichten. Selbst Hermand, der dies erklärtermaßen anstrebt - und im übrigen reichlich Fakten zur Genese und Soziologie der Gegenkultur zusammenträgt - , verfällt doch immer wieder der Versuchung, es bei der Beschreibung ihrer Erscheinung zu belassen, statt zu ihrem Wesen vorzudringen. Das zeigt sich schon in der saloppen Sprache, die den Anschein erwecken möchte, sie bewege sich wie selbstverständlich im Jargon der Subkultur. Sei es, daß sich der Autor als Kenner ausweist, sei es, daß er den Eindruck größerer Authentizität entstehen lassen und sprachlich dem Gegenstand gerecht werden möchte: Es fällt auf, daß dieses dem Leser angetragene zitierende Sprechen gar kein Zitieren ist und keineswegs die Erscheinung trifft, auf die es abzielt. »Fummel-Kommune«, »Pot-Paffer«, »Knutsch-ins«, »Gammelgirls« etc. sind weniger Bestandteile des Jargons als weitgehend Hermands Neologismen, die er der Szene unter-

schiebt. Damit stellt er schon sprachlich eine Distanz her zwischen dem Gegenstand und sich selbst bzw. dem Leser und erleichtert sich damit die inhaltlich zu begründenden - z.T. ja durchaus gerechtfertigten - Vorbehalte und negativen Werturteile.

Die in der vorliegenden Arbeit vorgenommene Darstellung der literarischen Alternativszene analog den Vorgaben ihrer Genese und ihres Selbstverständnisses sowie ihrer Kommunikation versteht sich als Versuch einer immanenten Definition des Begriffs »Alternativliteratur«. Festzuhalten ist, daß »Alternativliteratur« nicht gleichbedeutend ist mit »Underground-Literatur«. Der Begriff der »Alternative« enthält eine inhaltliche Erweiterung gegenüber den früher geläufigen Bezeichnungen. In den Kapiteln V bis VII der vorliegenden Arbeit sollte gezeigt werden, daß sich die Veränderung der Termini entsprechend der realen Entwicklung der Gegenkultur vollzog. Als man von Underground-Literatur sprach, gab es noch keine Alternativbewegung, aber deren Voraussetzungen bestanden bereits, sie waren im »Underground« ebenso angelegt wie in der studentischen Protestbewegung.

Bei der folgenden Präsentation von Texten der literarischen Alternativpresse kann es nicht um Vollständigkeit gehen: eine kommentierte Bibliographie der Alternativliteratur ist im Rahmen der vorliegenden Arbeit nicht angestrebt.(18) Ein exemplarisches Vorgehen ist angebracht und notwendig, das Augenmerk liegt auf Texten, die wichtig oder typisch sind; es wird zu zeigen sein, welche Richtungen sich stärker durchsetzten und welche in den Hintergrund traten. Schwerpunkte der Rezeption lassen sich aus Rezensionen in den Alternativzeitschriften herausarbeiten. Wie schon für das Kapitel über das Selbstverständnis ist auch hier das *Ulcus Molle-Info* (Rezensionen, Leserbriefe) die wichtigste Quelle.

Lyrikanthologien

Schon zu Beginn der siebziger Jahre, als das *Literarische Informationszentrum* überwiegend literarische Zeitschriften und politische Sachliteratur anbot und eine nur begrenzte Anzahl belletristischer Einzelveröffentlichungen im Lieferprogramm führte, waren bei Wintjes ständig zehn bis zwanzig Gedichtbände zu haben, die über einen Zeitraum von ca. 1-2 Jahren zum festen Bestandteil des Angebots-Katalogs gehör-

ten. Der Lieferkatalog des *Ulcus-Molle-Info* 9/10 1980 verzeichnet genau 41 Lyrikbände aus dem Bereich alternativer Literaturproduktion. Die Produktion von Lyrik stand und steht an der Spitze »alternativen Schreibens«. Eine ins einzelne gehende Präsentation der Lyrik aus der »Szene« kann im Rahmen der vorliegenden Arbeit nicht geleistet werden. Besser als jede statistische Aufrechnung belegt ein Stoßseufzer von Josef Wintjes, daß die Lyrikflut der alternativen Szene kaum zu bewältigen sei. In einem kurzen Zwischenbericht zum vierten *Szenen-Reader* (1975/76) notierte Wintjes zu den eingesandten Arbeiten: »80 % der bisherigen Texte sind *lyrisch* - das reicht.«(19)

Ein Zugang zur lyrischen Produktion der Alternativszene eröffnet sich durch die Lyrikanthologien der Alternativpresse, die zu einem beachtlichen Teil Autoren aus dem Umkreis des *Literarischen Informationszentrums* - der »Ulcus Molle-Gemeinde« - versammelt haben, d.h. Autoren, die die Mehrheit der in den seit 1973 erscheinenden »Handbüchern der alternativen deutschsprachigen Literatur« ausmachen. Es handelt sich um die Anthologien:

Wir Kinder von Marx und Coca-Cola
Gedichte der Nachgeborenen
Texte von Autoren der Jahrgänge 1945 - 1955 aus der Bundesrepublik, Österreich und der Schweiz, hrsg. v. Frank Brunner, Arnim Juhre, Heinz Kulas
Wuppertal 1971

Militante Literatur
hrsg. v. Gerd Scherm
Hann.Münden / Scheden 1973

Ich bin vielleicht du
Lyrische Selbstportraits
hrsg. v. Peter Engel
Rastatt 1975

Trends und Wandlungen alternativer Lyrik lassen sich an den Beiträgen zu diesen Anthologien beispielhaft ablesen.

»Unter dem Kennwort 'Lyrik 70' hat der Peter Hammer Verlag auf Anregung von Frank Brunner die Sammlung von Gedichten bekannt gemacht, deren Autoren nicht älter als vom Jahrgang 1945 sein sollten.« (20) Frank Brunner, der Initiator von »Wir Kinder von Marx und Coca-Cola«, gehörte vorübergehend selbst zu alternativen Szene. Im *Szenen-Reader* 1971 sind, wie Wintjes es formuliert, »2 quergelegte Lürics vom 'Großmeister' Frank Brunner« abgedruckt, »der immer unheimlich viel heidenheidenheidenarbeit hat«. (21) Brunner, der später Lektor im *S. Fischer Verlag* war, gründete als Mitinhaber des *Verlags Brunner und Lorch* den *Robinson Verlag*, der sich auf der Buchmesse 1980 erstmals vorstellte, wenig später jedoch wieder aufgelöst wurde.

Das Ansinnen von »Wir Kinder von Marx und Coca-Cola« mochte noch vage den Absichten der Rowohlt-Anthologie »Primanerlyrik - Primanerprosa« entsprechen, »junge Literatur« vorzustel-

len.(22) Tatsächlich existiert in der Alternativpresse der ersten Hälfte der 70er Jahre eine Vorstellung von »junger Literatur«. Die *junge presse d.* von Th. Chr. Niehörster (zwischen 1970 und 1972) belegt das ebenso wie eine Feststellung von Chr. Schubert, daß die literarische Subkultur »in der Hauptsache eine Jugendkultur« sei.(23)

Mit der Eingrenzung auf die Jahrgänge 1945 - 1955 ist 1971 - im Erscheinungsjahr von »Wir Kinder von Marx und Coca-Cola« - nicht die ganze subliterarische Szene erfaßt. Wenn auch die Feststellung Schuberts, bei der Alternativliteratur handele es sich hauptsächlich um eine Jugendkultur, manches für sich hat, muß dieser Satz doch dahingehend relativiert werden, daß es sich bei der Alternativpresse um einen Personenkreis der 18-30jährigen, der jungen Erwachsenen also, handelt. Von den Autoren, die das erste »Handbuch der alternativen deutschsprachigen Literatur«(24) verzeichnet, gehören mehr als zwei Drittel dieser Altersgruppe an, mehr als ein Viertel der Autoren ist sogar älter als 30. Nicht anders sind die Verhältnisse in späteren »Handbüchern«. Die Zahlen lassen erkennen, daß in »Wir Kinder von Marx und Coca-Cola« nur ein Teil der Szenenlyriker zu Wort kommt. Ebenso ist eine Reihe von Beiträgern, soweit feststellbar, später nicht wieder literarisch hervorgetreten. Immerhin verdient hervorgehoben zu werden, daß von den 126 Autoren der Anthologie 31 - etwa ein Viertel - entweder im *Szenen-Reader* 1971 oder im ersten »Handbuch« erfaßt sind. Angeregt wurde die Anthologie 1969, als Josef Wintjes anfing, die ersten hektographierten Blätter seines *Literarischen Informationszentrums* zu verschicken. Einsendeschluß für den Band war März 1970.(25) Für viele Beiträger der literarischen Alternativpresse trat Wintjes erst mit seinem Info 10/1970 (»Buchmessen-Sonderausgabe«) überhaupt in Erscheinung. Die Vermutung liegt nahe, daß die Anregung zu »Wir Kinder von Marx und Coca-Cola« die Entstehung des *Literarischen Informationszentrums* und seiner »Gemeinde« begünstigt hat.

Auch bei den anderen Anthologien sind die Herausgeber - Gerd Scherm: »Militante Literatur«, Peter Engel: »Ich bin vielleicht du« - zu Zeit des Erscheinens ihrer Anthologien in die alternative Literaturszene integriert. Während Scherm dort gegenwärtig nicht mehr publiziert, ist Engel noch 1980 mit einem Gedichtband in einem alternativen Verlag hervorgetreten und hat im selben Jahr wieder an der Herausgabe des »Handbuchs der alternativen deutschsprachigen Literatur« mitgewirkt. Engel darf als Anreger der »Arbeitsgemeinschaft alternativer Verlage & Autoren e.V.« (AGAV) und der »Interessengemeinschaft Literaturzeitschriften« (IGLZ, seit 1979) für sich in Anspruch nehmen, die Geschichte der literari-

Wolf Vostell: Coca Cola, 1961

schen Alternativpresse in wichtigen Bereichen mitgestaltet zu haben.

Von den 42 Autoren der Anthologie »Militante Literatur« sind den Angaben in den »Handbüchern« 1973 und 1974 zufolge 26 regelmäßige Beiträger der alternativen Literaturszene in den Jahren 1973/74 gewesen, also über 60 %. Von den 52 Autoren der Gedichtsammlung »Ich bin vielleicht du« sind 38 in den »Handbüchern« 1974 und 1976/77 vertreten, fast drei Viertel also. Hatten sich als »Kinder von Marx und Coca-Cola« erst zu einem Teil jene Autoren zusammengefunden, die wenig später auch zu den Mitgliedern der »Wintjes-Gemeinde« gehören werden, so gilt für die beiden späteren Anthologien, daß sie entscheidend von diesem Zirkel geprägt sind.

Die drei Gedichtsammlungen geben jeweils einen repräsentativen Querschnitt durch das lyrische Schaffen der Alternativliteratur. »Wir Kinder von Marx und Coca-Cola« hebt ab auf den politischen Anspruch der z.T. schon verebbenden Studentenbewegung; »Militante Literatur« spiegelt Wut und Hilflosigkeit der Autoren angesichts von »Tendenzwende« und Gewalteskalation; die Sammlung »Ich bin vielleicht du« präsentiert Ansprüche auf das Recht des Privaten, das (auch) politisch ist.

Die Anthologie ist in folgende Abschnitte gegliedert: Ortsbestimmungen / Klassenkampf und Menschenrechte / Soldaten - und Bürger / Krieg und - Frieden / Bericht zur Lage der Nation / Konsum, Werbung, Lottoglück / Nachrichten und Gerüchte / Macht Liebe / Revolution passiert im Kopf / Namen, Nachrufe, Biographien / Statt Blumen: Gedichte: Kein Testament.

Auch für die Beiträge in den Abschnitten, deren thematischer Rahmen auf den ersten Blick keinen politischen Bezug erkennen läßt, gilt, was Peter Schütt über die »Agitproplyrik« der Studentenbewegung, ihre Poetik und ihre Autoren geschrieben hat:

»Die bundesrepublikanische Agitproplyrik wird von Autoren verfertigt, die meistens selber am politischen Tageskampf teilnehmen, sie ist selber ein Teil des Kampfes um die Verteidigung und den Ausbau der Demokratie in Deutschland und ist darum auch den Bedingungen des Kampfes unterworfen. Während die Sprache der Herrschenden zu immer neuen Umschreibungen und Verschleierungsformen greift, geht es den Agitpropautoren durchaus um die Sache, sie nennen die Dinge, die sie bedrängen, beim Namen, um sie dingfest zu machen, und stellen die gesellschaftlichen Verhältnisse so dar, wie sie sind, wie sie gemacht sind.«(26)

Schütt zählt die »Gegenstände der Agitationstexte« auf: Antibabypille, LSD, ·Beat-Kultur, Vietnamkrieg, Befreiungskampf in den Ländern der Dritten Welt, griechische Militärdiktatur, Notstandsgesetze, Polizeiterror, Große Koalition, Neofaschismus, Kleinbürgertum, Springerpresse. Der größte Teil der Beiträge in den »Kindern von Marx und Coca-Cola« ist im Schüttschen Sinn Agitationslyrik.

Joachim Fuhrmann
Guam

Guam ist eine Insel im Pazifik
B-52 bezeichnet amerikanische Bomber
die starten von der Insel Guam
im Pazifik und fliegen westwärts
bis sie das Meer des Friedens
hinter sich verschwinden sehen
bringen ihren Gruß und klinken
und übersetzen den Menschen unten was
Frieden heißt auf Amerikanisch.(27)

Fuhrmann präsentiert hier das Wortspiel als die Methode, mit der die Dinge beim Namen genannt werden: mitten im Pazifik, dem »Meer des Friedens« (lat. 'pacificus' - Frieden stiftend), liegt der Ort, von dem die amerikanische Spielart des Friedens ausgeht. Das Wortspiel - anstelle von Bild oder Metapher - dient dazu, den politischen Zusammenhang einleuchtend darzustellen. Wie Fuhrmann, den ¯Schütt ausdrücklich als Agitprop-Schreiber erwähnt, verfährt eine Reihe weiterer Autoren.

Hans Lehmann
Deutsches Credo

ich glaube
an die dreifaltigkeit
des volkswagen

er läuft & läuft & läuft (28)

Kürzer und treffender läßt sich bundesdeutsches Konsumdenken - »der Gott des Bauches« - kaum ironisieren. Oder:

Gerhard C. Krischker
Deutsche Bundesbürger

Alle reden vom Krieg.
Wir nicht.
Wir reden vom Wetter. (29)

Der bekannte Slogan der Deutschen Bundes-

Alfred Tilp: Zeigen was Sache ist, 1981

bahn, »Alle reden vom Wetter. Wir nicht«, wurde seinerzeit vom SDS unter die Köpfe der marxistischen Klassiker gesetzt und damit ironisch-aggressiv verfremdet. Krischker spielt hier mit beidem: dem Slogan selbst und der ebenso berühmt gewordenen Verfremdung. Mit der Verfremdung des Slogans war es dem SDS eingängig gelungen, auf seine Belange und Absichten hinzuweisen. Und damit stellt das Gespräch über das Wetter inmitten drängender Weltprobleme erst recht eine Belanglosigkeit dar.

Der Umgang mit den Versatzstücken der Alltagssprache, den Sprichwörtern, wie er sich in den Texten von Lehmann und Krischker andeutet, ist eine bevorzugte Beschäftigung der Lyriker in den frühen 70er Jahren. Etwa:

Rainer Scholz
Beweis

Bei den Wölfen lernte ich
gegen den Strom zu schwimmen
das war für Zoologen Beweis genug
daß ich nicht ernst zu nehmen sei. (30)

Oder, zum selben Versatzstück:

Heike Doutiné
Für Optimisten

Ich schwimme gegen den Strom.
Da dreht sich der Strom plötzlich um -
schwimmt mir nach. (31)

Hier noch ein politisches Beispiel, eine der zahlreichen Verfremdungen des Deutschlandliedes. Zwei dieser Verfremdungen, von Joachim Fuhrmann und von Michael Kirmes, finden sich in den »Kindern von Marx und Coca-Cola«

Michael Kirmes
Deutschlandlied

deutschland, deutschland
über alles

von der maas
bis an die möse

von der edda
auf den hund

wie ging's denn weiter
ei, wie ging's denn weiter

verdammtnochmal
ich hab's vergessen. (32)

Peter Schütt bezeichnet in seinem Aufsatz über Agitproplyrik Gegensatz, Widerspruch und Verfremdung »als wichtigste Strukturmerkmale moderner politischer Lyrik.« Allerdings ist die Methode, durch Verfremdung gesellschaftliche Widersprüche offenzulegen, verführerisch einfach. Der Autor, der sprachliche Versatzstücke und eingeübte Wortbedeutungen spielerisch auf ihre Leerstellen hin untersucht, um die Hohlheit vorherrschender Wertvorstellungen vorzuführen, tritt hinter seiner Spracharbeit völlig zurück, er ist im eigenen Gedicht nicht mehr auffindbar. Letzlich bleibt es sich gleich, ob Rainer Scholz oder Heike Doutiné an der Redewendung »gegen den Strom ansetzen«, ob Joachim Fuhrmann sich kritisch das Deutschlandlied vornimmt oder ob Michael Kirmes das tut. Es wird unversehens leicht, Gedichte zu schreiben. »Den Agitpropautoren wird nicht selten vorgehalten, es fehle ihren Erzeugnissen an der spezifisch lyrischen Sensualität; was sie zu bieten hätten, seien 'aneinandergereihte Schlagworte und in Zeilen abgesetzte Leitartikel'.«(33) Fuhrmanns »Guam« oder Lehmanns »Deutsches Credo« oder die Deutschlandliedbearbeitungen von Kirmes oder Fuhrmann sind beste Beispiele für jene fehlende »spezifisch lyrische Sensualität«.

Der Autor, der die Kriterien bürgerlicher Ästhetik über Bord geworfen zu haben glaubt und nur noch die Ästhetik der politischen Agitation gelten läßt, erliegt zugleich der Versuchung des bloßen Wortspiels: die gewollte, aber sprachlich kaum eingelöste Verbindlichkeit - die »revolutionäre Gebärde« - wird zur höchsten Unverbindlichkeit. Politisches Engagement und l'art pour l'art stehen dicht beieinander:

Hans Georg Bulla
Poetik

eine aussage
ist ein satz
im indikativ

also schreibe ich
meine gedichte
im indikativ (34)

Daß der Autor Hans Georg Bulla »Aussagen« machen will, könnte sich mit Schütts Postulat, »die Dinge beim Namen zu nennen«, decken. Doch welche Dinge dies bei Bulla sein könnten, muß im Ungewissen bleiben - erst recht, wenn man an einen anderen Satz Bullas in der Textcollage *Endlich (was neues)* erinnert: »ich will schöne gedichte, schöne gedichte«.(35)

Über den Agitprop schrieb Schütt: »In der Marktplatzaera legt der Dichter den Mantel des Privaten und Intimen endgültig ab, er durchbricht die Schranken der Exklusivität.«(36) - »Meistens sind die Agitproptexte ... für die mündliche Rezitation berechnet. Das gesprochene Wort setzt sich bedeutend leichter in die Tat um, es ist leistungsfähiger und schlagkräftiger als das gelesene und hakt sich im Bewußtsein der Angesprochenen wie ein Ohrwurm fest.«(37)

Das ist richtig: die Verbindlichkeit des politischen Gedichtes liegt außerhalb seiner geschriebenen Worte. Aber darum müssen die Worte des politischen Gedichtes auch äußerst genau und präzise sein. Die meisten Autoren auch politischer Gedichte können indessen nicht verhehlen, daß sie zuerst schreiben und nicht rezitieren, daß sie sich an Schriftsprache und nicht an Umgangssprache orientieren.

Politische Agitation an einem Ort, wo nicht agitiert, sondern gedruckt wird, kann nur allzu rasch ihren Sinn verlieren. Für die politische Lyrik in der Studentenbewegung und ihre Poetik kam zu diesem ästhetischen Problem hinzu, daß sich die Studentenbewegung Anfang der 70er Jahre entmischte. Der agitatorische Impuls verebbte, es entstanden die K-Gruppen samt ihren Hochschulbünden. Was ab 1970 in der Alternativpresse als »Lyrik«, zumal als politisch sich verstehendes Gedicht geschrieben wurde, hatte zwar Methode und Strukturmerkmale, wie Schütt sie für die Agitproplyrik der Studentenbewegung herausgearbeitet hatte. Doch sie war kein Agitprop mehr. Die »Gelegenheiten« waren verpaßt, Wirkung nicht mehr absehbar. Die Lyrik war so hohl, beliebig und unverbindlich wie die in ihr angeprangerten sprachlichen Leerformeln. Was Rühmkorf später als die »Epigrammaticitis« diagnostizierte, begann mit der Auflösung der Studentenrevolte.

Das Epigramm selbst war in den Jahren der Studentenbewegung das Agitprop-Gedicht par excellence. »Vor allem Astels Epigramme, unter dem Titel 'Notstand'(1968) und 'Kläranlage' (1970) erschienen, haben viele Freunde, viele Feinde und zahllose Nachahmer gefunden.«(38) Ähnlich schreibt Peter Salomon in einer Polemik von 1975 Arnfried Astels Epigrammen überhaupt Auslöserfunktion in der Geschichte der Lyrik der späten 60er Jahre zu.(39) Demgegenüber vermerkt Fitzgerald Kursz, selbst Epigrammatiker in der Alternativpresse: »Gerade zu der Zeit, als Walter Höllerer, der Literaturpapst der Gruppe 47, das lange Gedicht propagierte, entstanden unabhängig voneinander zahllose Kurzgedichte, auch in der DDR. Dadurch, daß sich die Form des kurzen Gedichts durchgesetzt hat, wurde die Prognose des Literaturpapstes Lügen gestraft.«(40) Astel hat sicher nicht die Form des Epigramms in die Literatur der 60er Jahre eingeführt - schon in dem 1965 erschienenen Gedichtband »Kerbholz« des heutigen *Rotbuch*-Lektors F.C. Delius findet sich eine Reihe epigrammatischer Texte, die alle Strukturmerkmale, wie Schütt sie benannt hat, enthalten; doch Astel ist sicher der konsequenteste und vielleicht auch der beste Epigrammatiker gewesen, seine Initiativfunktion für eine Reihe anderer, vor allem jüngerer Autoren ab 1968 ist nicht zu bestreiten. Astel, das sei hinzugefügt, hat sich nie in die Alternativszene um das *Ulcus Molle-Info* integrieren lassen. Zwar erwähnt ihn der *Szenen-Reader* 1971: Beiträger in einem der »Handbücher« ist Astel nicht. Er hat allerdings an der Anthologie »Militante Literatur« mitgearbeitet.

Zu den Protagonisten der Epigrammatiker im Bereich der alternativen Literaturszene gehört vor allem Manfred Bosch. Boschs Epigramme wurden 1971 unter dem Titel »Ein Fuß in der Tür« (*Maistraßenpresse*, München) als Buch herausgebracht, nachdem sie vorher fast alle alternativen Literaturblätter erreicht hatten. Weitere Autoren, die eigene Epigramm-Sammlungen vorgelegt haben, sind Hans J. Lehmann («angenehm«, Bonn 1970, *amöbenpresse*), Gabbo Mateen (»Kunststoff«, Gersthofen 1970, *Maro Verlag*), Manfred Hausin (»Konsequenzgedichte«, Hannover 1970, *Satire Verlag*). Auch andere Autoren der Szene wie Hans Georg Bulla, Elisabeth Alexander, Heinz Jacobi, Benno Käsmayr, Michael Kirmes, Christoph Schubert, Gerd Siegmund haben regelmäßig in den Zeitschriften der Alternativszene Epigramme publiziert. Bis auf wenige Ausnahmen waren diese Autoren 1970 zwischen 20 und 30 Jahre alt.

Vor allem infolge der witzigen, in ihrer Sprachbeobachtung präzisen Beiträge Boschs erfreute sich das Wortspiel in diesen Jahren großer Beliebtheit.

Dogma

die katholiken
müssen
dran glauben (41)

Zur Münchner Olympiade 1972 publizierte Bosch ein Epigramm, das später auch der *Spiegel* nachdruckte:

Nähe Stadion

den ganzen tag über
startschüsse
es ist zum

davonlaufen (42)

In der erwähnten Polemik geht Salomon auf die Kehrseiten solcher Wortwitze ein: »Die Vieldeutigkeiten der deutschen Sprache und die Möglichkeiten des Wortwitzes oder der bloßen Ironie (sind) zum Deckmantel für die Einfalt der transportierten Inhalte geworden. Die Autoren überlassen der Sprache das Denken.«(43)

Wie sich mit einem routinierten Kunstgriff ein ganzer Gedichtband zusammenbringen läßt, führte Manfred Hausin 1970 mit seinen »Konsequenzgedichten« vor. Das Wortspiel in diesen Kurzgedichten folgt dem immergleichen Muster:

lügen haben	**der mensch denkt**
kurze beine	**gott lenkt**
deshalb	**deshalb**
sind liliputaner	**die vielen**
lügner (44)	**verkehrstoten** (45)

Das letzte Gedicht in dieser Epigramm-Sammlung von Hausin

mehr inhalt
weniger kunst
deshalb
dies büchlein (46)

signalisiert wider Willen, daß es zu diesem

Zeitpunkt in der literarischen Alternativpresse an beidem mangelte: an Inhalten wie auch an Kunst - jedenfalls, was die lyrische Produktion betraf. Es gibt Anhaltspunkte für die Überlegung, daß das unbewußte Unbehagen einiger Szenenautoren an den ästhetischen Mitteln wie an den Themen der Alternativliteratur für die damals einsetzende zähe Selbstverständnisdebatte mit den Ausschlag gab.

»Militante Literatur«

Wie bescheiden ästhetische und inhaltliche Ansprüche der Alternativliteratur im lyrischen Bereich geworden waren, belegt die Anthologie »Militante Literatur«. Zur Mitarbeit an dem Band hatte der Herausgeber Gerd Scherm schon im Sommer 1972 eingeladen (47), er erschien dann im Herbst 1973 im *Gauke-Verlag*. Auslöser für das Buch war der Aufruf der Springer-Presse, die »geistigen Hintermänner« der Baader-Meinhof-Gruppe zu »jagen«. Prominentestes Opfer der Verleumdungskampagne gegen Intellektuelle war Heinrich Böll, der in »Militante Literatur« auch mit einem Text vertreten ist. Mit dieser Anthologie zeigte sich, daß die Wortspiele sich endgültig überlebt hatten. Stand in der Studentenbewegung der Gebrauch von sprachlichen Versatzstücken noch im Dienst zielgerichteter Agitation, so dokumentieren die epigrammatischen Texte der »Militanten Literatur« nur noch unkonturierte Wut der Autoren; hier darf das Schüttsche Verdikt von der »revolutionären Gebärde« zur Anwendung kommen:

Wolfgang Fienhold

Die. ganz. alten.
Zöpfe. muß.
man. unterhalb.
des. Kehlkopfes.
abschneiden. (48 A)

Ingolstädter Literaturkollektiv
Zu den Arbeitermorden

die bougeoisie
geht wieder
über leichen

ihr stolpern dabei
& ihr fall
sind unvermeidlich (48 B)

Nur noch der Wunsch ist in solchen Kurzgedichten Vater des Gedankens, als Nachrichten sind die meisten Texte wertlos, als Programm dürftig. An den damals noch nicht völlig aufgegebenen Versuch der ML-Gruppierungen, dorthin zu gehen, wo Produktion stattfindet, in die Fabriken, erinnert das folgende Gedicht von Jürgen Peter Stössel:

Lauf der Geschichte

**Runter vom hohen Roß
raus auf die Straße
rein in die Betriebe
ran an den Feind
rauf aufs Dach
der Fabrikherren** (49)

An dieser Stelle sei noch einmal aus Henryk M. Broders Essay über »linken Kitsch« zitiert. »Das Bedürfnis nach Kitsch ist das Verlangen nach überschaubaren Verhältnissen, klarer Trennung von gut und schlecht, nach ungestörtem Erleben. Kitsch bedeutet objektiv einen Verlust an Realitätsbewußtsein, subjektiv aber eine Zunahme an psychischer Stabilität. Kitsch baut eine Scheinwelt auf, die aber real genossen werden kann.«(50) Die meisten Gedichte in »Militante Literatur« sind in diesem Sinne Kitsch, zumal politischer Kitsch. Stössels seminarmarxistisches Geschichtsbild, die Reduktion des »Laufs der Geschichte« auf die Kürze eines Kochrezepts, ist ein guter Beleg dafür.

Der Wortwitz der Agitationslyrik in der Studentenbewegung bezog sich auf eine Palette von Themen, wie Schütt sie andeutete. Der Anthologie »Wir Kinder von Marx und Coca-Cola« war es gelungen, das Themenspektrum nach Bereichen zu zerlegen. Wenige Jahre später ist diese Vielfalt aufgegeben; die Beiträge in »Militante Literatur« gliedern sich auch gar nicht mehr in Themenbereiche auf. »Literatur wird eine Waffe von vielen«, schreibt Gerd Scherm in seiner Nachbemerkung.(51) Doch derart reduziert erfüllt Literatur nicht einmal diese ihr zugeschriebene Funktion. In seine »Todeserklärung« der Literatur hatte Enzensberger auch den Agitprop und verwandte Texte eingeschlossen: Wirkung politischer Texte konnte Enzensberger nicht sehen, und er postulierte sie nicht einmal. Stattdessen empfahl er den Schriftstellern »nutzbringende Beschäftigungen«. Weit entfernt, solche - ironisch zugespitzte - Empfehlungen zu beherzigen, deklariert Scherm die Gedichte seiner Anthologie zu »Steine(n), die man aufhebt, um sich zu wehren.«(52)

Nicht von ungefähr ist die alternative Szene um das *Literarische Informationszentrum* für die politische Polizei belanglos. Erst mit dem zunehmenden Organisationsgrad der Alternativpresse ab etwa 1975 beginnt auch der Verfassungsschutz, sich für sie zu interessieren: erstmalig im Verfassungsschutzbericht von 1978 wird

die *Arbeitsgemeinschaft alternativer Verlage und Autoren e.V.* (AGAV) als undogmatisch links beeinflußt aufgeführt.(53)

Exkurs: Experimentelle Literatur

Agitprop, epigrammatische Gedichte und das Spiel mit den präzisen kurzen Wörtern im Zusammenhang politisch verstandenen Eingreifens hatten zur Zeit ihrer Hochkonjunktur in der literarischen Alternativpresse stets eine Art Komplementärphänomen an ihrer Seite: das literarische Experiment in der Manier der konkreten und visuellen Poesie.

In den 60er Jahren waren die Urheber der experimentellen Poesie - Eugen Gomringer, Ernst Jandl, Franz Mon - am Rand des etablierten deutschsprachigen Literaturbetriebes angesiedelt und im Ausland z.T. bekannter als in der Bundesrepublik. »Konkrete« oder »visuelle« Poesie wurde in Europa und in Übersee schon seit den 50er Jahren geschrieben, doch erst »Heißenbüttels 1966 erschienene Aufsatzsammlung 'Über Literatur' markiert den Punkt, an dem die Selbstreflexion experimenteller Literatur im Nachkiegsdeutschland in breiterem Maße aufgenommen wird. Was voranging, war entweder spezialisiert oder aber als allgemeine ästhetische Theorie gefaßt (Bense) oder fand, in Manifestform in Kleinverlagen erschienen, nur begrenztes, konventikelhaftes Interesse.«(54) Kleinverlage aus dem Bereich der literarischen Alternativpresse und die Literaturblätter der Szene blieben auch nach dem größeren Durchbruch experimenteller Texte in die literarische Öffentlichkeit ein lebendiges Feld für das Genre. Zunächst mag verwundern, daß die Alternativpresse, die ja entscheidend vom politischen Impuls der Studentenbewegung gespeist war, überhaupt für die Buchstabenspiele und die Objekt-Kunst der Konkretisten und Visualisten offen war. Es läßt sich folgendes feststellen:

In Publikationen, die in der Studentenbewegung entstanden, finden sich keine experimentellen - konkrete oder visuelle - Texte; auch hat keiner der Agitprop-Autoren, wie Schütt sie aufführt - Hübsch, Fuhrmann, Lenz, Oberlercher, Jürgens usw. - versucht, derartige experimentelle Texte zu schreiben, wenigstens nicht in der Zeit der Studentenbewegung.

Andererseits tauchen in Blättern der Alternativpresse und der subkulturellen Literatur früherer Jahre regelmäßig experimentelle Texte auf, teils von konkreten und visuellen Künstlern, die sonst keinen Publikationsort für ihre Arbeit fanden, teils aber auch Arbeiten in dadaistischer Tradition, die teilweise fast nur im literarischen Untergrund fortbestand.(55)

1970 legte Manfred Bosch - oben wurde aus seinen epigrammatischen Arbeiten zitiert - eine Sammlung konkreter Poesie vor.(56) Im selben Jahr erschien erstmalig ein Taschenbuch des österreichischen experimentellen Autors Ernst Jandl, der wohl der witzigste und kunstvollste unter der konkreten und visuellen Schriftstellern ist.(57)

Die Entwicklung einer von Dada unabhängigen experimentellen Literatur im deutschsprachigen Raum seit etwa 1969 traf in der Alternativszene auf eine Generation junger Dichter, die für den Wort- und Sprachwitz ein geschultes Ohr hatten. Nicht von ungefähr haben die »Epigrammatiker« der Szene zu einem beachtlichen Teil auch konkrete und visuelle Texte verfaßt und publiziert - Bosch, Bulla, Schubert u.a. Von den 21 deutschsprachigen Autoren einer niederländischen Anthologie konkreter Poesie aus dem Jahr 1975 (58) sind 12 im zwei Jahre vorher erschienenen ersten »Handbuch der alternativen deutschsprachigen Literatur« erfaßt.

1970 begann Benno Käsmayr in seinem *Maro Verlag* mit der Vorbereitung von »Selfmade - Eine Anthologie von vielen für alle«. Der Band erschien in einer Auflage von 150 Exemplaren (geplant waren 200), jeder Autor sollte seinen Beitrag selbst 200fach herstellen und an den Verlag schicken. Das geschah nur zum Teil, von vielen Autorenbeiträgen stellte dann doch der Verlag die 200 Abzüge her. Theobaldy/Zürcher sehen bei »Selfmade« eine »Tendenz zum Dokumentarischen, zur unverfälschten Hereinnahme des Wirklichen ins Buch« realisiert; die konkrete Poesie werde zur plastischen erweitert. (59) Aus dem Bereich solcher Objektkunst enthält die Anthologie etwa von Konrad Baldur Schäuffelen als »poème perdu« die zerknüllte Durchschrift eines Textentwurfs des Autors oder von G. J. de Rook unter dem Titel »blow + pinch« eine Stecknadel und einen Luftballon, auf den der Schriftzug »knalpoezie« aufgedruckt ist.

Auf einem fotokopierten Blatt findet sich das Wort »Fotokopie« (Peter Melzer). Die Anthologie enthält auch bedrucktes Toilettenpapier, Stoffetzen und Heftpflaster. Unter dem Titel »Heimwerker Nr. 600« findet sich eine aufgeklebte Rasierklinge, darunter die folgende Anweisung: »1) Badewasser einlassen, 2) Klinge abreißen, 3) Baden, 4) Pulsadern aufschneiden, 5) Warten« (Werner Herbst). (60)

63 Autoren haben insgesamt zu »Selfmade« beigetragen, 22 davon tauchen noch zwei Jahre später im ersten »Handbuch« auf. Mit den Erwähnungen im »Handbuch« 1973, im *Szenen-Reader* von 1971 und in den *Ulcus-Molle*-Jahrgängen von 1970/71 sind von den 63 Autoren ca. 40 als mehr oder weniger aktiv in der damaligen Alternativpresse nachweisbar. »Selfmade« kann also als *die* experimentelle Anthologie der Szene gelten.

Schon 1969 legte Siegfried Schröpfer, der sich später zeitweilig »Landfried Schröpfer« nannte, einen schmalen Band typographischer Poesie vor, und zwar in dem Verlag *Turf & Presse,* den Hans J. Lehmann in Soest betrieb.(61) In diesem Heftchen ist etwa ein Punkt abgebildet mit der Überschrift »denkmal für archimedes«; unter der Überschrift »der archimedische punkt« befindet sich dann nur noch die leere Seite. Schröpfer hat später noch einen Gedichtband herausgebracht, der sich der Arbeit an den mehr traditionellen Sprech- und Schreibweisen widmete.(62)

Was die experimentelle Literatur angeht, so sind die Kontakte der alternativen Szene zu den »Altmeistern« offenbar nicht schlecht gewesen. Der Autor Gerd Scherm, selbst zum Teil experimentell arbeitend, organisierte 1973 gemeinsam mit Eugen Gomringer in Selb die »Literaturtage«(63). Schröpfer hatte u.a. Kontakte zu Ernst Jandl.

Den Epigrammen der frühen 70er Jahre und der konkreten und visuellen Literatur der Alternativszene ist die Vorliebe für das Spiel mit dem sprachlichen und typographischen Material

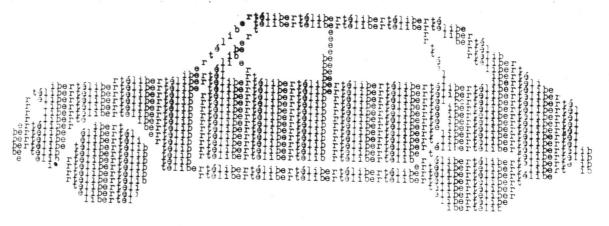

Klaus Bremer: Liberté, 1975

gemeinsam. Spätestens bei den Experimenten der Szene wird deutlich, daß der Alternativliteratur der Jahre nach der Studentenbewegung trotz mancher Verbalradikalismen keinerlei politische Bedeutung mehr zukommt. Die Agitprop-Lyriker

```
              e
              b
            .eBirn
          .rneBirne
         .rneBirnel
        irneBirneB
        irneBirneB.
       .irneBirneB.
       irneBirneBi
       irneBirneBi.
      .irneBirneBir.
      BirneBirneBirl
     .eBirneBirneBirn.
    .neBirneBirneBirneb
   rneBirneBirneBirneB.
  .rneBirneDöhl BirneBi
  rneBirneBirneBirneB
  'neBirneBirneBirneP'
    BirneBirneBirn'
        '°ir
```

späte ehrenrettung der k. poesie

aus der Studentenbewegung hatten der Alternativszene zwar die Methoden gezeigt, aber die intendierten Wirkungen außerhalb des Wortes wurden von der Szene insgesamt nicht geteilt. Zugleich kamen etwa Mitte der 70er Jahre in der Alternativliteratur auch die Epigramme und die experimentellen Texte aus der Mode.

»Ich bin vielleicht Du«

Ab etwa 1972 machte sich unter den Lyrikinteressierten der Szene ein Unbehagen an der eigenen Produktion bemerkbar. Im *Ulcus-Molle-Info* 7/8 1972 schreibt Wintjes, daß er wenig Lust habe, »immer wieder den gleichen Vorrat an Themenwiederholungen durchzukauen! 80-100 Klein- und Kleinstzeitschriften gäbe es dann nämlich pro Monat zu besprechen und das Ergebnis wäre mehr als langweilig.«(64) Ein gutes Jahr später, im *UM-Info* 9/10 1973 bespricht Wintjes eine Zeitschriftenneuerscheinung und beklagt, daß »hier wieder die renommierstaffel unsrer scene-autoren vereint auftaucht«. (65)
Bosch, Ach, Alexander, Chobot u.a., die da namentlich angesprochen waren, waren diejenigen, die mit raschen kurzen Gedichten in ergiebiger Menge immer wieder in den Szenenzeitschriften und Lyrikblättern zu Wort kamen. Wo das hinführte, charakterisierte treffend Schubert in einem Beitrag zum *Szenen-Reader* 1975/76, »Zur Lage der Alternativliteratur«. Kaum ein Autor der Szene »schreibe« wirklich, die meisten dokumentierten sich lediglich selbst in den »Handbüchern« und im *Ulcus-Molle-Info* oder gäben Anthologien heraus. Schubert fährt dann fort: »Allerdings gibt es Lyriker in großer Zahl, solche, die den Weltgeist in drei Zeilen einfangen. Sprecher ihrer Fakultät dürfte Ossip Ottersleben sein, der 1973 schrieb, aus Zeitmangel bevorzuge er seit ca. 1970 das Gedicht. Der Kalkül geht auf: Hie und da verbreitet man winzige literarische Pupser; die Literaturzeitschriften, die für längere Prosa ohnehin wenig Platz haben, drucken's anstandslos, und so bleibt man auch als Nicht-Autor noch im literarischen Gespräch.«(66)
Schubert setzt hier die Alternativpresse etwas unkorrekt mit den vielen Literaturblättern gleich, die aus technischen Gründen kurze Gedichte bevorzugen. Sicher begünstigt ein durchschnittliches Literaturblatt der Szene den Trend zum kurzen Beitrag: der Platz ist knapp und teuer, und die Herausgeber wollen möglichst viele Autoren zu Wort kommen lassen. Aber die Alternativpresse besteht ja nicht nur aus Literaturblättern, und selbst in diesen war stets auch Platz für längere Beiträge. Mit der Zeitschrift *HOBO tongue* gab es 1971 bis 1973 sogar eine spezielle *Zeitschrift für Prosa*.(67)
Ein Wandel, der nicht von technischen Beschränkungen abhing, hatte sich schon mit einer Vorankündigung 1971 angebahnt. Im *UM-Info* 10/1971 kündigte Wintjes ein Projekt von Jürgen Theobaldy an: *Benzin*, eine Zeitschrift im Umdruckverfahren, die Texte im »FRANK O'HARA/FERLINGHETTI-Stil« suchte. (68) Mit *Benzin* wurde eine amerikanische Tradition des Gedichteschreibens in die Szene eingebracht, die zwar schon zuvor Freunde und Anhänger im deutschsprachigen Raum gefunden hatte - man denke etwa an die *Literarische Messe* 1968 -, aber vor den Toren der alternativen Szene geblieben war: die Tradition des lässig-provokanten Gedichts, das den Dichter, seine Umwelt und seine Erfahrungen beschreibt und den Alltag, die Kleinigkeiten und Nebensächlichkeiten des täglichen Lebens aufgreift. Dieses Genre hatte zwar mit Brinkmanns Anthologie »ACID« Verbreitung auch in Deutschland gefunden, und die Cut-up-Literatur (Burroughs) sowie die Arbeiten von Charles Bukowski waren überhaupt zuerst über die Alternativszene in den Bestand der Literatur in der Bundesrepublik eingebracht worden. Gleichwohl war der Kreis, der sich für diese Literatur begeisterte - eine Literatur, die Ausdruck persönlicher Erfahrung war - klein geblieben, zumal auf dem Hintergrund der Studentenbewegung, deren Agitprop vom Privaten abhob, sich als operatives Genre begriff und teilweise auch die sozialistische Lyriktradition mitreflektierte.

Zwei Jahre nach der Studentenbewegung waren die ästhetischen Formen, die sich die Studentenbewegung geschaffen hatte, verbraucht; der Blick wurde frei für andere Möglichkeiten und Intentionen von Lyrik. *Benzin* holte die Rezeption amerikanischer Lyrik z.T. nach. »ACID«, von Brinkmann und Rygulla herausgegeben 1968, dürfte in der Alternativpresse von 1971 und 1972 kaum noch rezipiert worden sein. Im *Szenen-Reader* 1971 ist zwar noch ein ausführlicher Hinweis auf Brinkmann, allerdings mit der Bemerkung verbunden, daß Brinkmann die *Ulcus-Molle-Info*s nicht mag. (69). Das dürfte in der Szene zusätzlich die Rezeption der Vermittlungstätigkeit von Brinkmann erschwert haben.

Mit der Herausgabe von *Benzin* und einem eigenen Gedichtband (»Sperrsitz«) wurde Theobaldy in der Szene und bald auch im westdeutschen Literaturbetrieb insgesamt zum Protagonisten einer neuen Lyrik, die in den Kontext jener literarischen Strömung gehört, die seit Mitte der 70er Jahre von den Feuilletons und der Literaturkritik als »Neue Sinnlichkeit«, »Neue Innerlichkeit«, »Neue Sensibilität« gefeiert bzw. verdammt wurde. (70) Ein Gedicht von Theobaldy, abgedruckt in der Anthologie »Ich bin vielleicht du«, bietet sich als Paradigma an:

BENZIN 3

HEIDELBERG '72

Titelseite von BENZIN 3/1972

Wie Dichter heute leben

**Nach der Lektüre von Biografien, Abhandlungen
über Dichter, verfaßt von Liebhabern ihrer Verse
frage ich mich oft, wie Dichter heute leben
und was sie tun, wenn sie nicht dichten.
Als Lehrling hatte ich gelesen, daß die Dichter
vor dem ersten Weltkrieg im Irrenhaus endeten
      oder
nur das beste Parfüm benutzten. Sie berauschten
      sich
an ihren eigenen Worten, nicht am Bier, wie meine
Kollegen, und überhaupt waren sie voller Geheim-
      tips.
Sie trugen Morgenmäntel aus Seide und hatten
für jeden Besucher ein bonmot auf Lager.
Nach dem zweiten Weltkrieg lehnten sie es ab
Krawatten anzuziehen, aber die bonmots blieben.
In der Firma schlüpfte ich aufs Klo und schrieb
Gedichte im Stehen über Boxkämpfe, Rummel-
      plätze
und verlorene Lieben unter dem Brückenpfeiler.
Ich war schüchtern wie meine Freunde. Abends
gingen wir in die Kneipe und soffen uns
die Hucke voll. Es war schrecklich, ich meine
es war schön. Samstags spielten wir Fußball
und anschließend gingen wir in die Kneipe.
Keiner meiner Freunde ist Dichter geworden, und
alle sind klüger geworden. Wir sehen uns jetzt
bei Demonstrationen, anschließend gehen wir
in die Kneipe. Wir trinken mehr als früher, aber
wir vertragen auch mehr. Wir sind nicht mehr
schüchtern, Frauen sitzen mit uns am Tisch, und
so nach dem vierten oder fünften Bier
frage ich mich oft, wie Dichter heute leben
und was sie tun, wenn sie nicht dichten.(71)**

Theobaldy geht der alten Frage nach, ob die Dichter so sind, wie ihre Werke vermuten lassen. Er streift alle Klischees, die ausdrücklich oder unausdrücklich die Einheit des Autors mit seinem Werk postulieren. Anschließend schildert er die »Einheit« einer früheren Lebensphase bei sich selbst: Der schüchterne, angepaßte Lehrjunge schreibt heimlich Gedichte auf der Toilette - die Heimlichkeit und Scheu schafft hier die »Einheit von Leben und Werk«. Sozusagen unter Einsatz seiner eigenen Lebensgeschichte führt Theobaldy dieses Klischee endgültig ad absurdum; später aber, als er arriviert ist (»alle sind klüger geworden«), drängt sich ihm genau diese Frage als Problem wieder auf: der Kreis schließt sich, die ironische Sicherheit, mit der Theobaldy wenige Zeilen zuvor das Klischee aus der Welt geschafft hat, wandelt sich in die ebenso ironisch vorgetragene Unsicherheit über den eigenen oberflächlich-bohèmehaften Lebensstil als arrivierter Autor. Das Besondere an dieser Art des Schreibens ist, daß die Autoren zunächst sich selbst und ihre sehr persönliche Perspektive zum Thema machen; gleichwohl aber finden in dieser Perspektive Themen ihren Platz, die Jahre zuvor von der Studentenbewegung aufgegriffen worden waren, doch jetzt weniger plakativ vorgetragen werden.

Joachim Fuhrmann
Über Bäume

und im Frühling
erinnerst du dich
 du wolltest
  über den Herbst
schreiben
blätterst alte
Entwürfe durch
grübelst
da ist eine Trauer
aber diesmal
wirst du es schaffen
trotz der Meldungen
dieses Mal
vielleicht
schon morgen (72)

Mit seinem Gedicht »Guam«, fünf Jahre zuvor in der Anthologie »Wir Kinder von Marx und Coca-Cola« publiziert, hatte Fuhrmann sich als Autor vorgestellt, der seinen Stoff sehr konkret, sehr gegenständlich und zugleich mit einem treffenden Wortspiel darzulegen wußte. Die Konkretionen scheinen nunmehr zurückgenommen (»da ist eine Trauer« - »trotz der Meldungen«), und zwar in recht allgemeine Formulierungen; aber mit dem auf Brecht anspielenden Titel »Über Bäume« wird die Konkretion fast unmittelbar sinnfällig: »Über Bäume (zu schreiben, zu sprechen) / wirst du ... schaffen / trotz der Meldungen«.

Das lyrische Ich, nachdem es sich einige Jahre hinter Agitprop und Epigrammen hatte zurückziehen müssen, ist wieder das Thema dieser Gedichte, der Autor ist die Botschaft, und er will nicht hermetisch, sondern allen verständlich sein und auf die Dinge anspielen, die allen vertraut sind:

Günther Emig
Gedicht vom 10. 12. 1974

Mein letztes Gedicht
fiel mir ein in der Straßenbahn
zwischen Karlsruhe und Durlach
datiert vom 2. 12. dieses Jahres,
und es wird Zeit, ein neues zu schreiben.

Keins über Bäume solls sein,
die 'kahl ihre Wipfel gen Himmel strecken',
denn es ist Dezember,
und die Zeit für Besinnlichkeit fehlt;
auch keins über Liebe oder Ekstasen,
sondern eins, in dem ein Lyrisches Ich
ein Gedicht zu schreiben versucht,
eins zwischen 'taste' und 'see',
und als As im Ärmel O'Hara
und Höllerer.

Eins, das davon handelt
wie einer sagte, Du kannst nie
etwas ernstnehmen, und von der Antwort darauf:
Ach, rutsch mir den Buckel runter.

So also ergeben sich heute Gedichte,
und ich, sagte abschließend das Lyrische Ich,
decke freiwillig meine Karten auf,
obwohl es mir sicher nicht schwer fiele,
meine Motive so zu verdunkeln
wie 'Schweben im luftleeren Raum'. (73)

Auch die Poetik, die Vorbilder, die Anlässe, die Zufälle - alles, was das Schreiben ausmacht, soll zugleich im Schreiben offengelegt werden. »ich ... / decke freiwillig meine Karten auf«: der Dichter, ganz im Unterschied zum Epigrammatiker früherer Jahre, betont seine Eigenverantwortlichkeit beim Schreiben. Er macht sie zum

Ursprung einer sehr persönlichen Perspektive, die der Autor nicht generalisieren und von der er nicht abstrahieren kann.

An Hausin und Bosch läßt sich gut beobachten, wie sich die Kurzsatzdichter der Jahre zuvor mittlerweile entwickelt haben.

Manfred Hausin
andere gedichte schreiben

wieder mal habe ich ein gedicht geschrieben
dieses hier und nicht studiert
wie es sich gehören soll
für einen studenten der göttinger georgia augusta
und den sohn eines vaters wie den meinen
ich aber bin immer noch nicht fertig
geworden mit so vielem
und der arbeit über 'ironie in der harzreise'
also sitze ich morgens um sieben
am fenster meiner wohnung in der weenderstr. 79
die göttinger mädchen beobachtend
und eigentlich bin ich gar nicht erstaunt festzustellen
daß die meisten keine so großen füße haben
wie heine meinte nur blasse unausgeschlafene
gesichter auf dem weg zur arbeit
und mir will dieser satz nicht aus dem kopf
den ich in einer studentenkneipe aufgeschnappt
habe
(eintritt nur mit studentenausweis):
in den nächsten semesterferien kann ich mir nicht
erlauben arbeiten zu gehen
in den nächsten semesterferien muß ich was tun
während unter mir die leute zur arbeit gehn
und auch ich mich nicht wohlfühle
so faul hier am fenster und nach durchsoffener
nacht
in einer stunde um acht öffnen die läden
dann werde ich all die pfandflaschen einlösen gehn
mir kaffee und ein paar liter milch kaufen und
andere gedichte schreiben als dieses (74)

Im Vorwort zu der Anthologie »Ich bin vielleicht du« schreibt der Herausgeber Peter Engel: »Eine strikte Abkehr vom Politischen werden in der jüngsten Lyrik-Produktion mit subjektivem Vorzeichen wohl nur jene diagnostizieren können, die das Politische allzu gern durch parteipolitische Brillen sehen, der Politisierung das Wort reden - und Macht- und Einflußpositionen meinen. Tatsächlich hat keine Abkehr stattgefunden, wohl aber sind Verlagerungen des Interesses eingetreten: der 68-Aufbruch, als der Agitprop-Weizen blühte, hat sich vernutzt, ohne daß gleich vom Rückzug ins stille Kämmerlein gesprochen werden sollte. Bei genauerem Hinsehen sind nämlich etliche Vorstellungen der Antiautoritären nach wie vor wirksam, wenigstens bei denen, die nicht ins Lager einer neuen Heilslehre einfach desertierten, sondern - wenn sie schon über die Linie traten - alte Überzeugungen als Konterbande in ihren Texten verstecken.«(75)

Was Engel allgemein beobachtet, läßt sich sowohl in dem zitierten Text von Fuhrmann (»Über Bäume«) als auch in dem Gedicht von Hausin feststellen. Hausin ist bereit, über die Leute nachzudenken, die mit »blassen unausgeschlafenen gesichtern auf dem weg zur arbeit« sind, und er vergleicht damit sein privilegiertes Dasein als Student, das er in Zweifel zieht. Konsequenzen aus Hausins Einsichten sind von seinem Gedicht her nicht abzusehen. Hausin weiß und thematisiert es, daß seine Lebensform gleichsam asoziale Züge trägt, aber zugleich benötigt er diesen Rahmen und braucht sein schlechtes Gewissen und die daraus resultierende Spannung, um schreiben zu können. Daß die Lyriker nunmehr dazu übergehen, ihre Karten offenzulegen, muß noch nicht bedeuten, daß sie jetzt das Blatt wenden wollen. Was Hausin und manche seiner Kollegen nicht zu leisten bereit sind, scheint Manfred Bosch ernsthaft zu versuchen:

Noch erkennen mich meine alten Freunde
Ich höre sie sagen: Der alte
Bist du nicht mehr. Ich weiß:
Noch sagen sie nicht: Du
Bist ein andrer

Geschrieben habe ich für die
Für die nichts mehr spricht
Aber noch immer das meiste gesprochen wird.
Nicht verständlich zu sein hielt
Ich einmal schlimm für die
Die mich nicht verstanden

Im Plural zu sprechen lernte ich nur
Langsam. Der Abschied von alten Freunden
Ist schwer. Sie sind zu nett. In ihren
Sesseln sitzt es sich zu bequem. Ihre
Getränke sind gut.

Meine neuen Freunde sind mir kaum vertraut.
Ihre Kinder kannte ich in der Schule,
Die ich bald wechselte. Daraus habe ich lange
Nichts gelernt. Wo sie waren, war ich nicht.
In der Straßenbahn denke ich manchmal
Das ist einer von ihnen. Ich
Müßte mit ihnen reden

Auf Versammlungen erweisen sich manche
Der neuen Freunde
Wieder als die alten. Zu viele gehn unerkannt.
Ihre Häuser sind zu groß. Darin finde ich
Nicht Platz. Zu gewaltig sind
Ihre Geschenke. Das kann ich nicht annehmen

Ich muß annehmen: Das sind die
Ohne die es leichter sein wird.
Freunde, lernt mich kennen.
Freunde, ich möchte Euch kennenlernen. (76)

Bosch bleibt nicht, wie das an dem Text von Manfred Hausin zu beobachten war, im eigenen schlechten Gewissen stecken, begnügt sich nicht mit der Benennung seiner Fehler, sondern versucht, einen entscheidenden Schritt weiterzukommen. Hier ist das Private politisch, die autobiographische Perspektive leistet Politisierung des Lesers.

Die Lyrik der »Neuen Sinnlichkeit« setzt an bei der persönlichen Betroffenheit des Autors. Das ist zugleich ihre grundsätzliche ästhetische Leistung. Der Autor kann sich nicht mehr hinter Wortspielen und Sprachverfremdungen verbergen, er kann, er muß »ich« sagen; nicht mehr nur die Dinge werden namhaft gemacht, sondern der Autor und vor allem sein Bezug zu den Dingen und Sachverhalten. Indem der Autor den eigenen Bezug zu den Themen seiner Texte in diese hineinnimmt, baut er dem Leser Brücken, die über sprachliche Kurzzeiteffekte hinausführen und Politisches im Persönlichen dingfest machen.

Prosaliteratur

1969 schrieb Peter Handke, bis dahin eher als provokanter Publikumsbeschimpfer bekannt, seine Erzählung »Die Angst des Tormanns beim Elfmeter«, eine Kriminalgeschichte, in der es nicht um die gesellschaftlichen Aspekte der Tat und des Täters ging, sondern um die innere Entwicklung des Täters nach der Tat. 1971 veröffentlichte er die Erzählung »Der kurze Brief zum langen Abschied«, für die er später den Büchner-Preis erhielt.

Handkes Sensibilität, seine Versessenheit auf die inneren, die »wahren Empfindungen«, schienen mit der politisch engagierten Literatur dieser Jahre nichts zu tun zu haben. Gleichwohl hatte Handke den Boden bereitet für Peter Schneiders Erzählung »Lenz«, die inzwischen als klassischer Text der »Linkssensibilität« gelten kann - ein Text, in dem die Politizität des Privaten zum konsequent durchgehaltenen Thema wird.

Handke, der wenige Jahre zuvor selbst noch in kleinen Blättern publiziert hatte, wird von der alternativen Literaturszene kaum wahrgenommen. Auch das Erscheinen des »Lenz« ist dem *Ulcus Molle Info* zunächst keiner Erwähnung wert. Die Alternativpresse kümmert sich wenig um die Entwicklungen in der Prosaliteratur, soweit sie im etablierten Buchmarkt in Erscheinung tritt, obwohl sich in den Erzählungen Handkes wie auch vor allem in Schneiders »Lenz« eine Reihe durchaus alternativer Themen und Topoi findet.

1971 publizierte Peter Engel eine Umfrage unter jungen Autoren der Alternativpresse, »Ich möchte manchmal ganz mit dem Schreiben aufhören«. In diesem Aufsatz wird Benno Käsmayr, der Inhaber des *Maro Verlages*, zitiert: »Was ich sicher nicht schreibe/nicht schreiben werde, ist lange Prosa (also über 100 Seiten). Ich lese auch keine langen Bücher mehr. Weil mir die Zeit sowohl zum Lesen als auch zum Schreiben fehlt. Kurze Prosa wird sich wohl durchsetzen.« (77) Engel kommentierte diese Ansicht im Vergleich mit Äußerungen anderer Autoren: »Einen gemeinsamen Zug zeigen mehrere Autoren zur Gattungsfrage: kurze und prägnante Formen werden von den jungen Schreibern bevorzugt.«(78)

Einige Jahre später stellte Schubert in seinem schon zitierten Statement »Zur Lage der Alternativliteratur« die Einfallslosigkeit und »Faulheit« der Alternativautoren fest, die sich mit Kürzestgedichten und der Herausgabe von Anthologien begnügten. »Wem am Schreiben läge, der nehme sich wohl die Zeit, der hielte sich wohl auch nicht beim Zusammenstellen von Anthologien auf. Solche Zeit scheint sich kaum einer zu nehmen: längere Prosa wird im Untergrund jedenfalls kaum geschrieben. Mag sein, daß ich es mir einfach mache: ich denke, daß solche Faulheit und solche Einfallslosigkeit ganz unmittelbar diese Inflation an Selbstverständnisliteratur bedingen. Wer sachlich und handwerklich nichts mehr anzubieten hat, muß seine Person als Autor ins Spiel bringen, der muß sich interessant machen.«(79)

Aus dem ersten »Handbuch der alternativen deutschsprachigen Literatur« (1973) ergibt sich, daß in der Tat die dort aufgeführten ca. 120 Autoren nicht einmal zehn Publikationen längerer Prosa zu verzeichnen haben. Für den *Szenen Reader* 1972 kündigte Josef Wintjes an: »Gefragt sind *Ideen*! Da Lyrik diesmal nicht zum Abdruck gelangt und erwiesenermaßen bei 84% aller Einsendungen Gedichte in die Briefumschläge getütet worden sind, wird die Anzahl der Beteiligten relativ klein sein.«(80)

Zwar haben einige Autoren der Szene bereits 1970/71 Romane vorgelegt, wie z.B. Fred Viebahn oder Volker W. Degener. Doch Degener zog sich aus der Szene zurück und auch Viebahn hat nicht mehr in alternativen Verlagen publiziert. Das »Handbuch« von 1973 führt ihn noch als Autor der Alternativpresse auf, in den Ausgaben der folgenden Jahre ist er nicht mehr verzeichnet.

In der Szene wurde generell kaum längere Prosa geschrieben und publiziert, dies gilt noch heute. Auf der Frankfurter Gegenbuchmesse im Oktober 1980 wurde mit Imre Töröks »Butterseelen« der einzige nennenswerte längere Text eines Alternativautors im laufenden Jahr vorgelegt.

Über die Schwierigkeiten bei der Publikation von Prosaliteratur in alternativen Verlagen äußert sich Christian Schubert:

»Meine Hinwendung zur Prosa 1972 mit dem 'Schwanengesang' führte dazu, daß ich in der Alternativpresse nur noch theoretische Beiträge veröffentlichte. Schubert als den Handbuch-Macher kennen sie alle; daß ich auch schöne oder nicht so schöne Literatur schreibe, weiß kaum ein Mensch. Natürlich, man hat ja immer mal mit interessierten Verlegern - auch aus der Alternativpresse - zu tun. Die Womm-Press wollte meinen 'Buchstabenanfang' verlegen, dann meinen Roman 'Kastell'. Zum 'Buchstabenfang' gab es 1975 sogar schon eine Verlagsankündigung mit Prospekt und Trara. Edition Treves wollte die 'Thanatologie', die ich im März 1976 fertig hatte, herausbringen. Erschienen ist bis heute nichts, keine Zusage wurde eingehalten. Vermutlich war denen die Arbeit zu viel, das Risiko zu hoch, der zu erwartende Gewinn zu unbedeutend. Was den 'Buchstabenfang' und das 'Kastell' angeht, so mögen die in Frieden in meiner Schublade ruhen. Mit der 'Thanatologie' bin ich im letzten Jahr nochmal auf Verlage zugetreten - bislang ohne Erfolg.«(81)

Christoph Schubert und Rolf Brück zeichnen sich innerhalb der Prosa-Autoren der alternativen Literaturszene durch Kontinuität aus: Sie waren »von Anfang an« dabei, haben regelmäßig publiziert und einen persönlichen Stil entwickelt. Jeder von beiden hat Anfang der siebziger Jahre mit dem Versenden von Rundbriefen und hektographiertem Material den besonderen Kommunikationsprozeß der Szene mit ins Leben gerufen. Ohne zu den politischen (Imhoff) oder spirituellen (Hübsch) Wortführern der Szene zu gehören, haben beide - unabhängig voneinander - dennoch Vorstellungen von »alternativem Bewußtsein« bzw. entsprechenden Lebensformen entwickelt, schon lange bevor dies modern wurde. Sowohl Brück als auch Schubert haben später einen »religiösen« Weg für sich entdeckt, sie sind exemplarisch für die »emotionelle« Subkultur.

Von daher scheint es gerechtfertigt, sich bei der Auswahl von typischen Prosaarbeiten der alternativen Literaturszene auf diese beiden Autoren zu beschränken - zumal der Kreis der alternativen Prosaisten ohnehin nicht groß ist, wie oben dargelegt wurde. Eine spezielle Form von Prosa-Literatur, die ihren Ursprung in einer literarischen Richtung der USA hat, soll anschließend in einem eigenen Abschnitt vorgestellt werden: die »Cut-up«-Literatur, die innerhalb der alternativen Literaturszene wiederum von einer eigenen Szene »verwaltet« wird und deren amerikanische und deutsche Autoren sich im gesamten alternativen Bereich einen Namen gemacht haben.

Der Subkultur-Theoretiker Reimar Lenz, Mitinitiator der alternativen »Pfingsttreffen« an der Evangelischen Akademie Hofgeismar und freier Publizist (Pardon), hat Rolf Brück einmal als den »Novalis der deutschen Szene« bezeichnet. Brück schrieb sein Hauptwerk »dir« im Alter von 21 Jahren, in einem eigenen, assoziativ-spielerischen Stil, in einer »spirituellen« Haltung, die keineswegs repräsentativ für die Alternativszene jener Jahre ist.(82)

Ab 1970 betrieb Brück in Frankfurt den Verlag Erkenntnis und Interesse (83), den er 1972 in die Viererkooperative heinrich, wir & die anderen einbrachte.(84) An diesem Autorenkollektiv waren außerdem Reimar Banis, Udo Pasterny und Walter Hartmann beteiligt, alle aktive Beiträger der damaligen Alternativszene. Brück war befreundet mit Hans Imhoff, dessen Nonsens-Werk »Pyrrho« er herausgab. Aus der Zeit seiner Anfänge existieren postkartengroße Heftchen, die aus zehn Adreßseiten von Briefumschlägen mit abgestempelter Briefmarke und Brücks Anschrift in dünne Pappumschläge zusammengeleimt sind - »konkrete« Objekte, die ganz in den Rahmen der Experimente und Konkretionen der Anthologie »Selfmade« passen (s.o.). Brück hat denn auch zu der Lyriksammlung »Wir Kinder von Marx und Coca-Cola« wie auch zu »Selfmade« entsprechende Beiträge beigesteuert. Für ein Gesamtverständnis seiner Arbeiten ist jedoch seine »spirituelle« Grundhaltung von Bedeutung. Aus den Objektspielereien von 1970 und 1971 ist sie nicht abzuleiten. Brück ist in Frankfurt recht früh mit Hadayatullah Hübsch zusammengetroffen - dem vormaligen Agitprop-Lyriker PG Hübsch, der nach entscheidenden Drogenerfahrungen 1969 zum Islam übergetreten war.(85) Hübsch hat den Autoren- und Leserkreis um das Ulcus Molle Info auch nach seiner Konversion zum Islam solidarisch und kritisch begleitet; eine von ihm verfaßte Darstellung der Alternativszene erschien 1980 in der Taschenbuchreihe *fischer alternativ*.(86) Hier schreibt er über Brück:

»Er wurde zum Mentor der Wachsmatrizenkultur. Seine schriftstellerischen Arbeiten, im Eigenverlag erschienen (das voluminöse Buch 'Du' zum Beispiel), seine daraus resultierenden buchbinderischen Fähigkeiten und ein lange Zeit unermüdlicher Briefschreibedrang haben ihn zum 'typischen' Szenenschriftsteller werden lassen. ... In den folgenden Jahren gab er sein Studium auf, wechselte als Mitarbeiter zur spirituellen Szenenzeitschrift 'Middle Earth', nachdem er, lange vom Szenentheoretiker Hans Imhoff fasziniert, in einer Wohngemeinschaft mit ihm gelebt hatte. Aus der Landkommune ohne Landbebauung 'Middle Earth' ging er schließlich als Einsiedlerkrebs wieder nach Frankfurt, ließ die Szene Szene sein und jobbte als Buchbinder in einer ganz normalen Buchbinderei. Und inzwischen ist er bei Szenen-Verleger Käsmayr gelandet, wo er für die buchbinderische Gestaltung der Produkte des *Maro*-Verlages verantwortlich ist.«(87)

Brücks Buch »dir« ist schon vom Äußeren her ungewöhnlich. Nach einer Angabe im Anhang wurden 71 Exemplare hergestellt, jedes Blatt ist einseitig im Spirit-Umdruckverfahren bedruckt, das kaum eine höhere Auflage als ca. 100 Seiten pro Matrize zuläßt. Der Band hat keine Seitenzählung, er enthält Zeichnungen, aufgeklebte Bilder sowie eine Seite aus Stoff, die sich am Anfang des Buchs als »Vorhang« öffnet. Brück hat den größten Teil der Auflage billig abgegeben bzw. verschenkt.

Das ganze Buch handelt auf seinen 300 Seiten im Grunde von einem: Dem »Lob der Schöpfung«. Als Motto ist ein kurzer Text vorangestellt:

»es war einmal ein globus. dem riß man seine stöpsel aus, die pflanzen. da ging er ein wie ein zerschossener fußball, wie ein durchlöcherter quietschender dudelsack.

es war einmal ein körper, den pflasterte man mit plastik. da ging er ein wie eine chrommummantelte perle, wie ein toter zwischen holzlatten.«

Das Lob der Schöpfung ist zugleich Klage über ihre Zerstörung, und beides wechselt im ganzen Buch immer wieder ab. Brück geht aus vom menschlichen Gehirn als der Analogie zur Schöpfung im kleinen. Er breitet eine Reihe physiologischer Daten aus und wechselt ständig assoziativ-wortspielend auf andere Bereiche des Lebens über.

»diese erde, auf der wir leben, ist dieselbe wie die, auf der einst keine menschen gelebt haben, wenn sie sich mit der zeit auch etwas gewandelt hat, sich entwickelt hat wie ein seil von einer spule, an dem oben ein drachen dranhängt (das sind die menschen), oder wie ein schneckenhaus aus

gummi. wir wissen heute, daß vor einiger zeit, zu der man weder datum noch menschen kannte, die oberfläche der erde aus einem guß war, die kontinente hingen zusammen, die erde war also offenbar vollständig mit wasser eingedeckt, in dieser zeit dürften wohl auch nur fische gelebt haben. dann hat sie sich ausgedehnt, wie ein luftballon, auf den man papier geklebt hat und dann aufbläst: das papier zerreißt und es gibt erdschnitzel oder papierkontinente. die fische haben dann gleich nachgezogen und sind amfibien, reptilien und maulwürfe geworden; so erklärt sich vielleicht der formenreichtum der landtiere: fische

Rolf Brück: Lotus Mille folia
Ausgabe Nr. 53 der Alternativzeitschrift
DER GRÜNE ZWEIG

sehen sich ja alle ziemlich ähnlich, aber nachdem die kontinente einmal keinen zusammenhang mehr hatten, keine landbrücken, konnten sich die tiere australiens und nordamerikas nicht mehr begegnen, sodass es einmal känguruhs gab und koalas (die vorbilder unserer teddibären) und einmal bisons und waldbären (die vorbilder der heute dort ansässigen weissen, die diese tiere nämlich ausgerottet und sich an ihre stelle gesetzt haben, überhaupt scheint in nordamerika alles immer gefrässiger zu werden, das endet wohl noch einmal, wie schon einmal, mit mammuts, riesenechsen und wolkenkratzern, und eiszeiten). die erde dehnt sich immer noch ununterbrochen aus, unter dem wasser, mit tiefseegräben und erdspalten, dort passieren ständig erdbeben, vor denen wir auf dem land verhältnismässig sicher sind. soll man denn nicht sagen: die erde wächst? es ist fast als hätten die pflanzen das schon irgendwie verstanden, indem sie zuerst da waren, indem sie der erdausdehnung gewissermaßen vorauseilten und in den himmel wachsen, eine art seiltrick der erde, die da in den pflanzen hochklettert, obwohl diese, gewissermassen, in der luft hängen, insofern ist das windrauschen eine art indische flötenmusik, beziehungsweise die sonne ein fakir oder flötenspieler, eine sirene die immer nur einen ununterbrochenen ton von sich gibt: wie unsere deutschen alarmsirenen, die bei entwarnung eine minute lang gleichlaut heulen, so heult die sonne schon jahrelang und länger den frieden ein.«

Das ist eigentümlich für Brück: in langen Satzperioden aufzählend die Dinge und Zusammenhänge in die Worte wachsen zu lassen und aus den zufälligen Wort- und Sachassoziationen (Seiltrick, Fakir, Flötenspieler, Sirene) poetische und ethisch verbindliche Zusammenhänge zu schaffen (die Sonne als Flötenspieler, als Sirene, die den Frieden einheult).

Den Hauptteil seines Buches (»hauptsätze«), aus dem auch der eben zitierte Abschnitt stammt, hat Brück »die reise zum mittelpunkt des menschen« genannt. Fast ist dieses Buch, das dem Menschen (»dir«) gewidmet ist, eine Enzyklopädie des gedeihlichen Lebens in der Schöpfung. Es ist reich an Geschichten, an Spekulationen und Mythen:
»dass wir sterben, ist eine notwendige folge der zeugung, bei der man sein leben gewissermassen weggegeben, wenn auch weitergegeben hat. dann hat man es nicht mehr, oder man hat es noch für eine weile; wenn die entwicklung des embrios langsamer vonstatten ginge, könnte es passieren, daß die geburt des kindes mit dem gemeinsamen tod der eltern zusammenfiele (es ist noch nicht lange her, dass die meisten menschen nur 30 bis 40 jahre alt wurden. bei einer insektensorte frisst das weibchen das männchen nach der befruchtung auf, um kräfte für das eierlegen zu haben. nach dem jungfernflug, währenddem die drohnen die bienenkönigin befruchten, sind sie nur noch unnütze fresser, und die fleissigen bienenkinder, die sie in die welt gesetzt haben, schmeissen sie vor ihrem winterschlaf, bevor das bienennest versiegelt wird, aus dem haus, und sie verhungern oder erfrieren, weil sie nichts anderes können als befruchten. manchmal ist die geburt eines menschen mit solchen anstrengungen verbunden, dass die mutter stirbt). wenn es aber so zusammenfiele, wer sollte die kinder ernähren und erziehen, und außerdem sähe man sie nicht einmal, mit dem ganzen leben und der freiheit und der freude wäre es aus. wenn die kinder so heranwachsen, zehren sie die eltern gewissermassen auf, sie zehren mindestens deren kräfte sehr hungrig auf, und man trocknet aus, zerknittert und stirbt (es ist noch nicht lange her, dass menschen, die keineswegs kannibalen waren, ihre verstorbenen angehörigen richtig aufgegessen haben). der erste vorbote des todes ist denn auch die unterbrechung der menstruation in den wechseljahren. warum gibt es etwas derartiges nicht beim mann? weil er das kind auch nicht austragen muss. beim mann ist jene entwicklung, die bei der frau die höhepunkte der menstruation und des gebärens verursacht, gewissermassen verflacht und auf das ganze leben verteilt. deswegen kümmern sich die männer so beharrlich um den fussball, um den staat oder um die quantentheorie, statt sich um die kinder beziehungsweise um die, die sie austragen müssen, um ihre frauen zu kümmern. deswegen bringen der staat, der fussball und die quantentheorie soviel unglück über die welt, das hauptsächlich die frauen ertragen müssen. »was auch immer gutes ihr euren töchtern tut, es wird ein vorhang vor der hölle für euch sein. jemand, der für seine zwei töchter sorgt, bevor sie erwachsen werden, wird am tage des gerichts so nahe bei mir sein, wie meine zwei finger beieinander sind«; »diejenigen, die mädchen gutes tun, werden vor der hölle gerettet werden.« - das sind zwei aussprüche mohammeds. und diejenigen, die ihren töchtern nicht viel gönnen und meinen: sie heiratet ja doch und dann war die ausbildung umsonst - sie sprechen das urteil des himmels über sich selber aus.«

Brücks »spirituelle« Stimme ist im Konzert der Szene nicht völlig ungewöhnlich, obwohl im *Ulcus Molle Info* eher die politische Auseinandersetzung dominiert - dafür zeugen Solidaritätserklärungen für Peter Paul Zahl, Ulrike Meinhof u.a. ebenso wie der reichsortierte Vertrieb gerade des *Literarischen Informationszentrums* an politischer Literatur. Doch es gibt im Umfeld des *Ulcus Molle Info* eine Anzahl »spiritueller« und religiöser Autoren - neben Hübsch z.B. den am Zen-Buddhismus orientierten Rufus C. Camphausen, der von 1969 bis 1971 die Zeitschrift *erosion* herausgab, oder Reimar Banis - auch er Anhänger des Zen - , der mit Brück zusammenarbeitete. Als dezidiert christlich orientierte Autoren wären Harro Preis oder Kurt Schober zu nennen.

Brück jedoch verharrt nicht wie andere in einem religiösen Mystizismus, er nähert sich auch politischen, zumal öko-politischen Themen, wie man heute sagen würde. Brücks »dir« entstand in einer Zeit, als die ökologische Thematik - auch in der alternativen Szene - noch keineswegs in aller Munde war. Hier ein Beispiel aus dem Anhang zu »dir« (Nr. 74):

in unseren breitengraden war es vor der invasion der autos üblich, und in gesunden gegenden ist es heute noch brauchbarer brauch, bei wanderungen und grösseren besorgungen einen rucksack mit reiseproviant, regenkittel und taschenmesser zu tragen. und warum sind die rucksäcke heute am aussterben? weil dumme lehrer mit aktentaschen die dörfer überfluten und den arglosen schulanfängern beibringen, keineswegs mehr die alten ranzen auf den rücken zu schnallen, sondern wie sie schultaschen zu tragen; so lernen die kinder rechtzeitig, solange sie noch wachsen, wie man sich den halben tag das rückgrat krumm sitzt und es dann durch das gewicht der schultasche noch krummer zieht; so wird ihnen der buckel untauglich für rucksäcke, aber gefügig für das beugen über akten und das katzbuckelnde höherdienen gemacht. und dasselbe, das ist anzunehmen, macht man in den entwicklungsländern oder weltkindern, denen man zwar schulen einrichtet und lehrer ausbildet, aber natürlich läßt man sich das geschäft mit den schul- und aktentaschen nicht entgehen, also wird das erste, was die kinder lernen, dies sein: dass man lasten und bücher keineswegs auf dem kopf, sondern ausschließlich in taschen trägt. dabei wäre es nötiger, dass *wir* von den eingeborenen die hohe kunst des kopf-tragens erlernen, denn der effekt dieser übung ist, dass der mensch den kopf gerade hält und dadurch ein edles, ihn vom tier und mitteleuropäer abhebendes aussehen bekommt.«

Das ist fast ein kleines Traktat über Erziehung, mit beinahe Rousseauischer Querköpfigkeit formuliert. Insgesamt nimmt Brück in der Szene ein Konzept von »Ganzheitlichkeit« vorweg, eine Vereinigung von »rationalistischen« und »emotionellen« Grundlagen. Zugleich kritisiert er die Formen traditioneller Religionsausübung:

»die sitzende lebensart, die papiergläubigkeit, die lahme stagnierende religionsausübung, die in allen religionen um sich greift, das alles wird in bewegung kommen, menschen aller provenienz, aller religionen und bekenntnisse kommen zueinander, reden und gehen, und in kürzester zeit werden alle dogmatiker im wahrsten sinn den boden unter den füssen verlieren. denn indem man grenzen ums land zieht, sich selbst auf sein recht und sein papier und das ver-briefte zurückzieht, sogar seine augen in brillengestelle einschliesst, und je fester man das alles macht, desto eher entstehen welt-anschauungen; um aber die welt sich anzuschauen, muß man einen kopf wie die sonne haben.«

Brück hatte, wie seine Rezeption im *Ulcus Molle Info* belegt, keine allzu große Resonanz in der Szene, auch wenn Josef Wintjes ihm das *Ulcus Molle Info* 7/8 1972 widmete und ihn einen »der wenigen ungeheuer talentierten Schreiberlinge der gesamten Scene« nennt.(88)

Durch die geringe Auflage seiner Arbeiten hat Brück auch selbst dafür gesorgt, daß die Zahl seiner Leser klein blieb. Noch im Sommer 1972 hatte er ein wesentlich kürzeres Büchlein, »hohes lied für meine 21 kleinen schwestern«, über das *Literarische Informationszentrum* angeboten (89), doch »dir«, erschienen im Herbst 1972, gelangte über diese Umschlagstelle gar nicht erst zum Verkauf, obwohl das Buch kaum Leser außerhalb der *Ulcus Molle*-Abonnenten gefunden haben dürfte. Zu »dir« publizierte Brück Anfang 1973 eine Ergänzung - »Es ist da!« - , die in der Hauptsache ein langer Brief ist. Sein Thema ist die »Geburt«, die Präsentation des Buches »dir«, aber nicht in Form einer Kurzfassung oder Werbeschrift. Brück tangiert noch einmal eine Reihe der Themen aus »dir«, dabei ausgehend von der Dichotomie »Kopf-Schoß« / »Verstand-Gefühl«. Das Bändchen liest sich leichter als »dir«, weil Brück seine Phantasie und seine Assoziationsfähigkeit auf die Metapher von Kopf und Schoß bezieht und insofern auch ein Stück diszipliniert. »Es ist da!« versteht sich nicht als Weiterentwicklung von »dir«, es bereitet dessen Thematik noch einmal auf: Der Mensch als das verantwortliche Maß der Schöpfung.

1977 wurde als Nr. 53 der Zeitschrift *Der grüne Zweig*, herausgegeben von Werner Pieper, von »Zelline Root« und Rolf Brück das Heft »Lotus millefolia« publiziert, wohl die einzige selbständige Veröffentlichung, die Brück nicht im Selbstverlag herausgebracht hat. »Zelline Root« versammelt unter der Überschrift »lotus millefolia oder hauptkraut« 1000 Pflanzennamen, zum großen Teil Dialektbezeichnungen für Blumen und Kräuter, die nach ihren bildlichen und metaphorischen Bedeutungen in sieben Themenbereiche gegliedert sind, und zwar in die Ereignisse der sieben Schöpfungstage. Zelline Root dürfte Brück selbst sein. Als Rolf Brück schreibt er seiner »Schwester« Zelline Root ein langes Nachwort zu den sieben Schöpfungstagen, wie sie in Blumen, Kräutern und ihren Namen eingefangen sind. Wieder ist die Schöpfung das Thema Brücks, er variiert wiederum Analogien und Metaphern:

»die schöpfung ist ein grosser mensch.
der mensch ist die schöpfung im kleinen.
nicht den vierzigmillionsten teil des erdumfangs hätte man zum urmeter deklarieren sollen, sondern die durchschnittliche länge des rückgrates einschliesslich des gehirns, denn auf dieses stück kann der erdball ohne verlust verkleinert werden.

aber dieses stück misst in der tat und der regel einen meter. als man sich vor 100 jahren in paris auf ein gebräuchliches mass einigte und einen bestimmten bruchteil eines meridians nahm, dachte man nicht an den mensch, der die erde längst gemessen hat und das richtige mass an sich trägt.«(90)

Auch wenn das Thema Schöpfung für ihn unerschöpflich ist, hat er schließlich aufgehört, darüber zu schreiben. Nach 1977 ist von Brück kein Text mehr bekannt geworden. Das Bändchen »Lotus millefolia«, eine Ausgabe des *Grünen Zweiges* - dem für viele Jahre neben der im selben Verlag erschienenen Zeitschrift *Kompost* wichtigsten Periodikum der »emotionellen« Alternativen - nimmt sich aus wie das poetische Substrat sämtlicher Ausgaben dieser Zeitschrift. Einfühlsamer als bei Brück - und speziell in diesem Heft -, ist in keiner anderen Publikation der Szene poetisch verdichtet, was als Philosophie der »Ganzheitlichkeit« bezeichnet werden könnte. Die Botschaft von »Lotus millefolia« dürfte - richtig aufgenommen von denen, die sich zu dieser Richtung alternativen Bewußtseins bekennen - viele Wortaufblähungen der grünen Szene überflüssig machen, die besser nicht gedruckt würden, zumal die Bäume auf dieser Welt gezählt sind.

»man braucht 100 starke bäume, um eine 100 mal so hohe auflage eines buches auszudrukken; aber aus den 10.000 büchern kann nicht ein einziger baum rekonstruiert werden. das zeigt, wo die macht ist und wo worte geschlagen werden, die eben so laut klingen, weil sie so hohl sind. - halt! sagen da alle, die etwas sagen wollen, die fleissigen schriftsteller, die faulen kompilatoren, die etwas sagen wollen aber nicht können, und die, die wenig zu sagen wissen, dieses aber so oft wie möglich, die bestsellerbelletristen und jasager der journale - sie alle werden sich einig, wenn es um ihren grundstoff und handboden geht: die dienstbare papierbahn, auf deren rücken sie ihre botschaften aufspicken und austragen. in zeiten der dürre und der not am rohstoff werden sie sich noch einmal zusammenschliessen und einen ort im hunsrück, buchholz heisst er, überfallen, und ihn zum zeugen einer konferenz und eines gemeinsamen aufrufs machen, der den kahlschlag der nadelwälder empfiehlt: ist das buch denn nicht mehr als ein baum? ist das abholzen des baumes nicht eine ehre, die ihm angetan wird, da er in der folge die zunge des menschen verlängern darf, - ist das nicht ein behenderes wachstum als sein stilles altes? oh autoren ohne au und holzfäller ohne augen! warum herrscht im himmel grössere freude über Einen, der bereut, als über den druck weiterer zehntausend bibeln, die an eingeborene verteilt werden? weil das leben heilig, aber ein buch nicht lebendig ist; weil die einzige Heilige schrift jene ist, die im körper begraben und darum lebendig ist.«(91)

Ganz anders als Rolf Brück, der sich höchstens am Rande um die »Tagespolitik« der Szene - z.B. die Selbstverständnisdiskussion in den *UM-Infos* - gekümmert hat, ist Schubert einer der Aktivisten. Sein Name taucht im *Ulcus Molle Info* immer wieder auf, seine Flugblattproduktion sowie die »literarische Verschenkbewegung«, die er für kurze Zeit ins Leben gerufen hatte, kennzeichnen ihn als einen der »Macher« im alternativen Literaturbetrieb. Mit seinen teilweise bissigen Flugblättern zur Situation der Alternativliteratur, seinen epigrammatischen Texten und »konkreten« Gedichten sowie einigen künstlerischen Aktionen (92) bewies Schubert eine Vielseitigkeit, wie sie in dieser Form in der literarischen Alternativszene nicht häufig anzutreffen ist. Spätestens mit dem als »Roman« ausgewiesenen Text »Schwanengesang« (93) löst er sich von der konkreten Poesie. 1973 publiziert er gemeinsam mit Peter Engel ein sorgfältig recherchiertes Adressarium, das »Handbuch der alternativen deutschsprachigen Literatur«, das er in den folgenden Jahren weitgehend unter eigener Regie fortsetzte.

In einer biographischen Notiz zu Schuberts Bändchen »Am Ende der Zeiten«(94) wird der Autor zitiert: »Meine Interessen haben sich in den vergangenen zehn Jahren langsam gewandelt von Sprachform und Mathematik zu Fragen der Psychologie und der Religionen.« Der »Schwanengesang« von 1972 - im selben Jahr schließt Schubert ein Philosophiestudium ab - dürfte in der Biographie des Autors den Punkt markieren, wo »Sprachform und Mathematik« angezweifelt werden, auch wenn der Text im Untertitel als »sprachphilosophischer essay« und »geschichte der mathematik« bezeichnet wird. Eine arithmetische Metapher durchzieht den »Schwanengesang«: das schrittweise Addieren, das Hinzufügen, das Weiterschreiten.

»du und ich, wir rücken bloß ein schrittchen weiter, von n auf n plus eins, und bleiben doch immer im grundzahlenkalkül stecken. mag sein, daß du für n eine andere zahl einsetzen möchtest als ich - aber das sind die geheimnisse, die wir voreinander haben.«(95)

Hier sind zwei der wichtigeren Themen des Textes benannt: die Sehnsucht nach einer Gegenwelt zu den exakten, einengenden Kalkülen sowie der Gedanke des schrittweisen Weiterkommens, die eigene Fortentwicklung. Im Text ist das eine Entwicklung auf das Ich zu - das letzte Kapitel ist mit »ich« übertitelt. Aus kleinsten Konkretionen und einer Überfülle von Assoziationen, die vom Leser oftmals gar nicht nachvollzogen werden können, baut sich die Figur des Autors auf: jemand, der über Sprache und Mathematik zu schreiben weiß, der die Kompositionen barocker Musik kommentiert (Bach, Couperin, Vivaldi) und im übrigen reichlich dem Alkohol zuspricht. An vielen Stellen reproduziert der Text das Autostereotyp einer bestimmten Form des intellektuellen Bohèmien.

Das Vorwort beginnt mit Betrachtungen über das Schreiben eines Vorwortes. Dieses setzt erst auf der Mitte der ersten Seite ein, »damit man dem Leser Bedenkzeit lassen kann, sich für oder gegen das Lesen zu entscheiden.« Schreibend präsentiert der Autor Bruchstücke seines momentanen Ich und setzt dabei unausdrücklich in einem methodischen Zweifel an: für das gerade schreibende, Musik hörende Ich ist nichts abgesichert; es scheint so, als gelte einzig der Satz: ich assoziiere, also bin ich. Der Text ist somit weitgehend ein Monolog Schuberts mit sich selbst, die Monomanie schließt einen Leser eigentlich aus. Hat der Autor in seiner Gegenwart, in der er gerade schreibt, ein Stück Sicherheit erreicht, so kann er von dort auf die Gegenwart anspielen. So ergibt sich neben der Mikrostruktur des Assoziierens in diesem Text auch eine größere Struktur miteinander verbundener Blöcke aus Selbstanspielungen, die teils auf die Vergangenheit der Person des Autors, teils auf frühere Passagen des Textes vor seiner endgültigen Fertigstellung abzielen. In der zweiten Hälfte des Textes nehmen diese Verweise auf frühere Passagen erheblich zu; mit seiner assoziativen Technik baut der Autor nach und nach sich selbst als Figur auf. Im letzten Kapitel, »ich«, erreicht diese Technik ihren Höhepunkt: keine Metapher, kein Motiv, keine Person, die nicht auf die vorangegangenen Kapitel verweisen.

»im vergangenen herbst schickte hadayat-ullah mir drei beispiele für konkrete lyrik: gelbes und braunes laub. was die bäume nicht mehr haben wollen (oder die jahreszeit), das wird zur konkreten lyrik. was die sprache nicht mehr haben will, die kleinen wortfetzen und grammatischen embryos, das wird zur experimentellen literatur: diese ist für die sprache das, was die zahlentheorie für die mathematik - wohlstandsmüll, den dichtern gehts zu gut, darum gehen sie auf dem eis tanzen.«(96)

Für das, was der Autor an Anschauungen aufgeben muß, prägt er die Metapher »Schuttwald«, ein Trümmergrundstück, eine verwilderte Müllkippe alter Überzeugungen, ein Aschenhaufen von Assoziationen, aus denen sich das Ich des Autors erheben möchte. Insofern ist der Text wirklich ein »Schwanengesang«: Abgesang eines Menschen, der Abschied nehmen muß von vertrauten, aber fragwürdig gewordenen An-

schauungen - »Sprachform und Mathematik«. In diesem Prozeß der Ablösung versucht sich ein neues Ich zu konstituieren. Doch das Ich, das Abschied genommen hat von seiner alten Weltanschauung, findet - auch wenn es einige skurrile, bohèmehafte Gegenwelten gestreift hat - seine Gegenwelt nicht, die Sehnsucht bleibt. Am Ende des Textes spricht Schubert von Müdigkeit und Selbstmord.

1979 erschienen in dem *Suhrkamp*-Taschenbuch »Männersachen« zwei Beiträge von Christoph Schubert; es sind Briefe an die Eltern, in denen er seine Kindheit aufarbeitet. Die Briefe entstanden noch vor einer Indienreise 1977, dem Jahr, in das auch die Abfassung mehrerer Geschichten fällt, in denen erstmals nicht die Person des Autors im Mittelpunkt steht. Sie wurden 1978 unter dem

Titel »Am Ende der Zeiten« als erster Band der Reihe »Der apokalyptische Reiter« im *Verlag G. Emig* publiziert. In den Geschichten manifestieren sich negative Utopien, die von religiösen und mystischen Konzepten durchsetzt sind: Astrologie, Astralwanderung, Anbetung, Tod und Wiedergeburt. In einer Rezension schreibt Jens Gehret: »Jede story hat einen anderen inhalt und alle sind grausam, spannend, spöttisch, zuweilen brutal und immer voll auf den magen treffend. Möge einigen das mittagessen hochkommen.«(97) (In der Tat mußte Schubert eine Lesung in einem Münchner Kunstverein abbrechen, als er aus dem bisher unveröffentlichten Text »Thanatologie« vortrug, der den Geschichten vom »Ende der Zeiten« entspricht. Die entsetzten Zuhörer hatten den Abbruch erzwungen.)

Schuberts Geschichten auf ihre Grausamkeiten und Zynismen zu reduzieren, würde ihnen Unrecht tun; die Frage könnte lauten, wieviele Aggressionen jemand in sich angestaut haben muß, der Apokalypsen aus Massenvernichtung und Verwesung zu Papier bringt. Andererseits zieht sich durch fast alle Texte eine Sehnsucht nach Frieden und Erlösung. Das hat sowohl eine persönliche Dimension wie eine politische. In dem Buch finden sich ebenso eine schwarze Satire auf das Wettrüsten mit und nach der Neutronenbombe (»Kalter Krieg«), wie auch einige eher privatmythologisch anmutende Geschichten von Wiedergeburt und Erlösung. »Ich sehne mich ja ohnehin nach Tod und Unendlichkeit« heißt es in der letzten Geschichte des Bandes, in der die verlassene Geliebte ihren vormaligen Liebhaber, den Icherzähler, töten wird.

Die politische Hellhörigkeit mancher der Geschichten auf der einen Seite und die Offenheit des Autors für Religiosität und Mythologie auf der anderen Seite, verweisen - ähnlich wie bei Brück - auf ein Bemühen, »rationalistische« und »emotionelle« Bewußtseinsformen zusammenzubringen. Mit einem seiner letzten Texte, »Das politisch-spirituelle Ideenkloster vom ganzen Menschen«, 1979 in dem Band »Gegenkultur heute« erschienen, ist Schubert dem Versuch einer solchen Synthese einen Schritt näher gekommen. (98)

In diesem Aufsatz wie auch in seinen früheren Flugblättern und den ausführlichen Beiträgen zur Selbstverständnisdiskussion, den Erläuterungen in den »Handbüchern« sowie insbesondere in einer Einzelveröffentlichung zur Situation älterer Autoren (99) ist Schubert kommunikabel - in seinen poetischen Texten ist er es häufig nicht. Die Sachtexte befassen sich mit klar umrissenen Gegenständen, sie wenden sich an Leser, und die Person des Autors tritt hinter dem Anliegen zurück. Hingegen ist ein poetischer Text wie der »Schwanengesang« fast schon ein Dokument monologischer Selbstbezogenheit, von einem Tagebuch häufig kaum zu unterscheiden. Diese Prosa »gestaltet« die Welt nicht, sie »beschreibt« den Mikrokosmos des Autors: der Autor beschreibt sich selbst. Dies ist auch in vielen Texten anderer Prosa-Schreiber der alternativen Szene zu beobachten. Selbst ein Text wie Imre Töröks »Butterseelen« (das Lektorat hatte Christoph Schubert) (100), der nicht wie die Prosa von Brück und Schubert auf »fiction« verzichtet, ist mit autobiographischen Selbstbespiegelungen des

Autors durchsetzt. Icherzähler und Autor sind in der Prosa der Alternativliteratur in der Regel identisch - damit machte bereits Tiny Strickers an Kerouac angelehnter Reiseroman »Trip Generation« den Anfang, ein Buch, das auf der *1. Mainzer Minipressen-Messe* zum »Alternativbuch des Jahres« gewählt wurde (101). Auch die Reiseromane Rolf Kiesers sind nichts anderes als überarbeitete Tagebücher. (102)

Die einzige bisher veröffentlichte fiktionale Prosa Schuberts, die Geschichten vom »Ende der Zeiten«, sind hingegen z.T. völlig außerhalb der Realität - auch der Realität des Autors - angesiedelt. Wo er sich offenbar vom Autobiographischen entfernen möchte, gerät Schubert sogleich in die irreale Welt des Science Fiction. Gibt es keine Realität, keine »Fiktion«, die dazwischen liegt? Auch hier steht Schubert nicht allein: Wenn sie nicht das Privatleben ihrer Autoren vor dem Leser ausbreitet, hält sich die Kurzprosa in den Alternativblättern bevorzugt ans Märchenhafte und überanstrengt Phantastische. Ungezählt sind die Nacherzählungen indischer Märchen, die zu Geschichten umgearbeiteten Träume, die Allmachtsphantasien und Trip-Geschichten in den Zeitschriften und Heftchen der Szene.

Mit ihrer Vorliebe für das Autobiographische befinden sich die Autoren der Szene immerhin in einem aktuellen Trend. Für die Prosa der siebziger Jahre konstatiert Helmut Kreuzer: »Man spricht in eigener Sache: In der Tat gehört das autobiographische Genre zu den florierenden schon seit Anfang der siebziger Jahre. In ihm kann sich der Authentizitätsanspruch des Dokumentarismus mit dem neuen Rückzug auf das eigene Ich verbinden.«(103)

Cut-up-Literatur

Innerhalb der Alternativliteratur entwickelte sich seit Beginn der siebziger Jahre eine Schreibweise, die in der Szene häufig als in sich geschlossene Gattung angesehen wird, auch wenn sie keine literarische »Gattung« im engeren Sinne darstellt. Sie ist ausgeformt vor allem in kurzen und längeren Prosatexten, aber auch in Sachtexten, Briefen und Tonbandprotokollen. Die Rede ist von Cut-up-Literatur. Als pars pro toto bekam der Terminus in der Alternativpresse die Bedeutung eines Sammelbegriffs: Der Name einer besonderen Schreib*technik* übertrug sich auf bestimmte Stoffe und Inhalte, auf eine bestimmte Lebenshaltung.

Cut-up, eine in den fünfziger Jahren entwickelte »Zerschneide«-Technik von Textmaterial, ist als literarisches Genre in der Bundesrepublik außerhalb der Alternativpresse weithin unbekannt; seine Anfänge datieren zurück in die Zeit der amerikanischen »Beat-Generation«. »Im Jahre 1958 führte im kalten Frühling ein glücklicher Draht eine Gruppe von Leuten in Paris zusammen, von denen jeder auf seine Art entschlossen war, etwas hinter sich zu lassen.«(104) Ein kleines Hotel in der Rue Git-le-Coeur beherbergte zwischen 1957 und 1963 mit Ausnahme von Kerouac und Ferlinghetti fast alle Autoren der »Beat-Generation«, die hier Zwischenstation machten auf ihren ausgedehnten Reisen, z.T. längere Zeit blieben, sich mit Freunden trafen, Korrespondenz führten und an neuen Texten arbeiteten. »Eine Horde von Freaks - und eines der wenigen Pariser Etablissements, wo man nicht nur schwul sein sondern auch kiffen konnte, soviel man wollte.«(105)

Carl Weissner, der hervorragende deutsche Übersetzer der Beat-Autoren und Charles Bukowskis, nennt als Hotelgäste u.a. die Autoren Allen Ginsberg, William S. Burroughs, Gregory Corso, Sinclair Beiles, Harald Norse, die Dichterin Kay Johnson und den Maler Brion Gysin, der sich schon 1938 für anderthalb Jahre im »Beat Hotel« eingemietet und das Haus unter Freunden bekannt gemacht hatte. Er war es auch, der eher zufällig die Cut-up-Technik entdeckte.

»Gysin hatte sich auf seinem Arbeitstisch eine Leinwand für eines seiner kalligraphischen Gemälde zurechtgeschnitten, und da die Tischplatte völlig verkleistert war, hatte er einige alte Exemplare der Herald Tribune untergelegt. Die waren dabei in Streifen zerfallen, und als er spaßeshalber einige dieser Streifen willkürlich nebeneinander auf einen Karton klebte, kam dabei eine Zeitungsseite heraus, auf der man mit ein bißchen Phantasie z.B. diese 'Meldung' lesen konnte:

'Laredo/Texas (UPI) Präsident Eisenhower, der seinen Genesungsaufenthalt in Camp David unterbrochen hat, ist in der vergangenen Nacht von Einheiten der 43. Luftlandedivision nahe der mexikanischen Grenze in völlig verwahrlostem Zustand aufgegriffen worden. Er wird beschuldigt, die Prostituierte Gloria Baines vergewaltigt und anschließend auf bestialische Weise ermordet zu haben. Wie der Präsident gegenüber Reportern erklärte, sei ihm in seiner ganzen Karriere als professioneller Transvestit noch nie eine derartige Sauerei vorgekommen. Er beabsichtigte, seine Amtsgeschäfte in wenigen Tagen wieder aufzunehmen.'

Das war natürlich auf den ersten Blick ein alter Hut - mindestens so alt wie der, aus dem Tristan Tzara 1916 Papierschnipsel mit Wörtern drauf gezogen hatte. (Tzara rezitierte die Wörter in der zufälligen Reihenfolge, wie er sie aus dem Hut zog, und erklärte anschließend das ganze zu einem Gedicht.)

Aber Burroughs, Gysin und Norse erkannten sofort, daß sich mit der 'Cut-up-Methode' (wie es

Gysin nannte) mehr als nur zufällige Textkollagen herstellen ließen - wenn man sie nur konsequent genug anwandte. Burroughs schrieb daraufhin drei Bücher, in denen er diese Masche zur Perfektion entwickelte.«(106)

Ginsberg fand offenbar an der Methode kein allzu großes Gefallen, und Corso ließ es bei einigen Versuchen bewenden. Harald Norse hingegen verfiel wie Burroughs dem »Cut-up-Fieber«.(107) Von seinen damals im »Beat Hotel« entstandenen kürzeren Texten sei an dieser Stelle einer zitiert:

»Semantisches Gift. Im Bewußtsein seines vergifteten Zustands tritt jetzt ein in Das Letzte Wort, durch die kohlenstoff-radioaktive Monster drive-in Zelluloid Traum Maschine aus Stacheldraht IBM Komputern Gedichten Schenkeln Halsketten Dollars Haschisch Genitalien Lippen --- stelle Kontakt her mit dem Dritten Auge in einem Meer von Substantiven --- lösche deine Gedanken aus --- vergiß die Rückenmarkspirale des Lebens seit Millionen von Jahren nichts als konditionierte Reflexe würgender Ozean von Schleim von der Geburt bis zum Tod ---
Jesus und seine Jünger trampen durch die Gegend am Weg liegt ein verwesender Hund --- Jünger wenden sich angeekelt ab --- 'noch nie *so* was Ekliges gesehn, Herr' --- und Jesus sagt mit einem Lächeln, 'Mensch hat der aber gute Zähne' ---
Kadaver kotzen grüne Blasen im rationalen Traum des Menschen --- Schwarze aus Frz. Guiana schmieren heißes *cantari* auf die Schwänze von Jünglingen und produzieren samtschwarze Leviathan-erektionen --- lüstern hechelnde Boys lösen Erdstöße von vulkanischen Ebenholz-orgasmen aus --- der Äquator gerät aus den Fugen --- die Pole flippen in den Raum --- Magnetfelder brechen zusammen --- Farben mutieren zu Klängen --- Schneeflocken verwandeln sich in Spinnen ---Klangformen wabern durcheinander und rasen in eisige kosmische Kalpa Nacht.«(108)

Weissner berichtet, Norse habe ihm später einmal mitgeteilt: »Als ich meinen ersten Cut-up-Text auf dem Papier hatte, war ich so high, daß ich nicht mehr wußte, wo vorne und hinten war.«(109) Man darf jedoch vermuten, daß dieser Zustand nicht erst das Ergebnis der Textarbeit, sondern schon deren Voraussetzung darstellt. Die Gäste des »Beat Hotel« waren von Drogen abhängig. Burroughs kam als Heroinsüchtiger nach Paris, Norse selbst war Opiumraucher, und die übrigen Gäste hielten es, nach Auskunft Weissners, »im allgemeinen mit Halluzinogendrogen. Bei Gysin in Zimmer 25 gab es immer den besten marrokanischen Kiff; Henri Michaux, der gelegentlich vorbeischaute, war Fachmann für Meskalin.«(110)
Weissner verzichtet darauf, zwischen Cut-up-Methode und der Drogenpraxis ihrer Urheber eine Verbindung herzustellen. Sie ist aber nicht zu übersehen. Der zitierte Text von Norse etwa gibt

darüber ganz exakt Auskunft. Abgesehen von der Bilderflut aus den Speichern des Gedächtnisses, den abrupten Assoziationsketten, den Wortschüben und der Hermetik der dunklen, unausdeutbaren Textstellen, wie sie für alle Literatur typisch sind, die unter dem Einfluß von Halluzinogenen entsteht (111), benennt der Text »Semantisches Gift« eine charakteristische halluzinogene Veränderung der Gehirnphysiologie, die Vermischung sowohl akustischer als auch visueller Sinneseindrücke: » --- Farben mutieren zu Klängen --- «.
Die distanzierte Genauigkeit der Benennung könnte den Schluß nahelegen, daß der Text lediglich aus Erinnerungsfetzen an ein halluzinogenes Erlebnis, nicht aber unter seinem unmittelbaren Eindruck entstand. Andererseits ist eine spätere Überarbeitung unmittelbar niedergeschriebenen Textmaterials denkbar. Cut-up-Texte sind nämlich entgegen dem ersten flüchtigen Anschein keine spielerisch entstandenen Spontanprodukte, als welche sie bisweilen hingestellt werden, sondern Ergebnis bewußter Gestaltung, die freilich im Experiment mit dem Material von Zufällen und spontan entstandenen Arrangements beeinflußt ist.
Burroughs hat sich später mit der Cut-up-Technik und ihren Erweiterungen außer in seinen literarischen Arbeiten auch theoretisch auseinandergesetzt. Schon der Roman »Nova Express« (1964) - der vielleicht exemplarischste Cut-up-Text überhaupt - enthielt eine methodologische Vorbemerkung des Autors. »Die Montagetechnik, die ich in diesem Buch benutze, ist eine Erweiterung der Cut-up-Methode von Brion Gysin, die ich Fold-in-Methode nenne. Ich habe dazu Textmaterial aus zahlreichen Quellen verwendet; dieses Buch ist daher das 'Produkt' einer Vielzahl von lebenden und toten Autoren.« (112) In zwei Aufsätzen, »Die unsichtbare Generation«, 1966 (113) und »Die elektronische Revolution«, 1970 (114), beschäftigte sich Burroughs mit der Übertragung der Cut-up-Techniken auf elektronische Medien - und dabei insbesondere mit ihren Einsatzmöglichkeiten in der Praxis des politischen Widerstandes. Dabei geht es ihm um den Effekt, der eintreten kann, wenn tragbare Cassettenrecorder bei Demonstrationen mitgeführt werden, »wenn tausende von Leuten mit Tonbandgeräten Informationen ausstreuen wie durch ein Netz von Buschtrommeln«.(115) Burroughs empfiehlt den Zusammenschnitt des »hypnotischen Gemurmels der Massenmedien« auf Tonbänder, ein Cut-up aus Nachrichten, Börsenberichten, Werbeanzeigen, Fernsehfilmen usw. Cut-up-Tonbandaufnahmen würden zu einer »revolutionären Waffe«, sie ermöglichten die Verbreitung von Gerüchten, die Diskreditierung politischer Gegner, das Auslösen und Eskalieren von Krawallen. Aus-

drücklich hebt Burroughs in diesem Zusammenhang die Bedeutung der Untergrund-Presse hervor; die betreffende Passage verdient es, ausführlich zitiert zu werden:

»Die Untergrundpresse ist das einzige wirksame Gegenmittel gegen die wachsende Macht und die immer raffinierteren Techniken, die von den etablierten Massenmedien eingesetzt werden, um Informationen, Bücher und Entdeckungen, die den Interessen des Establishments abträglich sein könnten, zu verfälschen, zu verdrehen, aus dem Zusammenhang zu reißen, rundheraus lächerlich zu machen oder ganz einfach zu ignorieren und unter den Teppich zu kehren.

Ich gebe zu bedenken, daß die Untergrundpresse ihre Funktion viel wirksamer ausüben könnte, wenn sie cut-up Techniken verwenden würde. Zum Beispiel: stellt cut-ups her aus den widerwärtigsten reaktionärsten Statements, die ihr finden könnt und umgebt sie mit den widerwärtigsten Bildern. Behandelt das ganze mit Sabbern, Geifern und Tiergeräuschen und bringt es als unterschwelliges Mauscheln mit Tonbandgeräten auf die Straße. Macht Tonband-cut-ups aus Radio- und Fernsehnachrichten, schreibt das Zeug ab und bringt in jeder Ausgabe eurer Zeitung eine Seite mit Scramble-Meldungen. Spielt die Tonband-cut-ups auf der Straße ab, bevor die Zeitung ausgeliefert wird. Man hat ein komisches Gefühl, wenn man in der Zeitung plötzlich eine Schlagzeile sieht, die einem schon die ganze Zeit im Kopf herumgegangen ist... Die Untergrundpresse könnte ihre gedruckten Anzeigen mit derartigen Tonband-cut-ups auf der Straße erweitern und damit eine einzigartige Werbung auf die Beine stellen. Verschneidet den Text der Anzeigen mit Pop Melodien. Oder verschneidet Anzeigen für ein Produkt, dem ihr die Luft rauslassen wollt, mit Werbeslogans von anderen Produkten. Wer an der Wirksamkeit dieser Techniken zweifelt, braucht sie nur zu testen. Die Techniken, die hier beschrieben sind, werden von der CIA und von Agenten in anderen Ländern angewandt.«(116)

Die von Burroughs empfohlene Erprobung der Cut-up-Methode auf der Straße steht weiterhin aus - zumal in Deutschland. Der Aspekt der praktischen Nutzanwendung dieser Montage-

technik trat hierzulande hinter den ästhetischen Erweiterungen zurück, die sich ein kleiner Kreis junger Autoren von ihr versprach. Sowohl die Aufnahme und Vermittlung der amerikanischen Vorbilder als auch die Produktion kongenialer deutscher Cut-up-Texte sind seit ihren Anfängen ab ca. 1969 bis auf den heutigen Tag mit knapp einem Dutzend Namen verknüpft. Die Aufnahmebereitschaft für dieses Genre scheint im Wirkungsbereich der literarischen Alternativpresse immerhin recht groß zu sein, was zahlreiche Zuschriften und Rezensionen etwa im *Ulcus-Molle-Info* belegen.

Einer »Cut up Checklist« der literarischen Zeitschrift *AQ* im Heft 14/1973 (117), das als Anthologie Texte dieser Richtung vorstellt, ist zu entnehmen, daß Carl Weissner, der Protagonist einer Gruppe deutscher Cut-up-Autoren, schon seit Anfang der sechziger Jahre international die Herausgabe entsprechender Zeitschriften und Textsammlungen besorgte bzw. selbst einige Cut-up-Texte produzierte oder mitproduzierte. Die Romane von Burroughs, der für Weissner (geb. 1940) eine Leitfigur gewesen sein dürfte - er arbeitet inzwischen als Übersetzer und Herausgeber einer autorisierten Werkausgabe in deutscher Sprache, deren erster Band 1978 beim *Verlag Zweitausendeins* herauskam -, erschienen in deutscher Übersetzung ab 1962 im *Limes Verlag*, Wiesbaden. Von 1965 bis 1969 gab Weissner die Zeitschrift *Klacto 23* heraus, 1969 erschien im *Melzer Verlag* eine vom ihm edierte Textsammlung »Cut up«, von 1971 bis 1972 machte er zusammen mit Jürgen Ploog und Jörg Fauser die Cut-up-Zeitschrift *Ufo*. Eigene literarische Arbeiten - in englischer Sprache - legte er 1966 und 1970 vor. Zwischen 1967 und 1971 war er kooperativ an mindestens fünf Büchern beteiligt, u.a. als Mitautor von Burroughs, Pelieu, Norse und Sanders, die er später auch ins Deutsche übersetzte. Als Person hat sich Weissner in der alternativen Literaturszene nie hervorgetan, großmundige Beiträge von Weissner etwa zur Selbstverständ-

nisdebatte gibt es nicht - offenabr war er beschäftigt. Seit 1970 ist er mit Sendungen über Cut-up-Literatur im Programm deutscher Rundfunkanstalten vertreten. Seine Selbstdarstellung im ersten »Handbuch der alternativen deutschsprachigen Literatur« (1973) ist knapp, unterschlägt die eigene Leistung, beschränkt sich auf die Absichten einer von ihm mitgestalteten Sendung im WDR (»Die Fred Kowalski Show«).

Die »Checklist« der Cut-up- Anthologie von *AQ* nennt neben Weissner zwei weitere deutsche Autoren mit eigenen Buchpublikationen: Jörg Fauser (»Aqualunge«, »Tophane«) (118) und

Verfremdung einer SPIEGEL-Seite im Cut-up-Stil

DEFLORATION

Bei Bedarf Angst

Am 23. September 1926 um 14 Uhr fand man auf dem Schneeberg beim niederösterreichischen Pochberg einen Toten in bizarrer Stellung: Hubbard. In einem Buch mit versprechungen für Erfolg im Leben sowie abstrusen Gedankengängen legte er die Luftüberlegenheit des Gegners über der Hauptkampfzone, wodurch das Einfliegen alliierter Jets vereitelt würde.

„Ich habe nicht gemerkt, daß sich die anderen verschworen haben."

Fünf Haupteinschnitte markieren die Kurs-Kraxelei zum Stadium „völliger geistiger Freiheit" (Hubbard-Text). Stufe 0 befreie „von Hemmungen in der Jünger zum „Clear" ernannt worden war, zu einem Klaren. Doch da sich dann weitere Kurse für ihn erübrigten, wurde die profitbringende Hierarchie aufgestockt: für Klare, die noch klarer werden wollen.

Für dieses Kampfgebiet bevorzugen die Autoren kahle Wälder. „Weil durch die Wirkung der Herbizide Feindansammlungen enttarnt werden, während der Verteidiger weiter unter dem Blätterdach verborgen bleibt, schaffen die Antworten unter sich ab. Einer antwortete korrekt, einer immer das Gegenteil des Zutreffenden und der dritte, was sich die angreifenden Truppenteile nach ihrem ersten Vorstoß neu gruppieren müssen."

Wie zuvor Behörden in den USA und Australien warfen nun die Briten den Austritt ab. Es gelang jedoch nie, den Scientologen derartige Erpressung vor Gericht nachzuweisen.

Pistolenschüsse von den Stadion-Rängen.

Hauptkampfzonen sind nach Ansicht der US-Pioniere zunächst die bewaldeten Gebiete zwischen Fulda und Rhein:

Fünf Jahre später verbot der englische Innenminister dem Himmels-Besucher. Großbritannien und somit auch das scientologische Welthauptquartier die Pentagon-Offiziere einen Nato-Notfall: eine plötzliche Aggression des Warschauer Paktes gegen die Bundesrepublik. Frankreich kämpft mit dem Westen, alle Nachschublinien laufen vom Entlaubungsmittel praktisch so etwas wie eine vorbereitete Abwehrstellung." Und weiter: „Herbizide ermöglichen es den Nato-Streitkräften, tiefgestaffelte Abwehrsysteme zu schaffen und gleichzeitig das Gelände zu entlauben, in dem E-Meter als Hubbards Stellvertreter, der die ganze Richtung kontrolliert Denn seiner Gefolgschaft hat Hubbard permanentes Beichten mit dem E-Meter verschrieben, das sogenannte Auditing.

Seit längerem sind die RF-4 „Phantom"-Aufklärer mit hoch empfindlichen Infrarot-Kameras ausgerüstet, deren Sensoren die Wärmestrahlung von Panzern, Lastwagen und Menschen registrieren und die auch das dichteste Blickfeld für den Feind muß die Nato ungelegen kommen. Bislang hält der Nordatlantik-Pakt daran fest, für die westliche Gemeinschaft nach dem Prinzip der „Vorne-Verteidigung" möglichst

Geständnisse unter Hypnose-ähnlichen Zuständen erpressen.

Da das Blattgift häufig Tage, manchmal Monate braucht, um seine Wirkung voll zu entfalten, müßte die Schizophrenie hochgeht, die sonst nicht ausgebrochen wäre." Hubbards Sekte sei „zweifellos auch autoritär, reaktionär, irrational und bar jeder Sozialkritik", doch „als bloße Beutelschneiderei kann man Scientology nicht einfach abtun. Dazu ist die Sache zu gefährlich".

„Weiter so. Ron , nimm die Moneten"

„Eine Mischung aus Irrenarzt, Chefberater und Krankenpfleger".

Das Gerät ist eine Abwandlung der schon vor über hundert Jahren konstruierten Wheatstoneschen Meßbrücke zur Elbe – auch bei kahlen Wäldern unter Kontrolle zu halten. Denn die meisten Spitzen-Militärs des Bündnisses klagten, hält die Tätigkeit der Sekte für „Scharlatanerie unter dem Deckmantel chen der religiösen Freiheit".

Drei junge Münchner, die ihrerseits die Tester testen wollten, sprachen die

Macht über einen anderen ausüben zu dürfen, kontrolliert nahezu jeder jeden, und alle bezahlen dafür.

Weitere Axiome: „Das höchste Ziel aber hätten die West-Militärs damit zu rechnen, daß die kommunistischen Verbände das entlaubte Hessenland aussparen und ihre Angriffskeile durch den Bayrischen Wald oder die norddeutsche Psychiatrie gegen Menschenrechte gegründet, da legten diese wahnsinnigen Anstaltspsychiater schon los."

Die Schulmedizin tut das unisono. Land gedeiht derweilen glänzend.

„Wir sind ein Auffangbecken für Charakterschwächlinge."

Das scientologische Fußvolk rekrutiert sich aus „Preclears", die zunächst gehalten sind, sich für 717 Mark einen „Hubbard-E-Meter" zu kaufen, einen in diesen Sitzungen die intimsten Fragen gestellt werden, wissen sich die Auditierten in der Gewalt der Sekte. Viele schreckt die Furcht vor Erpressung vom Chemiekrieg der Bonner Verbündeten enthüllte der Washingtoner Journalist Daniel S. Greenberg. Herausgeber des Informationsdienstes „Science and Government Report". Greenberg über die Nato es schon in Spannungszeiten versprühen. Bei dieser Frühentlaubung in diesem Universum ist das Schaffen einer Wirkung" (10); „Dummheit ist Unkenntnis über Betrachtungen" (38); „am 9. Mai 1963 abends um zehn Uhr und eine halbe Minute für „verkappte Mörder". Die Bluttat lasse im Schlößchen Saint Hill Manor, Sussex, zu betreten, weil der Gesundheitsminister eine Regierungs-Untersuchung des von ihm als „sozial schädlich" angesehenen Scientologen-Kults durchgesetzt hatte.

Im Kriegsfalle würden dann Jäger und Panzerjäger der Marburger 2. Division gerade in jenem Gebiet aufmarschieren, das durch den Einsatz von US-Giftflugzeugen jeder Deckung beraubt wäre. Sie gliedert sich zur Zeit in rund 30 Stufen. Für jedes Aufrücken werden Zertifikate ausgegeben und Grade verliehen.

Luftflotten-Befehlshaber Vogt

Jürgen Ploog (»Fickmaschine«, »Cola Hinterland«) (119). Ploog traf sich 1972 mit Didi Pardey und Walter Hartmann zu einer »Cut Session«. Eine längere Korrespondenz mit »verschnittenen Briefen«, in deren Verlauf man sich kennengelernt hatte, war vorausgegangen. Die Gespräche wurden auf Tonband mitgeschnitten und zwei Jahre später als Nr. 14 der inzwischen eingestellten Zeitschrift *und*, die Benno Käsmayr in seinem *Maro Verlag* herausgab, zusammen mit einigen Cut-up- Texten der drei Gesprächspartner veröffentlicht. Das Heft darf zugleich als exemplarischer Beleg für die eigenwilligen Kommunikationsstrukturen innerhalb der literarischen Alternativpresse gelten. Ploogs Vorwort ist wohl eine der ersten programmatischen Aussagen über Cut-up aus den Reihen der Alternativpresse.

»Cut-up hat keinen Sinn, wenn man es nicht selbst versucht hat. 'Zerschneide die Symbolketten & eine andere Stimme wird sich melden' (Brion Gysin). Diese Form der Montage wurde vor 50 Jahren von den Malern eingeführt. In der Schreiberei ist sie bis heute weitgehend unbeachtet gebleiben. Sprache als Medium als Kontrollmaschinerie noch nicht erkannt. Nicht ich spreche, sondern Es spricht in mir. Wer ist dieses Es? Wer steuert es? Um das rauszufinden müssen bestimmte Techniken angewendet werden. Eine von ihnen heisst Cut-up. Wir arbeiten mit Maschinen. Die einfachste Form einer Maschine ist die Schere. Zerschneide 2 völlig verschiedene Textseiten & eine dritte entsteht. Der nächste Schritt sind Tonbandgeräte. Zwischen 2 Spuren hin&herzuspringen heisst einer dritten auf die Spur zu kommen. Das kann jeder der Knöpfe bedienen kann.«(120)

Die anschließend wiedergegebenen Gesprächsprotokolle verraten eine gewisse Unsicherheit der Diskussionspartner hinsichtlich ihres Gegenstandes - Cut-up -, der auf merkwürdige Weise eher umschrieben als benannt wird: »... was wir so *unsere Linie* nennen ... diesen gewissen Touch ... diese Masche.«(121) Das korrespondiert jedoch mit einer nicht gerade bescheidenen Selbsteinschätzung. Ploog: »Ja, man muß, wenn man eine Zeitschrift macht, natürlich genau wissen, was man will. Und ich glaube, nach den heutigen Umständen, und vor allen Dingen nach dem *Bewußtseinsstand* und überhaupt dem Qualitäts-Stand, den wir haben, *oder den wir haben sollten* - und das betrifft nicht nur uns, sondern jeden, der etwas von Bedeutung praktiziert -, muß man genau wissen, was man will.«(122) Ansatzweise kommen die politischen Überlegungen von Burroughs zur Sprache, jedoch äußerst verwirrt und unbeholfen.(123) Was denn Cut-up eigentlich ist bzw. leisten sollte, wird hier kaum reflektiert. Wie zur Beschwichtigung hatte denn auch

Ploog in seinem Vorwort Burroughs zitiert: »Ich möchte betonen, daß es sich um eine Technik handelt, die wie jede Technik für einige Schreiber brauchbar sein wird & für andere nicht. Es ist eine Frage des Experiments & nicht des Theoretisierens.«(124)

Eines der ersten Experimente Ploogs mit der Cut-up- Technik ist der Text »Die Fickmaschine. Ein Beitrag zur kybernetischen Erotik.«(125) Titel sowie ein Teil der Handlung sind der Kurzgeschichte »Fuck Maschine« von Charles Bukowski abgeschaut.(126) Ploogs Cut-up- Text ist

Titelseite der Zeitschrift UND, Nr. 14

ein Zusammenschnitt pornographischer Phantasien mit Gesprächsfetzen, pseudomedizinischen und -kybernetischen »Theorien«, Nachrichten und paranoiden Zwangsvorstellungen, bei denen ein allgegenwärtiger CIA eine undefinierbare Rolle spielt.

Drei Männer - »Mike Schweinsberg englischer Weltraum-Funkamateur der immer von den armen Schweinen auf der Erde redete ich & Abdel

Melik der irgendwas mit politischer Arbeit zu tun hatte« - treffen bei ihrer Reise durch Marokko auf einen Dr. Frederick von Maier (bei Bukowski heißt er Professor von Braschlitz), der mit der Konstruktion eines auf sexuelle Funktionen reduzierten weiblichen Homunculus beschäftigt ist. Die »Fickmaschine« wird nach ihrer Fertigstellung von den Beteiligten auf ihre Tauglichkeit hin getestet. Soweit der Inhalt.

Der Text darf als Exempel für »male chauvinism« in der Literatur gelten. Die Frau in der Geschichte hat nicht - wie andere von Männern in der Literatur geschaffene Objekt-Frauen (z.B. die Mutzenbacher) - so etwas wie ein »Eigenleben«. Dem Text ist auch an keiner Stelle eine Distanz gegenüber dem verdinglichten Sex abzulesen, wie sie z.B. Tomi Ungerer noch in jeder der bösen Zeichnungen seiner ausgeklügelten Masturbationsmaschinen erkennen läßt. Es ist denkbar, daß eine Pornographie, die ihren Gegenstand mit so kalten Augen betrachtet wie in dieser Geschichte, auf eine Montage-Technik wie das Cut-up geradezu angewiesen ist. Der Autor liefert Materialstücke, der Leser darf sich die monströse Handlung selbst zusammensetzen und hat dabei seiner Phantasie mehr zuzumuten als in einer traditionell erzählten Geschichte. Der Autor komponiert die Handlungsvorgaben in Form wenig strukturierter Assoziationen. Die Unmöglichkeit, diese zu dekodieren, ist zwar vom Autor berechnet, aber er weiß, daß der Leser - läßt dieser sich erst auf den Text ein - dennoch die Last des Entschlüsselns auf sich nehmen wird. Der Rezipient ist dabei in der Tat auf seinen »Erwartungshorizont« angewiesen, und unvorbereiteten Lesern dürften Cut-up- Texte zunächst fast jede Verständnismöglichkeit der intendierten Aussage hintertreiben.

Aus welchen Einzelstücken sich der Textkorpus von Ploogs Geschichte im einzelnen zusammensetzt, ist kaum zu entschlüsseln. Der medizinisch-technische Wortschatz mancher Passagen könnte entsprechenden Fachbüchern entstammen, ist aber keinesfalls auch nur satzweise übernommen. Möglicherweise ist ein parodistischer Effekt beabsichtigt.(127)

> Der Dr lächelt. .im Menschen gelten ganz andere Voraussetzungen aber wir nähern uns dem Schnittpunkt. . dem Mensch-Maschine-System das die unbegrenzte bewußte Informationsverarbeitung des zentralen Nervensystems einschließt. .wir haben die Kenntnisse über die menschlichen Sinnesorgane & das neuro-muskulare System um den optimalen Orgasmus zu erzeugen. .ein Knopfdruck & die westliche Zivilisation fliegt in die Luft.

Der Dr lächelt. „Warum sich bei diesen altmodischen mechanischen Sex-Erfahrungen aufhalten? Alles nur Masturbation Illusion Glückspiel. .es ist mir gelungen die Joycesche Etym-Methode & die Pawlowsche Theorie des bedingten Reflexes auf die Erotik auszuweiten. .es ist die allgemeine Methode der angenehmen Erregung wenn Sie wissen was ich meine.

Und weiter unten:

> **EXHIBITION II:** Mechanisierung der heterosexuellen Sodomie am weiblichen Körper verringert übermäßig verstärkte Posturalrückmeldungen. Dabei wird die Übersetzung zwischen der ersten & der 2ten Stufe die das heftige Zucken der Beckenmuskulatur kurz vor dem Orgasmus einleitet durch ein speziell für diesen Zweck konstruiertes System ausgeführt. Wegen der leichten Reaktionsunterschiede der Geschlechter muß man bei einer lernenden Fickmaschine unterscheiden zwischen dem was sie lernen kann & was nicht (die muskulären Reaktionen sind bei Frauen stärker als beim Mann. .der Durchschnittspenis verliert nach der 2ten oder 3ten Emission seine Gefühle). Sie wird entweder mit einer statischen Vorliebe für eine gewisse Verhaltensweise gebaut (die Möglichkeiten anderen Verhaltens erlaubt) oder gewisse Verhaltensmerkmale können starr & unveränderlich festgelegt werden.
>
> **INFORMATION AUS WARMEN LÄNDERN.** Haarige Nächte auf gekrümmten Körpern——IMSAK in einen Vogelschwarm ejakulierend ———K 23 berührte den steifen Penis als sie sich umdrehte ———Mund voller Fetzen———Afterschließmuskel redete sich in Fahrt „das Nachhängen muß aufhören"———letzte

In späteren Texten Ploogs tritt die *Technik* des Cut-up zusehends in den Hintergrund. Eine Montage des Textganzen aus zusammengeschnittenen Einzelstücken ist immer weniger zu erkennen. Die inhaltlichen Vorgaben früherer Texte werden dabei aufgegriffen und ständig neu variiert: Ruheloser Wechsel der Kontinente (Ploog ist im Hauptberuf Pilot), ein Leben in Hotelzimmern, schneller Sex, Alkohol, Junk, wortkarge Freundschaften zwischen Männern, die Tristesse der großen Metropolen, die Allgewalt der Technik, die Wegwerfkultur der Menschen in den USA, die morbide Exotik der

Erinnerung an Bennie, an alle deren
Rollen tödlich enden...
Ein Peugeot fährt an, Spielautomaten
rattern & ein Nylonstrumpf leuchtet in
der Morgensonne auf.
"Die Rechnung & etwas plötzlich." Bes-
sie mit ihrer angeborenen Schwäche fürs
Schaugeschäft, ihrem engsitzenden Sei-
denkleid. Ich sah zu, wie sie einen Mo-
torradunfall filmten. Abseits, beim
friedlichen Anblick einer Gabel...
Ich wachte auf, hörte Schüsse im grel-
len Licht der Empfangshalle. Oben vom
Stiegengeländer sah ich die Bullen her-
einstürmen. Sah Charlie an, er stand
da im offenen T-Shirt, die Knarre in
Reichweite. Das Lächeln eines Scharf-
richters verformte seine untere Gesichts-
hälfte. Seine Augen sagten mir, dass
mein Auftrag noch zu erledigen war. Eine
Stimme als hätte Fleisch das erste Mal
gesprochen...
Auf der Fahrt zu einem Bauchtanz-Festi-
val in den Bergen...blauer Dunst Nepals
...irre Augen in dunklen Tempeln...ich
folge einem Scherpa, er deutet auf einen
Wildbach...jemand sagt "Gebetsmühlen"...
Sätze zerfliessen wie Regenwasser...ein
Junge berührt eine Teeschale...
Abends kein Ton unter der schweren
Dunstschicht. Das Hotel war wie von einer schlechten Filmkopie umgeben. Un-
deutlich klang der Gesang der Flipper
aus der Ebene herauf. Ich ahnte, dass
der Sheriff uns auf den Fersen war.

22

Reprint einer Seite aus »Sternzeit 23« von Jürgen Ploog

überschwemmten Reiseziele in Fernost und Nordafrika, Gewalt und Kriminalität sind die wichtigsten Versatzstücke dieser Geschichten. Von paranoiden Schüben diktierte Assoziationen und immer wieder sexuelle Phantasien und Ausschweifungen laufen als roter Faden durch die sprachlich kargen, faktographischen Texte. Dabei entwickelt Ploog eine gewisse Meisterschaft, »im Cut-up- Stil« zu schreiben, ohne noch eine »Schere« zu verwenden: aus der Technik ist eine Erzählweise geworden, Ploogs Cut-up- Texte kommen - so zerhackt sie auch weiterhin aussehen mögen - als Fertigprodukt aus der Schreibmaschine; die Montage kann entfallen.

In einer Rezension zweier Texte Ploogs - »Sternzeit 23« (1975) und »RadarOrient« (1976) im *Ulcus Molle Info* heißt es:

»Beide Texte, aber deutlicher vielleicht 'Radar-Orient', sind die Entlarvung der heimlichen Sehnsüchte des Lesers: aber nicht, daß diese Sehnsüchte falsch sind, nur jegliche Realisation ist es. Erotik gibt es nur kaufbar, Sex, der zwischen den Fingern, zwischen den Münzen zerrinnt, das Trinkgeld ist obligat. Kaffeebecher, Wartezeiten, Betäubung. Die halbverfallenen Freaks der späten sechziger Jahre krepieren in Katmandu an Durchfall, alles ist trivial geworden. ... Es ist hier offensichtlich mit der Methode der Textherstellung gebrochen worden, vor allem 'RadarOrient' ist kein durchgängiger Cut-up-Text mehr. Oder deutlicher gesagt: die Methode ist hinter den Inhalt, hinter die Physiognomie zurückgetreten, um die Erfahrung in einen Guß zu bringen. Auch Burroughs, sozusagen der Protagonist der Cut-up- Methode, hat das schließlich gemacht.«(128)

Die neuesten Texte Ploogs, etwa die Aufzeichnungen in »Motel USA« (1979), haben die Cut-up-Technik fast gänzlich hinter sich gelassen. Die gebundenen Erzählungen sind passagenweise ganz im Telegrammstil gahalten, aber auch sonst sind die Sätze kurz und präzise. Wenn der Erzähler einmal ausschweift, dann parataktisch. Man erahnt die Vorbilder: Hemingway, Chandler, Bukowski.

Manche der neuen Texte Ploogs besitzen fast schon lyrische Merkmale, und ein neuer Ton ist herauszuhören, eine eigene Zärtlichkeit, die von der rüden Erotomanie der früheren Erzählungen im Cut-up- Stil kaum mehr weiß: »Auf dem Weg nach draußen begegnet mir dieses umwerfende Chick, wir treiben aneinander vorbei wie zwei Segelschiffe. Am nächsten Tag liegt das Chick am Boden, Schwächeanfall oder Unfall & ich beuge mich über sie, um ihr zu helfen & sie sagt: Warum legst du dich nicht neben mich?«(129)

Weit früher als bei Ploog erfolgt bei Jörg Fauser die Abkehr von der Technik des Cut-up. Schon sein Text »Äther Juke-Box« in der Zeitschrift *AQ* unterscheidet sich von denen der übrigen Beiträger durch ein größeres Maß an Verständlichkeit und unverstelltem Realismus. Hier ein Ausschnitt aus dem »Fat City Blues« überschriebenen letzten der sechs Teilstücke des Textes, das sich auf Frankfurt bezieht:

»FAT CITY BLUES. Traf Hadayat. 'Gehst du immer noch in die Moschee?' Pommes frites mit Ketchup an der Ecke. »Gibts die Lesbo noch?« Irgendwo in Fat City graues Zimmer an der Aussenseite der Welt die ganze Nacht nebenan in der Pension zerhackte Gitarren & der Geruch nach Äther & Hafencafés. Kalter Kaffee mit einem Rest Rotwein in der Dämmerung »steht was in der Zeitung?' 'Der übliche Schmant.' Tiki bringt die Krankheit immer wieder mit sich. Reste alter Postkarten im Hinterzimmer des Café Weiss. Die Box plärrt seine junge Haut über der rosa Decke ihre kalten Finger reiben die Tropfen weg 'willst du nicht?' An den Bahnhöfen vorbei den Baustellen Pizzaläden Supermärkten Kirmesplätzen Tankstellen Transvestiten-Bars den rosa Cafeterien ausrangierten Wracks & kaputten Latrinen von Fat City. Das übliche Kid kocht was auf unterm Fenster sein Schatten auf der Luftmatratze Schlagzeile der EVENING NEWS mit Blutstropfen & überall Harrys Abwesenheit ein langer Schatten. Terry hustet über dem trockenen Toast. 'Hörst du den Konsul? Wieder high.' Alexandropoulis ein dunkler Nachmittag an der See ohne was zu trinken nur Agar-Agar 'eine Art Tee .. nicht unangenehm.' Unterm Staub der sechziger Jahre gefrorenes Lächeln & ihr Fleisch wie etwas das noch kein Junk ist. Die EVER SOFT in der Version der BEATLES letzter Hit im AFN 'komm zurück nach Vietnam.' Immer der gleiche Geruch kalter Hundekacke im Kommunalen Kino der Interzone von Fat City zwischen Notting Hill & Katmandu seine letzte Spur 'hier an der Äther-Juke-Box.' Zeitungsfetzen einer undefinierbaren Krankheit flippen ferne Finger der Piaf über die rosa Decke gegenüber Finch's. 'Zuletzt sah er aus wie Harry als er Tiki in Alicante war.' 'Immer noch high?' Tripper Suzie auf Codein-Entzug..Kuddelsuppe mit Desoxyn-Äther im Wimpy als Cinderella auf die lesbische nach Üsküdar machte..löschte seine Stimme auf der letzten Kasette mit einer Aufnahme der heulenden Transvestiten aus der RED LION-Moschee..immer das selbe & no good..liess ihn im Regen stehen ging durch den Park der Selbstmord-Zone nach Hause..halber Joint am offenen Fenster..läuft die Paranoia schon rückwärts?«(130)

Fausers Texte bedürfen keiner sonderlichen Dekodierung, seine Gedichte sind nicht hermetisch, seine Geschichten nicht montiert. Sie gehören, wie auch das Cut-up-Genre, in eine bestimmte amerikanische Schreibtradition, die von den Beats bis zu Bukowski reicht. Im Zusammenhang der oben vorgestellten Lyrik-Anthologie »Ich bin vielleicht du« wurde gesagt, daß diese Schreibtra-

dition in Deutschland erst mit Brinkmanns »ACID« und innerhalb der Alternativliteratur wohl erst durch die Zeitschrift *Benzin,* mit den Texten im »Frank O'Hara/Ferlinghetti-Stil« aufgegriffen wurde. Von der »Neuen Sensibilität« war die Rede, vom Auftauchen des Alltags und des Alltäglichen in deutschen Gedichten. Fauser (Jahrgang 1944) wurde in diesem Zusammenhang nicht erwähnt - er würde sich gegen eine Etikettierung sträuben. Zwar beschreibt auch Fauser - schon lange bevor es modern wurde - seine »Umwelt«, das Alltägliche. Auch er greift auf die eigenen Erfahrungen zurück und tut es in der Umgangssprache. Aber hier ist die Realität des Alltäglichen von anderer Natur, sie ist hart, brutal, »kaputt«. Fausers Erfahrungen haben einen anderen Hintergrund als bei Theobaldy und anderen jungen Dichtern, die sich gegen Mitte der siebziger Jahre Introspektion verordnen und »Subjektivität« gegen die Parolen früherer Jahre glauben ausspielen zu müssen. Fauser hat keine studentische Vita, und so sind ihm mancherlei Bauchschmerzen fremd, wie sie etwa den Autoren der Anthologie »Ich bin vielleicht du« zu schaffen machen. Fauser war lange Jahre heroinsüchtig, irgendwann gelang ihm der Entzug. Nach langen Reisen lebt er heute in München, seit einiger Zeit hat er sich aus dem Zirkel der alternativen Literaturszene »herausgeschrieben«, was er sich mit Sicherheit nie eine Rechtfertigung kosten lassen wird. Freimütiger als andere Alternativautoren hat Fauser schon immer eingeräumt, daß er die Alternativszene nicht als sein wichtigstes Betätigungsfeld betrachtet. Pragmatisch ging er davon aus, daß seine Art zu schreiben vorerst nur im Ghetto Anerkennung finden konnte. Schon lange bevor er Ende der siebziger Jahre einen gewissen Durchbruch auf den literarischen Markt schaffte, hatte er nicht mit Angriffen auf die heiligen Kühe der Alternativszene gespart. Andererseits aber fühlt er sich den kleinen Verlagen und Zeitschriften in jeder Weise verbunden.

In einer Art Tätigkeitsbericht, abgedruckt im *Ulcus-Molle-Info* (131), machte Fauser 1977 seinen Standpunkt klar: »Seit fünf, sechs Jahren habe ich mit dem zu tun, was man 'Alternativ-Literatur', 'Gegen-Kultur', 'Klein-Verlage' etc. nennt«. In dieser Zeit habe er mit Schreiben umgerechnet DM 52,90 pro Monat verdient. Fazit: »Hätte ich in diesen annähernd sechs Jahren nicht eine Reihe von Jobs wie Gepäckarbeiter oder Nachtwächter gehabt, würde ich nicht für Rundfunk/TV/bürgerliche Feuilletons/Nackedeimagazine u.a. schreiben, könnte ich mir die 'Alternativ-Szene' gar nicht erlauben.«

Fauser verweist auf Traditionen und Vorbilder der Szene. »Die 'Alternative' Literatur und ihre Szene ist sowenig neu wie irgendwas unter den Sternen. Ich erinnere an die frühen Jahre Hemingways in Paris, an die potenten 'little Magazines' dieser Zeit, an Sylvia Beach's Buchladen 'Shakespeare & Co', dem wir maßgeblich den 'Ulysses' verdanken (und es ist eine der genauesten Entwicklungen von Prä-Beat bis Post-Beat, daß ihre Nichte Mary Beach Lebensgefährtin von Claude Pelieu und ohne diese beiden Literatur-Besessenen die alternative Szene unserer Tage gar nicht denkbar ist). Und Bukowski verdankt den engagierten Klein-Verlegern, die ihn entdeckten und ihm die Stange und die Bierdosen hielten, so gut wie alles.«

Fauser wünscht sich einen besseren Namen für die Literaturszene, von der er hier spricht: »Alternativliteratur, Alternativverlag, das klingt in meinen Ohren wie Reformhaus oder Diätbier, worum es sich dreht, ist ja einfach dies: brauchbare Literatur zu schreiben und zu verlegen, brauchbar in einer Welt, in der einen kaum noch was zum Überleben animieren kann.« Wo diese Literatur dann erscheine, ob in Groß- oder Kleinverlagen, das sei denen, »die sie brauchen«, völlig gleichgültig.

Diese Überlegungen machen ein bestimmtes literarisches und Lebensgefühl auch anderer Cut-up-Autoren sichtbar. Sie lassen eine »existentielle« Hingabe an die Arbeit des Schreibens erkennen, die als ein Akt verstanden zu werden scheint, der erst Realität schafft - »weil Schreiben das A und O ist und Überleben sonst nicht lohnt« (Fauser).

Fauser, der frühere Junkie, vertritt diese Position vielleicht am nachhaltigsten, er hat sich mit Schreiben retten können, er braucht es zum Durchhalten. Auffallend ist, daß er über spezifische Merkmale - sprachliche, stilistische, inhaltliche - der Literatur, die er meint, überhaupt nichts aussagt. Allenfalls von »Prä-Beat« und »Post-Beat« ist die Rede, und davon, daß diese Literatur »ästhetisch und menschlich engagiert« sei und »der Seiche der Zeit einen ramponierten, aber immer noch intakten Spiegel« vorhalte.

Hinter dieser sehr allgemeinen Literaturbestimmung hat man jedoch bei Fauser ein stabiles literarisches Wertmuster zu vermuten, über das er weiter kein Wort glaubt verlieren zu müssen. Er wendet sich in seinem Aufsatz allerdings an eine Szene von Freunden und Lesern, die recht gut weiß, was und wie Fauser schreibt, und die auch den Autor kennt, der für ihn das literarische Vorbild schlechthin gewesen sein dürfte. Sein Name steht in dem zitierten Aufsatz wie ein Stichwort: Charles Bukowski.

Das Bukowski-Gefühl

Bukowski ist spätestens seit dem Erfolg des 1974 im *Maro Verlag* erschienenen Lyrik-Bandes »Gedichte die einer schrieb bevor er im 8. Stockwerk aus dem Fenster sprang« eine literarische Kultfigur der Alternativpresse. Darüberhinaus besitzt er einen hohen Bekanntheitsgrad auch bei traditionellen Leserschichten. Dafür sorgten nicht zuletzt die Medien. Kaum eine der großen Zeitschriften und Illustrierten in der Bundesrepublik sparte mit zum Teil detailbesessener Berichterstattung über einen Autor, der mit seinen ersten Arbeiten Anfang der sechziger Jahre bei der Mehrheit der amerikanischen Literaturkenner nichts als Ablehnung und Verachtung erfahren hatte und noch bis zu Beginn der siebziger Jahre in Deutschland kaum jemandem auch nur vom Namen her bekannt war.

Modus und Ursachen der Verbreitung Bukowskis dürften für künftige rezeptionsgeschichtliche Arbeiten paradigmatischen Charakter besitzen, und zwar für ganze Fragenkomplexe der Leserforschung und Literatursoziologie. Die Rezeptionsvoraussetzungen der unterschiedlichen Leser und Lesergruppen differieren mit Sicherheit untereinander wie bei kaum einem zeitgenössischen Autor mit vergleichbarem Bekanntheitsgrad. Doch wie erklären sich die Aufnahme der Texte dieses Autors - und damit eng verbunden auch ein ungewöhnlich starkes Interesse für seine Person - bei so unterschiedlichen Lesergruppen, wie sie die Leser Bukowskis darstellen? Scheinen nicht sogar die Gegensätze, die sonst auch innerhalb der einzelnen Gruppen existieren, in der gemeinsamen Aufnahme der Texte aufgehoben?

Die alternative Szene - als eine dieser Gruppen - hätte man eine ganze Zeitlang als Phänotyp kollektiven Bukowski-Lesens definieren können. Aber die Subkultur ist doch überhaupt nicht einheitlich, kaum eine »Fraktion« liest ja einmal die Bücher der anderen. Bei den Gedichten und »Stories« dieses Autors war das jedoch anders und ist es zum Teil noch immer.

Bukowski als das »kleinste gemeinsame Vielfache« der Szene bzw. ihrer Rezeptionsvorlieben? Wenn ja - worin besteht es? Für die empirische Rezeptionsforschung dürfte das Paradigma Bukowski schon deshalb interessant sein, weil hier im Umfeld einer bestimmten (bestimmbaren) Lesergruppe - der alternativen Szene - überdurchschnittlich zahlreiche Zeugnisse der Textaufnahme und -wirkung vorliegen: In den Zeitschriften der Alternativpresse meldet sich dieser Teil der Leserschaft Bukowskis laut zu Wort, man blättere nur in den *Ulcus-Molle-Infos* der letzten fünf Jahre.

Für die traditionellen, »bürgerlichen« Leser unter den Rezipienten Bukowskis gibt es eine Forum des »Feed-Back«, wie es die Alternativpresse darstellt, wohl nicht. Das ändert nichts an der Relevanz der Frage nach den Gegebenheiten und Wirkungen des Rezeptionsprozesses gerade bei dieser Lesergruppe. Aufschlußreich wären in diesem Zusammenhang auch Erkenntnisse über die Modalitäten des »Einstiegs« dieser Leser in die Texte Bukowskis. Als auslösendes Moment oder als Multiplikatoren dürften die zahlreichen Artikel in der Presse gewirkt haben. Selbst ein Blatt wie die *Rhein-Zeitung*, eine Tageszeitung in überwiegend ländlichem Verbreitungsgebiet, berichtete zweimal über Bukowski.(132) Der *Stern* leitete einen Artikel ein mit einer doppelseitigen Großaufnahme des eindrucksvollen Gesichts Bukowskis und der Überschrift: »Der Amerikaner Charles Bukowski erzählt von Säufern und Huren, vom Rülpsen und Ausflippen. Was er erzählt, hat er auch erlebt. Vor allem in Deutschland wird seine zärtliche Saft- und Kraft-Prosa verschlungen.«(133) Ob einem Autor mit solchen Anpreisungen der Weg in den Salon bzw. ins Wohnzimmer geebnet wird oder eben gerade nicht, das sei dahingestellt. Für Bukowski hat er sich jedenfalls geebnet, und wer nach den Gründen dafür sucht, müßte sich auch mit der Beschaffenheit gesellschaftlicher Realität im Umfeld der Lesenden herumplagen.

Warum dieser Außenseiter »vor allem in Deutschland« mehr als nur einen Achtungserfolg zu verzeichnen hat, und warum sein Erfolg in die USA zurückstrahlte und die Auflagen in die Höhe schnellen ließ (ebenso in England und Frankreich) - warum er andererseits aber in Italien bis heute unbeachtet blieb und dort auch von der Linken und den Intellektuellen zurückgewiesen wurde, dürfte eine eigene literatursoziologische Untersuchung - auch von seiten der Komparatistik - wert sein.

Die Respektabilität Bukowskis für bürgerliche Leserschichten wird in der Bundesrepublik von seiten der drei großen Verlage, die Rechte an den Arbeiten des Autors besitzen (*Fischer, Hanser, dtv*), schon über die Klappentexte der Bücher hergestellt. Das Odium des Pornographen tritt zurück hinter der Aura vom kaputten Genie. Zitiert werden anerkannte Größen der Weltliteratur, etwa Henry Miller: »Jede Zeile von Bukowski ist infiziert vom Terror des amerikanischen Albtraums. Er artikuliert die Ängste und Agonien einer nach Hunderttausenden zählenden Minorität im Niemandsland zwischen brutaler Entmenschlichung und ohnmächtiger Verzweiflung.« (134) Oder Jean Genet: »Charles Bukowski ist der größte Dichter Amerikas.« Mit dieser Hymne als Schlagzeile startete der *Zweitausendeins-Versand* ganzseitige Werbeanzeigen in Illustrierten und Magazinen. Der *Maro Verlag* zitiert auf den Buchrücken die *Los Angeles Times*: »Bukowski ist der bedeutendste Autor von Short Stories seit Hemingway«.

Miller, Genet, Hemingway - die Gewährsleute sind mit Bedacht gewählt. Oder anders gesagt: Es wundert nicht, daß sich gerade Miller und Genet anerkennend über Bukowski äußern. Hatten sie doch selbst aus ähnlichen Gründen wie dieser in etablierteren Leserkreisen zunächst nichts als Abscheu hervorgerufen, ihre Dichtungen galten lange als schmutzig, dunkel, brutal und verbrecherisch, bevor man in ihnen das Verlangen nach der Conditio humana entdeckte. Mit diesen Namen wird der »Erwartungshorizont« bestimmter Leserschichten angesprochen - fast schon in Form einer didaktischen Lesehilfe.

Was Hemingway angeht, hat Bukowski selbst öfter einen Vergleich gesucht.(135) Doch die Unterschiede sind größer als die Gemeinsamkeiten. Der Mythos viriler Selbstbehauptung, wie er die Gestalten Hemingways umgibt, ist in den Geschichten Bukowskis nurmehr als negative Folie wiederzuerkennen: Der Mythos wird entschleiert, Heldentum demontiert. Der »amerikanische Albtraum« reproduziert in seinen Ideologiefabriken zwar unentwegt sämtliche Klischees omnipotenter Heldenfiguren, aber in der Realität sind aufrechte Leute weder gefragt, noch möglich, noch auffindbar.

Doch unterderhand wächst Bukowskis Figuren eine neue Heldenrolle zu, ihr elendes So-Sein schließt Widerstand gegen die Verhältnisse ein - mag er sich letztlich auch gegen sie selbst wenden, in einem Desaster oder in Alkoholismus enden. »Ich mag verzweifelte Männer, Männer mit kaputten Zähnen und kaputten Gedanken und einer kaputten Art. Sie interessieren mich. Sie sind voller Überraschungen und Explosionen. Ich mag auch verkommene Weiber, betrunkene fluchende Schlampen mit ausgeleierten Strümpfen und verschmiertem Make-up im Gesicht. ... Ich habe nichts übrig für Gesetze, Moral, Religion,

Vorschriften. Ich will mich nicht von der Gesellschaft trimmen lassen.«(136)

Vielleicht ist in den beiden letzten Sätzen schon die ganze »message« Bukowskis ausgedrückt, und vielleicht hat man in ihr die Ursache für die breite Aufnahme und Wirkung seiner Texte zu sehen. Mitte 1981 beläuft sich die Gesamtauflage der Werke allein in der Bundesrepublik auf eine Million.(137) Sprechen Bukowskis Texte bei seinen zahlreichen Lesern deren unbewußte kollektive Verzweiflung an? Verzweiflung über die Domestikationen, denen sie alle unterworfen sind und die sie sich gegenseitig antun? »Ich will mich nicht von der Gesellschaft trimmen lassen« - mit diesem Satz können heute viele etwas anfangen, auch außerhalb der Alternativbewegung. Der Wirtschaftsminister der Bundesrepublik beklagt 1980 den Verfall von »Arbeitsmoral«. In der Tat gibt es eine wachsende stille Aufkündigung der Verträge, und der Konsens ist gestört, daß Arbeit an sich bereits einen Sinn Mache. In Bukowskis Texten macht niemand eine »vernünftige Arbeit«, und es gibt auch keine »Arbeitswelt«. Hier geht es um Jobs, die für ein paar Wochen oder Monate Geld bringen, und eines Tages kündigt man oder wird gekündigt. Doch die Arbeit der Menschen ist in den Texten zentral. Dies wird in Rezensionen fast immer unterschlagen. Arbeit ist hart und stumpfsinnig, schmutzig und entwürdigend. Auch wenn kaum einer von Bukowskis Lesern je so sinnlos schuften mußte, Arbeit selten als unverhüllten Terrorzusammenhang erleiden mußte, wie die Menschen in diesen Texten, wird offenbar auf einer zweiten Ebene, die außerhalb der Texte liegt, Identifikation hergestellt. Irritation und Unmut lassen sich hier von der Arbeit auf andere Bereiche übertragen: auf die normierte Reproduktion, auf den abgestorbenen Eros, die schale Freizeit, die Gleichförmigkeit des Tagesablaufs, die langweilige Absehbarkeit und Berechenbarkeit der kommenden Jahre.

Die »Reproduktion« der verelendeten Menschen in den Erzählungen Bukowskis beschränkt sich im wesentlichen auf »Fickgeschichten« und besinnungsloses Trinken; die Art und Weise, wie sie es tun, dürfte vom durchschnittlichen Leser nicht auf der Ebene unmittelbarer Identifikation rezipiert werden. Konventionen und Über-Ich werden dies zunächst verhindern. Das Unbewußte jedoch bildet sich seine eigene Welt. Manche Leser reden von der »Sucht«, Bukowski zu lesen, die unbewußten oder halbbewußten Sehnsüchte regieren den Lesevorgang. Wondratschek schreibt im *Spiegel*: »Auch die Intellektuellen mögen Buk. Seine 'undisziplinierte antisoziale schlampige' Schreibe. Denn er sagt all die Dinge, die sie auch mal selber gern gesagt hätten.«(138)

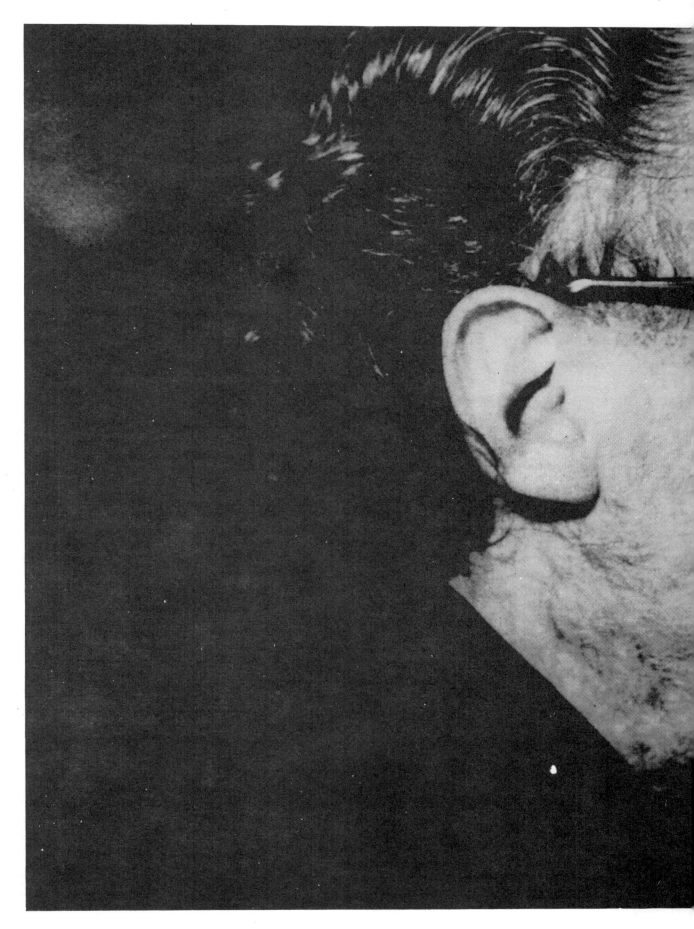

»Identifikation« bei der Rezeption von Bukowski-Texten sollte vielleicht weniger als ideelle Herstellung von Übereinstimmungen denn als Entlastung begriffen werden. Bukowskis Helden scheitern fast immer - sei es im Zusammenhang der Arbeit, die sie zu tun gezwungen sind, sei es privat, wo sämtliche Glückserwartungen vergeblich bleiben. Andererseits fragt sich natürlich, ob Literatur es verdient hat, Statthalter-Funktionen zu übernehmen. Wer Bukowskis Texte ausschließlich als »Lebenshilfe« aufnimmt, wird ihnen mit Sicherheit nicht gerecht. »Egal wie down ich bin, Bukowski geht's immer noch dreckiger. Er wird verhauen oder verhaftet oder hat Darmblutungen und läßt sich doch nicht unterkriegen. Das macht mir Mut.«(139) Eine kleinbürgerliche Untugend: daß es einem besser geht, wenn es anderen schlechter geht. Auf seiten des Autors dürfte ja gerade der Haß auf solche engherzige Gemütsbewegungen und Stimmungslagen, wie sie hier einer seiner Leser an den Tag legt, Anlaß gewesen sein, Bücher zu schreiben.

Auch als Über-Vater muß Bukowski herhalten (140). Viele Leser glauben an ihm zu finden, »was sie an ihren wirklichen Vätern vermissen: totale Aufrichtigkeit, Unverstelltheit, Selbstironie.« (141) Ohne Zweifel trägt neben der inhaltlichen Vermittlung vor allem der Stil Bukowskis zu dieser Urteilsbildung bei. In den kurzen schnoddrigen Sätzen, die sich mit einem kleinen Wortschatz aus der Umgangssprache begnügen, ist kein Platz für subtile Doppelbedeutungen, verschachtelte Gedankengebäude und Mehrfach-Botschaften. Die Geschichten haben einen hohen Wiedererkennungseffekt und sind zum Teil austauschbar. Personen, Milieu und Handlung, die Kommentare des Autors, seine Floskeln, Witze, Zynismen bleiben in den meisten Geschichten die gleichen. Die »Stories« sind leicht zu begreifen, sie setzen kein hohes Abstarktionsvermögen voraus, laufen nicht auf verschiedenen Ebenen ab, liefern keine Philosophie, müssen nicht überanstrengt gedanklich bewältigt werden. Viele Geschichten sind sehr spannend, ihr Ausgang ist ungewiß, z.T. phantastisch. Oft ist die ganze Handlung irreal, ansatzweise auch metaphorisch.(142)

Bukowski wird dafür gerühmt, eine Begabung für das Herstellen von Situationskomik zu besitzen. Sie drückt sich vor allem in den Dialogen aus, besonders dann, wenn die Helden der Erzählung Männer sind, die sich einen »Coup« ausdenken, der ihr Leben ändern soll. Es sind häufig Gestalten wie Becketts Wladimir und Estragon, aber sie warten nicht,· sie tun etwas, auch wenn sie oft genug selbst schon absehen können, daß es nur Mißerfolge geben wird. Verständlichkeit, Spannung und Humor verleihen den Geschichten - trotz der engen Nachbarschaft von Desaster, Un-

glück und Leid - einen hohen »Unterhaltungswert« und sind deswegen für viele Leser ein erwünschtes Korrelat: als »Medizin gegen die Peter-Handtke-Krankheit - gegen die blutarme Übersensibilität und krampfige Langeweile der jungen deutschen Literatur.«(143)

Über die Anziehungskraft der Bücher Bukowskis für die alternative Szene reflektiert der Band »Vulkantänze« von Herbert Röttgen und Florian Rabe, ein Traktat über »linke und alternative Ausgänge«, abgefaßt in einer gesucht poetischen, z.T. umständlichen Sprache in der Tradition der »Subrealistischen Bewegung« und der »Situationistischen Internationale«.(144) »Bukowskis nach Ficken und Bier lechzende Menschen sind in das Lumpenproletariat hinabgestoßene Kleinbürger. Produkte des Kapitalismus, den es zu bekämpfen und abzuschaffen gilt.«(145) Diese »linke Kurzfassung«, wie er selbst sagt, scheint dem Autor (Röttgen ist alleiniger Autor, der als Mitautor aufgeführte Florian Rabe ist sein Pseudonym) allerdings unzureichend als Erklärung für den Erfolg Bukowskis bei den Alternativen und der Neuen Linken in Westdeutschland. Für wesentlicher hält er einen bestimmten Identifikationsprozeß:

»Bukowski beschreibt Existenzen, die uns sozial sehr nahe stehen, denn wenn wir es wirklich nicht mehr schaffen, weder im Beruf noch im Alltag, noch mit dem zahlreichen Angebot alternativer Lebenszusammenhänge, dann verfallen wir sicher diesem schmuddeligen Milieu aus kleinen Junkies, Briefträgern, sexuell verklemmten Angestellten, schmierigen Handlungsreisenden, Pommesfritesverkäufern und Kellnern - also eine Minderheit, die weder durch das kommunitäre Band des farbigen Ghettos abgesichert ist, noch wäre es für uns möglich, eine klassische Arbeiterexistenz zu führen. Es gibt sogar in unserem Umfeld nicht wenige, die am Rande dieser paranoischen Felder laufen. Gerade da wir es sind, die diesem Wahnsinn verfallen können, hat er etwas Anziehendes, etwas Schwindelerregendes, so als wenn man auf einem hohen Berg steht und einen die Anwandlung überkommt, hinunterzuspringen. Mit diesem grausig süßen Gefühl lesen wir Bukowski - denn es gibt in der Tat diese Gier nach Selbstzerstörung, diese Sehnsucht nach körperlicher Auflösung, diese Liebe zum eigenen Kadavergestank.«(146)

Gegen diese Erklärung, auf die hier das »Wir«-Kollektiv der Alternativszene eingeschworen werden soll, ist zunächst einzuwenden, daß den Angehörigen dieser Szene mitnichten die soziale Deklassierung droht. Wer die »alternativen Lebenszusammenhänge« verläßt, tut dies in der Regel freiwillig und begibt sich nicht ins Elend. Allenfalls »etabliert« er sich - aber nach Maßgabe durchaus optimaler Ausbildungsvoraussetzungen und Berufsmöglichkeiten, über die eine Mehrheit der Beteiligten nun einmal verfügt. Wem in der Szene der Absturz ins bürgerliche Erwerbsleben droht - sofern er ihn nicht selbst will - gerät deswegen nicht in subproletarische Niederungen, wie sie bei Bukowski beschrieben sind. Im übrigen verunglimpft Bukowski Menschen nicht, die in ihnen leben müssen - ganz im Gegensatz zu Röttgen, an den die Frage zu richten wäre, wie er persönlich es mit dem Briefträger hält, der ihm morgens die Post bringt, und wie mit dem Kellner seiner Stammkneipe. Sie in einem »schmuddeligen Milieu« anzusiedeln entspricht einem Dünkel, der in der Szene leider keine Ausnahme ist. Geschichtsfremd spricht Röttgen vom »kommunitären Band des farbigen Ghettos«. Das Ghetto zerfleischt sich selbst, die Gründe dafür hat u.a. Holdt dargelegt, dessen Buch auch in der Szene bekannt ist.(147) Richtig an Röttgens Ausführungen ist sicher, daß die Bukowski-Rezeption auch in der Subkultur Merkmale eines Identifikationsprozesses aufweist. Dessen Ursprung kann aber weder in einer sozialen Misere der freiwilligen Subkultur, noch in deren von Deklassierungsangst geleiteten Projektionen gesucht werden. Zumindest müßte gesagt werden, daß solche Projektionen zur Realität alternativer Lebenszusammenhänge in einem krassen Mißverhältnis stehen.

Eine weitere Erklärung für die starke Rezeption Bukowskis im alternativen Milieu leitet Röttgen aus einer Theorie des Obszönen und Verbotenen ab und verweist in diesem Zusammenhang auf Bataille und Pasolini.

»Wenn in unserer Gesellschaft die Sexualität des Mannes nichts ist als eine ratternde und klirrende Wundermaschine, wen nimmt es dann Wunder, daß in seinem Hirn das Assoziationsband aus halbangezogenen, obszönen, keuchenden und wimmernden Frauen abzulaufen beginnt. Und da die Emanzipierten auch manchesmal in verschwitzten Straßenbahnen, fettigen Kneipen, schummrigen Cafes sitzen, fängt auch bei ihnen die Sexmaschine an zu rasseln. ... Mag sein, daß die Verbindung von Sexualität und Dreck eine der Verpackungen ist, die die Erziehung des Mittelstandes uns angeboten hat. Jedenfalls hinterläßt dieser Schmutz, der uns durch die Geschichten anstarrt, eine heruntergekommene Sehnsucht nach Vermischung. Bukowski fasziniert durch die erotische Besetzung des entfremdeten Eros: er ist sowohl eine Anklage der Gesellschaft, als auch ein leidenschaftlicher Genuß am Kaputten, als auch ein Haß auf alles Glatte und Harmonische.«(148)

Die »Emanzipierten« hätten sich demnach ihres Sexus entledigt, es sei denn, sie lassen ihn im Schmutz wiederauferstehen - z.B. mit Bukowskis Hilfe. Ist das der Sinn dieser Sätze? Dann wären die »Emanzipierten«, mit Berufung auf eine Bemerkung der Feministin Karin Huffzky, von Bukowski selbst nicht weit entfernt. »Im Grunde haßt Bukowski das Körperliche; es ist für ihn attraktiv, wo es in den Schmutz gezogen ist.«(149) Von dem oft schon psychoanalytischen Verstehen- und »Verzeihen«-Wollen, das den meisten Verlautbarungen über Bukowski zu eigen ist, hebt sich die Kritik aus den Reihen der Frauenbewegung deutlich ab: »Pervers erscheinen mir bemühte Deutungen einiger Rezensenten und hiesiger Bukowski-Interpreten, die 'Zärtlichkeit' aus seinen Arbeiten filtern. ... Mit dem Legitimationsversuch, nach 'Zärtlichkeit' zu bohren wie andere nach Öl, verschaffen sich manche Leser selbst ein gutes Gewissen für ihre Lustmomente an den literarischen Ejakulationen des in seinem eigenen Lande zweitrangigen Literaten.«(150)

Im *Ulcus Molle Info* sind die dort üblichen Laudationes auf Bukowski bislang durch einen einzigen Beitrag unterminiert worden. Rainer Klassen faßt im Heft 7/8 1977 seine Kritik an Bukowski und dessen Lesern in der Alternativszene in vier Punkten zusammen:

- Die Bukowski-Rezeption innerhalb der Alternativpresse sei auf die Kategorie der Echtheit verengt, der Icherzähler werde durchgängig mit dem Autor identifiziert. »dichtung wird in ganz naivem autobiographischen sinn für wahrheit gehalten«.

- Die Texte, die als soziologische Analyse der US-Gesellschaft aufgefaßt würden, enthielten jedoch keine Forderung nach einer Aufhebung der bestehenden Zustände. »kein sozialer gedanke, kein durchblick, keine perspektive in die zukunft.«

- Der Mythos von der Kaputtheit verbinde sich mit einem Vitalitätskult. Der Alkoholiker Bukowski gelte als »ganzer kerl«, er verkörpere für »schlappmänner in gütersloh oder frankfurt/main« ein bestimmtes Wunschbild, ein Pendant zur Verinnerlichung und Spiritualität, wie sie in der Alternativszene üblich seien.

- Aus Sublimationsgründen ahme man Bukowski literarisch nach, dabei werde »literarische mache mit der wirklichkeit verwechselt«.(151)

Auch wenn Klassens Kritik über ihr Ziel hinausschießt und am Ende nur noch denunzieren und verletzen will - er spricht von Bukowskis »pockennarbigem brutalo-antlitz« und unterstellt dem Autor einen faschistischen Grundzug -, möchte man ihr in der alternativen Literaturszene Beachtung wünschen. Das betrifft insbesondere den Vorwurf des Plagiierens. Von Bukowskis Stil und Denken inspirierte Gedichte und Geschichten finden sich in großer Zahl vor allem in jenen literari-

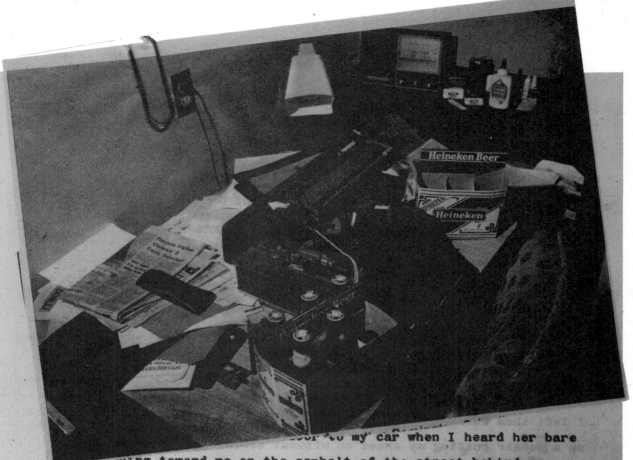

_____ to my car when I heard her bare

_____ toward me on the asphalt of the street behind me.

I leaped in and locked both doors, started the engine.

The windows were rolled up.

"I'LL KILL THIS BEAUTIFUL CAR!" she screamed. "I'LL KILL
THIS ~~#########~~BEAUTIFUL CAR!"

Her fists beat against the hood, on the roof and against the
front windshield. I moved the car very slowly in first gear so
as not to injure her. I had just gotten a '67 Volks and I kept
it shined and waxed, I even had a ~~######~~whisk broom in the glove
compartment. As I slowly pulled away Lydia ran along and kept
beating on the car with her fists. When I was ~~####~~clear of
her I put it into second.

When I looked back in the rear view mirror and saw her stand-
ing in the moonlight, motionless, in her blue negligee and panties,
my gut began to twitch and roll. I felt ill, useless, without
meaning.

I was still in love with her.

c/r Charles Bukowski 1977

schen Blättern der Szene, die sich auf eine bestimmte Form der »amerikanischen Schreibe« spezialisiert haben: *Gasolin 23, Nachtmaschine, Tja, Henri, Deutschheft* u.a. orientieren sich an einer Literatur in der Tradition der »Beat Generation«, der Cut-up-Autoren, der »neuen amerikanischen Szene«, wie schon der Untertitel von Brinkmanns »ACID« lautete. Gegen den Vorwurf des Plagiats setzen sich einige Autoren dieses Bereichs nicht nur nicht zur Wehr - im Gegenteil: sie bekennen sich ausdrücklich zur Nachahmung. »Es ist die natürlichste Sache, daß sich Schreiber an anderen Schreibern orientieren« (152), sagt Ploog, der *Gasolin 23* mit herausgibt. Im *Ulcus Molle Info* äußert er präziser: »Die Zeitschrift (*Gasolin 23*) wendet sich an Gleichgesinnte, aber erst in zweiter Linie. Wir geben sie heraus, um ein freies Feld sichtbar zu halten, auf dem es sich um unmittelbare Reproduktionen neuester ästhetischer Arbeit dreht.«(153)

Die Reproduktionen sind an »Unmittelbarkeit« oft kaum zu überbieten - Fauser z.B. übernimmt bis in Einzelheiten das Vokabular und die Syntax Bukowskis. Übereinstimmungen gibt es in den Sujets und im Aufbau der Erzählungen, zumindest aber sind Tenor und »Stimmung« der Welt Bukowskis kongenial, und zuweilen ist das Plagiat schon im Titel als solches ausgewiesen. Eine Geschichte Bukowskis heißt »Die Nacht als mir keiner glaubte, daß ich Allen Ginsberg bin«. In *Gasolin 23* Nr. 4 gibt es einen Text von Fauser mit dem Titel »Die Nacht als mir keiner glaubte, daß ich Philipp Marlowe war«. Bukowski liefert den Titel, Philipp Marlowe, der Held der Kriminalromane von Raymond Chandler, ist die Identifikationsfigur. Reproduktion und Projektion greifen hier ineinander. Nicht nur Fauser läßt solche Verschmelzungssehnsucht erkennen. Inzwischen gibt es Bemühungen, Bukowski selbst zum Gegenstand von Gedichten im Stil Bukowskis zu machen. Ein gutes Beispiel ist ein Text von Roland Bomke im *Ulcus Molle Info*:

Wieder so ein Kritiker

Bukowski,
du verdammte Sau,
hast du schon mal
an diese jungen Burschen
gedacht.
die deine hingekotzten Texte
lesen
und sich in dir
wiedererkennen
und anfangen,
sich wahllos
durch die Stadt zu ficken,
anfangen zu saufen,

weil ihr Image stimmen muß.
Und auf einmal
ähneln ihre Kritzeleien
verdammt
deinen Kritzeleien,
und du sitzt
in irgendeinem Puff
von Los Angeles,
säufst dir den Arsch voll
zum Überlaufen,
würdest 'Oh Shit'
oder 'Motherfuck'
sagen,
wenn du diesen Wisch
in die Hände
kriegtest. (154)

Bukowski in Los Angeles zu besuchen gehörte längere Zeit fast schon zu den Pflichtübungen amerikareisender Autoren der deutschen Alternativszene. Weissner, Fauser, Jenny u.a. haben ihre Begegnung mit dem Dichter schriftlich festgehalten, in Interviews und Gedichten. Christoph Derschau, ein seit Ende der siebziger Jahre in der Szene vielgelesener Autor, dessen Texte eine nahe Verwandtschaft zu Wondratschek aufweisen, hat in dem Band »Die Ufer der salzlosen Karibik« zwei Gedichte - in Verse zerlegte Prosa - veröffentlicht, in denen er Eindrücke seines Treffens mit Bukowski wiedergibt.

Der erste Text, »November in Los Angeles«, schildert die Minuten der Begrüßung. Bukowski fragt, warum Derschau nicht seine Frau mitgebracht habe, und dieser drückt ihm statt einer Antwort »stumm die zwei Plastiktüten mit den 13 geklauten Flaschen German Beer in die Hand«. Beide sitzen sich wortlos gegenüber, Bukowski holt Wein. Im Buch folgen drei Seiten mit Fotos von Bukowski und seiner Freundin, dann beginnt das zweite Gedicht:
Etwas wirklich Sensationelles

Viel gelacht und californischen
Wein getrunken.
Bier war nicht im Haus.
»Hab das Zeug über im Moment -
immer diese Hangovers danach.«

Er erzählte von seinem Vater
der Mutter jahrelang vollgelabert hatte
was er doch für ein doller Hecht sei
in seinem Job und wie er es den anderen
mal wieder gegeben hätte.

»Mußt dir vorstellen
er war wirklich nur ein kleiner Typ
in seinem Laden -
ein armer Wichtigtuer.«

**Und dann die Geschichte von dieser Nutte
die er sich auf gut Glück
telefonisch bestellt hatte.
»Wird gemacht Mr. Bukowski. Wir schicken
ihnen etwas wirklich Sensationelles
wie wir das immer bei Prominenten machen.«**

**Und wie er ihr dann gleich 35 Dollar
gegeben und sie sofort wieder nach Hause
geschickt hätte
diese charakterlose Schönheitsmaske
die nach Intimspray zu stinken schien.**

**»Aber erzähl ja nicht rum
in Hamburg oder Andernach
der alte Buk hätte es nicht gebracht.
Denk gefälligst an mein Image
und sag denen wenn du deine Fresse
schon nicht halten willst
der alte Sack hätte die Hose sofort runter-
gelassen und es ihr derartig verpaßt
daß sie mindestens zwei Tage lang
nicht mehr gehen konnte. Hahaha!«**

**Und dabei hatte er
eigentlich nur erzählen wollen
daß es ihm gar nicht besonders gut ging
und daß er sich schon drei Wochen lang
erfolgreich an seiner Schreibmaschine
vorbeidrückte
immer ein wenig in Gefahr
wie es schien
sie an die Wand zu donnern.** (155)

Spätestens seit 1980 ist es in der Szene stiller um Bukowski geworden, und auch für die großen Medien hat er seinen Reiz als Aufmacher verloren. Doch die Bukowski-Rezeption war keine kurzlebige Modeerscheinung, in der Bundesrepublik steigt die Auflage auch weiterhin. Dem *Maro Verlag*, einem der lebendigsten Kleinverlage der alternativen Literaturszene schon seit Beginn der siebziger Jahre, hat die »Entdeckung« Bukowskis zu einer Geschäftsgrundlage verholfen, wie sie sonst kaum ein anderer Verlag der Szene vorzuweisen hat. Bis Mitte 1981 erreichten die fünf im *Maro Verlag* erschienenen Bukowski-Bände eine Gesamtauflage von über 150.000 Exemplaren. »Für mich kam Bukowski wie eine unerwartete Erbschaft«, sagt Benno Käsmayr. Sogar die *Palmenpresse*, ein Winzling unter den deutschen Kleinverlagen, konnte infolge des plötzlich einsetzenden Booms 10.000 Exemplare des schmalen Bukowski-Bändchens »Flinke Killer« verkaufen.

Der *Zweitausendeins Versand*, der als »Neckermann der Subkultur« bisher einige hunderttausend Bukowski-Bände verkaufte, geht immer stärker dazu über, die Werke des Autors wie Groschenromane zu vermarkten. Der Werbeaufwand des Frankfurter Verlags- und Versandhauses mag dazu beigetragen haben, daß Bukowski als Gebrauchsartikel und Markenware eingeführt ist, die Kontroversen ausschließt. Die in den Werbeanzeigen wie eine Perlenschnur aufgereihten Kritiker- und Pressezitate haben dafür gesorgt, daß der Autor fast schon sakrosankt ist. Ein überzeugendes literarisches Werturteil - z.B. eine Antwort auf die Frage, ob es sich bei den Texten um Trivialliteratur handelt - steht ebenso aus wie eine Erklärung des ungewöhnlichen Rezeptionserfolges. Es gibt ein »Bukowski-Gefühl« so wie es z.B. einmal ein »Werther-Gefühl« gab. Seine Ursachen und Wirkungen offenzulegen sollte für die Literaturwissenschaften und für die Soziologie von Belang sein.

Schlußbemerkung

Zu ihrem weitaus größten Teil besteht die Literatur der Szene aus Sach- und Gebrauchsliteratur zu den »alternativen Themen« Lebensreform, Ernährung, Landbau, Wohngemeinschaften, Frauen- und Männerbewegung, Therapieformen, Mystik, Religiosität, Ökopolitik, politischer Widerstand, Minderheiten, Dritte Welt usw. Aus der Perspektive des *Ulcus Molle Info* taucht die alternative Sachliteratur erst ab 1975 verstärkt auf. Wintjes war zwar schon immer allen alternativen Themen und Gruppen gegenüber aufgeschlossen, hatte aber in den ersten fünf bis sechs Jahren der Existenz seines *Literarischen Informationszentrums* den Schwerpunkt auf die

»schöne« Literatur und die literarischen Blätter gelegt. Die Lieferkataloge des *Ulcus Molle Info* noch im Jahr 1975 weisen oft keine 30 lieferbaren Bücher aus dem Bereich der Sachliteratur zu alternativen Themen der oben bezeichneten Art auf. Erst als Wintjes im Zuge seiner Existenzsicherung den Lieferbestand ausweitete, fand alternative Sachliteratur entsprechende Berücksichtigung. Gleichzeitig war mit der Ausbreitung der Alternativbewegung die Produktion entsprechenden Textmaterials rapide angewachsen. Betrachtet man die Lieferkataloge des *Literarischen Informationszentrums* von 1980, so haben sich die Verhältnisse entscheidend gewandelt: der Bestand an belletristischen Titeln aus der Alternativszene, Lyrik und Prosa, macht bestenfalls noch 20 % des gesamten Lieferbestandes aus.

Das letzte Kapitel der vorliegenden Arbeit hat die Literaturproduktion im alternativen Bereich vornehmlich unter Berücksichtigung poetischer Texte vorgestellt und sich in den vorangegangenen vier Abschnitten auf einige wenige Autoren bzw. literarische Richtungen in der Lyrik und Prosa der Alternativliteratur beschränkt, auch wenn im alternativen Bereich die Sachliteratur überwiegt. Ihre Aufarbeitung ist im Rahmen der vorliegenden Arbeit nicht möglich. Obwohl nun aber durch das Anwachsen der Alternativbewegung seit etwa 1975 die eher nicht-literarischen Buch- und Zeitschriftenpublikationen der Szene in den Vordergrund treten, kann doch vom Fortbestehen einer spezifisch literarischen Alternativszene gesprochen werden. Unter den Beiträgern der gegenwärtigen Alternativliteratur findet man häufig einen Typ von Autor verkörpert, der in mehreren thematisch eingegrenzten alternativen Projekten bzw. Arbeitsfeldern tätig ist und zugleich als Verfasser von belletristischen oder Sachbüchern in Erscheinung tritt. Gerade die Beiträger und Rezensenten aus dem Umfeld des *Ulcus Molle Info* verkörpern diesen Typ, etwa Jens Gehret, Amsterdamer Verleger und Schriftsteller, der anarchistische Konzepte vertritt, oder Klaus Bernd Vollmar, der über neue Lebensformen und Therapiemodelle schreibt. Imre Török hat mehrere Artikel über Wohngemeinschaften, über den Freistaat Christiana in Kopenhagen und über die Drogenproblematik publiziert, Schubert ist literaturpolitisch engagiert - er betreut innerhalb der AGAV die Autorenarbeit (Organisation von Lesungen und Werkstattgesprächen).

Ein beachtlicher Teil der in der Szene rezipierten Sachliteratur stammt überhaupt nicht aus ihrem engeren Bereich oder erscheint in Großverlagen - man denke an die Bücher von Erich Fromm, Robert Jungk, Carlos Castaneda, um nur einige zu nennen; oder an die Taschenbuchreihen *fischer alternativ* und *Anders Reisen* bei *Rowohlt*

sowie die einschlägigen Titel des *Wagenbach*-Verlages, des *Syndikat*-Verlages, des *Rotbuch*-Verlages und die Almanache und Sachliteratur des *Zweitausendeins Versands*. Doch in der Szene sind auch einige Sachbücher von Alternativautoren veröffentlicht worden, so etwa von Norbert Eichler, dem Erfinder der »Comic-Gedichte«, ein Bericht über die Findhorn-Community, eine an spiritueller Magie orientierte religiöse Gemeinschaft im Norden Schottlands.(1) Gleich mehrere Sachbücher zu alternativen Themen hat Klaus Bernd Vollmar publiziert: über Landkommunen in den USA und der Bundesrepublik sowie über die Verkehrsformen in der Neuen Linken.(2)

In dem 1979 erschienenen Band »Gegenkultur heute« sind noch einmal, wie schon in den *Szenen-Readers* von Josef Wintjes, einige der bekannteren Namen aus der literarischen Alternativszene versammelt. Gegenüber poetischen Texten von Carl Weissner, Wolf Wondratschek und Uli Becker überwiegen die Sachbeiträge von Günther Emig, Christoph Schubert, Hadayatullah Hübsch, Ronald Glomb, Imre Török, Reimar Lenz und anderen. In vielen dieser Beiträge geht es um die Ausgestaltung neuer gemeinschaftlicher Lebensformen, einige sind Erfahrungsberichte. Gerhard Kaubisch schreibt über die Provos und das Amsterdamer Kommunikationszentrum »Melkweg«, Bernhard Suin de Boutemard stellt seine 1976 gegründete Nachbarschaftsuniversität vor, Manfred Peters berichtet von der Friedensuniversität in Belgien, der Berliner Ronald Glomb beschreibt den »Tunix«-Kongreß, Imre Török den Freistaat »Christiana«. Im letzten Artikel des Buches äußert sich Reimar Lenz über den »neuen Typ«, den er ironisch dem »oralen Flipper» - dem »Neuen Sozialisationstyp« - gegenüberstellt.

»Der neue Typ flieht weder in die Innerlichkeit noch in den Aktionismus. Er arbeitet am Rohbau der Gesellschaft mit (der Umverteilung der ökonomischen Macht) wie auch an der Innenarchitektur (einem neuen Lebensstil). ... Er ist der Erbe von all den Theismen und Atheismen, Mythen und Entmythologisierungen, Ideologien und Utopien, Kulturen und ihren Bezweiflungen. Er ist mitverantwortlich für ein Erbe, das reicher ist, als früher sich jemand vorstellen konnte. Er ist frei, für einen Schritt nach vorn, von Analysen zu Synthesen. Er ist frei, wie die Väter niemals waren. Du bist es. Ich bin es. Und wir sind gefährdeter als alle Generationen vorher.«(3)

Anmerkungen

Verlagshistorische Voraussetzungen

1. Vgl. Kirchner, Joachim (Hrsg.): Lexikon des Buchwesens. Stuttgart 1952, Bd.2, S.611

2. Katalog für die Erste literarische Pfingstmesse Frankfurt/Main 1963, S.8

3. Kirchner, Lexikon d. Buchwesens, a.a.O., S.612

4. Loubier, Hans, in: Kautzsch, Rudolf (Hrsg.): Die neue Buchkunst. Leipzig 1902, S.101

5. »William Morris und seine das handwerkliche Element wieder betonende *Kelmscott Press*« gehören etwa nach Engel/Schmitt (: Klitzekleine Bertelsmänner. Scheden 1974, S.25) an den Anfang der »kleinen Pressen und Kleinstverlage«.

6. Loubier, bei Kautzsch, a.a.O., S.102

7. Friedell, Egon: Kulturgeschichte der Neuzeit. Hamburg 1976, S.1191

8. Hauser, Arnold: Sozialgeschichte der Kunst und Literatur. München 1975, S.870

9. ebd., S.871

10. Goldzamt, Edmund: William Morris und die sozialen Ursprünge der modernen Architektur. Dresden 1976, S.20

11. »In einer rationell eingerichteten Gesellschaft würden diese Wunder des Erfindergeistes mit dem Ziel genutzt werden, die Arbeitszeit, die für uninteressante Arbeiten vorgesehen ist, auf ein Minimum zu beschränken«. Sätze wie dieser finden sich in vielen seiner Vorlesungen (vgl. Goldzamt, S.46ff.) und in dem 1890 erschienenen utopischen Roman »News from Nowhere« (Dt.: William Morris: Kunde von Nirgendwo. Eine Utopie der vollendeten kommunistischen Gesellschaft. Schauberg/Köln. 1974).

12. Vgl. Schmidt-Künsemüller, Friedrich-Adolf: William Morris und die neuere Buchkunst. Wiesbaden 1955, S.23ff.

13. Zapf, Hermann: William Morris. Sein Leben und Werk in der Geschichte der Buch- und Schriftkunst. Scharbeutz 1949 (Monographien künstlerischer Schrift, Bd. 11), S.31

14. Vgl. ebd., S.23

15. ebd., S.30

16. Bloch, Ernst: Freiheit und Ordnung. Abriß der Sozialutopien. Reinbek 1969, S.171

17. Hauser, Sozialgeschichte, a.a.O., S.872

18. Vgl. Selle im Vorwort der dt. Ausgabe, a.a.O., S.11, S.20

19. Zit. bei: Kreuzer, Helmut: Die Boheme. Stuttg. 1968, S.278

20. Goldzamt: W. Morris, a.a.O., S.14

21. Meiner, Annemarie: William Morris. Zum 100. Geburtstag am 24. März 1934, in: *Imprimatur*, 5.Jg. (1934), S.118-127

22. Goldzamt, a.a.O., S.17

23. Morris: Kunde von Nirgendwo, a.a.O., S.113

24. Selle, a.a.O., S.19

25. ebd., S.23

26. Dagegen sind die kleinen Pressen, die noch bis 1963/65 unter den Begriff »Privatpressen« subsumiert wurden, auf Grund ihrer Bemühungen um die äußere Gestalt ihrer Drucke Morris' Nachfolger im engeren Sinne - d.h. ausschließlich unter formalen Gesichtspunkten.

27. Kreuzer: Boheme, a.a.O., S.269-278

28. Schmidt-Künsemüller: William Morris, a.a.O., S.92

29. ebd., S.92

30. ebd., S.135

31. Rodenberg, Julius: Deutsche Pressen. Eine Bibliographie. Wien 1925. Nachtrag 1925-1930. Wien 1931

32. Rodenberg: Deutsche Pressen (1925), a.a.O., S.46

33. Vgl. Rodenberg: Deutsche Pressen (1925), a.a.O., S.50-143 in alphabetischer Reihenfolge.

34. Vgl. Lehnacker, Josef: Die Bremer Presse. Königin der deutschen Privatpressen. München 1964

35. Vgl. Müller-Krumbach, Renate: Harry Graf Keßler und die Cranach-Presse in Weimar. Hamburg 1969

36. Zit. bei Lücking, Ursula: Kleinverlage in der Bundesrepublik, in: Arnold, Heinz Ludwig (Hrsg.): Literaturbetrieb in Deutschland. München 1971, S.155

37. Vgl. Schauer, G.K.: Deutsche Pressen der Gegenwart, in: *Der Druckspiegel, Jg. 1954 [Bd.9], S.624-32; S.647-56*

38. *Göbel, Wolfram: Der Kurt Wolff Verlag 1913-1930 [Diss.], in* Archiv für Gesch. d. Buchwesens. Bd.XV, 1975, S.521-962

39. Weber, Hans von: Neue Verlage, in: Der Zwiebelfisch, 3.Jg., H.6, Dez. 1911, S.213; zit. bei Göbel, a.a.O., S.539

40. Vgl. Raabe, Paul: Die Zeitschriften und Sammlungen des literarischen Expressionismus. Stuttgart 1964

41. Geschichte des deutschen Buchhandels. Bd.1 von Friedrich Kapp, Bd.2-4 von Johann Goldfriedrich. Leipzig 1886-1923. Bd.3, S.116-168

42. ebd., S.127

43. Berg, Gunter: Die Selbstverlagsidee bei deutschen Autoren im 18.Jhd., in: *Archiv f. Gesch. d. Buchwesens*, Bd.6, 1966, S.1371-1395

44. Berg: Selbstverlagsidee, a.a.O., S.1371

45. Vgl. Habermas, Jürgen: Strukturwandel der Öffentlichkeit. Untersuchungen zu einer Kategorie der bürgerlichen Gesellschaft. Neuwied 1962

Vgl. Winckler, Lutz: Kulturwarenproduktion. Aufsätze zur Literatur- und Sprachsoziologie. Frankfurt/M. 1973

46. Berg: Selbstverlagsidee, a.a.O., S.1390

47. Berg: Selbstverlagsidee, a.a.O., S.1390

48. Eine derartige Gegenmaßnahme waren Nachdrucke der Werke von Selbstverlegern durch das Verlagsgewerbe: eine »Waffe, die sonst doch gerade beim etablierten Buchhandel verfemt war.« Vgl. Widmann, Hans: Geschichte des Buchhandels. Teil I. Wiesbaden 1975, S.280

49. Schiller, zit. bei Widmann, a.a.O., S.280

50. Vgl. Hiller, Helmut: Zur Sozialgeschichte von Buch und Buchhandel. Bonn 1966, S.167f.

51. Berg: Selbstverlagsidee, a.a.O., S.1391

52. Vgl. Widmann: Gesch. d. Buchhandels, a.a.O., S.280

53. Widmann: Gesch. d. Buchhandels, a.a.O., S.271

54. Melzer, Peter, zit. bei: Engel, Peter: »Ich möchte manchmal ganz mit dem Schreiben aufhören«. Zum Selbstverständnis junger Autoren, in: Finhold, Wolfgang: IG Papier & Schreibmaschine. Starnberg 1973, S.34

55. Bingel, Horst: Republik Stomps, in: Das große Rabenbuch, hrsg. v. Albert Spindler. Hamburg 1977, S.159

Der Band ist sowohl eine Fest- und Gedenkschrift für Stomps, der 1977 achtzig Jahre alt geworden wäre, als auch Katalog einer aus demselben Anlaß im Herbst 1977 durchgeführten Stomps-Ausstellung im Gutenberg-Museum Mainz. Herausgeber des Bandes ist Albert Spindler (der auch die Ausstellung anregte und mitgestaltete), ein Sammler der Arbeiten und Personalia von Stomps. Ich habe Herrn Spindler zweimal besucht und dabei eine Anzahl meist biographischer und anekdotischer Details notiert, die jedoch im vorliegenden Text nicht berücksichtigt werden. Eine Stomps-Biographie steht noch aus, doch schon seine Autobiographie aus dem Jahr 1962 und einige Festschriften vermitteln im Text ein Bild von Leben und Werk:

Stomps, V. O.: Gelechter. Eine poetische Biographie. Ffm. 1962; Fuchs, Günter Bruno u. Pross, Harry (Hrsg.): Guten Morgen VauO - ein Buch für den weißen Raben V. O. Stomps. Ffm. 1962; Fuchs, Günter Bruno: Der streitbare Pegasus. Berlin - München - Wien 1967; weitere Festschriften s. Bibliographie des »Rabenbuchs«, S.316, sämtlich graphische Hommagen von wenigen Seiten Umfang.

56. Pross, Harry: VauO und die großen

Zeiten, in: *Süddeutsche Zeitung*, 23./24. Sept. 1977

57. Bender, Hans in: Fuchs/Pross: Guten Morgen VauO, a.a.O., S.205f.

58 Oschilewski, Walter G.: Aus der Rabenpressenzeit, in: Fuchs/Pross: Guten Morgen VauO, a.a.O., S.19

59 Pross, Harry: VauO und die großen Zeiten, a.a.O.

60. Pross, Harry: Literatur als Beruf, in: Fuchs/Pross: Guten Morgen VauO, a.a.O., S.1((

61. Vgl. ebd., S.97f., den Aufsatz von L. Kunz, der von Stomps' Kaltblütigkeit gegenüber der SA berichtet

62. Knaupp, Helmut: ... Und gib uns unseren täglichen Toten, in: Rabenbuch, a.a.O., S.99f.

63. Kreuzer, Helmut: Die Boheme. Stuttgart 1968, S.60

64. Bingel, Horst: Republik Stomps, in: *Die Zeit*, 22.9.77 (entspricht im wesentlichen dem titelgleichen Aufsatz im Rabenbuch, S.158f.)

65. ebd.

66. Bächler, Wolfgang: Begegnungen mit dem weißen Raben und Eremiten, dem Drucker, Verleger und Fabulisten V. O. Stomps, in: Rabenbuch, a.a.O., S.109

67. ebd., S.109

68. ebd., S.112

69. Bingel, Horst: Republik Stomps, a.a.O.

70. Ohff, Heinz (Hrsg.): Werkstatt Rixdorfer Drucke. Oeuvre-Verzeichnis. Hamburg 1970, S.11f.

71. Katalog für die Erste literarische Pfingstmesse Frankfurt/Main 1963. Zeitschriften des Experiments und der Kritik. Neue handgedruckte Bücher. Druckschriften in kleiner Auflage. Frankfurt/M. 1963, S.7ff.

72. Almanach Zweite Literarische Pfingstmesse Frankfurt am Main. Frankfurt/M. 1964, Vorwort, o.S.

73. Vgl. Grunenberg Dorothea: Privatpressen in Deutschland. Hommeich 1964, Vorwort, o.S.
Vgl. dieselbe: Pressen-Almanach I. Neue Nachrichten von passionierten Büchermachern. Stuttgart 1967.

74. Frank, Karlhans: Als wärs ein Schluck Papier, in: Neuffer, Thomas M. u. Bohn, Birgit (Hrsgg.): Bücher, die man sonst nicht findet. Katalog zur Wanderausstellung 1971. Pforzheim 1971, S.174

75. ebd., S.173

76. Grunenberg, Dorothea: Bücher sollte man nicht verkaufen, denn dann hat man sie nicht mehr, in: Rabenbuch, a.a.O., S.166

77. Bingel, Horst: Zeitschriften, Pressen und progressive Literatur. Flugblatt der Galerie Kyklos. Juni 1963

78. Aus einem Brief 1964; zit. Engel/Schmitt, a.a.O., S.19

79. Vgl. ebd., S.7-59

80. Bingel, Horst (Hrsg.): Literarische Messe. Katalog 1968. Frankfurt/M. 1968

Das Vorbild der amerikanischen Underground-Presse

1. Adams, Willi Paul: Die Vereinigten Staaten von Amerika (Fischer Weltgeschichte Bd. 30). Frankfurt/M. 1977, S.20

2. ebd., S.386

3. Kayser, Rolf-Ulrich: Underground? Pop? Nein! Gegenkultur! Köln-Berlin 1969

4. Titel eines Bestsellers der 50er Jahre; The Organization Man. New York 1956

5. Kurzform von »beaten generation«, vom System »geschlagene« Generation; Hollstein assoziiert den Begriff mit Glückssuche - »beatitude«. Vgl. Hollstein, Walter: Der Untergrund. Zur Soziologie jugendlicher Protestbewegungen. Neuwied/Berlin 1969, S.33. - Das Schlagwort geht auf Jack Kerouac zurück

6. Cook, Bruce: The Beat Generation. New York 1971; zit. bei Mehnert, Klaus: Jugend im Zeitbruch. Stuttgart 1976, S.26

7. Weissner Carl: Der Geier aus der Asche. Ein Comeback für die Beat Generation. In: *Pro Media*, Katalog Nr.10, Berlin 1978, S.62

8. Vgl. Fleischmann, Wolfgang Bernhard: Die »Beat Generation« und ihre Nachwirkung. In: Bungert, Hans (Hrsg.): Die amerikanische Literatur der Gegenwart. Aspekte und Tendenzen. Stuttgart 1977, S.80

9. Weimann, Robert: Allen Ginsberg und das geschlagene Glück Amerikas. Beat-Lyrik zwischen Anarchie und Engagement (1965), in: Hoffmann, Gerhard: Amerikanische Literatur des 20. Jahrhunderts. Frankfurt/M. 1972, Bd.2, S.101

10. Geraths, Armin: Allan Ginsberg - A Supermarket in California, in: Lubbers, Klaus (Hrsg.): Die amerikanische Lyrik. Von der Kolonialzeit bis zur Gegenwart. Düsseldorf 1974, S.365

11. Das Heft wurde herausgegeben von dem Beat-Lyriker Kenneth Rexroth und stellte die neue Literatur erstmals der Öffentlichkeit vor.

12. Paetel, Karl O.: Beat. Wine Anthologie. Reinbek 1962, S.13

13. Zit. nach der deutschen Ausgabe: William S. Burroughs, Werkausgabe Bd.1, Frankfurt/M. 1978, S.12.
Übersetzer der Burroughs-Werke ist Carl Weissner, der sich seit Bestehen der A-Presse für die Verbreitung der Beat-Literatur in der Bundesrepublik einsetzt. Weissner ist auch Übersetzer des mit ihm befreundeten Charles Bukowski. Zu Weissner s.u. Kap. VII. 4.

14. Enzensberger, Hans Magnus: Einzelheiten II. Poesie und Politik. Frankfurt/M. 1962, S.48

15. Glessing, Robert J.: The Underground Press in Amerika. Bloomington-London 1970, S.13

16. Mailer, zit. bei Kayser: Underground, a.a.O., S.22

17. Jacob Brackmann, zit. ebd., S.22

18. Vgl. Harrington, Michael: The Other America. Poverty in the United States. New York 1962; Vgl. Holdt, Jacob: Bilder aus Amerika. Frankfurt/M. 1978: Karte der amerikanischen Regionen, in denen Hunger herrscht (S.66).

19. Hollstein: Untergrund, a.a.O., S.17

20. Hollstein: Untergrund, a.a.O., S.17

21. Leineweber, Bernd/Schibel, Karl-Ludwig: Die Revolution ist vorbei - wir haben gesiegt. Berlin 1975 (Internationale Marxistische Diskussion, Bd.44), S.97

22. Baacke, Dieter: Jugend und Subkultur. München 1972

23. Blancpain, Robert/Häuselmann, Erich: Zur Unrast der Jugend. Frauenfeld-Stuttgart 1974
Heer, Friedrich: Werthers Weg in den Untergrund. Die Geschichte der Jugendbewegung. München-Gütersloh 1973
kuhn, Helmut: Jugend im Aufbruch. Zur revolutionären Bewegung unserer Zeit. München 1970

Dietz, Heinrich: Faszination der Revolte. Jugend und ewiges Jakobinertum. Stuttgart 1970

24. Leineweber/Schibel, a.a.O., S.15

25. Schwendter, Rolf: Theorie der Subkultur. Neuausgabe mit einem Nachwort, sieben Jahre später. Frankfurt/M. 1978
Vgl. ebd. die Definition des »rationalistischen« u. »emotionellen« Syndroms (S.40); Leineweber/Schibel unterscheiden:
a) »Existenzweise, die aus der ... Analyse des Herrschaftssystems lebt« - und
b) »Existenzweise, die aus der Praxis des erstrebten Zustandes selber lebt« (a.a.O., S.21).

26. Rubin, Jerry: Do it! München 1977 (Nachdruck der deutschen Ausgabe von 1971), S.17f.

27. Vgl. Leineweber/Schibel, a.a.O., S.13ff.

28. Rubin, a.a.O., S.24

29. Die Bezeichnung entstammt dem Slang der Jazz-Subkultur der Schwarzen in den 30er Jahren: »hip«-sein   Bescheid wissen (Vgl. Hollstein: Untergrund, a.a.O., S.64)

30. Vgl. Hollstein: Untergrund, a.a.O., S.165

31. Vgl. Mehnert, a.a.O., S.271

32. Bukowski, Charles: Aufzeichnungen eines Außenseiters. Frankfurt/M. 1973, S.65

33. Allan Ginsberg, zit. bei Salzinger, Helmut: Rock-Power - oder wie musikalisch ist die Revolution? Frankfurt/M. 1972, S.178f.

34. Vgl. *Actuel* (Paris), Nr.10/11 1971 (Les grands textes de la Nouvelle Culture), S.

35. Zur Kritik der »Woodstock-Legende« Vgl.: Zimmer, Jochen: Popmusik. Zur Sozialgeschichte und Theorie. Gießen/Lollar (Diss.) 1973

36. Kapitelüberschriften bei Mehnert, a.a.O.

37. Leineweber/Schibel, a.a.O., S.23

38. Vgl. *Kursbuch* 22, Dez.1970 (Nordamerikanische Zustände), v.a. die Dokumentation sozialrevolutionärer Gruppen in USA, S.87-117

39. Vgl. Ungers, Liselotte u. O. Matthias: Kommunen in der neuen Welt. Köln 1972 (Vorwort)

40. Ard-Dokumentation der Landkommunen in Nordamerika (gesendet im Sommer 78) von Dieter Bott. Die Zahlenangabe basiert auf einer Quelle des *Club of Rome*.

41. Schwendter, Rolf (Hrsg.): Zur Alternativen Ökonomie II. Berlin 1977, S.239

42. Jerome, Jules: Families of Eden. London 1974; Vgl. zu Jerome auch Schwendter: Theorie der Subkultur, a.a.O., S.377ff.

43. Vgl. Leineweber/Schibel, a.a.O., S.83f.

44. Hollstein wußte 1969 erst von Plänen für dieses Bankenprojekt (a.a.O., S.109); dazu Salzinger: »Der Herr bewahre uns vor Untergrund-Banken! Die des Establishments reichen als Untergrund völlig aus.« (Rock-Power, a.a.O., S.71) Vgl. die Satzung einer für die Bundesrepublik geplanten »GLS Gemeinschaftsbank e.G.« bei Schwendter: Zur Alternativen Ökonomie II., a.a.O., S.11-20

45. Hollstein: Untergrund, a.a.O., S.111

46. Hollstein: Untergrund, a.a.O., S.117

47. Vgl. Nelson, Jack. A.: Die Untergrundpresse, in: Aufermann, Jörg u. Bohrmann, Hans: Gesellschaftliche Kommunikation und Information. Frankfurt/M. 1973, Bd.2, S.652

48. Bernhard D. Nossiter von der *Washington Post*, in *The Times*, v.3.7.73, zit. bei Koschwitz, Hansjürgen: Poblizistik und politisches System. München 1974, S.69

49. Lettau, Reinhard: Täglicher Faschismus. Amerikanische Evidenz aus 6 Monaten.

·München 1971, S.7f.

50. Zit. bei Nelson, a.a.O., S.658

51. Nach: Hollstein: Untergrund, a.a.O., S.119. Kayser spricht von 150 Zeitungen und einer Mindestauflage von 2,5 Millionen (Kayser: Underground, a.a.O.) ebenso auch Glessing, Robert: The Underground Press in America. a.a.O. Die Zahlen scheinen zu hoch gegriffen - der genauer recherchierende L. Leamer beziffert die Gesamtauflage niedriger: 1-1,5 Mill. Exemplare. Vgl. Leamer, Laurence: The Paper Revolutionaries. The Rise of the Underground. New York 1972

52. Leamer, a.a.O., S.14

53. ebd., S.205ff.

54. Vgl. Hollstein, Walter, in: Kerbs, Diethart: Die hedonistische Linke. Beiträge zur Subkultur-Debatte. (Nachdruck) Wien 1974 (erstmals Berlin-Neuwied 1971), S.79, Anm. 30

55. Vgl. Nelson, a.a.O., S.659

56. Vgl. Kayser, Underground? a.a.O., S.21

57. Vgl. Habermas, Jürgen: Illusion auf dem Heiratsmarkt, in: ders.: Arbeit, Erkenntnis, Fortschritt. Amsterdam 1970 (Raubdruck), S.81-92

58. Abbildung exemplarischer Anzeigentexte bei Leamer, a.a.O., S.56

59. Vgl. Nelson, a.a.O., S.657

60. Zit. u. übersetzt bei: Schröder, Thomas: That's Underground, in: Song 8, 1968, S.11

61. Vgl. Rubin, Jerry: Do it!, a.a.O., S.12

62. Vgl. Leamer, a.a.O., S.179

63. Vgl. Leamer, a.a.O., S.85f.

64. Sinclair, John (1969), in: *Ulcus-Molle-Info* 11/12 1973, S.2

65. Leamer, a.a.O., S.111

66. ebd., S.182

67. ebd., S.193

68. Martin, Raymond, in: Päng Nr. 5, 1972, S.10

Gegenöffentlichkeit in der Bundesrepublik

1. Goldmann, Lucien: Das Denken Herbert Marcuses, in: *Soziale Welt*, 20/1969, S. 257

2. Bauß, Gerhard: Die Studentenbewegung der sechziger Jahre. Köln 1977
Briem, Jürgen: Der SDS. Frankfurt/M. 1977
Deppe, Frank (Hrsg.): 2. Juni 1967 und die Studentenbewegung heute. Dortmund 1977
Fichter, Tilmann/Lönnendonker, Siegward: Kleine Geschichte des SDS. Berlin 1977
Kursbuch 48, Juni 1977 (Zehn Jahre danach)
Marks, S.: Studentenseele. Erfahrungen im Zerfall der Studentenbewegung. Hamburg 1977
Mosler, Peter: Was wir wollten, was wir wurden. Studentenrevolte - zehn Jahre danach. Reinbek/b. Hamburg 1977
Lüdke, Martin W. (Hrsg.9): Literatur und Studentenbewegung. Opladen 1977
Otto, Karl A.: Vom Ostermarsch zur APO. Frankfurt/M. 1977
Schmeissner, A.: Studentenbewegung heute - das Erbe von 1966/67? Tübingen 1977 (hekt. Manuskript)
Wolff, Frank/Windaus, Eberhard (Hrsgg.): Studentenbewegung 1967-69. Protokolle und Materialien. Frankfurt/M. 1977

3. Kukuck, Margareth: Student und Klassenkampf. Studentenbewegung in der BRD seit 1967. Hamburg 1974

4. Berücksichtigt werden sie in der Arbeit von Bauß (s.o.), die nicht zu Unrecht als »Handbuch« firmiert; der Band ist chronologisch aufgebaut und enthält ein umfassendes Literaturverzeichnis. Als chronologischer Überblick eignet sich vorzüglich die tabellarische Auflistung von Wolfgang Kraushaar: Notizen zu einer Chronologie der Studentenbewegung, bei: Mosler, a.a.O., S. 249-295

5. Pfeiffer, Dietmar K.: Die neue Opposition. Geschichte, Erscheinungsformen und Ursachen der jugendlichen Protestbewegungen seit 1960. Münster 1972 (Diss.), S. 2

6. Vgl. Pfeiffer, a.a.O., S. 211-218

7. Habermas, Jürgen: Protestbewegung und Hochschulreform. Frankfurt/M. 1969, S. 192

8. Vgl. ebd., S.33 ff.

9. Michel, Karl Markus: Wer wann warum politisch wird - und wozu. Ein Beispiel für die Unwissenheit der Wissenschaft, in: *Kursbuch 25* (Politisierung: Kritik und Selbstkritik), Okt. 1971, S.22

10. Allerbeck, Klaus/Rosenmayr, Leopold: Einführung in die Jugendsoziologie. Heidelberg 1976, S.159

11. ebd., S. 159

12. Habermas: Protestbewegung, a.a.O., S.35

13. Allerbeck/Rosenmayr: Einführung in die Jugendsoziologie, a.a.O., S.158; vgl. auch Allerbeck, Klaus R.: Soziologie radikaler Studentenbewegungen. Eine vergleichende Untersuchung in der Bundesrepublik Deutschland und den Vereinigten Staaten. München 1973, S.139-148

14. Mahler, Eugen: Psychische Konflikte und Hochschulstruktur. Frankfurt/M. 1971, S.10; zit. nach Michel, *Kursbuch 25*, a.a.O., S.14

15. Kaase, Max: Die politische Mobilisierung von Studenten in der BRD, in: Allerbeck, Klaus/Rosenmayr, Leopold (Hrsgg.): Aufstand der Jugend. München 1971, S.165

16. Langguth, Gerd: Die Entwicklung der Protestbewegung in der Bundesrepublik 1968 - 1975. Bonn 1975 (Diss.), S.46

17. Eisenberg, Götz/Thiel, Wolfgang: Fluchtversuche. Über Genesis, Verlauf und schlechte Aufhebung der Antiautoritären Bewegung. Gießen 1973, S.155f.

18. Langguth, a.a.O., S.46

19. Cohn-Bendit, Daniel: Der große Basar. München 1975, S.23

20. Auch für die seit 1976/77 wieder zunehmenden Protestaktionen gilt dieser Mechanismus; kleine Gruppen artikulieren den angestauten Unmut, primäre Bezugsebene ist die Universität. Vgl. Autorenkollektiv: Was lange währt, wird endlich Wut!, in: *Kursbuch 48*, Juni 1977, S.119-136

21. Allerbeck/Rosenmayr: Einführung in die Jugendsoziologie, a.a.O., S.162

22. Bücken, Marion/Groth, Klaus: Verfolgung der Linken Presse, in: Aufermann/Bohrmann (Hrsgg.), a.a.O., S.669

23. Moltschanow, N.: Die Studenten rebellieren im Westen: Bedeutung, Ursachen und Ziele

23. Moltschanow, N.: Die Studenten rebellieren im Westen: Bedeutung, Ursachen, Ziele, in: Holtz, Robert (Hrsg.): Moskau, Marcuse und die rebellierenden Studenten. Zürich 1969, S.8-20; zit. nach Pfeiffer, a.a.O., S.234

24. Steffen, Monika/Funken, Klaus: Die einfache Kaderproduktion. Thesen zur Studentenbewegung als kleinbürgerlicher Massenbewegung, in: *Kursbuch 25*, Okt. 1971, S.132

25. Beispiele und Theorien kapitalistischer Indienstnahme der Wissenschaft vgl. Kukuck, a.a.O., S.27-55; für die Geisteswissenschaften sind m.E. gravierende, für die Betroffenen transparente und damit politisch »einklagbare« Beispiele für den Subsumptions-Vorgang nicht oder nicht genügend erbracht.

26. Michel, *Kursbuch 25*, a.a.O., S.19

27. Krahl, Hans-Jürgen: Konstitution und Klassenkampf. Frankfurt/M 1972, S.25. Das Zitat lautet im Zusammenhang: »Der Zerfall des bürgerlichen Individuums ist eine der wesentlichen Begründungen, aus denen die Studentenbewegung den antiautoritären Protest entwickelte. In Wirklichkeit bedeutet ihr antiautoritärer Anfang ein Trauern um den Tod des bürgerlichen Individuums, um den endgültigen Verlust liberaler Öffentlichkeit und herrschaftsfreier Kommunikation.«

28. Michel, *Kursbuch 25*, a.a.O., S.18

29. Vgl. Kallscheuer, Otto: Das »System des Marxismus« ist ein Phantom. Für den theoretischen Pluralismus der Linken, in: *Kursbuch 48*, Juni 1977, S.59-76

30. Zur Phasen-Einteilung vgl. Langguth, a.a.O., S.47-69; vgl. den Aufbau der Arbeit von Kukuck, a.a.O. (Inhaltsverzeichnis)

31. Hartung, Klaus: Versuch, die Krise der antiautoritären Bewegung wieder zur Sprache zu bringen, in: *Kursbuch 48*, Juni 1977, S.15

32. Schwendter: Theorie der Subkultur, a.a.O., S.398

33. So definiert, ins Ironische gewendet, Hartung, *Kursbuch 48*, a.a.O., S.15

34. Politisches Desinteresse und neuer Konservatismus, manische Erfolgsorientiertheit als Folge der sich verschlechternden Ausbildungs- und Berufssituation, Perspektivlosigkeit, »Wertverlust«, emotionale und intellektuelle Austrocknung nehmen einige Jahre später (1977/78), keineswegs auf die Bundesrepublik beschränkt, auch destruktive Formen an. Vgl. Alia, Josette: La »bof«-generation, in: *Le Nouvel Observateur*, 15.Okt. 1978, S.67-86

35. Leineweber/Schibel, a.a.O., S.116

36. Vgl. Duve, Freimut/Böll, Heinrich/Staeck, Klaus (Hrsgg.): Briefe zur Verteidigung der Republik. Reinbek b. Hamburg 1977; vgl. dieselben (Hrsgg.): Briefe zur Verteidigung der bürgerlichen Freiheit. Reinbek b. Hamburg 1978

37. Vgl. *Kursbuch 50*, Nov.1977 (Bürgerinitiativen, Volgsbegehren - Neue Vierte Gewalt?); vgl. Amendt, Günther: Väter und Erben, in: Deppe, Frank (Hrsg.): y?,yjuni y;)', a.a.O., S.26

38. Schwendter, Rolf: Stadtzeitungen, in: Wackerbarth, Horst (Hrsg.): Kunst und Medien. Materialien zur documenta 6. Kassel 1977, S.289

39. Grundlegend Horkheimer, Max/Adorno, Theodor: Dialektik der Aufklärung. Raubdruck 1968. (Erstveröffentlichung Amsterdam 1947; erste offizielle Drucklegung in Deutschland 1969: ein Jahr nach dem Raubdruck). Vgl. insbesondere den Abschnitt »Kulturindustrie«. Ferner: Adorno, Th.W.(u.a.): Der autoritäre Charakter. Frankfurt/M. 1973; Marcuse, Herbert: Der eindimensionale Mensch. Neuwied - Berlin 1967

40. Haug, Wolfgang Fritz: Zur Kritik der Warenästhetik, in: *Kursbuch 20*, März 1970, S.140. Zu den Begriffsbildern der Manipulation, des Repressiven, des 'Konsumterrors' bemerkt Haug kritisch: »Solche Begriffe werden in der Isolation geprägt, die sie wi-

derspiegeln und mit dem korrumpierten Bewußtseinsstand der unansprechbaren Umgebung begründete. Solche Begriffe werden ferner, wie an der Entwicklung der Studentenbewegung ablesbar, über Klassenschranken hinweg gesagt, die man nicht zu durchbrechen vermochte. In ihrer Radikalität sind solche Begriffe daher resigniert.« (ebd., S.140)

Vgl. auch Enzensberger:
»Die Manipulations-These der Linken ist in ihrem Kern defensiv, in ihren Auswirkungen kann sie zum Defätismus führen. Der Wendung ins Defensive liegt subjektiv ein Erlebnis der Ohnmacht zugrunde. Objektiv entspricht ihr die vollkommen richtige Einsicht, daß die entscheidenden Produktionsmittel in der Hand des Gegners sind. Von Manipulation ist meist mit dem Unterton einer Wehklage die Rede, die auf idealistische Erwartungen schließen läßt: als hätte der Klassenfeind sich an die Fairness-Parolen, die er zuweilen ausgibt, jemals selbst gehalten. Der liberale Köhler-Glaube, als gäbe es in politischen und gesellschaftlichen Fragen eine reine, unmanipulierte Wahrheit, scheint sich bei der sozialistischen Linken einer merkwürdigen Geltung zu erfreuen: er ist die unausgesprochene Grundvoraussetzung der These von der Manipulation.« (Enzensberger, Hans Magnus: Baukasten zu einer Theorie der Medien, in: ebd., S.163

41. Habermas, Jürgen: Strukturwandel, a.a.O.

42. Habermas: Strukturwandel, a.a.O., S.195

43. Bücken/Groth, a.a.O., S.669f.

44. Lettau, Reinhard: Journalismus als Menschenjagd, in: Kursbuch 7, Sept.1966, S.116—129

45. Bücken/Groth, a.a.O., S.669

46. Dokumentiert in: Langhans, Rainer/ Teufel, Fritz: Klau mich. Berlin 1968 (Reprint München 1977)

47. Baumann, Michael: Wie alles anfing. Frankfurt/M. 1977, S.22

48. Bücken/Groth, a.a.O., S.669

49. Interna zu Linkeck bei Mosler: Was wir wollten, a.a.O., S.36ff. sowie bei Tomayer, Horst u.a.: Nicht angetörnt. Über Potskommune, Linkeck und ihre Zeitungen, in: Subkultur Berlin. Selbstdarstellung, Text-, Ton-, Bilddokumente, Esoterik der Kommunen, Rocker, subversiven Gruppen. Darmstadt 1969, S.66-73

50. Vgl. ausführliche Auflistung bei Kaiser: Underground, a.a.O., S.20

51. Schwendter: Theorie der Subkultur, a.a.O., S.267

52. In: Prospekt Tageszeitung. Frankfurt/M. 1978, ?. Umschlagseite

53. Vgl. Hübsch, Hadayatullah: Alternative Öffentlichkeit. Freiräume der Information und Kommunikation (fischer alternativ, Bd. 4042) Frankfurt/M. 1980, S.99ff.

54. In: Kursbuch 14, Aug.1968 (Kritik der Zukunft), S.134

55. Schröder, in: Song 8, a.a.O., S.11

56. In der Buchgeschichte stellt der unautorisierte Nachdruck bekanntlich die Regel dar. Die ersten Urheber-Schutzgesetze des 19. Jahrhunderts wurden in der Folgezeit weiter modifiziert; in der Bundesrepublik wurde letztmals 1965 die Schutzfrist geändert: sie wurde von 50 auf 70 Jahre erhöht.

57. Vgl. Widmann, Geschichte des Buchhandels, a.a.O., S.234-238 (mit weiterer Literatur); vgl. Benseler, Frank/May, Hannelore/Schwenger, Hannes: Literaturprodu-

zenten! Berlin 1970, S.129f.; vgl. von Olenhusen, Albrecht Götz: Handbuch der Raubdrucke. Teil 1: Kritik des geistigen Eigentums. Teil 2 (zus. mit Gnirss, Christa): Theorie und Klassenkampf. Sozialisierte Drucke und proletarische Reprints. Eine Bibliographie. München - Pullach 1973

58. In diesem Zusammenhang darf an die Gegenmaßnahmen erinnert werden, mit denen das eingesessene Buchgewerbe seit jeher gegen Außenseiter vorging: gegen die Selbstverleger im 18. und 19. Jahrhundert sogar seinerseits mit »Raubdrucken«.

59. Vgl. Bücken/Groth, a.a.O., S.674

60. Diesen Begriff verwendet Schwendter: Theorie der Subkultur, a.a.O., S.371

61. In der folgenden Ausgaben der Zeit (Nr.49, 50, 52/1968; Nr.1, 2, 3/1969) setzen sich Peter Handke, Dieter E. Zimmer, Peter Hamm, Bazon Brock, Dieter Wellershof, Uwe Nettelbeck, Erich Fried mit den Thesen der Berliner Gruppe auseinander. Die erste hier anknüpfende wissenschaftliche Publikation zur Warenästhetik stellt die Arbeit von Haug dar (Haug, Wolfgang Fritz: Kritik der Warenästhetik. Frankfurt/M. 1971; einen Vorabdruck einleitender Thesen der Arbeit, aus dem im folgenden zitiert wird, brachte das Kursbuch 20, a.a.O.). Mit den Ausführungen der SDS-Gruppe und weiteren grundlegenden Publikationen zum Warencharakter der Kunst - v.a. in den Arbeiten von Holz und Schlaffer - befassen sich: Lüdke, W. Martin: Der Kreis, das Bewußtsein und das Ding, in: ders. (Hrsg.): Literatur und Studentenbewegung, a.a.O., S.124-157; Holz, Hans Heinz: Vom Kunstwerk zur Ware. Neuwied/Berlin 1972; Schlaffer, Hannelore: Kritik eines Klischees: »Das Kunstwerk als Ware«, in: Schlaffer, Heinz (HRSG.)· Literaturwissenschaft und Sozialwissenschaften 4/ Erweiterung der materialistischen Literaturtheorie durch Bestimmung ihrer Grenzen. Stuttgart 1974

62. Lüdke: Der Kreis, a.a.O., S.125

63. Gruppe Kultur und Revolution, zit. n. Lüdke: Der Kreis, a.a.O., S.126

64. May, Hannelore: Über die Produktion von Literatur. Versuch einer sozioökonomischen Einordnung der Literaturproduzenten, in: Literaturproduzenten!, a.a.O., S.44

65. Faksimile-Abdruck des Briefs in: Subkultur Berlin, a.a.O., S.121

66. ebd., S.120

67. Diehl, Rainer: »Wer sich nicht wehrt, lebt verkehrt«. Artikulationsformen des Kasseler Schülerstreiks 1976, in: Wackerbarth (Hrsg.), Kunst und Medien, a.a.O., S.272

68. Vgl. die Anleitung zur Gründung eines »SOS-Ladens«, in: Subkultur Berlin, a.a.O., S.184

69. Haug, in: Kursbuch 20, a.a.O., S.141

70. Aus dem zweiten Rundschreiben der Ça ira Presse zur geplanten »Gegenmesse« 1968, in: Subkultur Berlin, a.a.O., S.119; hier ist an die Bemerkung Benjamins aus den dreißiger Jahren (»Versuche über Brecht«) zu erinnern, »daß der bürgerliche Produktions- und Publikationsapparat erstaunliche Mengen revolutionärer Thesen assimilieren, ja propagieren kann, ohne damit seinen eigenen Bestand ... ernstlich in Frage zu stellen.« (zit. bei Enzensberger, Hans Magnus: Gemeinplätze, die Neueste Literatur betreffend, in: Kursbuch 15, Nov. 1968, S.194). Aus welchen innerfraktionellen Gründen auch Wagenbach- und H. Heine-Verlag den »Rechten« zugeschlagen werden, bleibt offen.

71. Olenhusen, Albrecht Götz von: Entwicklung und Stand der Raubdruckbewegung, in: Arnold, H. L. (Hrsg.): Literaturbetrieb in Deutschland, a.a.O., S.168

72. Faksimile-Abdruck der drei Briefe in: Subkultur Berlin, a.a.O., S.121f.

73. Cohn-Bendit, Gabriel u. Daniel: Linksradikalismus - Gewaltkur gegen die Alterskrankheit des Kommunismus. Reinbek b. Hamburg 1968

74. Cohn-Bendit, Daniel: Der große Basar, a.a.O., S.52f.

75. Exemplarisch eine Maßnahme dieser Art beim Hanser-Verlag: Vgl. den Brief der Studiengruppe für Sozialforschung München, in: Subkultur Berlin, a.a.O., S.174

76. Zweites Rundschreiben zur Gegenmesse, in: Subkultur Berlin, a.a.O., S.119

77. Bücken/Groth, a.a.O., S.671. Hierzu ein Beispiel: Ende der 60er Jahre entstand in einem entlegenen Winkel der Mainzer Altstadt ein »Polit-Buchladen«, der zunächst als »Unser Laden«, dann als »Roter Stern« firmierte. In der Anfangszeit war ein Unterschied zwischen der Kundschaft und den drei Eigentümern kaum auszumachen; im kommunikativen Milieu der beiden kleinen Verkaufsräume fühlte sich offenbar jeder, der gerade anwesend war, auch für den Service: Beratung und Diskussion mit zuständig. Der Ort war ein Forum, ein Zentrum »für alle«. Mit der Forcierung des Schallplattengeschäfts, dem Umzug in die größeren Geschäftsräume einer Einkaufsstraße, änderte sich die Struktur des Ladens, der jetzt, unverbindlich, »Grammy« hieß. Einer aus dem früheren Trio war jetzt Alleininhaber. Noch dominierte die gut sortierte Buchabteilung mit der Verlagsproduktion fast aller linken Kleinverlage. Dann wurde umgebaut. »Grammy« war jetzt eher ein Plattenladen; ein Teil des Verkaufsraums wurde für ein Büro des Chefs abgezweigt, der von hier aus zwei inzwischen entstandene Filialen und einen Schallplatten-Versand dirigierte; die Buchabteilung wurde den Montanus-Buchläden angepaßt, die »linken« Publikationen, die es weiterhin gab, hatten eine klägliche Alibi-Funktion. »Brisante« Literatur, z.B. aus dem anarchistisch orientierten Karin Kramer Verlag, gab es nicht mehr. Bei einem erneuten Umbau 1980 entfiel die Buchabteilung endgültig.

78. »Aufruf zu einer 'Gegen-Buchmesse' in Frankfurt, zu Boykott und Demontage bürgerlicher Linksgeschäftemacher und Selbstorganisation des antiautoritären Lagers«, in: Literaturproduzenten!, a.a.O., S.117 (Abdruck des Plakats)

79. ebd., S.143

80. In: Literaturproduzenten!, a.a.O., S.127; der Band ist u.a. eine Materialsammlung zur Geschichte u. Programmatik der Gruppe, der auch die Verfasser selbst angehörten; vgl. auch: Braem, Helmut M.: Aufbruch der Literaturproduzenten, in: Arnold, H. L.: Literaturbetrieb, a.a.O., S.40-45

81. VL(L)B - Verzeichnis Linker Lieferbarer Bücher. Linke Verlage informieren. Grundwerk 1976 / Ergänzung 1977 / Sonderdruck: Repression 1977. Gießen 1976 u. 1977

82. Kursbuch 15, Nov. 1968: Karsunke, Yaak: Anachronistische Polemik, S.165-168; Michel, Karl Markus: Ein Kranz für die Literatur, S.169-186; Enzensberger, Hans Magnus: Gemeinplätze, die Neueste Literatur betreffend, S.187-197; Boehlich, Walter: Autodafé (Kursbogen)

83. Schlichting, Hans Burkhard: Das Unge-

nügen der poetischen Strategien: Literatur im *Kursbuch* 1968-1976, in: Lüdke (Hrsg.): Literatur u. Stud.bewegung, a.a.O., S.33

84. »Auch gibt zu denken, daß der Tod der Literatur selber eine literarisches Metapher ist, und zwar die jüngste nicht.« (Enzensberger: Gemeinplätze, S.188)

85. Enzensberger, Hans Magnus: Peter Weiss und andere, in: *Kursbuch* 6, Juli 1966, S.176

86. Er begrüßt grundsätzlich die objektivistischen Verfahren (Non-Fiction) dokumentarischer Texte (Wallraff, Meinhof u.a.), denen denn auch in den nächsten Jahren - bis 1974 - ausnahmslos alle Beiträge des *Kursbuchs* zuzurechnen sind. »Den Nutzen solcher Arbeiten halte ich für unbestreitbar« (Gemeinplätze ... , S.196). Also sind Nutzen und Wirkung von Texten doch denkbar - und erwünscht? Den »Belletristen« (S.197) spricht er Wirkung ab, bei den »Reportagen« (S.196) hält er sie für möglich. Und dies, obwohl sie an »traditionellen Mitteln« festhalten: »am Buch, an der individuellen Urheberschaft, an den Distributionsgesetzen des Marktes, an der Scheidung von theoretischer und praktischer Arbeit.« (S.196) Was denn unterscheidet die einen von den anderen? Konsequent müßte auch dokumentarische Literatur dem Kahlschlag von Enzensbergers Argumentation erliegen: die unterschiedlichen *Formen* der Präsentation von Stoffen (wie sie für einen gegensatz Belletristik - Dokumentarliteratur geltend gemacht werden könnten) korrelieren mit keinerlei Form der Wirkung und sind daher unerheblich: gerade darauf insistiert der Aufsatz! Wenn Enzensberger die Dokumentarliteratur davon ausnimmt, begibt er sich in Widerspruch zu seinen eigenen Thesen. Oder man wird fragen müssen, ob seine Negation literarischer Praxis letztendlich nicht doch auf der Ebene *ästhetischer* Vorbehalte gegen die »engagierte« Literatur verläuft. Denn nur der Form nach und als »fiction« unterscheidet sich diese von der dokumentarischen; »engagiert« sind beide, die Wirkungsabsicht ist identisch. Daß möglicherweise die »Wirkung« der »Reportagen« tatsächlich eine andere ist, weil sie die formalen Elemente der Bekenntnis-Belletristik auktorialer Erzähler durch umprätentiöse Faktographien ersetzen: davon ist bei Enzensberger - hier - nichts zu lesen. Und doch müssen diese ästhetischen Strukturen es sein, die ihn dokumentarische »Non-Fiction« favorisieren und ihr einen »Nutzen zusprechen lassen. Den Verfassern dieser Literatur empfehlen die »Gemeinplätze« u.a. ein Abrücken vom Medium Buch. 1970 hat Enzensberger die Empfehlung in seinem »Baukasten für eine Theorie der Medien« (*Kursbuch* 20, a.a.O.) präzisiert. Mit der Medientheorie ist der Entwurf von 1968 komplett. Das Prinzip des Non-Fiction erfüllt sich in der Überführung der Texte in ein anderes Aggregat: die elektronischen Medien. Wirkung ist wieder möglich. »Die Produktion der elektronischen Medien unterläuft prinzipiell Unterscheidungen wie die zwischen Dokumentar- und Spielfilm. Sie ist in jedem Fall und ausdrücklich situationsbedingt; der Produzent kann niemals vorgeben, so wie der traditionelle Romancier, 'über den Dingen zu stehen'. (Baukasten, S.184) ... Der Autor hat als Agent der Massen zu arbeiten. Gänzlich verschwinden kann er erst dann in ihnen, wenn sie selbst zu Autoren, den Autoren der Geschichte geworden sind.« (ebd., S.186)

87. Michel: Ein Kranz für die Literatur, a.a.O., S.185

88. Eine Auswahl von »Revolutionsgedichten« des Pariser Mai befindet sich im Anhang von: Claasen, Emil-Maria/Peters, Louis-Ferdinand: Rebellion in Frankreich. Die Manifestation der europäischen Kulturrevolution 1968. München 1968, S.127-136; daraus ein Beispiel: Ich bleibe dabei / Daß der Platz des Poeten gerade jetzt / Auf der Straße ist / Daß man im Sturm / Die Elfenbeintürme einnehmen muß / Sie entmachten / Den Notstand / Proklamieren / Wenn ich mich gehenlasse / Über meine Misere flenne / Wenn diese Misere nicht auch / Die deine ist / Leser / Schlage mich hart / Damit die Poesie von nun an in den Alltag dringt (S.131)

89. Michel: Ein Kranz für die Literatur, a.a.O., S.171

90. ebd., S.172

91. ebd., S.172

92. ebd., S.181

93. Auf einen im Juni 1968 in Freiburg gehaltenen Vortrag Leslie A. Fiedlers, »The Case for Post-Modernism« antwortete neben Handke, Brinkmann u.a. auch Walser in *Christ und Welt* (»Mythen, Milch und Mut«). Im Anschluß an die Polemik Handkes gegen die SDS-Gruppe *Kultur und Revolution* u. nach Erscheinen von »Acid« (hrsg. v. Brinkmann/Rygulla) erweiterte Walser diesen Aufsatz zu dem Beitrag »Über die Neueste Stimmung im Westen« im *Kursbuch* 20, März 1970, S.19-41. Zitiert wird nach der überarbeiteten Fassung, in: Walser, Martin: Wie und wovon handelt Literatur. Frankfurt/M., S.7-41

94. Walser, Martin, a.a.O., S.9

95. ebd., S.12

96. ebd., S.17ff

97. ebd., S.32

98. ebd., S.11

99. Brinkmann, Rolf Dieter / Rygulla, Ralf Rainer: Acid - Neue amerikanische Szene. Darmstadt 1969, S.417

Alternativpresse und Alternativliteratur zu Beginn der siebziger Jahre

1. Schwendter: Theorie der Subkultur, a.a.O., S.268

2. Buselmeier, Michael / Schehl, Günther: DIE Kinder von Coca-Cola, in: *Kürbiskern* Nr.1/1970, S.85

3. *Song* 1/1969, S.3

4. Schröder, in: *Song* 8/1968, a.a.O., S.9; hier ist anzumerken, daß zwischen der von L. Leamer so genannten »zweiten Generation« der U-Presse der USA, in der sich u.a. auch die Programmatik der radikaleren »Yippies« artikulierte, und den Zeitschriften der politischen Gegenpresse in der Bundesrepublik, in denen Schröder anarchistische Tendenzen entdeckt, eine Affinität besteht.

5. Thomas, R. Hinton / Bullivant, Keith: Westdeutsche Literatur der sechziger Jahre. München 1975, S.188

6. Brinkmann / Rygulla: Acid, a.a.O., S.392

7. ebd., S.399

8. ebd., S.393

9. Hollstein: Untergrund, a.a.O., S.27

10. Bingel, Horst: Republik Stomps, a.a.O.,

11. Engel / Schmitt: Klitzekleine Bertelsmänner, a.a.O., S.22

12. Lücking, Ursula: Jeder sein eigener Macher. Zur Situation der Kleinstverlage in der Bundesrepublik, in: Arnold, Heinz Ludwig (Hrsg.): Literaturbetrieb in Deutschland, a.a.O., S.162

13. Engel / Schmitt: Klitzekleine Bertelsmänner, a.a.O., S.22

14. Käsmayr: Die sog. Alternativpresse, a.a.O., S.16

15. Lücking, a.a.O., S.163

16. Brandt archivierte je eine Ausgabe von ca. 500 kleinen alternativen und Literaturzeitschriften zwischen 1968 und 1977. Die Sammlung wurde 1979 vom Gutenberg-Museum Mainz für dessen Minipressen-Archiv erworben.

17. Neuffer, Thomas (Hrsg.): Bücher die man sonst nicht findet. Katalog zur Ausstellung. Stuttgart 1970, S.3

18. Ders. u. Bohn, Birgit: Bücher die man sonst nicht findet. Katalog zur Wanderausstellung 1971. Stuttgart 1971

19. Engel / Schmitt, a.a.O., S.70

20. Katalog der 6. Mainzer Minipressen-Messe. Mainz 1981, o.S.

21. *Medien-Info* der AGAV 1/1976

22. Abdruck der dpa-Meldung (Fotokopie) bei Engel / Schmitt, a.a.O., S.72

23. Josef Wintjes im *Ulcus-Molle-Info* 3/71, S.4

24. Engel / Schmitt, a.a.O., S.75

25. Bosch, Manfred: Alternativpresse und Underground. Zur Literatur der Scene. Versuch einer Vorstellung, in: BuB 1974, S.1026

26. Brunner, Frank u.a. (Hrsg.): Wir Kinder von Marx und Coca-Cola. Gedichte der Nachgeborenen. Wuppertal 1971

27. WDR »Radiothek« v. 30.5.74. Abdruck des Funkmanuskripts in: *Ulcus Molle Info*, Sonder-Nr. 1/1974, S.22-25

28. *Ulcus Molle Info*: künftig auch abgekürzt *UM-Info*! (Warum der medizinische Terminus für den »weichen Schanker«, eine Geschlechtskrankheit, dem Heft den Namen gibt, muß das Geheimnis seines Herausgebers bleiben.)

29. Vgl. *UM-Info* 11/12, 75, S.80 / 5/6, 77, S.112 / 11/12, 77, S.1

30. Schuster, Paul: Kulturzeitschriften. Abdruck (Auszug) in: *UM-Info*, 7/8, 77, S.112

31. Gerlach, Walter: Ein Samstagnachmittag beim Würger von Bottrop. Abdruck (Funkmanuskript) in: *UM-Info* 11/12, 75, S.78-82

32. Wintjes, in: *UM-Info* 5/6, 77, S.1

33. Wintjes, Josef: Lockere Betrachtungen zur allgemeinen Lage der Alternativ-Presse, in: *UM-Sonderinfo* 1/1974, S.4

34. Leserbrief, in: *UM-Info* 1/2, 76, S.22

35. Wintjes, in: *UM-Info* 11/12, 76, S.19

36. Hartwig, Helmut: Kompost und Kritik - Zur Ästhetik der Alternativszene, in: *Ästhetik und Kommunikation*, H. 34/1978 (Neue Lebensformen: Wunsch und Praxis), S.61

37. Schubert, Christoph: Zehn Jahre Literarisches Informationszentrum Bottrop. Kontinuität in der Alternativpresse, in: Gehret, Jens (Hrsg.): Gegenkultur heute. Die Alternativ-Bewegung von Woodstock bis Tunix. Amsterdam 1979, S.41

38. Hartwig, a.a.O., S.61

39. Vollmar, Klaus Bernd: Politisches Überlegungen zur Alternativliteratur, in: *UM-Sonderinfo* 3/1976, S.11

40. Menne, Ferdinand W.: Alltag und Alternative. Zur Diskussion um einen »neuen Lebensstil«, in: *Frankfurter Hefte*, FH-extra I/1978 (Alternative Lebensformen), S.84

41. ebd., S.84

42. Ploog, in: *UM-Info* 1/2, 76, S.23
43. Schubert: Zehn Jahre Lit. Informationszentrum, a.a.O., S.1
44. Bosch: Alternativpresse und Underground, a.a.O., S.1026
45. Vollmar, in: *UM-Info* 3/4, 77, S.22

Zum Selbstverständnis der literarischen Alternativpresse

1. In einem nach mehrjähriger Ankündigung 1980 erschienenen Dokumentationsband sind die wichtigsten Beiträge der »Selbstverständnis-Debatte« noch einmal zusammengefaßt: Emig, Günther/Engel, Peter/Schubert, Christoph (Hrsgg,): Die Alternativpresse. Kontroversen - Dokumente. Ellwangen 1980
2. Daum, Thomas, a.a.O., S.20-54
3. ebd., S.60 (Nachwort)
4. Zit. in: *UM-Info* 1/2 1975, S.14
5. Ewald Blauza (*Stadtmagazin* Düsseldorf), zit. in: *UM-Info* 3/4 1975, S.6
6. Schubert, Christoph, in: Niehörster, Thomas Chr. (Hrsg.): the yellow book. Dortmund (1971), o.S.
7. Emig, Günther: Über das »Alternative« alternativer Publikationen, in: *UM-Info* 3/4 1974, S.6f.
8. Sandler. Klaus: Alternativen zur Alternative gesucht, in: *Das Pult*, 30 (1974), S.8
9. Emig, in: *UM-Info* 3/4 1974, a.a.O., S.6
10. ebd., S.6
11. Schubert, Christoph: zwei noten zu einem papier von günther emig. Flugblatt (Rundschreiben), April 1974
12. Engel, Peter, in: Fienhold, IG Papier & Schreibmaschine, a.a.O., S.34
13. Jaeggi, Urs: Literatur und Politik. Frankfurt/M. 1972, S.24
14. Marx/Engels: Werke. Bd. 26, I.Teil, S.127f.
15. Vgl. dazu aber Schwendters Bemerkungen zur »Selbstausbeutung« in Kleinverlagen und anderen alternativen Projekten, die er als deren größte innere Bedrohung ansieht (Zur alternativen Ökonomie I., a.a.O., S.165). Kraushaar ergänzt, daß die »alternativen Verkehrsformen« der Beteiligten an diesen Projekten mit hoher Selbstausbeutung korrespondieren: Je geringer die Entfremdung, umso größer die Selbstausbeutung der Ware Arbeitskraft - ein Dilemma alternativer Ökonomie, dessen Lösung noch aussteht. Vgl. Kraushaar, Wolfgang: Thesen zum Verhältnis von Alternativ- und Fluchtbewegung - Am Beispiel der frankfurter scene, in: ders. (Hrsg.): Autonomie oder Ghetto? Kontroversen über die Alternativbewegung. Frankfurt/M. 1978, S.17f.
16. Reus, Peter, in: Neuffer: Bücher die man sonst nicht findet (1970), a.a.O., o.S.
17. Käsmayr, Benno: Büchermachen, am Beispiel des *Maro Verlages*, in: ebd. (1971), a.a.O., S.169
18. Bosch, Manfred: Zur Perspektive der Scene, in Emig (Hrsg.): Über das »Alternative« alternativer Literatur, a.a.O., S.15
19. Emig, in: *UM-Info* 3/4 1974, a.a.O., S.6f.
20. Bezeichnend ist, daß Emig nicht angeben kann, was unter »qualitativ« zu verstehen sei; generell nimmt man in der alternativen Literaturszene Abstand von literarischen Werturteilen, die über die plakative Verwendung vager Adjektive hinausgehen.

21. Die These von der marktsondierenden Funktion der Kleinverlage hat in der Szene den Status eines Dogmas. Den Nachweis ihrer Richtigkeit erbringt aber bisher nur die Geschichte der sozialistischen Kleinverlage (Testmarkt für linke Literatur Ende der 60er Jahre, s.o.), nicht die der literarischen Alternativverlage, die mit kaum einem exakten Beispiel die häufig vorgebrachte These belegen können (auch Emig kann es nicht). Zwar sind die Alternativverlage mit bestimmten Strömungen und Sujets »schneller« als der Markt und sind damit gewiß auch Testmarkt; aber sie werden deswegen nicht »an die Wand gespielt«. Die Vermarktung Charles Bukowskis - einziges konkretes Beispiel - vom Versand *Zweitausendeins* bis in die Spalten der deutschen Ausgabe des *Playboy* schadete dem *Maro Verlag*, von dem hierzulande der Bukowski-Boom ausging, nicht nur nicht, sondern verhalf ihm im Gegenteil zu einer beachtlichen Auflagensteigerung sowohl derjenigen Werke Bukowskis, für die er weiterhin die Verlagsrechte besaß, als auch für alle anderen Produktionen. (s.u. Kap.VIII. 5.)
22. Imhoff, Hans: Sind wir ein »Korrektiv«? in: *UM-Info* 3/4 1974, S.8
23. »afra«, in: *Szenen-Reader* 73/74, S.29f.
24. Sandler, a.a.O., S.8
25. Zur »Verschenkbewegung« vgl. *und* 9/10 1972, S.76-83
26. Schubert, Christoph: zwei noten zu einem papier von günther emig, a.a.O.
27. Schiffer, Wolfgang: Literarisches Informationszentrum. Rundfunksendung. Manuskript abgedruckt in: *UM-Info* Sondernummer 1/1974, S.22f.
28. Schubert, Christoph, in *Szenen-Reader* 72, S.123
29. Engel, Peter: Aufruf zur Eroberung der Medien, in: ebd., S.38
30. ebd., S.38
31. Schubert, zwei noten zu einem papier von günther emig, a.a.O.
32. Sandler, a.a.O., S.6
33. Wagner, Rainer: Von »Eintopf« bis »Sanduhr«. Versandhaus im Underground, in: *UM-Info* 2/1972, S.22
34. Engel/Schmidt: Klitzekleine Bertelsmänner, a.a.O.
35. Zahl, Peter Paul, in: *UM-Info*, 11/12 1973, S.5
36. Siebenschön, Leona: Sie tanzen auf dem Underground, in: *Die Zeit* 46/1970
37. Buselmeier/Schehl, a.a.O.
38. Krings, Rainer: Vom Stadtindianer zum Landfreak. Eine Auseinandersetzung mit der Spont-Bewegung, in: Landefeld, Beate, Sommerfeld, Franz (Hrsg.): Sackgassen und Irrwege. Dortmund 1979, S.26
39. Landefeld, Beate: Klassenkampf und Persönlichkeitsentwicklung, in: ebd., S.65
40. Schubert, Christoph, in: *und* 1/10 1972, S.73
41. Nicht nur aufgrund seiner zahlreichen Veröffentlichungen - vor allem zur »Alternativen Ökonomie« (a.a.O.) - , sondern auch seiner Praxis ist Schwendter aktiv in die Protestbewegung, später in die Alternativbewegung involviert. U.a. gehört er zu den Herausgebern einer alternativen Stadtzeitung in Kassel, gründete er eine »Gruppe 2000«, die alternative Denkansätze und Praxisformen koordinieren (»vernetzen«) möchte, organisierte er Treffen alternativer Stadtzeitungen usw. - Zitiert wird aus der Neuausgabe: Schwendter, Rolf: Theorie der Subkultur, a.a.O. (Seitenangaben im Text in Klammern).

42. Amendt, Günter: Haschisch und Sexualität (Beiträge zur Sexualforschung, Bd. 53). Stuttgart 1974, S.2
43. - 45. König, Tenbruck, Friedeburg zit. ebd., S.2ff.
46. Hollstein: Untergrund, a.a.O., S.11
47. Schwendter (Hrsg.): Zur alternativen Ökonomie I., a.a.O., S.161
48. ebd., S.165
49. Vgl. Amendt, Haschisch u. Sexualität, a.a.O., S.7f.
50. ebd., S.13, Anm.44
51. Wintjes, in: *UM-Info* 2/1972, S.18
52. Duhm, Dieter: Der Mensch ist anders. Lampertheim 1975
53. Hollstein: Untergrund u. Opposition in Amerika, a.a.O., S.59
54. ebd., S.73
55. Martin, Raymond, in: *Päng* 8/9 1974, S.4
56. ders., *Verlagsprojekt* (o.J.)
57. ders., »Partisanenpresse«, a.a.O.
58. Zit. in: *Der Spiegel* 33/1971 (9.Aug.), S.37
59. Martin, Raymond, in: *UM-Info* 1/2 1973, S.15
60. ders., *Partisanenpresse*, a.a.O.
61. Oskar von Wolkenschein, in: *UM-Info*, 11/12 1973, S.32
62. Obermühlen-Family, in: *UM-Info*, 7/8 1974, S.5
63. Hermand, Jost: Pop International, a.a.O., S.82
64. ebd.
65. Hübsch, Hadayat Ullah, in: *Middle Earth* 4/1974, Beilage-Heftchen
66. In einem Brief an mich; ein bemerkenswerter Satz - sechs Jahre vor der Etablierung einer »moslemischen Republik« im Iran und den Anzeichen einer »islamischen Revolution« auch in anderen Staaten des Vorderen und Mittleren Orients.
67. ders.: *Sadid*/Flugblatt 1974
68. Lenz, Reimar: Das vergessene Ganze. Zur Kritik der religiösen Subkultur. Thesen für die Tagung der evangelischen Akademie Hofgeismar, Pfingsten 1974. Mauskript, S.1
69. ebd., S.7
70. ebd., S.6
71. ebd., S.10
72. ders., in einem Brief an mich
73. ders.: Was ist mit unseren Schriftstellern los? In: *Pardon* 9/1974, S.24
74. Tammen, J.P., in: *UM-Info*, 3/4 74, S.12
75. »Sägewerk« an/über *Die Alternativpresse* (beitrag zu einer definition), in: Niehörster, a.a.O., o.S.
76. Kramer, Jürgen (»Gruppe revolutionärer Künstler - Ruhrkampf«): Diskussionsbeitrag zum Grundsatzkonzept des Literarischen Informationszentrums. In: *UM-Info*, 9/10 73, S.5
77. ebd., S.5
78. ebd., S.5
79. Zielonka, Michael: Erläuterungen zum literarischen Untergrund im deutschsprachigen Raum, in: *Szenen-Reader* 1972, S.11
80. Imhoff, Hans: Die Aufsätze von 1969 - 1972. Frankfurt/M. 1972, S.6
81. ders.: Aus der Rede zur Eröffnung der Zweiten Messe der Minipressen, Internes Info 6 der Freien Deutschen Presse - Sozialistische Alternativpresse. Kurzinfo 1972
82. Imhoff, Hans: Diskussionsbeitrag für die »Szene und ihr Zentrum« (1972), in: *UM-Sonderinfo* 1/74, S.9
83. ders., Internes Info 6, a.a.O.
84. ebd.
85. ders.: Was ist die sozialistische Alternativpresse? Internes Info 7 der Freien Deut-

schen Presse - Sozialistische Alternativpresse. Kurzinfo 7/73

86. ebd.

87. Imhoff, Hans: Sind wir ein Korrektiv? a.a.O., S.7

88. ders., Internes Info 7, a.a.O.

89. Imhoffs eigene literarische Produktion scheint von diesen Forderungen ebenfalls nicht berührt. Sein bekanntestes Werk, *Phyrro,* ein Text »totaler Poesie«, besteht aus einer endlosen Silbenreihung, die keinen Sinn ergibt. Daß der Band überhaupt Abnehmer (und auch nur in der alternativen Literaturszene) findet und bereits zum dritten Mal verlegt wird, liegt wohl an anderen Texten, die der Band versammelt: Imhoff hat viele Alternativautoren aufgefordert, ein Vorwort zu *Phyrro* zu verfassen. Die bisher veröffentlichten Beiträge überbieten den eigentlichen Text um ein Vielfaches an Umfang und lassen ihn offensichtlich wenigen Eingeweihten sogar verständlich werden: »verständnis von phyrro erfolgt über die zwischeninstanzen einleitungsbzw. vorwort.« (Emig, in: *Phyrro.* Frankfurt/M. 1973, S.23

90. Imhoff, Hans: Sind wir ein Korrektiv? a.a.O., S.7

91. Eisel, Josef: Gedanken zur Untergrundliteratur, in: *Szenen-Reader* 73/74, S.16

92. Leserbrief, *UM-Info*, 3/4 73, S.2

93. Leserbrief, *UM-Info*, 7/8 74, S.7

94. Bosch, Manfred: Thesen über die Entstehung falschen Bewußtseins in der Scene, in: *UM-Sonderinfo* 1/74, S.26

Zweite Kultur?

1. Imhoff, Hans: Über die Organisation eines alternativen Kleinverlages, in: *UM-Sonderinfo* Nr.3/1976, S.56-59

2. Broder, Henryk M.: Linke Tabus. Berlin 1976, S.15

3. ebd., S.27

4. Vollmar, Klaus Bernd: Vorwort zum *UM-Sonderinfo* Nr.3/1976, S.6f.

5. Gross, Werner; Wie aus Wichteln Menschen werden sollen, in: *Pardon* 6/1976, S.61-66

6. Rumler, Fritz: Die Kinder des Väterchen Frust, in: *Der Spiegel*, Nr.20/1977, S.225-2297. *Bild* und Regenbogenpresse lassen ausführlich die deutsche Schauspielerin Eva Renzi zu Wort kommen, die über Mißhandlungen klagt, die ihr andere Bhagwan-Anhänger bei den interaktionistischen Gruppensitzungen in der Zentrale der Bewegung im indischen Poona zugefügt haben. »Poona« wird zum Schlagwort, als der renommierte *Stern*-Reporter Jörg Andrees Elten seine Metamorphose zum überzeugten »Sannyasin« in den Medien kundtut und mit neuem Habitus und der Gelassenheit des Wissenden im Fernsehen auftritt - in einer Talk-Show und einer Literatursendung. Sein im Januar erschienenes Buch über Poona (Ganz entspannt im Hier und Jetzt. Tagebuch über mein Leben mit Bhagwan in Poona. Reinbek 1980) findet großen Absatz. Gleichzeitig läuft ein Film »Ashram in Poona« in den Kinos an.

8. *UM-Info* 5/6 1975, S.18f.

9. Hollstein, Walter: Die Gegengesellschaft. Alternative Lebensformen. Bonn 1979, S.133

10. Duhm, Dieter: Der Mensch ist anders. Lampertheim 1975

11. ebd., S.14

12. ebd., S.14

13. Duhm, Dieter: Angst im Kapitalismus. Mannheim 1972
Duhm, Dieter: Warenstruktur und zerstörte Zwischenmenschlichkeit. Köln 1973

14. Vgl. auch: Wagner, Wolf: Uni-Angst und Uni-Bluff. Berlin 1977

15. Vgl. Duhm: Der Mensch ist anders, a.a.O., S.72

16. ebd., S.42

17. Schwendter, Rolf: Theorie der Subkultur, a.a.O., S.386

18. Duhm: Der Mensch ist anders, a.a.O., S.25

19. Schwendter, Rolf: Theorie der Subkultur, a.a.O., S.387

20. Meadows, Dennis u.a.: Die Grenzen des Wachstums. Bericht des Club of Rome zur Lage der Menschheit. Reinbek bei Hamburg 1973, S.2

21. Hollstein, Walter: Die Gegengesellschaft, a.a.O., S.150

22. Kraußharr, Wolfgang: Thesen zum Verhältnis von Alternativ- und Fluchtbewegung, a.a.O., S.12

23. Horacek, Milan: Überlegungen zur Frage einer Interessenvertretung der Alternativbewegung, in: *Kritik*, Nr.16/1978, S.27

24. Hollstein, Walter: Die Gegengesellschaft, a.a.O., S.149

25. Horacek, Milan, a.a.O., S.26

26. ebd., S.26

27. Schwendter, Rolf: Stadtzeitungen, in: Wackerbarth, Horst (Hrsg.): Kunst und Medien. Materialien zur documenta 6. Kassel 1977, S.290

28. Schwendter, Rolf: Stadtzeitungen, a.a.O., S.291

29. Kraushaar, Wolfgang: Thesen zum Verhältnis von Alternativ- und Fluchtbewegung, a.a.O., S.39

30. Schultz-Gerstein, Christion: »Nichts als Bildungslücken«, in: *Der Spiegel* 13/1980 (24. März), S.219

31. ebd., S.219

32. Glotz, Peter: »Nicht nur eine Frage von Kommunikationstechniken«, in: Hoffmann-Axthelm, Dieter u.a. (Hrsg.): Zwei Kulturen? Berlin (1978), S.112
Vgl. auch ders.: Auf diesem Stern wollen sie nicht leben, in: *Frankfurter Rundschau*, 6.9.1979, S.14f.

33. Schultz-Gerstein, a.a.O., S.221f.

Zur literarischen Produktion der Alternativpressen

1. Hübsch, Hadayatullah: Alternative Öffentlichkeit. Freiräume der Information und Kommunikation (*fischer alternativ*, Bd. 4042). Frankfurt/Main 1980, S.99

2. In: *Welt und Wort*, 1969/H.24, S.139-145

3. ebd., S.139

4. ebd., S.141

5. ebd., S.142

6. ebd., S.139

7. Thomas / Bullivant, a.a.O., S.217

8. Theobaldy, Jürgen u. Zürcher, Gustav: Veränderung der Lyrik. Über westdeutsche Gedichte seit 1965. München 1976, S.144f.

9. ebd., S.145f.

10. ebd., S.147

11. Hermand, a.a.O., S.173

12. ebd., S.80

13. ebd., S.65ff.

14. ebd., S.82

15. ebd., S.94

16. ebd.

17. Wilpert, Gero von: Sachwörterbuch der Literatur. Stuttgart 1979, S.869

18. Nachschlagewerke wie die Kataloge der Mainzer Minipressen-Messen, das Verzeichnis »Bücher die man sonst nicht findet« (mehrfach erweitert und überarbeitet), das fast jährlich erscheinende »Handbuch der alternativen deutschsprachigen Literatur«, die Kataloge der Frankfurter Gegenbuchmesse (hrsg. von der AGAV) u.a. bieten einen vollständigen Überblick der Buch- und Zeitschriftpublikationen.

19. *UM-Info* 1/2 1975

20. Wir Kinder von Marx und Coca-Cola. Nachwort S.178

21. *Szenen-Reader* 1971, a.a.O., S.81

22. Schmidt, Armin (Hrsg.): Primanerlyrik-Primanerprosa. Eine Anthologie. Reinbek bei Hamburg 1965

23. Schubert, Christoph (Hrsg.): Handbuch der alternativen deutschsprachigen Literatur 1976/77. Hamburg u. München 1976, S.3

24. Künftig abgekürzt auch als »Handbuch« bzw. »Handbücher«. Bisher erschienen:
- Engel, Peter / Schubert, Christoph (Hrsg.): Handbuch der alternativen deutschsprachigen Literatur. Hamburg u. Münster 1973
- dies. (Hrsg.): Handbuch der alternativen deutschsprachigen Literatur 1974. Hamburg u. Münster 1974
- Schubert, Christoph (Hrsg.): Handbuch der alternativen deutschsprachigen Literatur 1976/77. Hamburg u. München 1976
- Engel, Peter u. Schubert, Christoph (Hrsg.): Handbuch der alternativen deutschsprachigen Literatur 1978/79. Trier 1978
- Engel, Peter / Rheinsberg, Anna / Schubert, Christoph: Handbuch der deutschsprachigen alternativen Literatur 1980/81. Trier 1980

25. Zu »Wir Kinder von Marx u. Coca-Cola« vgl. Kap. V.3., V.

26. Schütt, Peter: Agitprop, in: ders.: Asphaltliteratur. Zum Verständnis einer SDS-Ästhetik. Mainz 1968, S.6f.

27. »Wir Kinder von Marx und Coca-Cola«, S.14

28. ebd., S.69

29. ebd., S.70

30. ebd., S.183

31. ebd., S.175

32. ebd., S.74

33. Schütt, a.a.O., S.8

34. Bulla, Hans-Georg: poetik, in: »Endlich (was neues)« Nr.3/4, Dez. 70/ Jan. 71

35. ebd.

36. Schütt, a.a.O, S.8

37. ebd., S.7

38. Wir Kinder von Marx und Coca-Cola, S.179 (Nachwort)

39. Salomon, Peter: Kleine Polemik über falsche, dumme und überflüssige Epigramme, in: Szenen-Reader 75/76, a.a.O., S.17

40. Kusz, Fitzgerald / Bosch, Manfred: Kurzer Auszug aus einem längeren Briefwechsel, in: Fienhold, Wolfgang (Hrsg.): IG Papier u. Schreibmaschine, a.a.O., S.54

41. In: *Szenen-Reader* 1971, a.a.O., S.110

42. In: *Satire-Steintor-Zeitung*, Nr.24, Hannover 1972

43. Salomon: Kleine Polemik, a.a.O., S.19

44. Hausin, Manfred: Konsequenzgedichte. Hannover 1970, S.20

45. ebd., S.33

46. ebd., S.55

47. Vgl. *UM-Info* 7/8 1972, S.4
48.A. Militante Literatur, S.28
48.B ebd., S.71
49. ebd., S.27
50. Broder, Henryk, a.a.O., S.9
51. Militante Literatur, a.a.O., S.94
52. ebd., S.94
53. Vgl. Betrifft: Verfassungsschutz 1978, hrsg. v. Bundesminister des Inneren, Bonn 1979, S.107
54. Hartung, Harald: Experimentelle Literatur und konkrete Poesie. Göttingen 1975, S.25
55. Z.B. die Berliner Zeitschrift *total* (ca. 1964-67) und die Gruppe der *Ultimisten* um Klaus M. Rarisch, ebenfalls Berlin.
56. Bosch, Manfred: Konkrete Poesie. Bonn 1970 (amöben-presse)
57. Jandl, Ernst: Der künstliche Baum. Neuwied/Berlin 1970
58. de Rook, G. J. (Hrsg.): anthologie visuele poezie/visual poetry anthology. Den Haag 1975
59. Theobaldy / Zürcher: Veränderung der Lyrik, a.a.O., S.61
60. »Selfmade« hat keine Seitenzählung
61. Schröpfer, Siegfried: exhibition des ersten, nebst einem anhang, sermon zur influenz, regieanweisungen & fotos des autors. Soest 1969
62. Schröpfer, Landfried: beschleunigung. gedichte aus den jahren 1969-1973. Frankfurt, Darmstadt, Dortmund 1973
63. Vgl. *und* 13/1973
64. *UM-Info* 7/8 1972, S.6
65. *UM-Info* 9/10 1973, S.8
66. *Szenen-Reader* 1975/76, a.a.O., S.120-122
67. Hrsg. von Udo Pasterny in Dortmund. Pasterny arbeitet heute u.a. mit dem in Amsterdam lebenden Autor und Kleinverleger Jens Gehret (*Azid Presse*) zusammen: Beide wollen eine umfassende »Bibliographie alternativer Publikationen« erstellen.
68. *UM-Info* 19/1971, S.8
69. *Szenen-Reader* 1971, a.a.O., S.64
70. Vgl. die gesammelten Aufsätze zur »Lyrik-Debatte« der 70er Jahre im Anhang von: Hans, Jan / Herms, Uwe / Thenior, Ralf (Hrsg.): Lyrik-Katalog. München 1978
73. Ich bin vielleicht du, S.29
74. Ich bin vielleicht du, S.31f.
75. Ich bin vielleicht du (Vorwort), S.5f.
76. Ich bin vielleicht du, S.78
77. In: Fienhold, W. (Hrsg.): IG Papier und Schreibmaschine, a.a.O., S.32
78. ebd., S.32
79. *Szenen-Reader* 1975/76, a.a.O., S.121
80. *UM-Info* 1/2 1972, S.18
81. Schubert in einem Brief an mich vom 20.1.1980
82. Brück, Rolf: dir. Darmstadt 1972 (Selbstverlag)
83. Vgl. *UM-Info* 10/1970, S.11
84. Erstmals erwähnt in: *UM-Info* 3/1972, S.1
85. Vgl. bei Mosler, Peter: Was wir wollten, was wir wurden, a.a.O., das Kapitel über Hayatullah Hübsch: SDS - ein großer Beatnik, S.96-124
86. Hübsch, Hayatullah: Alternative Öffentlichkeit. Freiräume der Information und Kommunikation (*fischer alternativ*, Bd. 4042). Frankfurt/M. 1980
87. ebd., S.87
88. In: *UM-Info* 7/8 1972, S.10
89. Ebenfalls in: *UM-Info* 7/8 1972, dort unter dem Titel »Sonne« vorgestellt; S.20
90. Root, Zelline u. Brück, Rolf: Lotus millefolia (*Grüner Zweig*, 53). Löhrbach

1977, S.43f.
91. ebd., S.36f.
92. Die Zeitschrift und *berichtet in Nr. 6-8 von einer Kleinanzeigenaktion Schuberts in dessen Heimatstadt Münster 1971*
93. *Schubert, Christoph: Schwanengesang. Münster 1972 [Selbstverlag]*
94. *Schubert, Christoph: Am Ende der Zeiten. Geschichten von Liebe, Tod und Auferstehung [Der apokalyptische Reiter, Bd.1]. Karlsruhe 1978*
95. *Schubert: Schwanengesang, S.1*
96. *ebd., S.47*
97. *In:* UM-Info *11•12 1978, S.83*
98. *Schubert, Christoph: Das politisch-spirituelle Ideenkloster vom ganzen Menschen, in: Gehret, Jens [Hrsg.]: Gegenkultur heute. Die Alternativ-Bewegung von Woodstock bie Tunix. Amsterdam 1979, S.84-93*
99. *Schubert, Christoph: Unbekannte ältere Autoren. Drei Porträts. Hamburg u. München 1976*
100. *Török, Imre: Butterseelen. Mit Hölderlin und Hermann Hesse in Tübingen. Stuttgart 1980*
191 *Stricker, Tiny: Trip-Generation. Gersthofen 1970*
102. *Vgl. etwa: Kieser, Rolf: Nach Süden. Gersthofen 1975*
103 *Kreuzer, Helmut: Zur Literatur der siebziger Jahre in der Bundesrepublik, in: Grimm, Reinhold u. Hermand, Jost: Basis - Jahrbuch für deutsche Gegenwartsliteratur, Band 8 [1978]. Frankfurt 1978, S.11*
104. *Ploog, Jürgen: Der Kontinent der Worte, in:* UM-Info *7•8 1976, S.13*
105. *Weissner, Carl: Stories aus der legendären Absteige in Paris, die im Baedecker der Beat Generation fünf Sterne bekam. Vorwort zu: Norse, Harold: Beat Hotel. Gersthofen 1975, S.10*
106. *Ders., ebd., S.16f.*
107. *Ders., ebd., S.17*
108. *Harold Norse, ebd., S.28*
109. *Carl Weissner, ebd., S.18*
110. *Ders., ebd., S.11*
111. *Vgl. auch Stricker, Tiny: Trip-Generation, a.a.O.*
112. *Burroughs, William S., Vorbemerkung zu: Nova Express, in: William S. Burroughs [Werkausgabe, hrsg. von Carl Weissner], a.a.O., S.576*
Zu den Schwierigkeiten der Übersetzung schreibt Weissner [S.575]: »Beim größten Teil der Cutup-Textstellen bleibt offen, in welcher Beziehung die Wörter zueinander Stehen, d.h. es sind mehrere Interpretationen denkbar. Ein solcher Schwebezustand läßt sich im Deutschen nicht herstellen. Man muß sich für eine Interpretation entscheiden. Ich habe das von Burroughs verwendete Ausgangsmaterial, soweit ich es kenne, ... im einzelnen verfolgt und danach entschieden, welche Lesart einer Textstelle die wahrscheinlichste ist oder sich wenigstens soweit begründen läßt, daß im Deutschen eine verständliche Formulierung möglich wird.«
113. *Erstmals in deutscher Übersetzung in:* »Acid«, a.a.O., S.166-174
114. Burroughs, William S.: Die elektronische Revolution. Göttingen 1972
115. ebd., S.7
116. ebd., S.11f.
117. AQ 14/1973 (Cut up - Eine Anthologie)
118. Fauser, Jörg: Aqualunge. Göttingen 1971
ders.: Tophane. Gersthofen 1972
119. Ploog, Jürgen: Die Fickmaschine. Ein

Beitrag zur kybernetischen Erotik. Göttingen 1970
ders.: Çola Hinterland. Darmstadt 1969
120. *und* 14/1974 (Cut-Session). Darin das Vorwort von Ploog, Jürgen: Instant Poetry, S.3
121. Ders., ebd., S.7f.
122. ebd., S.7
123. Vgl. ebd., S.8
124. ebd., zit. im Vorwort von Ploog, S.3
125. s. Anm. 119
126. Bukowski, Charles: Die Fickmaschine, erstmals in deutscher Übersetzung in: ders.: Fuck Maschine. Amerikanische Erzählungen. Frankfurt 1980, S.42-58
(Die Erzählung ist zwischen 1967 und 1972 entstanden, Ploog dürfte sie in einer amerikanischen Literaturzeitschrift gelesen haben.)
127. Das folgende Zitat ist ein Originalabdruck aus: Ploog: Fickmaschine, a.a.O., o.S.
128. Worell, Roland: Zu Jürgen Ploogs »Sternzeit 23« und »RadarOrient«, in: *UM-Info* 7/8 1976, S.58f.
129. Ploog, Jürgen: Motel USA. Amerikanisches Tagebuch. Basel 1979, S.25
130. in: AQ 14, a.a.O., o.S.
131. Abgedruckt auch in: Katalog der 6. Mainzer Minipressen Messe. Mainz 1981, o.S.
Die im folgenden wiedergegebenen Zitate Fausers sind sämtlich diesem Aufsatz entnommen.
132. Im Juni/Juli 1978 anläßlich eines Besuchs Bukowskis in seiner Geburtsstadt Andernach a. Rhein
133. Bittdorf, Wilhelm: Heißgeliebter Drecksack, in: *Stern* Nr.8/1978 (16. Febr.), S.68-80
134. Klappentext des *Fischer*-Taschenbuchs: Bukowski, Charles: Aufzeichnungen eines Außenseiters. Frankfurt/M. 1977
135. In Bukowskis Erzählung »Klasse« wird der Selbstvergleich mit Hemingway ironisch auf die Ebene eines Boxkampfes verlagert. Der Ich-Erzähler gewinnt im Ring das Match gegen Hemingway und eröffnet ihm nach seinem Sieg, daß er »als Hobby« Short Stories schreibe. Hemingway liest die Texte und erklärt am Ende der Erzählung: »Ich habe Ihre Stories gelesen. Ich war so aufgeregt, daß ich die ganze Nacht nicht schlafen konnte. Sie sind mit Sicherheit das größte Genie des Jahrzehnts!«; vgl. Bukowski, Charles: Stories und Romane. Frankfurt 1977, S.78-83
136. Zit. bei Wondratschek, Wolf: Der alte Mann und das Bier, in: *Der Spiegel*, Nr. 38/1977 (12.9.1977), S.204
137. Diese Zahl errechnet laut einer telefonischen Auskunft Benno Käsmayrs der Bukowski-Übersetzer Weissner im Juli 1981. Ich selbst konnte folgende Auflagenhöhen in Erfahrung bringen (Stand: Juli 1981):

Maro Verlag

Kaputt in Hollywood	53.665 Expl.
Gedichte die einer schrieb…	42.640
Schlechte Verlierer	36.580
Leben und Sterben in Onkel Sams Hotel	22.000
Die Ochsentour	6.000

Zweitausendeins Versand

Stories & Romane	110.000
Western Avenue	11.000
Das Liebesleben der Hyänen	80.000
Stripperinnen von Burbank	(ohne Angabe)

Fischer Taschenbuch Verlag

Kaputt in Hollywood	60.000
Schlechte Verlierer	36.580
Leben und Sterben	
in Onkel Sams Hotel	30.000
Aufzeichnungen	
eines Außenseiters	100.000

Hanser Verlag
Aufzeichnungen
eines Außenseiters — 3.000

DTV
dtv
Gedichte die einer schrieb... 20.000

Palmenpresse
Flinke Killer — 10.000

620.885

138. Wondratschek, a.a.O., S.204
139. Zit. bei Bittdorf, a.a.O., S.74
140. Vgl. den Aufsatz von Jörg Fauser: Apropos Helden, in: *Tip-Magazin*, Nr.2/ Sept. 1979, S.61-63
141. Bittorf, a.a.O., S.75
142. Z.B. die Erzählung »Christus auf Roll-schuhen« (in: Stories und Romane, a.a.O., S.119-126) oder »Die Macht des Schicksals« (in: Schlechte Verlierer, a.a.O., S.25-34)
143. Bittorf, a.a.O., S.74
144. Zu ihren Vertretern zählen u.a. Guy De-bord (»La societé du spéctacle«, Paris 1967/ dt. »Die Gesellschaft des Spektakels«, Hamburg 1978) und Raoul Vaneigem (»Trai-té de savoir-vivre a l'usage des jeunes géne-rations«, Paris 1967 / dt. »Handbuch der Le-benskunst für die junge Generation«, Ham-burg 1977).
145. Röttgen, Herbert u. Rabe, Florian: Vulkantänze. Linke und alternative Ausgän-ge. München 1978, S.126
146. ebd., S.126f.
147. Holdt, Jacob: Bilder aus Amerika, a.a.O.
148. Röttgen/Rabe, a.a.O., S.128
149. Huffzky, Karin: Big daddy is watching you, in: *konkret literatur*, Herbst 1979, S.23. Das Titelblatt dieses fünften Literatur-Son-derhefts der Zeitschrift *konkret* zeigt Bu-kowski in Farb-Großaufnahme mit dem Un-tertitel: »Idol der Ausgeflippten: Charles Bukowski«.
150. Huffzky, ebd.
151. *Ulcus Molle Info* 7/8 1977, S.10f.
152. Zit. b. Gehret, Jens, in: *Ulcus Molle Info* 11/12 1976, S.70ff.
153. Ploog im *Ulcus Molle Info* 1/2 1975, S.22
154. In: *Ulcus Molle Info* 3/4 1976, S.33
155. Derschau, Christoph: Die Ufer der salzlosen Karibik. Kaufbeuren 1977, S.60f.

Schlußbemerkung

1. Eichler, Norbert: Sonnenstadt im Nebel, o.O., o.J.
2. Vollmar, Klausbernd: Landkommunen in Nordamerika. Berlin 1975
ders.: Alternative Selbstorganisation auf dem Lande. Berlin 1976
ders.: Wo die Angst ist geht' lang. Berlin 1977
ders.: Wasserberg. Versuche in der BRD zu leben. München 1979
3. Lenz, Reimar: Der neue Typ, in: Gehret, Jens (Hrsg.): Gegenkultur heute. Amster-dam 1979, S.196

Literaturverzeichnis

Bibliographien (in zeitlicher Folge)

Katalog für die erste literarische Pfingst-messe, Frankfurt/M. 1963. Zeitschriften des Experiments und der Kritik, neue handge-druckte Bücher, Druckschriften in kleiner Auflage/ Hrsg.: Albrecht Nagel. Frank-furt/M. 1963

Almanach Zweite literarische Pfingstmesse, Frankfurt/M. Zeitschriften des Experiments und der Kritik, handgedruckte Bücher, Druckschriften in kleiner Auflage, Flugblät-ter, Manifeste, Schallplatten, Mappen, Ka-lender und vergriffene Privatdrucke seit 1945./ Hrsg.: Albrecht Nagel und Barbara Brückner. Frankfurt/M. 1964

Literarische Messe 1968. Handpressen, Flugblätter, Zeitschriften der Avantgarde./ Hrsg.: Horst Bingel. Frankfurt/M. 1968

Bücher, die man sonst nicht findet. Katalog zu einer Verkaufsausstellung in der Buch-handlung Konrad Wittwer. Stuttgart, 15.—31. Oktober 1970/ Hrsg.: Thomas M. Neuffer mit Hilfe von Birgit Bohn und Paul Eckhardt. Stuttgart 1970

[Katalog] 1. Mainzer Mini-Pressen-Messe. 22.-30. Sept. 70, Kurfürstliches Schloß, Mainz/ Verantwortl.: Norbert Kubatzki. Mainz 1970

Bücher, die man sonst nicht findet. Katalog zur Wanderausstellung 1971/ Hrsg.: Tho-mas M. Neuffer und Birgit Bohn. Stutt-gart 1971

[Katalog] 2. Mainzer Mini-Pressen-Messe. 27. Sept.-4. Okt. 72, Kurfürstliches Schloß, Mainz. Mainz 1972

Olenhusen, Albrecht Götz von: Handbuch der Raubdrucke. Teil 1: Kritik des geistigen Eigentums. Teil 2 (zus. mit Gnirss, Christa): Theorie und Klassenkampf. Sozialisierte Drucke und proletarische Reprints. Eine Bibliographie. München - Pullach 1973
[Katalog] 3. Mainzer Mini-Pressen-Messe. 18.-24. Okt. 74, Kurfürstliches Schloß, Mainz. Wiesbaden 1974

Bücher, die man sonst nicht findet [1974/75]. Katalog der Minipressen/ Hrsg. Benno Käsmayr. Gersthofen 1975

German-language literary and political periodicals 1960-1974 / University of Lon-don: Institute of Germanic Studies. Lon-don 1975

Linke Verlage informieren: VL(L)B; Ver-zeichnis linker lieferbarer Bücher/ Hrsg.: Jürgen Fischer. Berlin 1975
Ergänzung '77/ Hrsg.: Jochen Mende und Helmut Schmid. Giessen 1977

Bücher, die man sonst nicht findet [1976/77] Katalog der Minipressen/ Hrsg.: Benno Käsmayr. Gersthofen 1976

[Katalog] 4. Mainzer Mini-Pressen-Messe. Kurfürstliches Schloß, Mainz, 15.-22. Sept. 1976. Wiesbaden 1976

Alternativen zur Rechtspresse. Eine Doku-mentation über Zeitschriften/ Hrsg.: Gerold Kunz. 2. Auflage, Waldbronn 1976

AGAV-Katalog zur Gegenbuchmesse [1977]. Frankfurt 1977/ Hrsg.: Rainer Breuer. Trier 1977 & Beilage (Nachtrag)

Bücher, die man sonst nicht findet [1978/79] Katalog der Minipressen/ Hrsgg.: Benno Käsmayr und Kurt-Ludwig Pohl. Augsburg 1978

Katalog zur Gegenbuchmesse [1978] der Arbeitsgemeinschaft alternativer Verlage = Autoren e.V. - Verzeichnis lieferbarer alter-nativer Bücher: VLaB/ Hrsg.: Rainer Breuer. Trier 1978 u. Nachtrag (1979)

Katalog der 5. Mainzer Mini-Pressen-Messe/ Red.: Susanne van Lessen, Rolf van Lessen, Tobias Mahlow. Augsburg 1979. Enthält: Bücher, die man sonst nicht findet (1978/79) Kataolg der Minipressen/ Hrsgg.: Benno Käsmayr und Kurt-Ludwig Pohl. Augsburg 1978

Deutsche libertäre Presse 1945-78. Katalog und Essay. Wetzlar 1979

Katalog zur Gegenbuchmesse [1979] der Arbeitsgemeinschaft alternativer Verlage und Autoren e.V. - VLaB: Verzeichnis lieferbarer alternativer Bücher/ Hrsg.: Rainer Breuer. Trier 1979

Verzeichnis deutschsprachiger Literaturzeitschriften/ Hrsg.: Projekt Literaturzeitschriften in Zusammenarbeit mit der IG Literaturzeitschriften (IGLZ). Red.: Günther Emig, Christoph Schubert. Ellwangen 1979

Neuerscheinungsindex Literaturzeitschriften des »grauen Marktes«/ In Zusammenarbeit mit der IG Literaturzeitschriften/ Hrsg.: Günther Emig. Ellwangen 1980

Katalog zur Gegenbuchmesse [1980] der Arbeitsgemeinschaft alternativer Verlage + Autoren e.V. - VLaB: Verzeichnis lieferbarer alternativer Bücher. Hrsg.: Rainer Breuer. Trier 1980

Katalog der 6. Mainzer Minipressenmesse/ Red.: Thomas Daum, André Heygster, Tobias Mahlow, Andreas Strasser. Mainz 1981

Biographische Nachschlagewerke

Handbuch der alternativen deutschsprachigen Literatur [1973]/ Hrsgg.: Peter Engel & Christoph Schubert. Hamburg & Münster 1973

Handbuch der alternativen deutschsprachigen Literatur [1974]/ Hrsgg.: Peter Engel & Christoph Schubert. Hamburg & Münster 1974

Handbuch der alternativen deutschsprachigen Literatur [1976]/ Hrsg.: Christoph Schubert. Hamburg & München 1976,

Handbuch der alternativen deutschsprachigen Literatur [1978/79]/ Hrsgg.: Peter Engel & Christoph Schubert. Trier 1978

Handbuch der alternativen deutschsprachigen Literatur [1980/81]/ Hrsgg.: Peter Engel, Anna Rheinsberg, Christoph Schubert. Trier 1980

Bücher

Ach, Manfred: Aspekte der Alternativpressen in der BRD 1973. (Unpublizierte wissenschaftliche Arbeit zum Germanistik-Staatsexamen)

Adams, Willi Paul: Die Vereinigten Staaten von Amerika (Fischer Weltgeschichte Bd. 30). Frankfurt/M. 1977

Adorno, Th. W. (u.a.): Der autoritäre Charakter. Frankfurt/M. 1973

Amendt, Günter: Haschisch und Sexualität (Beiträge zur Sexualforschung, Bd. 53). Stuttgart 1974

Allerbeck, Klaus R.: Soziologie radikaler Studentenbewegungen. Eine vergleichende Untersuchung in der Bundesrepublik Deutschland und den Vereinigten Staaten. München 1973

Allerbeck, Klaus/ Rosenmayr, Leopold: Einführung in die Jugendsoziologie. Heidelberg 1976

Arbeitsgemeinschaft alternativer Verlage und Autoren e.V. (Hrsg.): Autoren- und Verleger-Handbuch. Stuttgart 1980

Arbeitskreis österreichischer Literaturproduzenten: Edition Literaturproduzenten. Null-Nummer. Wien - München 1971

Arbeitsgemeinschaft Sozialpolitischer Arbeitskreise (AG SPAK): Materialien zur alternativen Ökonomie I. Berlin 1976 (2. Aufl.) [Hrsg. ist Rolf Schwendter]

dies.: Zur alternativen Ökonomie II. Berlin 1977 [Hrsg. ist Rolf Schwendter]

Arias, José Ragué: Pop - Kunst und Kultur der Jugend. Reinbek 1978

Arnold, Heinz Ludwig (Hrsg.): Literaturbetrieb in Deutschland. München 1971

Aufermann, Jörg/ Bohrmann, Hans: Gesellschaftliche Kommunikation und Information. Frankfurt/M. 1973

Baacke, Dieter: Beat - die sprachlose Opposition. München 1971

ders.: Jugend und Subkultur. München 1972

Bächler, Wolfgang: Begegnung mit dem weißen Raben und Eremiten, dem Drucker, Verleger und Fabulisten V. O. Stomps, in: Rabenbuch

Batt, Kurt: Revolte intern. Betrachtungen zur Literatur in der BRD. Leipzig 1974

Baumann, Michael: Wie alles anfing. Frankfurt/M. 1977

Bauß, Gerhard: Die Studentenbewegung der sechziger Jahre. Köln 1977

Beer, Wolfgang: Lernen im Widerstand. Politisches Lernen und politische Sozialisation in Bürgerinitiativen. Hamburg/Berlin 1978

Benjamin, Walter: Das Kunstwerk im Zeitalter seiner technischen Reproduzierbarkeit. Drei Studien zur Kunstsoziologie. Frankfurt/M. 1973

Benseler, Frank/ May, Hannelore/ Schwenger, Hannes: Literaturproduzenten! Berlin 1970

Blancpain, Robert/ Häuselmann, Erich: Zur Unrast der Jugend. Frauenfeld - Stuttgart 1974

Bloch, Ernst: Freiheit und Ordnung. Abriß der Sozialutopien. Reinbek 1969

Bloch, Peter André (Hrsg.): Gegenwartsliteratur. Mittel und Bedingungen ihrer Produktion. Bern - München 1975

Bookchin, Murray: Die Formen der Freiheit. Aufsätze über Ökologie und Anarchismus. Telgte-Westbevern 1977

Bosch, Manfred: Konkrete Poesie. Bonn 1970

Briem, Jürgen: Der SDS. Frankfurt/M. 1977

Brinkmann, Rolf Dieter/ Rygulla, Ralf Rainer: ACID - neue amerikanische Szene. Darmstadt 1969

Broder, Henryk .M.: Linke Tabus. Berlin 1976

Brück, Rolf: dir. Darmstadt 1972 (Selbstverlag)

Brückner, Peter: Kritik an der Linken. Zur Situation der Linken in der BRD. Köln 1973

Brunner, Frank u.a. (Hrsg.): Wir Kinder von Marx und Coca-Cola. Gedichte der Nachgeborenen. Wuppertal 1971

Buch, Hans Christoph (Hrsg.): Die Literatur nach dem Tod der Literatur. Bilanz der Politisierung. Reinbek 1975

Bukowski, Charles: Aufzeichnungen eines Außenseiters. Frankfurt/M. 1973

ders.: Stories und Romane. Frankfurt 1977

ders.: Die Fickmaschine, in: ders.: Fuck Mascine. Amerikanische Erzählungen. Frankfurt 1980

Burroughs, William S.: Die elektronische Revolution. Göttingen 1972

ders.: Werkausgabe Bd. 1, hrsg. v. Carl Weissner. Frankfurt/M. 1978

Bundesminister des Inneren (Hrsg.): Betrifft: Verfassungsschutz. Bonn 1979

Chobot, Manfred/ Gerz, Jochen/ Nörtemann, Rolf (Hrsgg.): Jahrbuch für neue Dichtung. Dokumentation eines literarischen Prozesses. Wien-Paris-Kassel 1974

Claasen, Emil Maria/ Peters, Louis-Ferdinand: Rebellion in Frankreich. Die Manifestation der europäischen Kulturrevolution 1968. München 1968

Clarke, John, u.a.: Jugendkultur als Widerstand. Frankfurt 1979

Deppe, Frank (Hrsg.): 2. Juni 1967 und die Studentenbewegung heute. Dortmund 1977

Deppert, Fritz: Heutige Gedichte, wozu? Scheden 1973

Derschau, Christoph: Die Ufer der salzlosen Karibik. Kaufbeuren 1977

Deutsches Bucharchiv München (Hrsg.): Das Verlagswesen in der Bundesrepublik Deutschland. Rastatt 1971

Dietz, Heinrich: Faszination der Revolte. Jugend und ewiges Jakobinertum. Stuttgart 1970

Duhm, Dieter: Angst im Kapitalismus. Mannheim 1972

ders.: Warenstruktur und zerstörte Zwischenmenschlichkeit. Köln 1973

ders.: Der Mensch ist anders. Lampertheim 1975

Duve, Freimut/ Böll, Heinrich/ Staeck, Klaus (Hrsgg.): Briefe zur Verteidigung der Republik. Reinbek b. Hamburg 1977

dieselben (Hrsgg.): Briefe zur Verteidigung der bürgerlichen Freiheit. Reinbek b. Hamburg 1978

Eichler, Norbert A.: Sonnenstadt im Nebel. Über das Paradies in den magischen Gärten von Findhorn. Oberhain 1975

Eisenberg, Götz/ Thiel, Wolfgang: Fluchtversuche. Über Genesis, Verlauf und schlechte Aufhebung der Antiautoritären Bewegung. Gießen 1973

Elten, Jörg Andrees: Ganz entspannt im Hier und Jetzt. Tagebuch über mein Leben mit Bhagwan in Poona. Reinbek 1980

Emig, Günther (Hrsg.): Über das »Alternative« alternativer Publikationen. Eine Kontroverse über Möglichkeiten des literarischen Underground. Heidelberg und Birkenau 1974

Emig, Günther: Der »Außenseiter-Literaturbetrieb«. Zu den Reproduktionsbedingungen der Literatur. 1975 (Unpublizierte wissenschaftliche Arbeit zum Germanistik-Staatsexamen.)

Emig, Günther/ Engel, Peter/ Schubert, Christoph (Hrsgg.): Die Alternativpresse. Kontroversen - Dokumente. Ellwangen 1980

Engel, Peter u. Schmitt, W. Christian: Klitzekleine Bertelsmänner. Literarisch-publizistische Alternativen 1965-1973. Scheden 1974

Enzensberger, Hans Magnus: Einzelheiten II. Poesie und Politik. Frankfurt/M. 1962

Escarpit, Robert: Das Buch und der Leser. Köln/ Opladen 1961

Fauser, Jörg: Aqualunge. Göttingen 1971

Fichter, Tilmann/ Lönnendonker, Siegward: Kleine Geschichte des SDS. Berlin 1977

Fienhold, Wolfgang (Hrsg.): IG Papier & Schreibmaschine. Starnberg 1973

Fohrbeck, Karla/ Wiesand, Andreas J.: Der Autorenreport. Reinbek 1972

Frecot, Janos/ Geist, Johann Friedrich/ Kerbs, Diethart: Fidus 1868-1948. Zur ästhetischen Praxis bürgerlicher Fluchtbewegungen. München 1972

Fried, Erich/ Novak, Helga M. (Hrsgg.): Am Beispiel Peter-Paul Zahl. Eine Dokumentation. Frankfurt 1976

Friedell, Egon: Kulturgeschichte der Neuzeit. Hamburg 1976

Fuchs, Günter Bruno u. Pross, Harry (Hrsg.): Guten Morgen VauO - ein Buch für den weißen Raben V. O. Stomps. Frankfurt/M. 1962

Fuchs, Günter Bruno: Der streitbare Pegasus. Berlin - München - Wien 1967

Fuchs, Wolfgang J./ Reitberger, Reinhold: Comics-Handbuch. Reinbek bei Hamburg 1978

Gartner, Alan/ Riessmann, Frank: Der aktive Konsument in der Dienstleistungsgesellschaft. Zur politischen Ökonomie des tertiären Sektors. Frankfurt/M. 1978

Gehret, Jens (Hrsg.): Gegenkultur heute. Die Alternativ-Bewegung von Woodstock bis Tunix. Amsterdam 1979

Geschichte des deutschen Buchhandels. Bd. 1 von Friedrich Kapp, Bd. 2-4 von Johann Goldfriedrich. Leipzig 1886-1923

Glätzer, H.: Landkommunen in der BRD. Flucht oder konkrete Utopie? Bielefeld 1978

Glessing, Robert J.: The Underground Press in America. Bloomington - London 1970

Göbel, Wolfram: Der Kurt Wolff Verlag 1913-1930 (Diss.), in: Archiv für Geschichte des Buchwesens XV/ 1975

Goldzamt, Edmund: William Morris und die sozialen Ursprünge der modernen Architektur. Dresden 1976

Greverus, Ina-Maria: Auf der Suche nach Heimat. München 1979

Groh, Klaus: Der neue Dadaismus in Nordamerika. Augsburg 1979

Grunenberg, Dorothea: Privatpressen in Deutschland. Hommeich 1964

dieselbe: Pressen-Almanach I. Neue Nachrichten von passionierten Büchermachern. Stuttgart 1967

Habermas, Jürgen: Strukturwandel der Öffentlichkeit. Untersuchungen zu einer Kategorie der bürgerlichen Gesellschaft. Neuwied 1962

ders.: Protestbewegung und Hochschulreform. Frankfurt/M. 1969

Hans, Jan/ Herms, Uwe/ Thenior, Ralf (Hrsgg.): Lyrik-Katalog. München 1978

Hartung, Harald: Experimentelle Literatur und konkrete Poesie. Göttingen 1975

Harrington, Michael: The Other America. Poverty in the United States. New York 1962

Hau, Willi (Hrsg.): Logbuch 2. Hattersheim 1974

Haug, Wolfgang Fritz: Kritik der Warenästhetik. Frankfurt/M. 1971

Hauser, Arnold: Sozialgeschichte der Kunst und Literatur. München 1975

Hausin, Manfred: Konsequenzgedichte. Hannover 1970

Hoffmann-Axthelm, Dieter u.a. (Hrsgg.): Zwei Kulturen? Berlin 1978

Holdt, Jacob: Bilder aus Amerika. Frankfurt/M. 1978

Heer, Friedrich: Werthers Weg in den Untergrund. Die Geschichte der Jugendbewegung. München - Gütersloh 1973

Hermand, Jost: Pop International. Frankfurt/M. 1971 (Schriften zur Literatur, Bd. 16).

Hiller, Helmut: Zur Sozialgeschichte von Buch und Buchhandel. Bonn 1966

Hiltl, Michael: Die Alternativbewegung. Bottrop 1981 (Ulcus-Molle-Sonderinfo 4/ 1981)

Hochkeppel, Willy (Hrsg.): Die Rolle der Neuen Linken in der Kulturindustrie. München 1972

Hoffmann, Holger: Gott im Underground. Die religiöse Dimension der Pop-Kultur. Hamburg 1972

Hollstein, Walter: Der Untergrund. Zur Soziologie jugendlicher Protestbewegungen. Neuwied/ Berlin 1969

ders.: Die Gegengesellschaft. Alternative Lebensformen. Bonn 1979

Hollstein, Walter/ Penth, Boris: Alternativ-Projekte. Beispiele gegen die Resignation. Reinbek bei Hamburg 1980

Holz, Hans Heinz: Vom Kunstwerk zur Ware. Neuwied/ Berlin 1972

Hopkins, Jerry (Hrsg.): The Hippie Papers - Notes from the Underground Press. New York 1968

Horkheimer, Max/ Adorno, Theodor: Dialektik der Aufklärung. Frankfurt/M. 1969

Hübsch, Hadayatullah: Alternative Öffentlichkeit. Freiräume der Information und Kommunikation (fischer alternativ, Bd. 4042) Frankfurt/M. 1980

Huber, Joseph: Wer soll das alles ändern. Die Alternativen der Alternativbewegung. Berlin 1980

Imhoff, Hans: Aufsätze von 1969-1972. Frankfurt/M. 1972

ders.: Pyrrho. Frankfurt/M. 1973

Jeaggi, Urs: Literatur und Politik. Frankfurt/M. 1972

Jandl, Ernst: Der künstliche Baum. Neuwied/Berlin 1970

Jarchow, Klaas/ Klugmann, Norbert: Heumarkt. Versuche anderen Lebens zwischen Stadt und Land. Berlin 1980

Jerome, Jules: Families of Eden. London 1974

Jungk, Robert: Der Jahrtausendmensch. München - Gütersloh - Wien 1975

Käsmayr, Benno (Hrsg.): Selfmade. Gersthofen 1971

ders.: Die sogenannte Alternativpresse. Ein Beispiel für Gegenöffentlichkeit in der BRD und im deutschsprachigen Ausland seit 1968. (Als Manuskript gedruckt) Gersthofen 1974

Kayser, Rolf Ulrich: Protestfibel. München 1968

ders.: Underground? Pop? Nein! Gegenkultur! Köln - Berlin 1969

Kerbs, Diethart (Hrsg.): Die hedonistische Linke. Beiträge zur Subkulturdebatte. Nachdruck Wien 1974 (erstmals Berlin - Neuwied 1971

Kerouac, Jack: Unterwegs. Reinbek bei Hamburg 1968

Kelter, Jochen (Hrsg.): Mein Land ist eine feste Burg. Neue Texte zur Lage in der BRD. Rastatt 1976

Kessler, Dieter: Untersuchungen zur konkreten Dichtung. Vorformen, Theorien, Texte. Meisenheim am Glan. 1976

Kieser, Rolf: Nach Süden. Gersthofen 1975

King, Janet-K.: Literarische Zeitschriften 1945—1970. Stuttgart 1974

Kirchner, Joachim (Hrsg.): Lexikon des Buchwesens. Stuttgart 1952

Klinger, Hermann: AAO : KO oder wie wir uns Befreiung nicht vorstellen! Zur Theorie der aktionsanalytischen Organisation bewußter Lebenspraxis (AAO) und ihre Umsetzung in »alternative« Lebensformen. O.O. u.J.

Koschwitz, Hansjürgen: Publizistik und politisches System. München 1974

Krahl, Hans-Jürgen: Konstitution und Klassenkampf. Frankfurt/M. 1972

Kreuzer, Helmut: Die Boheme. Stuttgart 1968

Kuhn, Helmut: Jugend im Aufbruch. Zur revolutionären Bewegung unserer Zeit. München 1970

Kukuck, Margareth: Student und Klassenkampf. Studentenbewegung in der BRD seit 1967. Hamburg 1974

Kupferberg, Juli: Protestfibel. München 1968

Kurz, Gerda: Alternativ leben? Zur Theorie und Praxis der Gegenkultur. Berlin 1968

Lanczkowski, Günter: Die neuen Religionen. Frankfurt/M. 1974

Landefeld, Beate/ Sommerfeld, Franz (Hrsgg.): Sackgassen und Irrwege. Dortmund 1979

Langguth, Gerd: Die Entwicklung der Protestbewegung in der Bundesrepublik 1968-1975. Bonn 1975 (Diss.)

Langhans, Rainer/ Teufel, Fritz: Klau mich. Berlin 1968 (Reprint München 1977)

Leamer, Laurence: The Paper Revolutionaries. The Rise of the Underground. New York 1972

Lehnacker, Josef: Die Bremer Presse. Königin der deutschen Privatpressen. München 1964

Leineweber, Bernd/ Schibel, Karl-Ludwig: Die Revolution ist vorbei - wir haben gesiegt. Berlin 1975 (Internationale Marxistische Diskussion, Bd. 44)

Lenz, Reimar: Das vergessene Ganze. Zur Kritik der religiösen Subkultur. Thesen für die Tagung der evangelischen Akademie Hofgeismar. Manuskript (Berlin) 1974

Lerner, Michael P.: The New Socialist Revolution. New York 1973

Lettau, Reinhard: Täglicher Faschismus. Amerikanische Evidenz aus 6 Monaten. München 1971

Lewandowski, Rainer/ Lohr, Stefan: Bürgerliche Presse: Gewalt gegen links. Starnberg 1974

Lewis, Roger: Outlaws of America. The Underground Press. Harmondsworth 1972

Lipp, Wolfgang (Hrsg.): Konformismus - Nonkonformismus. Darmstadt/ Neuwied 1975

Lüdke, Martin W. (Hrsg.): Literatur und Studentenbewegung. Opladen 1977

Mahler, Eugen: Psychische Konflikte und Hochschulstruktur. Frankfurt/M. 1971

Marks, S.: Studentenseele. Erfahrungen im Zerfall der Studentenbewegung. Hamburg 1977

Marcuse, Herbert: Der eindimensionale Mensch. Neuwied/ Berlin 1967

ders.: Zeitmessungen. Frankfurt/M. 1975

Martin, Bruno: Kreative Zukunft. Frankfurt 1976

Meadows, Dennis u.a.: Die Grenzen des Wachstums. Bericht des Club of Rome zur Lage der Menschheit. Reinbek bei Hamburg 1973

Mehnert, Klaus: Jugend im Zeitbruch. Stuttgart 1976

Menne, Ferdinand (Hrsg.): Neue Sensibilität. Alternative Lebensmöglichkeiten. (Reihe Theologie und Politik, Bd. 7) Darmstadt/ Neuwied 1974

Mildenberger, Michael: Die religiöse Revolte. Jugend zwischen Flucht und Aufbruch. Frankfurt 1979

Miller, Henry: Der klimatisierte Albtraum. Reinbek 1977

Morris, William: Kunde von Nirgendwo. Eine Utopie der vollendeten kommunistischen Gesellschaft. Schauberg/ Köln 1974

Mosler, Peter: Was wir wollten, was wir wurden. Studentenrevolte - zehn Jahre danach. Reinbek 1977

ders.: Die vielen Dinge machen arm. Reinbek 1981

Müller-Krumbach, Renate: Harry Graf Keßler und die Cranach-Presse in Weimar. Hamburg 1969

Murphy, D. u.a.: Protest. Grüne, Bunte und Steuerrebellen. Reinbek 1979

Niehörster, Thomas Chr. (Hrsg.): The Yellow Book. Dortmund 1971

Offe, Klaus: Bürgerinitiativen im Wandel. Reinbek 1974

Ohff, Heinz (Hrsg.): Werkstatt Rixdorfer Drucke. Oeuvre-Verzeichnis. Hamburg 1970

Otto, Karl A.: Vom Ostermarsch zur APO. Frankfurt/M. 1977

Peatel, Karl O.: Beat. Eine Anthologie. Reinbek 1962

Peinemann, Steve B.: Wohngemeinschaft. Problem oder Lösung? Eschborn/ Ts. 1977

Peters, Jan (Hrsg.): Die Geschichte alternativer Projekte von 1800 bis 1975. Texte zur Kollektivbewegung. Berlin 1980

Pfeiffer, Dietmar K.: Die neue Opposition. Geschichte, Erscheinungsformen und Ursachen der jugendlichen Protestbewegungen seit 1960. Münster 1972 (Diss.)

Ploog, Jürgen: Die Fickmaschine. Ein Beitrag zur kybernetischen Erotik. Göttingen 1970

ders.: Cola Hinterland. Darmstadt 1969

ders.: Tophane. Gersthofen 1972

ders.: Motel USA. Amerikanisches Tagebuch. Basel 1979

Pohrt, Wolfgang: Ausverkauf. Von der Endlösung zu ihrer Alternative. Pamphlete und Essays. Berlin 1980

Raabe, Paul: Die Zeitschriften und Sammlungen des literarischen Expressionismus. Stuttgart 1964

Rabenbuch: s. Das große Rabenbuch

Reese, Karin (Hrsg.): DIG. Neue Bewußtseinsmodelle. Frankfurt/M. 1970

Reich, Charles: Die Welt wird jung. Reinbek 1973

Revel, Jean-Jacques: Uns hilft kein Jesus und kein Marx. München - Zürich 1973

Robertson, James: Die lebenswerte Alternative. Frankfurt/M. 1979

Rodenberg, Julius: Deutsche Pressen. Eine Bibliographie. Wien 1925. Nachtrag 1925—1930. Wien 1931

Röttgen, Herbert u. Rabe, Florian: Vulkantänze. Linke und alternative Ausgänge. München 1978

de Rock, G.J. (Hrsg.): anthologie visuele poezie/ visual poetry anthology. Den Haag 1975

Root, Zelline u. Brück, Rolf: Lotus millefolia. (Grüner Zweig 53/ 1977) Löhrbach 1977

Roszak, Theodore: Gegenkultur. München 1973

Rubin, Jerry: Do it! München 1977 (Nachdruck der deutschen Ausgabe von 1971)

ders.: We are every where! Wetzlar 1978

Salzinger, Helmut: Rock-Power - oder wie musikalisch ist die Revolution? Frankfurt/M. 1972

ders.: Jonas Überohr. Hamburg 1976

Sander, Hartmut/ Christians, Ulrich (Hrsgg.): Subkultur Berlin. Selbstdarstellung, Text-, Ton-, Bilddokumente. Esoterik der Kommunen, Rocker, subversiven Gruppen. Darmstadt 1969

Scenen-Reader. Texte & Dokumentation der neuen deutschsprachigen Szene. Hrsgg.: Josef Wintjes/ Frank Göhre/ Volker W. Degener. Bottrop 1971

Scenen-Reader 1972. Hrsgg.: Frank Göhre/ Josef Wintjes. Bottrop 1973

Scenen-Reader 1973/74. Hrsgg.: Frank Göhre/ Josef Wintjes. Bottrop 1974

Scenen-Reader 1975/76. Hrsg.: Josef Wintjes. Bottrop 1975

Schehl, Hellmuth: Vor uns die Sintflut? Ökologie, Marxismus und die herrschende Zukunftsgläubigkeit. Berlin 1977

Schimmang, Jochen: Der schöne Vogel Phönix. Erinnerungen eines Dreißigjährigen. Frankfurt/M. 1979

Schmeissner, A.: Studentenbewegung heute - das Erbe von 1966/67? Tübingen 1977 (hekt. Manuskript)

Schmidt, Arnim (Hrsg.): Primanerlyrik - Primanerprosa. Eine Anthologie. Reinbek 1965

Schmidt-Künsemüller, Friedrich-Adolf: William Morris und die neuere Buchkunst. Wiesbaden 1955

Schneider, Peter: Lenz. Eine Erzählung. Berlin 1973

Schütt, Peter: Agitprop. Zum Verständnis einer SDS-Ästhetik.

Schwenger, Hannes: Das Ende der Unbescheidenheit. Frankfurt/M. 1974

Schwendter, Rolf: Modelle zur Radikaldemokratie. Wuppertal - Barmen 1970

ders.: Entwurf einer Gruppe 2000. München/ Heidelberg/ Wien 1974

ders.: Theorie der Subkultur. Neuausgabe mit einem Nachwort, sieben Jahre später. Frankfurt/M. 1978

ders.: s. Arbeitsgemeinschaft Sozialpolitischer Arbeitskreise

Schubert, Christoph: Schwanengesang. Münster 1972

ders.: Unbekannte ältere Autoren. Drei Porträts. Hamburg und München 1976

ders.: Am Ende der Zeiten. Geschichten von Liebe, Tod und Auferstehung (Der apokalyptische Reiter Bd. 1). Karlsruhe 1978

Schröpfer, Siegfried: exhibition des ersten, nebst einem anhang, sermon zur influenz regieanweisungen & fotos des autors. Soest 1969

Schröpfer, Landfried: beschleunigung. gedichte aus den jahren 1969-1973. Frankfurt/ Darmstadt/ Dortmund 1973

Schülein, Johann August (Hrsg.): Auf der Suche nach Zukunft. Alternativbewegung und Identität. Giessen 1980

Schütte, Johannes: Revolte und Verweigerung. Zur Politik und Sozialpsychologie der Spontibewegung. Giessen 1980

Second International Directory of Private Presses. Sacramento (Californien) 1980

Spindler, Albert: s. Das große Rabenbuch

Spoo, Eckart (Hrsg.): Die Tabus der bundesdeutschen Presse. München 1971

Steffen, Monika/ Funken, Klaus: Die einfache Kaderproduktion. Thesen zur Studentenbewegung als kleinbürgerlicher Massenbewegung, in: Kursbuch 25/1971

Stomps, Victor Otto: Gelechter. Eine poetische Biographie. Ffm. 1962

Stricker, Tiny: Trip-Generation. Gersthofen 1970

Subkultur Berlin, s. Sander, Hartmut/ Christians, Ulrich (Hrsgg.)

Szenen-Reader: s.Scenen-Reader

Szasz, Thomas S.: Das Ritual der Drogen. Franfurt 1974

Taëni, Rainer: Latente Angst: Das Tabu der Abwehrgesellschaft. Versuch einer ganzheitlichen Theorie des Menschen. Hamburg 1976

Theobaldy, Jürgen u. Zürcher, Gustav: Veränderung der Lyrik. Über westdeutsche Gedichte seit 1965. München 1976

Thomas, R. Hinton/ Bullivant, Keith: Westdeutsche Literatur der sechziger Jahre. München 1975

Török, Imre: Butterseelen. Mit Hölderlin und Hermann Hesse in Tübingen. Stuttgart 1980

Ungers, Liselotte u. O. Matthias: Kommunen in der neuen Welt. Köln 1972

Vaneigem, Raoul: Handbuch der Lebenskunst für die junge Generation. Hamburg 1977

Völpel, Christiane: Hermann Hesse und die deutsche Jugendbewegung. Bonn 1977 (Diss.)

Vollmar, Klausbernd: Landkommunen in Nordamerika. Berlin 1975

ders.: Alternative Selbstorganisation auf dem Lande. Berlin 1976

ders.: Wo die Angst ist geht's lang. Berlin 1977

ders.: Wasserberg. Versuche in der BRD zu leben. München 1979

Wagner, Wolf: Uni-Angst und Uni-Bluff. Berlin 1977

Walser, Martin: Wie und wovon handelt Literatur. Frankfurt/M. 1973

Wandrey, Uwe: Agitprop, Thesen, Lyrik, Berichte. Hamburg 1969

Whyte, William H.: The Organization Man. New York 1956

Widmann, Hans: Geschichte des Buchhandels. Teil I. Wiesbaden 1975

Wilpert, Gero von: Sachwörterbuch der Literatur. Stuttgart 1979

Winckler, Lutz: Kulturwarenproduktion. Aufsätze zur Literatur- und Sprachsoziologie. Frankfurt/M. 1973

Wintjes, Josef/ Gehret, Jens (Hrsgg.): Ulcus Molle Info-Dienst. Jahrgänge 1969-1974. Amsterdam 1979

Wirtschel, Günther: Rausch und Rauschgift bei Baudelaire, Huxley, Benn und Burroughs. Bonn 1968

Wolff, Frank/ Windaus, Eberhard (Hrsgg.): Studentenbewegung 1967-1969. Protokolle und Materialien. Frankfurt/M. 1977

Zapf, Hermann: William Morris. Sein Leben und Werk in der Geschichte der Buch- und Schriftkunst. Scharbeutz 1949 (Monographien künstlerischer Schrift, Bd. 11)

Ziehe, Thomas: Pubertät und Narzißmus. Sind Jugendliche entpolitisiert? Frankfurt/M. 1975

Zimmer, Jochen: Popmusik. Zur Sozialgeschichte und Theorie. Gießen/Lollar 1973 (Diss.)

Aufsätze
Zeitschriften
Funkmanuskripte
Flugblätter

Ach, Manfred: Die anglo-amerikanischen Vorbilder der Alternativpressen, in: Revolte 10-11/1974

Ästhetik und Kommunikation 34/1978 (Neue Lebensformen. Wunsch und Praxis)

Alia, Josette: La »bof«-generation, in: Le Nouvelle Observateur/15.Okt. 1978

Actuel (Paris), Nr.10/11 1971 (Les grands textes de la Nouvelle Culture)

Amendt, Günther: Väter und Erben, in: Deppe, Frank (Hrsg.): 2. Juni 1967 und die Studentenbewegung heute. Dortmund 1977

AQ 14/1973 (Cut up - Eine Anthologie)

Autorenkollektiv: Was lange währt, wird endlich Wut!, in: Kursbuch 48/1977

Avantgarde. Schöngeist im Schuh, in: Der Spiegel 21/1968

Bahr, Hans-Eckehard: Du hast keine Chance, aber nutze sie. Die Alternativen und der republikanische Friede, in: Die Zeit 16/1981

Benzing, Brigitta: Jean Jacques Rousseau. Der Naturzustand als innerbürgerliche Alternative, in: Journal für Geschichte 6/1980 (Alternative Lebensformen)

Berg, Gunter: Die Selbstverlagsidee bei deutschen Autoren im 18. Jhd., in: Archiv f. Gesch. d. Buchwesens, Bd. 6/1966

Bingel, Horst: Zeitschriften, Pressen und progressive Literatur. Flugblatt der Galerie Kyklos. Juni 1963

ders.: Republik Stomps, in: Die Zeit/22.9.77

Bittdorf, Wilhelm: Heißgeliebter Drecksack, in: Stern Nr.8/1978

Bormann, Alexander von: Vom Lebenswert der Zukunft, in: Die Zeit 50/1980

Bosch, Manfred: Alternativpresse und Underground. Zur Literatur der Scene. Versuch einer Vorstellung, in: Buch und Bibliothek 12/1974

Bosch, Manfred: Zur Perspektive der Scene, in: Emig, Günter (Hrsg.): Über das »Alternative« alternativer Literatur. Eine Kontroverse über Möglichkeiten des literarischen Underground. Heidelberg und Birkenau 1974

Bosch, Manfred: Thesen über die Entstehung falschen Bewußtseins in der Scene, in: UM-Sonderinfo 1/74

Bosch, Manfred: Handdrucke als Händedrucke. Streifzug durch die Produktion der Kleinverlage, in: Die Zeit 38/1976

Bosch, Manfred: Ungerechtigkeit muß (nicht) sein. Der kleine, aber wachsende Markt alternativer Publikumsformen, in: Die Zeit 10/1977

Brügge, Peter: »Wir wollen, daß man sich an uns gewöhnt.« Über die apolitische Jugendbewegung in der BRD, in: Der Spiegel 33/1971

Brückner, Peter: Zur soziologischen Zusammensetzung der Alternativszene und Subkultur, in: Netzwerk Selbsthilfe (Hrsg.): Ein Jahr Netzwerk. Dokumentation. Berlin 1979

Bücken, Marion/ Groth, Klaus: Verfolgung der Linken Presse, in: Aufermann, Jörg/ Bohrmann, Hans (Hrsgg.): Gesellschaftliche Kommunikation und Information. Frankfurt/M. 1973

Bulla, Hans-Georg: poetik, in: »Endlich (was neues)« 3/4, Dez. 70/Jan. 71

Buselmeier, Michael/ Schehl, Günther: Die Kinder von Coca-Cola, in: Kürbiskern 1/1970

Camphausen, Rufus C.: Alternativpresse und Gegenkultur, in: Buchhändler heute, 3/1970

Conrad, Andreas: Bunte Blätter für die Szene, in: Die Zeit 51/1980

Dannenberg, E.: Von TOTAL bis COQ, in: Kontraste, 7.7. 1968

Daum, Thomas: 13 Jahre Alternativpresse, in: Katalog der 6. Mainzer Minipressenmesse. Mainz 1981

Degener, Volker W.: Die Kleinen und die Großen der Kleinen, in: Deutsche Volkszeitung, 8.4. 1971

Die Grünen - Steigbügelhalter für FJS? In: Der Spiegel 13/1980 (Spiegel Titel)

Dilloo, Rüdiger: Sie nannten sich Wandervögel. Wer sind heute ihre Erben? In: Die Zeit 45/1976 (Zeitmagazin)

Doerdelmann, Bernhard: Die kleinen Verlage und ihre Chancen, in: Publikation 9/1971

Drews, Jörg: Die Bohème - zu neuem Leben erwacht? In: Merkur 9/1969

Drews, Jörg: Feierabend, abseits der Konkurrenz, in: Süddeutsche Zeitung, 19.6. 1973

Duhm, Dieter: Die AAO-Kommune - ein ungewöhnliches Beispiel alternativer Lebenspraxis, in: Frankfurter Hefte / FH-Extra I/1978

Emig, Günther: Zur Verschenkbewegung, in und 9/10 (1972)

ders.: Über das »Alternative« alternativer Publikationen, in: UM-Info 3/4 1974

Eisel, Josef: Gedanken zur Untergrundliteratur, in: Szenen-Reader 73/74

Engel, Peter: Aufruf zur Eroberung der Medien, in: Szenen-Reader 1972

ders.: »Ich möchte manchmal ganz mit dem Schreiben aufhören.« Zum Selbstverständnis junger Autoren, in: Fienhold, Wolfgang (Hrsg.): IG Papier & Schreibmaschine. Starnberg 1973

Enzensberger, Hans Magnus: Peter Weiss und andere, in: Kursbuch 6/1966

ders.: Gemeinplätze, die Neueste Literatur betreffend, in: Kursbuch 15/1968

ders.: Baukasten zu einer Theorie der Medien, in: Kursbuch 20/1970

Fauser, Jörg: Apropos Helden, in: Tip-Magazin, Nr.2 Sept. 1979

ders.: Kalte Fakten, kühne Träume, in: Katalog der 6. Mainzer Minipressenmesse. Mainz 1981

Fleischmann, Wolfgang Bernhard: Die »Beat Generation« und ihre Nachwirkung. In: Bungert, Hans (Hrsg.): Die amerikanische Literatur der Gegenwart. Aspekte und Tendenzen. Stuttgart 1977

Frank, Karlhans: Verleger am Start. Über Privat-Pressen und Mikron Verlage. Sendung vom 17.5.68. Westdeutscher Rundfunk. Manuskript.

Frank, Karlhans: Als wärs ein Stück Papier, in: Neuffer, Thomas M. u. Bohn, Birgit (Hrsgg.): Bücher, die man sonst nicht findet. Katalog zur Wanderausstellung 1971. Pforzheim 1971

Frankfurter Hefte. Zeitschrift für Kultur und Politik. FH-extra I/1978 (Alternative Lebensformen)

Frey, Cornelia: Über die Hintertreppe in ein anderes Leben, in: Die Zeit 23-26/1979)

dies.: Graumäuse und Paradiesvögel, in: Die Zeit 43/1980

Fuchs, Werner: Alternativpresse in Deutschland. Sendung vom 17.3.73. Deutschlandfunk. Manuskript.

Geraths, Armin: Allan Ginsberg - A Supermarket in California, in: Lubbers, Klaus (Hrsg.): Die amerikanische Lyrik. Von der Kolonialzeit bis zur Gegenwart. Düsseldorf 1974

Gerlach, Walter: Ein Samstagnachmittag beim Würger von Bottrop. Abdruck (Funkmanuskript) in: UM-Info 11/12 1975

Gerlach, Walter: Druck gegen den Frust. Über alternative Stadtzeitungen, in: Pardon 8/1977

Glotz, Peter: »Nicht nur eine Frage von Kommunikationstechniken«, in: Hoffmann-Axthelm, Dieter u.a. (Hrsg.): Zwei Kulturen? Berlin 1978 ders.: Auf diesem Stern wollen sie nicht leben, in: Frankfurter Rundschau/6.9. 1979

Gross, Werner: Wie aus Wichteln Menschen werden sollen, in: Pardon 6/1976

Grunenberg, Dorothea: Bücher sollte man nicht verkaufen, denn dann hat man sie nicht mehr, in: Das große Rabenbuch, Hrsg. N. Albert Spindler

Goldmann, Lucien: Das Denken Herbert Marcuses, in: Soziale Welt 20/1969

Habermas, Jürgen: Illusion auf dem Heiratsmarkt, in: ders.: Arbeit, Erkenntnis, Fortschritt. Amsterdam 1970 (Raubdruck)

Hahn, Ronald M./ Fuchs, Werner: Alternativpresse in Deutschland. Sendung des Deutschlandfunks vom 17.3. 1973 (Funkmanuskript)

Hamm, Peter: Ein rosa Katzenjammer, in: Der Spiegel Nr.34/1976

Hartung, Harald: Pop-Lyrik, in: Replik 4/5 1970

Hartung, Klaus: Versuche, die Krise der antiautoritären Bewegung wieder zur Sprache zu bringen, in: Kursbuch 48/1977

Hartwig, Helmut: Kompost und Kritik - Zur Ästhetik der Alternativszene, in: Ästhetik und Kommunikation 34/1978 (Neue Lebensformen: Wunsch und Praxis)

Haug, Wolfgang Fritz: Zur Kritik der Warenästhetik, in: Kursbuch 20/1970

Heygster, André: Schön war's in Mainz, in: Börsenblatt 50/10.6. 1981

Hollstein, Walter: Untergrund und Opposition in Amerika. Probleme und Etappen der Konsolidierung jugendlichen Protests in den USA, in: Kerbs, Diethart: Die hedonistische Linke. Beiträge zur Subkultur-Debatte. (Nachdruck) Wien 1974 (erstmals Berlin-Neuwied 1971)

Horacek, Milan: Überlegungen zur Frage einer Interessenvertretung der Alternativbewegung, in: Kritik 16/1978

Huber, Joseph: Nix wie weg hier. Die Subkultur - eine Lumpenaristokratie? Aussteigen ist noch keine Alternative, in: Die Zeit 31/1980

Hübner, Klaus: Die Bedeutung der Beat-Autoren für die Subkultur. in: Szenen-Reader 72

Hübsch, Hadayatullah P.G.: Die literarische Alternativpresse. Teil I: Junge Literaturzeitschriften in der Bundesrepublik. Sendung vom 23.12.73 / Teil II.: Junge Literaturzeitschriften in der Bundesrepublik. Sendung vom 17.2.74 / Teil III: Die kunterbunte Kommunikation. Sendung vom 12.5.74. - Saarländischer Rundfunk - Studiowelle Saar. Manuskript.

ders.: Sadid. Flugblatt 1974

ders.: Solange einer sich nicht kaufen läßt. Die sauren Trauben der Alternativliteratur, in: Frankfurter Allgemeine Zeitung, 24.9. 1979

Huffzky, Karin: Big daddy is watching you, in: konkret literatur, Herbst 1979

Imhoff, Hans: Die Aufsätze von 1969-1972. Frankfurt/M. 1972 o.S.

ders.: Aus der Rede zur Eröffnung der Zweiten Messe der Minipressen, Internes Info der Freien Deutschen Presse - Sozialistische Alternativpresse. Kurzinfo 1972

ders.: Diskussionsbeitrag für die »Szene und ihr Zentrum« (1972), in: UM-Sonderinfo 1/1974

ders.: Was ist die sozialistische Alternativpresse? Internes Info 7 der Freien Deutschen Presse - Sozialistische Alternativpresse. Kurzinfo 7/1973

ders.: Sind wir ein »Korrektiv«? in: UM-Info 3/4 1974

ders.: Über die Organisation eines alternativen Kleinverlages, in: UM-Sonderinfo 3/1976

Jaeggi, Urs: Politische Literatur. Die Grenzen der »Kulturrevolution«, in: Kuttenkeuler, Wolfgang (Hrsg.): Poesie und Politik. Stuttgart 1973

Jaensch, Wilfried: Selbstorganisation im Untergrund, in: Polemos 13/1970

Journal für Geschichte 6/1980 (Alternative Lebensformen)

Jugend ohne Zukunft? Dossier, in: Die Zeit 33/1979

Just, Renate: Wohngemeinschaft - ach, immer noch? In: Die Zeit 34/1980

Kaase, Max: Die politische Mobilisierung von Studenten in der BRD, in: Allerbeck, Klaus/ Rosenmayr, Leopold (Hrsgg.): Aufstand der Jugend. München 1971

Käsmayr, Benno: Unsere Scene. Wer oder was die Scene überhaupt ist, in: Hau, Willi (Hrsg.): Logbuch 2. Hattersheim 1974

Kallscheuer, Otto: Das »System des Marxismus« ist ein Phantom. Für den theoretischen Pluralismus der Linken, in: Kursbuch 48/1977

Kirchhof, Peter K.: »Who is who« oder Was ist die alternative deutschsprachige Literatur, in: Die Horen 92/1974

Klammheimlich ade, in: Der Spiegel 1-2 1980

Klugmann, Norbert: Der Hoffnung ein Kleid anziehen, in: Der Spiegel 25/1980

Kneif, Tibor: Rockmusik und Subkultur, in: Sandner, Wolfgang (Hrsg.): Rockmusik. Aspekte zur Geschichte, Ästhetik, Produktion. Mainz 1977

Kollmann, Karl: Statement zur Situation der Autoren, die seit Jahren das Info besetzen, in: UM-Info 1/2 1974

Krabbe, Wolfgang R.: Die Lebensreform. Individualisierte Heilserwartung im industriellen Zeitalter, in: Journal für Geschichte 6/1980 (Alternative Lebensformen)

Kramer, Jürgen (»Gruppe revolutionärer Künstler - Ruhrkampf«): Diskussionsbeitrag zum Grundsatzkonzept des Literarischen Informationszentrums, in: UM-Info 9/10 73

Kraushaar, Wolfgang: Thesen zum Verhältnis von Alternativ- und Fluchtbewegung - Am Beispiel der frankfurter scene, in: ders. (Hrsg.): Autonomie oder Ghetto? Kontroversen über die Alternativbewegung. Frankfurt/M. 1978

Kreuzer, Helmut: Zur Literatur der siebziger Jahre in der Bundesrepublik, in: Grimm, Reinhold u. Hermand, Jost: Basis - Jahrbuch für deutsche Gegenwartsliteratur, Band 8 (1978). Frankfurt 1978

Krings, Rainer: Vom Stadtindianer zum Landfreak. Eine Auseinandersetzung mit der Spont-Bewegung, in: Landefeld, Beate/ Sommerfeld, Franz (Hrsgg.): Sackgassen und Irrwege. Dortmund 1979

Kursbuch 15/1968

Kursbuch 25/1971 (Politisierung: Kritik und Selbstkritik)

Kursbuch 48/1977 (Zehn Jahre danach)

Kursbuch 50/1977 (Bürgerinitiativen/Bürgerprotest - eine neue Vierte Gewalt?)

Kursbuch 54/1978 (Jugend)

Kusz, Fitzgerald/ Bosch, Manfred: Kurzer Auszug aus einem längeren Briefwechsel, in: Fienhold, Wolfgang (Hrsg.): IG Papier und Schreibmaschine. Starnberg 1973

Landefeld, Beate: Klassenkampf und Persönlichkeitsentwicklung, in: dies. u. Sommerfeld, Franz (Hrsgg.): Sackgassen und Irrwege. Dortmund 1979

La presse parallele (I-III), in: Le Monde, 24.-26.4.1975

Lenz, Reimar: Was ist mit unseren Schriftstellern los? in: Pardon 9/1974

Lenz, Reimar: Der neue Typ, in: Gehret, Jens (Hrsg.): Gegenkultur heute. Amsterdam 1979

Lettau, Reinhard: Journalismus als Menschenjagd, in: Kursbuch 7/1966

Literatursymposium St. Pölten (Wintjes, Otterleben, Werner, Detela, Schumann): Referate, Diskussionsbeiträge, Texte und Dokumentationen; Themen um die »Alternativpresse und -literatur« außerhalb des in Verlagen etablierten Literaturbetriebs, in: Das Pult 5/6 1972

Loeven, Helmut: Thesen zur Alternativliteratur (1972), in: UM-Sonderinfo 1/74

Loubier, Hans: [Die neue Buchkunst in] Deutschland, in: Kautzsch, Rudolf (Hrsg.): Die neue Buchkunst. Leipzig 1902

Lücking, Ursula: Kleinverlage in der Bundesrepublik, in: Arnold, Heinz Ludwig (Hrsg.): Literaturbetrieb in Deutschland. München 1971

Lücking, Ursula: Mixed Media der Minipressen. Sendung vom 5.3.71. Westdeutscher Rundfunk. Manuskript.

Lücking, Ursula: Jeder sein eigener Macher. Sendung vom 4.4.72. Radio Bremen. Manuskript.

Lüdke, W. Martin: Der Kreis, das Bewußtsein und das Ding, in: ders. (Hrsg.): Literatur und Studentenbewegung. Opladen 1977

Lummert, Horst: Zu einstweiligen Widerrufen, in: Kuckuck 2/1973

Meiner, Annemarie: William Morris. Zum 100. Geburtstag am 24. März 1934, in: Imprimatur, 5.Jg./1934

Menne, Ferdinand W.: Alltag und Alternative. Zur Diskussion um einen »neuen Lebensstil«, in: Frankfurter Hefte, FH-extra I/1978 (Alternative Lebensformen)

Mettke, Peter: Aussen GmbH und innen rot, in: Der Spiegel 11/1979

Mettke, Jörg: »Verantwortlich: Mili Tanz & Anna Schie.« Alternativblätter und alternative Gesinnung in der Bundesrepublik, in: Der Spiegel 13/1981

Michel, Karl Markus: Ein Kranz für die Literatur, in: Kursbuch 15/1968

ders.: Wer wann warum politisch wird - und wozu. Ein Beispiel für die Unwissenheit der Wissenschaft, in: Kursbuch 25/1971

Mini-Press-Report. Information über Kleinverlage und Handpressen, hrsg. von Norbert Kubattzki. Mainz 1969 ff: Ausg.: 1/69, 2/69, 3/4 69, 5/70, 6/70, 7/71

Minipressen: Von links bis Lyrik, in: Börsenblatt 68/1975

Moltschanow, N.: Die Studenten rebellieren im Westen: Bedeutung, Ursachen, Ziele, in: Holtz, Robert (Hrsg.): Moskau, Marcuse und die rebellierenden Studenten. Zürich 1969

Narzißmus: Antlitz der Epoche, in: Der Spiegel 32/1979

Nelson, Jack A.: Die Untergrundpresse, in: Aufermann, Jörg/ Bohrmann, Hans: Gesellschaftliche Kommunikation und Information. Frankfurt/M. 1973, Bd. 2

Neves, John: Hat die Pop-Literatur eine Zukunft? Sendung des Bayerischen Rundfunks v. 19.5.1969 (Funkmanuskript)

Olenhusen, Albrecht Götz von: Entwicklung und Stand der Raubdruckbewegung, in: Arnold, H.L. (Hrsg.): Literaturbetrieb in Deutschland. München 1971

Oltmanns, Reimar: »Keine normale Figur in der Hütte«, in: Der Spiegel 21/1980

Paul, Stefan: Kritik der Underground-Ideologie und ihrer Gegenkultur-Thesen, in: Kunst und Gesellschaft 3/1970

ders.: Underground? In: Sozialistische Zeitschrift für Kunst & Gesellschaft 4/1970

Pech, Felix: Literatur, Literatur alternativ, zu was, in: Kuckuck 3/1974

Peters, Jan: Wohin schwappt die grüne Welle?, in: Alternativen zum Atomstaat. Das bunte Bild der Grünen. Berlin 1979

Ploog, Jürgen: UFO, in: Szenen-Reader 72

ders.: Der Kontinent der Worte, in: UM-Info 7/8 1976

ders.: Der Burroughs-Fan im Getto traumloser Bilder, in: Sounds 10/1978

Prospekt Tageszeitung. Frankfurt/M. 1978

Pross, Harry: VauO und die großen Zeiten, in: Süddeutsche Zeitung, 23./24. Sept. 1977

Roos, Peter: Jahrgang 50: Die Erben der Apo, in: Der Spiegel, 1-2/1980

Roth, K.-H.: Die Geschäftsführer der Alternativbewegung, in: Pflasterstrand 71/1980

Rudorf, Reginald: Die Flucht vor dem Alltag poppig beleuchtet, in: Frankfurter Rundschau, 29.9.73

Rumler, Fritz: Die Kinder des Väterchen Frust, in: Der Spiegel 20/1977

»Sägewerk«: an/über Die Alternativpresse (beitrag zu einer definition), in: Niehörster, Thomas Chr. (Hrsg.): the yellow book. Dortmund (1971)

Salomon, Peter: Die sogenannte Alternativliteratur / oder der andere Kapitalismus, in: Szenen-Reader 73/74

ders.: Kleine Polemik über falsche, dumme und überflüssige Epigramme, in: Szenen-Reader 75/76

Sandler, Klaus: Alternativen zur Alternative gesucht, in: Das Pult 30/1974

Schacherl, Lilian: Die Zeitschriften des Expressionismus. München 1957 (Diss.)

Schauer, G.K.: Deutsche Pressen der Gegenwart, in: Der Druckspiegel, Jg. 1954 Bd. 9

Schiffer, Wolfgang: Literarisches Informationszentrum. Rundfunksendung. Manuskript abgedruckt in: UM-Info Sondernummer 1/1974

Schlaffer, Hannelore: Kritik eines Klischees: »Das Kunstwerk als Ware«, in: Schlaffer, Heinz (Hrsg.): Literaturwissenschaft und Sozialwissenschaften 4 (Erweiterung der materialistischen Literaturtheorie durch Bestimmung ihrer Grenzen) Stuttgart 1974

Schleyer, Winfried (»afra«), in: Szenen-Reader 73/74

ders.: Bertelsmann, wir kommen! In: Frankfurter Rundschau, 22.1.1972

ders.: Rein in den Rundfunk! In: Frankfurter Rundschau, 23.11.1972

Schlichting, Hans Burkhard: Das Ungenügen der poetischen Strategien: Literatur im Kursbuch 1968-1976, in: Lüdke (Hrsg.): Literatur und Studentenbewegung. Opladen 1977

Schmitt, Christian W.: Kleinverleger erleichtern ihr Dasein, in: Darmstädter Echo, 27.11.1969

ders.: Hier hast du was zum Lesen, in: Spandauer Volksblatt, 17.10.1971

ders.: Langer Marsch in die Frustration, in: Darmstädter Echo, 15.6.1971

ders.: Hundert Blumen und die gute Erde, in: Kölner Stadtanzeiger, 5.10.1972

ders.: Mit einem Fuß im Bürgerlichen, in: Hannoversche Allgemeine Zeitung, 16.10. 1972

ders.: Jahrmarkt der Andersartigkeit. Die 6. Mainzer Mini-Pressen-Messe - auf dem Weg zum Kommerz, in: Vorwärts 24/1981

Schneider, Michael/ Siepmann, Eckhard: Der Spiegel oder die Nachricht als Ware. Voltaire Flugschrift 18/1968 (Nachwort von Bernward Vesper)

Schröder, Thomas: That's Underground, in: Song 8/1968

Schubert, Christoph: über literarische entfremdung. eine utopie. Flugblatt Münster (Nov.) 1971

ders.: über die szene und ihr zentrum. eine konkrete utopie. Flugblatt Münster (Nov.) 1972

ders.: über die verschenkbewegung in der szene. Flugblatt Münster (Dez.) 1973

ders.: zwei noten zu einem papier von günther emig. Flugblatt (Rundschreiben), April 1974

ders.: Zehn Jahre Literarisches Informationszentrum Bottrop. Kontinuität in der Alternativpresse, in: Gehret, Jens (Hrsg.): Gegenkultur heute. Die Alternativ-Bewegung von Woodstock bis Tunix. Amsterdam 1979

ders.: Das politisch-spirituelle Ideenkloster vom ganzen Menschen, in: Gehret, Jens (Hrsg.): Gegenkultur heute. Die Alternativ-Bewegung von Woodstock bis Tunix. Amsterdam 1979

Schütt, Peter: Agitprop, in: ders.: Asphaltliteratur. Zum Verständnis einer SDS-Ästhetik. Mainz 1968

Schultz-Gerstein, Christian: »Nichts als Bildungslücken«, in: Der Spiegel 13/1980

Schwendter, Rolf: Prospektive Bundesge-schichte der Jahre 1969-1977, in Kursbuch 14/1968

ders.: Stadtzeitungen, in: Wackerbarth, Horst (Hrsg.): Kunst und Medien. Materialien zur documenta 6. Kassel 1977

Siebenschön, Leona: Sie tanzen auf dem Underground, in: Die Zeit 46/1970

Skasa-Weiss, Ruprecht: Minipressenobjekte en masse, in: Stuttgarter Zeitung, 23.10.1970

Stapp, Wolfgang: Tendenzen für und gegen Kleinverlage, in: Börsenblatt, 4.8.1970

Streletz, Werner: In schicken Lumpen mit Wagen und Freundin, in: Westdeutsche Allgemeine Zeitung, 16.6.1973

Theobaldy, Jürgen: It was nice to see you, doch wir haben noch Wichtiges vor. Eine Nachbemerkung zur Poplyrik, In: Benzin 4/1973

Ulcus-Molle-Info. Hrsg. vom Literarischen Informationszentrum (Josef Wintjes). Bottrop 1969ff.

Ulcus-Molle-Sonderinfo 1/1974 (Diskussionsrunde zum Thema Alternativpresse), hrsg. v. Josef Wintjes. Bottrop 1974

Ulcus-Molle-Sonderinfo 3/1976 (Alternativpresse: Diskussion), hrsg. v. Klaus-Bernd Vollmar und Josef Wintjes. Bottrop 1976

Ulcus-Molle-Sonderinfo 4/1981, s. Hiltl, Michael

und 14/1974 (Cut-Session)

Unfrei frei. Auf der Minipressenmesse mit Blick auf die Gegenbuchmesse, in: Frankfurter Rundschau, 1.6.1981

Univers - Zeitschrift für Literatur, 18/1980 (Gegenkultur - Illusion, Tagtraum oder Chance)

Vollmar, Klaus-Bernd: Politische Überlegungen zur Alternativliteratur, in: UM-Sonderinfo 3/1976

Vormweg, Heinrich: Der fröhliche Tarzan. Sendung vom 26.4.71. Westdeutscher Rundfunk. Manuskript.

Wagner, Rainer: Von »Eintopf« bis »Sanduhr«. Versandhaus im Underground, in: UM-Info 2/1972

Weber, Hans von: Neue Verlage, in: Der Zwiebelfisch, 3. Jg./H. 6

Weber, Rainer: Wenn der Fiedler Amok geigt, in: Stern, 7.7.1977

Weiss, Reiner: Welt im Zweizeiler, in: Nürnberger Nachrichten, 18.6.1973

Werner, Katharina: Pop Art und die deutschen Folgen, in: Die Horen 2/74

Weimann, Robert: Ginsberg und das geschlagene Glück Amerikas. Beat-Lyrik zwischen Anarchie und Engagement (1965), in: Hoffmann, Gerhard: Amerikanische Literatur des 20. Jahrhunderts. Frankfurt/M. 1972, Bd. 2

Weissner, Carl: Stories aus der legendären Absteige in Paris, die im Baedeker der Beat Generation fünf Sterne bekam. Vorwort zu: Norse, Harold: Beat Hotel. Gersthofen 1975

ders.: Der Geier aus der Asche. Ein Comeback für die Beat Generation. In: Pro Media, Katalog Nr. 10, Berlin 1978

»Wie verzaubert, betäubt, berauscht«. Neureligionen: Hunderttausende von Jungbürgern verfallen den Sekten, in: Der Spiegel 29/1978 (Spiegel-Titel)

Wintjes, Josef: Projekt Ulcus Molle Scenen Reader 72, in: UM-Info 2/1972

ders.: Zum Selbstverständnis der Alternativpresse (1-3), in: Buchhändler heute, H. 3,4,8/1972

ders.: Lockere Betrachtungen zur allgemeinen Lage der Alternativ-Presse, in: UM-Sonderinfo 1/1974

ders.: Hundert Blumen, in: tip magazin 6/1981

Wondratschek, Wolf: Der alte Mann und das Bier, in: Der Spiegel 38/1977

Worell, Roland: Zu Jürgen Ploogs »Sternzeit 23« und »RadarOrient«, in: UM-Info 7/8 1976

Zahl, Peter Paul: Underground, in: UM-Info 11/12 1973

Zenker, Helmut: Zur gegenwärtigen Literatur, in: Wespennest 9/1972

Zielonka, Michael: Erläuterungen zum literarischen Untergrund im deutschsprachigen Raum, in: Szenen-Reader 1972

Bildquellen

GUTENBERG-SYNDROM ®

Andreas Strasser
Göttliche Kommödie

Ein Welttheater in 16 Szenen

NewLit
Verlagsgesellschaft mbH
Dagobertstr.20 65 Mainz
Telefon:06131/93180

GUTENBERG-SYNDROM ®

Andreas Strasser
Was kostet ein Lächeln?

...Die Adressen der Lippenpreisgirls sind nicht zugänglich. Es sei denn über die Datenbank. Wir warnen vor Nachahmung.

...Deshalb lächelt sie auch. Sie weiß warum sie lächelt, warum und wofür und wozu. Nein, sie ist weder käuflich noch sinnlich.

...Nein, im Ernst. Wir kommen der Sache »Was kostet ein Lächeln?« mit Lippen nicht näher. Oder doch?

...Aber, aber, aber, wo kommen wir hin, zu welchen Preisen steigen wir auf?

NewLit
Verlagsgesellschaft mbH
Dagobertstr. 20 65 Mainz
Telefon: 06131/93180